애도의 애도를 위하여

프리즘 총서 033

애도의 애도를 위하여 : 비판 없는 시대의 철학

발행일 초판1쇄 2019년 11월 25일

지은이 진태원 | **프리즘 총서 기획위원** 진태원

펴낸이 유재건 | **펴낸곳** (주)그린비출판사 | **주소** 서울시 마포구 와우산로 180, 4층

주간 임유진 | **편집 · 마케팅** 방원경, 신효섭, 이지훈, 홍민기 | **디자인** 전혜경 | **경영관리** 유하나

전화 02-702-2717 | **팩스** 02-703-0272 | **이메일** editor@greenbee.co.kr | **신고번호** 제2017-000094호

ISBN 978-89-7682-989-4 93340

이 도서의 국립중앙도서관 출판예정도서목록(CIP)은 서지정보유통지원시스템 홈페이지(http://seoji.nl.go.kr)와
국가자료공동목록시스템(http://www.nl.go.kr/kolisnet)에서 이용하실 수 있습니다.(CIP제어번호: CIP2019043959)

이 도서는 한국출판문화산업진흥원의 '2019년 우수출판콘텐츠 제작 지원' 사업 선정작입니다.

철학이 있는 삶 **그린비출판사** www.greenbee.co.kr

애도의 애도를 위하여

비판 없는 시대의 철학

진태원 지음

프리즘총서 **033**

그린비

일러두기

1 이 책은 2009년부터 2018년 사이에 여러 지면에 발표되었던 글들을 묶어 수정·보완한 것이다. 각각의 글의 출처는 권말 참고문헌 끝에 모아 두었다.

2 인용하거나 참조한 문헌의 서지정보는 처음 나오는 곳의 각주에 자세한 정보를 표기했으며, 이후 등장하는 곳에서는 필자명과 문헌의 제목만 간략하게 표기했다. 인용 및 참조한 문헌의 자세한 서지정보는 권말의 참고문헌에 한 번 더 정리했다.

3 원서나 국역본 저작명 다음의 괄호 안 연도는 원서가 출판된 연도를 가리킨다.

4 인용 단락이나 본문 내 인용 문장에 삽입된 대괄호는 모두 인용자가 넣은 것이다. 또한 인용 내 고딕 강조는 특별한 언급이 없을 때는 모두 원저자가 강조한 것이다.

5 단행본·정기간행물의 제목에는 겹낫표(『 』)를, 논문·단편·강연 등의 제목에는 낫표(「 」)를 사용했다.

6 외국어 고유명사는 2002년에 국립국어원에서 펴낸 외래어표기법을 따라 표기하되, 관례가 굳어서 쓰이는 것들은 관례를 따랐다.

서문

2년 전쯤 『을의 민주주의』를 출간하면서 내가 계획했던 것은 곧바로 『을의 민주주의』 2편을 출간하는 것이었다. 실제로 그 책에는 『을의 민주주의』의 후속권이 곧 출간될 것을 예고하는 각주가 여러 개 달려 있었다. 하지만 그 이후 생각이 좀 바뀌어서 내가 원래 계획했던 『을의 민주주의』 2편 대신에 이 책을 먼저 내게 되었다.

그 이유는 무엇보다 2편의 논의를 조금 더 체계적으로 진행하기 위해서는 더 시간이 필요하다는 점을 깨달았기 때문이다. 『을의 민주주의』는 여러 가지 측면에서 볼 때 을의 민주주의란 이런 것이다 하고 답변을 제시하기보다는 을의 민주주의라는 문제를 우리 사회의 (그리고 더 나아가 우리 시대의) 주요한 철학적·정치적 쟁점으로서 제기할 필요가 있다는 점을 독자들에게 납득시키기 위해 저술된 것이었다. 따라서 그 책의 각각의 장들이 품고 있는 개별적인 논점들에 더하여, 을의 민주주의라는 화두 자체가 하나의 의미 있는 문제로 인식되고 토론의 대상이 될 수 있다면, 그 책은 충분히 자신의 존재 의의를 인정받은 것이라고 할 수 있다. 을의 민주주의를 독자적인 탐구 주제로서 체계화하는 일은 2편의 과제로 남겨두겠다.

　내가 이 책을 먼저 내게 된 두 번째 이유는, 을의 민주주의라는 주제를 조금 더 폭넓은 철학적·사회적 문제설정의 맥락 속에 위치시키고 싶었기 때문이다. 『을의 민주주의』의 독자들 가운데 어떤 이들은 을의 민주주의라는 주제가 최근 몇 년 동안 우리 사회의 주요 사회적 담론으로 등장한 "갑을" 담론에 기반을 두고 있다고 생각할지도 모르겠다. 하지만 을의 민주주의는 조금 더 넓은 배경을 전제로 하여 제시된 화두이며, 직접적으로는 1980년대 말 이후 지난 30여 년 동안 우리 사회의 변화에 대한 성찰의 한 결과라고 말할 수 있다. 내가 보기에 오늘날 우리 사회를 특징짓는 여러 현상들은, 1990년대 이룩된 전회의 직·간접적인 결과다.

　나는 이 책에서 프로이트가 이론화했던 정신분석적인 의미의 애도라는 개념에 의지하여 이러한 변화를 사고하고 싶었다. 프로이트는 1917년에 발표한 「애도와 우울증」이라는 글에서 슬픔 또는 애도(Trauer, mourning)와 우울증 또는 멜랑콜리(Melancholie, melancholia) 사이의 차이를 밝히려고 시도한 바 있다. 사실 이 글을 쓰던 당시 프로이트 자신이 1차 세계대전에 징집당한 두 아들로 인해, 1915년에 유행성 감기로 사망한 가장 사랑하던 딸 조피의 죽음으로 인해, 아울러 유럽 문명의 기초 자체를 흔들었던 1차 세계대전의 참상으로 인해 깊은 불안과 슬픔, 애도에 사로잡혀 있었다.

　그에 따르면 애도와 우울증은 사랑하는 사람 또는 대상의 상실과 관련된 두 가지 반응이다. 사랑하는 사람이나 대상이 죽음이나 이별

등을 통해 사라졌다고 느낄 때 사람들은 슬픔의 감정을 느끼며, 더 이상 현존하지 않는, 자신에게서 (영원히) 떠나간 그 대상을 애도하게 된다. 하지만 어떤 사람들의 경우에는 단순히 슬픔이나 애도의 감정에 머물지 않고 우울증이라는 병리적 상황에 빠져들게 된다.

프로이트에 따르면 보통의 경우 사람들은 자신들이 사랑했던 대상이 더 이상 존재하지 않는다는 것을 ("현실성 검사"를 통해) 확인하게 되면 그 대상의 사라짐을 슬퍼하면서 동시에 그 대상에 투여되었던 리비도를 철회하게 된다. 곧 그 대상이 이제 존재하지 않는다는 것, 그것은 돌이킬 수 없이 사라졌다는 것을 다소간의 고통스러운 과정을 경유하여 받아들이게 된다. 그리고 점차 새로운 리비도 대상을 발견함으로써 슬픔 이전과 같은 정상적인 삶의 과정으로 돌아가게 된다.

반면 우울증(또는 멜랑콜리)에 사로잡힌 사람들은 잃어버린 대상에 대한 애착을 중지하지 않으며 그 대상이 사라졌음을 받아들이지 않는다. 그는 계속해서 그 대상을 여전히 살아 있는 대상으로 간주한다. 또는 그 대상이 사라졌다는 것을 부인할 수 없다면, 그는 그 대상의 사라짐을 자신의 탓으로 간주하고, 자신을 가혹하게 학대한다. 우울증에 사로잡힌 이는 상실된 대상을 애도하지 못하고, 오히려 계속해서 자기 자신을 비난하고 학대하고, 때로는 자신을 살해하기에 이른다.

프로이트의 이 논문은 그의 이론적인 작업에서 중요한 분기점이 될뿐더러(그는 이 논문에서 제기된 문제들을 해명하기 위해 『대중심리학과 자아분석』[1921], 『이드와 자아』[1923] 같은 책을 썼으며, 따라서 이 논문은 그의 후기 작업 또는 그의 작업의 세 번째 시기를 알리는 텍스트들 중 하나라고 할 수 있다), 그 이후 애도에 관한 정신분석학적·철학적·인문학적 논의의 한 기원이 되었다.

하지만 동시에 우리는 니콜라스 아브라함, 마리아 토록, 자크 데리다, 주디스 버틀러 같은 이들의 비판적 독해를 통해 프로이트의 초기 애도 이론은 매우 의심스러운 이론적 전제 위에 세워져 있음을 알고 있다. 프로이트가 사랑하는 대상의 상실에 대한 두 가지 대조적인 태도로 애도와 우울증을 구별할 때, 실로 여기에는 나르시시즘적인 주체에 대한 가정이 놓여 있다. 「애도와 우울증」보다 1년 전에 쓴 「나르시시즘을 도입하기 위하여」(Zur Einführung des Narzissmus)라는 글에서 프로이트는 원초적 나르시시즘을 자아의 발달 단계의 정상적인 한 단계로 포함시킨다. 이것은 모든 생명체에서 볼 수 있는 "자기보존 충동"과 연결된 "자아를 향한 리비도 집중" 또는 "자아 리비도"를 가리키는 것이다. 따라서 프로이트가 생각하는 정상적인 자아, 그리고 이 자아가 수행하는 정상적인 애도 작업은 일차적 나르시시즘에 기반을 두고 있다. 만약 주체가 어떤 대상의 상실을 슬퍼하되 일정한 고통의 시간이 지난 뒤 그것을 이겨낼 수 있다면, 그것은 이 주체가 자신이 사랑했던, 하지만 상실된 대상을 대체할 수 있는 다른 사랑의 대상을 발견했기 때문이다. 그리고 이러한 대체가 가능한 이유는, 사실 그가 사랑하는 대상이 주체 자신의 자기 사랑, 자기 자신에 대한 나르시시즘적 사랑에 대한 투사물에 불과하기 때문이다.

그렇다면 애도와 우울증을 구별하고, 전자를 정상적인 것으로, 후자를 병리적인 것으로 분류하는 것에는 정상적인 자아에 관한 매우 고전적이면서 또한 맹목적인 관점이 자리 잡고 있는 셈이다. 이 때문에 데리다는 프로이트가 정상적인 애도라고 부른 것은 사실 타자에 대한 배제를 표현하는 것이며, 더 근원적으로는 자아 내지 주체가 타자와의 관계 속에서만 성립할 수 있다는 점, 주체 자신이 타자의 산물이라는 점을 외면하는 것이라고 지적한 바 있다. 그렇다면 역으로 프로이트가 병리적인 것이라고 말한 우울증적인 애도의 실패야말로 타자에 대한 환대를 표현하는 것일까? 하지만 우울증적인 주체의 경우에는 정상적인 삶의 영위가 불가능하다. 그는 상실된 타자를 애도하지 못한 채 계속 그 타자의 유령에 사로잡혀 있기 때문이다. 타자를 상실한 그의 삶은 그 자신의 장례식일 뿐이다.

> "당신이 죽은 뒤 장례식을 치르지 못해,
> 내 삶이 장례식이 되었습니다.
> ......
> 어이, 돌아오소.
> 어어이, 내가 이름을 부르니 지금 돌아오소.
> 더 늦으면 안되오, 지금 돌아오소."[1]

따라서 우리가 1부 1장에서 보여준 바 있듯이, 데리다는 특유의 탈구축적인 논법에 따라 정상적인 애도와 병리적인 우울증 가운데 어느 한 쪽을 선택하기보다 **애도에 대한 애도**, 곧 "자기 자신에 대한 애도"를 제안하고 있다. 데리다가 말하는 애도에 대한 애도는 "우리의 자율성의 애도, 우리 자신을 우리 자신에 대한 척도로 만드는 모든 것에

---

1 한강, 『소년이 온다』, 창비, 2014, 99~100쪽.

대한 애도"[2]를 뜻한다. 그것은 넓은 의미에서 (나르시시즘적인) **주체 중심주의에 대한 애도**라고 할 수 있다.

1990년대 이후 국내에서 주요 학술적·문화적 담론으로 등장한 '포스트 담론'이 마르크스주의와 민중, 민족 담론을 이미 죽은 대상, 사라진 타자로 애도했을 때, 거기에는 포스트 담론(및 그것을 수입하고 적극적으로 전유한 이들)의 나르시시즘적인 주체 중심주의가 존재했다. 자신이 어떤 조건 속에서 어떤 담론을 수입하고 전유했는지, 그것이 치러야 할 이론적·정치적 대가는 무엇인지, 그것의 이데올로기적 기능은 어떤 것인지에 대한 면밀한 성찰이 부재했던 것이다. 그 결과 포스트 담론은, 그것을 주도하던 이들이 원했든 원치 않았든 간에, 한국 자본주의의 신자유주의적 전환에 대한 이데올로기적 정당화 담론으로 기능했으며, 이를 추구하던 정치권력(알다시피 '민주화' 이후의 어떤 정권도 신자유주의를 문제 삼지 않았다)을 비판적으로 견제하는 대신 이러한 쟁점을 은폐하는 데 기여했다.

역으로 마르크스주의자들, 그리고 민중사나 민족문학, 더 넓게는 민족주의적 담론을 추구하던 이들이 포스트 담론을 배격하고 기존의 입장을 고수했을 때, 여기에는 일종의 우울증적인 태도가 존재하지 않았는지 생각해볼 수 있다. 포스트 담론이 국내에서 빠른 시간 내에 급속하게 확산된 배경에는 역사적 사회주의 체제의 몰락과 냉전 체제의 해체라는 세계사적 사건이 존재했으며, 자본주의 경제의 세계화라는 또 다른 현실적 흐름도 존재했다. 또한 담론 내부적으로는 1980년대

---

2 이 책, 72쪽.

한국 마르크스주의 담론의 교조주의적 한계와 더불어 민중사 및 민족 문학의 민족주의적 한계가 주요한 이유로 작용했다. 하지만 마르크스주의자들이든 민족주의자들이든 애도의 필요성을 부정한 채 더는 효력을 상실한, 따라서 사라질 수밖에 없었던 이론적 전제들을 맹목적으로 붙든 채로 스스로 자신들의 삶을 장례식으로 만들었던 것은 아닌지 문제를 제기해볼 수 있다. 그들이 포스트 담론의 문제의식을 더 비판적이면서 동시에 적극적으로 전유할 수 있었다면, 그들은 아마도 애도를 애도하는 작업에 이미 어느 정도 성공했을지도 모른다.

* * *

이제 30여 년의 시간이 흐른 오늘날 이 책에서 포스트 담론과 민족주의 담론, 그리고 마르크스주의에 대한 애도의 애도를 제안하는 것(이는 1부와 2부, 3부의 주요 주제를 이룬다)은, 내가 말한 바와 같은 애도에 대한 애도, 자기 자신에 대한 애도의 부재가 오늘날 한국의 인문 사회과학, 특히 내 전공 분야인 한국의 철학을 **비판의 능력을 상실한 채** 말 그대로 좀비와도 같은 처지에 놓이게 만들었다고 생각하기 때문이다. 한국을 비롯한 우리 시대의 범세계적인 상황이야말로 이전 그 어느 때보다 더 본래적인 의미의 비판(단지 칸트적일 뿐만 아니라 마르크스적이면서 또한 푸코적인, 그리고 그것을 넘어서는)을 요구하지만, 한국의 철학자들이 과연 이러한 비판의 과제에 제대로 대응을 해왔는지, 아니 이러한 과제 자체에 대한 문제의식을 갖고 있는지조차 의문이다.

많은 논자들이 관찰하고 주장하듯이 우리 시대는 한편으로 심화되어가는 불평등과 다양한 종류의 차별 및 배제, 혐오 현상들로 특징지을 수 있다. 하지만 다른 한편으로 우리 시대의 정치는 '대안 없음'이라고 표현할 수 있는 전망의 부재와 더불어 대중들의 정치적 무기력이라는 성격을 띠고 있기도 하다. 불평등이 점점 증대하는 데다가 가난하고 힘없는 사람들은 차별과 배제 또는 혐오(때로는 **상호적인 성격을 띠는 차별과 배제, 혐오**)의 대상이 되고 있지만, 이러한 상황에 분노하고 단결해서 대안을 모색해야 할 대중들은 무력한 방관자로 남아 있는 것처럼 보인다.

또는 더 정확히 말하면 분노한 대중들은, 이전까지 정치학자들이 바람직한 정치적 행위라고 간주하던 모델에 따라 행위하는 대신, '비정상적'이고 '병리적'인 행위 방식을 보여준다고 말할 수 있다(작은 따옴표는, 나 자신이 이 용어들의 정치학적 용례에 대해 거리를 두고 있음을 표시한다. 이하의 작은 따옴표들도 마찬가지다). 이미 1980년대 유럽에서 2차 세계대전 이후 처음으로 극우파 정당들이 세력을 확장할 수 있는 계기가 된 것은 노동자 계급을 비롯한 하층 계급들이 전통적인 노동자 정당이나 사회민주주의 정당에 등을 돌리고 국민주의와 인종주의에 기반을 둔 극우파 정당들을 지지한 것이었다. 또한 최근 영국에서 있었던 브렉시트(Brexit) 사태나 미국에서 트럼프의 집권 등에서도 대중들은, 적어도 정치학자들이나 사회과학자들이 '합리적'이거나 '정상적'인 행위라고 간주한 방식대로 행위하지 않고, '비합리적인' 선택 행위를 보여주었다.

우리나라의 경우도 사정은 크게 다르지 않다. 흔히 말하듯 한편으로는 반공주의에, 다른 한편으로는 경제성장의 신화에, 그리고 신자유주의적 불평등과 경쟁의 틈바구니에서는 각자도생의 열망에 사로잡혀 있는 한국의 대중들은 진보적인 인문사회과학자들의 기대를 충족시킬 수 있는 방식으로 행위하거나 투표한 적이 없다. 이명박 정권의 뒤를 이어 박근혜 정권이 등장했고, 아마 탄핵 사건이 없었다면, 또 다른 보수 정권(오히려 극우 정권)이 연달아 집권할 수도 있었을 것이다. 더욱이 노무현 정권이 되었든 문재인 정권이 되었든 간에 이른바 '개혁·진보 정권'이 들어선다고 해서 사정이 크게 달라진 것은 없다. 여전히 부동산은 폭등하고 불평등은 심화되고 비정규직은 확산되고 혐오는 넘쳐나고 '진보의 아이콘들'은 자신의 위선을 여지없이 드러낸다.

따라서 이를 포퓰리즘이라고 표현하는 것도 가능할 것이다. 하지만 중요한 것은 이제 **포퓰리즘이라는 개념 자체가 문제적인 것이 되었다**는 점이다. 이미 20여 년 전부터 외국 학계에서는 포퓰리즘을 새롭게 인식하기 위한 다양한 이론적 시도들이 제기되어 왔지만 우리나라에서는 불과 몇 년 전까지만 해도 포퓰리즘이라는 용어는 비난의 수사법으로만 활용되어왔다. 조·중·동과 경제신문, 그리고 수구정당들은 특이하게도 복지 정책을 비난하기 위해 포퓰리즘이라는 용어를 남용해왔고, (최장집 교수를 비롯한) 자유주의 정치학자들은 또한 그 나름대로 '정상적인' 정치, 곧 의회 정치, 정당 정치의 당위를 설파하기 위해 광장의 정치를 포퓰리즘, 운동권 정치라고 비난해왔다.[3] 반면 우파 포퓰리즘이 되었든 좌파 포퓰리즘이 되었든, 이제 포퓰리즘은 정치적 행위

---

3 이 문제에 관해서는 진태원, 『을의 민주주의: 새로운 혁명을 위하여』, 그린비, 2017 가운데 2장과 4장을 참조하고, 또한 진태원 엮음, 『포퓰리즘과 민주주의』, 소명출판, 2017을 참조.

의 일반적인 조건이 되었다고 할 수 있다.

2016~2017년 촛불 시위가 헌정 사상 최초로 대통령 탄핵을 이끌어내고 새 정권을 탄생시켰을 때만 해도, 광장의 정치는 순수한 민주주의, 곧 주권의 담지자인 국민이 직접 정치에 참여하는 참여 민주주의의 총아로 숭상되었지만, 그것이 허상이었음이 입증되는 데는 그리 오랜 시간이 걸리지 않았다. 촛불 집회에 대응하는 태극기 집회는 처음에는 조롱의 대상이었지만, '조국 정국'을 경유하면서 서초동의 촛불 집회와 광화문의 태극기 집회는 비슷한 규모와 세력을 보여주었을 뿐만 아니라, 둘 중 어느 것도 국민 전체를 대표하는 것이 아니라 (자발적이든 아니든) 특정한 정파를 지지하기 위한 동원 세력이었음이 드러났다. 곧 이제 광장은 기득권자들의 대의 정치에 맞선 주권자의 직접 민주주의를 상연하는 곳이 아니라, 오히려 **대의 정치의 두 권력을 추종하는 이들이 각자의 정체성을 확인하는 장으로 변모됐다.** 그것은 해방의 공간에서 당파성에 기반을 둔 권력 투쟁의 장으로 전락했다. 안토니오 그람시식으로 말하자면, 촛불집회에 편승하여 헤게모니를 구성하려는 민주당의 시도가 불가능함이 드러난 것이다. 조국 정국 이후 전면에 나서 '어용 지식인'을 자처하고 당파성을 주장하는 유시민 씨야말로 이를 단적으로 입증해준다. 내가 보기에는 이것이 조국 정국의 가장 중요한 정치적 의미 중 하나다.

만약 어떤 정치학자가, 그러니 이제 다시 의회로 돌아가 정치를 복원해야 한다고 말한다면, 이는 정확히 스피노자가 말했던 의미에서 "눈을 뜬 채 꿈꾸고 있는"(『윤리학』 3부 정리 2의 주석) 것에 불과할 것이다. 이상적인 대화와 타협의 의회 정치라는 것이 설령 가능하다고 해도, 특정한 역사적 시기에 특정한 조건 속에서만 가능했던 그것을 마치 초역사적인 정치의 규범이라도 되는 양 숭배하는 것도 이상하거니와, 그것을 가능하게 하던 조건들이 와해되어 생겨난 결과가 포퓰리즘인데, 이제 포퓰리즘에 맞서 의회정치로 돌아가자고 말하는 것은 부당 전제에 불과하기 때문이다.

포퓰리즘 시대의 정치와 관련하여 아마도 제일 무기력한 태도를 보여주는 것은 마르크스주의자들이 아닐까 싶다. 우리나라에는 마르크스주의자를 자처하는 이들이 학계에든 노동계에든 문화계에든 적지 않지만, 그들이 과연 마르크스주의적인 이론과 실천의 태도를 보여주고 있는지는 의문이다. 앞에서 내가 우리 시대의 범세계적인 정치적 상황이라고 부른 것, 곧 불평등 및 차별과 배제, 혐오가 심화되고 있음에도 대중들 자신은 무기력한 태도를 보이는 현상에 대해 과연 마르크스주의자들이 제대로 인식은 하고 있는지조차 의심스럽다.

이미 사회주의 체제가 몰락한지 30여 년의 시간이 흘렀고, 신자유주의적 금융 위기가 발생한지 10여 년의 시간이 지났지만, 내가 보기에 대부분의 마르크스주의자들은 정치에 관해 이중적인 태도를 보여주고 있다. 하나는 전형적인 계급 중심주의에 사로잡혀 자본주의의 타도를 목표로 하는 계급 정치 또는 노동 정치가 아닌 한 그것은 진정한 정치가 아니라고 생각하는 태도다. 다른 하나는 대중들의 주체화에 대한 뿌리 깊은 무관심이다. 언젠가 가상에서 깨어나 계급투쟁을 수행하게 될 노동자 계급 및 민중에 대한 굳건한 신뢰 때문인지 그들은 왜 대중들이, 특히 노동자 계급을 비롯한 하층 계급들이 사회적 변혁에 관심을 기울이지 않는지, 그 이데올로기적 · 제도적 · 구조적 조건은 무엇이고, 이것에 대한 대응 방안은 무엇인가에 관한 질문을 제기하지 않는다.

그들이 생각하는 유일한 정치는 반(反)자본주의적 정치인데, 이는 자본주의 체계를 파괴하지 않고서는 모든 문제(불평등, 차별, 배제, 혐오 등)의 **궁극적 해결**은 불가능하다는 신념의 표현이다. 그런데 다시 이런 신념은 대개 프롤레타리아트야말로 유일하게 보편적인 정치적 주체라는 믿음을 전제로 한다. 하지만 이러한 보편적 주체로서의 노동자 계급이 현실적으로는 존재하지 않으며, 마르크스주의자들, 특히 그 이론가들은 어떻게 노동자들 및 민중을 정치적 주체로 구성할 것인가 하는 '사소한' 문제(또는 활동가들이 알아서 해야 할 문제)에는 관심이 없으니, 이들은 그날이 오기만을 하염없이 기다리고 있는 것이다. 언젠가 노동자 계급과 민중이 봉기하여 진정한 주체로서 모습을 드러낼 그날을. ('선거 놀음'을 비롯한) 다른 정치는 사소할뿐더러 부르주아 계급 내의 권력 투쟁이나 헤게모니 다툼에 불과하기 때문에 관심을 가질 이유도 필요도 없는 것이다. 요컨대 주체만 존재한다면 반자본주의적 정치를 할 수 있는데, 주체가 아직 존재하지 않으니, 주체가 존재할 때까지 기다리고 있는 것이다. 그들이 애호하는 지젝의 '명언'을 빌리자면 때로는 아무것도 하지 않는 것이 가장 변혁적인 태도라는 것인데, 이는 아마도 어떤 관점에서 보면 가장 우울증적인 태도를 대변하는 것이라고 볼 수 있다.

그렇다면 한국의 인문사회과학, 특히 철학은 이 문제에 대하여 어떠한 비판을 제기할 수 있는가? 지난 1987년 민주화 운동 이후 가장 거대한 대중 운동이 좌초되고, 그것과 연결된 한반도 평화체제의 구축 및 동아시아 평화 운동의 향방이 다시 한 번 지겨운 수구냉전체제의 관성 운동을 되풀이하려는 움직임을 보이는 이 시기에 철학은 어떤 비판의 기획을 시도해야 하는가? 나는 이러한 기획은 무엇보다 30여 년 전에 이루어졌던 어떤 애도를 애도하는 작업에서 출발해야 한다고 생각한다.

* * *

어떻게 보면 이 책은 『을의 민주주의』 이전에 먼저 출간되었어야 하는 책이다. 『을의 민주주의』가 내 나름대로의 새로운 정치적 · 이론적 기획의 시작을 표현하고 있다면, 이 책은 그러한 기획의 전제로서 과거의 작업들에 대한 비판 또는 애도 작업이기 때문이다. 더 정확히 말하면 이 책은 단순히 애도 작업이 아니라 애도의 애도 작업이다. 이 책이 애도하려고 하는 대상이 1990년대 이후 한국 사회의 지적 풍경을 지배했던 포스트 담론이며, 포스트 담론은 그 자체가 이미 애도 작업으로서 기능했기 때문이다.

하지만 다른 측면에서 보면 이 책은 『을의 민주주의』라는 기획이 없었다면 아마 지금 이 형태대로 출간되기는 어려웠을 것이다. 실제로 나는 지난 몇 년 동안 이 책에 수록된 글들 중 일부를 어떻게 묶어서 한 권의 책으로 출간할 수 있을지 오래 고민했지만, 마땅한 답변을 얻을 수 없었다. '을의 민주주의'라는 화두를 제기함으로써 나는 내가 지난 10여 년 간 무엇을 고민했고 무엇에 관해 글을 써왔는지, 그리고 그것이 앞으로의 작업과 관련하여 어떤 의미가 있는지 좀 더 구체적으로 이해할 수 있게 되었다.

이 책은 또한, 『을의 민주주의』와 마찬가지로, 지난 30여 년 동안 한국 사회에서 성인으로서, 지식인으로서 살아온 나의 개인적 삶에 대한 한 가지 애도 작업이라는 의미에서도 역시 애도의 애도라고 할 수 있다. 흔히 '386 세대'라고 불리기도 하고 또는 줄여서 '86 세대'라고 하는 세대에 내가 객관적으로 속해 있기는 하지만, 나는 한 번도 주체적으로 이 세대와 나 자신을 동일시해본 적이 없다. 적어도 이 세대에 속해 있음을 정치적 자산으로 삼아온 이들과 어떤 의미에서도 같은 세대라고 여겨본 적이, 다행스럽게도 없다. 최근의 조국 정국은 2016~2017년 전개된 이른바 '촛불시민혁명'의 시효가 만료되었다는 점을 보여주었으며 또한 86세대가 도덕적·지적으로 파산했다는 점을 여실히 드러내주었다. 그들은 이제 이 사회의 타락한 기득권자들이고 노회한 지배자들과 전혀 다를 바 없는 이들이 되었다.

하지만 이렇게 주관적으로 나 자신과 86 세대를 분리한다 해도, 나 자신은 어쩔 수 없이 80년대의 자식이고 또한 다른 이들에 의해 그렇게 규정될 수밖에 없다. 그런 만큼 그들의 도덕적 타락과 정치적 실패에 대한 책임을 나 역시 나눠 갖지 않을 수 없다. 그들 스스로 그 책임을 인식하고 감당하기를 거부하는 만큼 더욱더 그렇다. 이런 의미에서도 이 책은 애도에 대한 애도의 시도라고 할 수 있다.

* * *

돌이켜보면 이 책에 수록된 글들은 모두 이런저런 학술 모임에서 발표했던 원고들을 기반으로 하고 있다. 이 모임들에서 여러 연구자, 시민, 학생들과 함께 내가 고민하는 주제들을 함께 나눌 수 있었고, 유익하고 날카로운 문제제기들과 비평들, 제안들을 들을 수 있었다. 이들의 비판적인 경청이 없었다면, 아마 이 책의 여러 원고들은 지금도 여전히 단상들의 묶음에 그친 채 컴퓨터 어느 곳에 저장되어 있을 것이다.

『을의 민주주의』에 이어 또 다시 나의 작업을 한 권의 책으로 묶을 수 있는 기회를 주신 그린비 출판사 여러분들에게 깊은 감사의 말씀을 전하고 싶다.

2019년 가을 저자

차례

1부
포스트 담론 이후

1장

'포스트' 담론의 유령들
: 애도의 애도를 위하여

1. '포스트' 담론[1]의 유령들?

자크 데리다는 1993년 출간되어 세계적인 화제를 모은 책에 '마르크스의 유령들'이라는 이름을 붙인 바 있다.[2] 베를린장벽이 붕괴된 이후 사회주의 국가들의 연쇄적인 몰락과 그 이후 걸프 전쟁을 신호탄으로 시작된 새로운 세계질서의 형성을 배경으로 하여 출간된 이 저작에서 데리다는 자신이 왜 이 책에 '마르크스의 유령들'이라는 제목을 붙였는지 설명한다.

마르크스의 유령들이라는 복수의 제목은 우선 마르크스라는 유령

---

1 우리가 제목에서 사용한 '포스트' 담론이란, 지난 20여 년간 국내 학계에 큰 영향을 미친 다양한 종류의 '포스트'(post)라는 접두어를 지닌 담론들, 곧 포스트모더니즘, 포스트구조주의, 포스트마르크스주의, 포스트식민주의 등을 통칭해서 부르는 말이다. 제목에서는 포스트라는 말에 작은따옴표를 사용했지만, 이하에서는 편의상 작은따옴표를 생략해서 사용하겠다.

2 자크 데리다, 『마르크스의 유령들』, 진태원 옮김, 그린비, 2014.

을 가리킨다. 1848년 구유럽의 지배자들이 유럽을 배회하고 있던 공산주의라는 유령을 두려워했듯이, 1993년 당시 '이제 마르크스는 죽었다, 마르크스주의는 역사 속으로 완전히 소멸했다'고 기쁨에 찬 환호를 보내던 새로운 세계질서의 수호자들은, 무덤에 묻힌 역사 속으로 완전히 사라진 이 유령이 혹시나 다시 살아나지 않을까, 무덤 바깥으로 걸어 나오지 않을까 조바심과 불안에 사로잡혀 있다. 따라서 이들은 이미 죽은 마르크스의 유령, 그 환영마저도 몰아내기 위해 푸닥거리를 한다. 그러나 데리다에 따르면 마르크스라는 유령은 되돌아올 수밖에 없다. 그것은 우선 자본주의에 대한 비판적 분석으로서 마르크스의 이론적 유산 없이는 누구도 자본주의의 역사적 전개과정을 제대로 분석할 수 없기 때문이다. 자본주의가 지속되고 그것이 산출하는 각종 갈등과 적대, 모순이 사라지지 않는 한, 마르크스라는 유령은 사라지지 않고 계속 돌아올 것이다. 더 나아가 마르크스주의는 자본주의에 대한 분석이론이기에 앞서 무엇보다도 해방의 운동이라는 이유에서도 유령처럼 되돌아올 수밖에 없다. 법적인 공정함의 질서 바깥에서, 자본주의적인 경제의 모순 속에서 억압받고 착취당하고 차별받는 타자들의 고통의 호소가 울려 퍼지는 한에서 마르크스(주의)의 유령 역시 끊임없이 새로운 세계질서의 공모자들에게 악몽처럼 돌아올 수밖에 없다.

하지만 다른 한편으로 이 제목은 또한 '마르크스를 괴롭히는 유령'을 의미하기도 한다. 데리다에 따르면 이는, 공산주의라는 유령을 몰아내기 위해 공모했던 그의 적수들(1848년 당시 '낡은 유럽의 열강들'이자 1990년대의 '새로운 세계질서'의 지배자들)과 마찬가지로 마르크스 자신도 생생한 현실 대 가상·환영의 대립, 삶과 죽음의 대립을 신뢰했고 이러한 대립 위에 자신의 이론을 세우고 운동의 토대를 마련했기 때문이다. 하지만 보편적인 해방의 열망으로서 메시아주의적인 것이 모든 해방 운동의 기저에 자리 잡고 있다는 점에서, 그리고 사회적 관계로서의 이데올로기가 인간들 사이의 관계의 보편적인 한 요소로 관여한다는 점에서, 유령적인 것은 마르크스주의적인 사상과 운동의 조건을 이룬다고 할 수 있는 한, 모든 유령을 몰아내려는 마르크스의 태도는 모순적일 수밖에 없다. 따라서 데리다에 따르면 마르크스가 오늘날 다시 돌아오기 위한 조건은 마르크스를 사로잡았던 이 유령을 어떻게 받아들이느냐 여부에 달려 있다.

나는 포스트 담론 역시 지난 20여 년 동안 한국에서 유령처럼 존재해왔다고 믿는다. 여기서 유령처럼 존재해왔다는 말은 다음과 같은 두 가지 뜻을 담고 있다.

1) 포스트 담론이라는 유령. 포스트 담론은 한국사회에서 하나의 허깨비로, 유령으로 존재해왔다. 포스트 담론은 처음에는 실체 없는 허상으로, 마르크스주의를 몰아내려는 자본주의의 이데올로기로 간주되었고, 최근에는 이미 지나간 유행으로, 전 지구적인 금융위기라는 현실의 출현 앞에서 사라져버리게 될 한줌의 신기루로 치부되고 있다. 하지만 마침내 은폐되어 있던 현실의 적나라한 출현 및 과학적 이론으로서 마르크스주의의 복원을 전제로 한 이러한 평가는, 이데올로기 내지 담론은 비현실적이고 비물질적인 관념들이며 물질적 현실의 적절하거나 그릇된 반영에 불과하다는 속류 마르크스주의적 관점을 되풀이할 뿐만 아니라, 포스트 담론이 애초에 마르크스주의의 내적 모순에

서 비롯했고, 또한 그것을 해결하려는 독자적인 시도였다는 점을 이해하기 어렵게 만든다. 이런 점에서 포스트 담론은 마르크스(주의)를 괴롭힌 유령의 또 하나의 표현이라고 할 수 있다.

2) 포스트 담론의 유령. 하지만 다른 한편으로 포스트 담론 역시 그 자신의 유령(그것이 마르크스주의이든 근대이든 또는 민족이든 세계화라는 현실이든 아니면 보편성이든 간에)에 사로잡혀 시달려왔다. 세계사적인 현실의 변화에 대한 반영 또는 표현임을 자처하는 포스트 담론은 마르크스주의를 비롯한 근대성의 종말이라는 이름 아래, 따라서 근대성에 대한 애도라는 구실 아래 자신의 타자들을 청산하려고 했지만, 그것을 사라지게 할 수는 없었다. 포스트 담론은 바로 그러한 타자들에 입각하여, 그것들이 품고 있는 모순을 해결하기 위해 성립한 담론이었기 때문이다. 따라서 자신의 타자를 망각하고 배제하려는 욕망은 포스트 담론의 모순이나 한계를 더욱 심화시킬 뿐이다. 이러한 의미에서 애도를 통해 자신이 망각하려고 했던 이 타자들을 어떻게 받아들이는가 여부에, 또는 그러한 애도를 어떻게 애도하느냐 여부에 포스트 담론의 장래가 달려 있다고 말할 수 있을 것이다.

2. 애도의 담론으로서 포스트 담론

1) 포스트 담론에 대한 두 가지 평가방식

국내에는 포스트 담론에 관해 크게 두 가지 태도가 존재한다. 하나는 포스트 담론을 새로운 시대적 흐름 또는 시대의 표상으로서 간주하는 태도다. 포스트 담론을 일종의 '시대정신'(Zeitgeist)으로 받아들이는 이러한 태도는 포스트 담론에 대한 이런저런 찬반 여부를 떠나 포스트 담론이 새로운 시대를 표현하는 대표적인 담론이라는 점을 받아들인다. 따라서 이러한 태도를 보이는 이들은 기저의 사회적 현실 역시 탈근대성(postmodernity)으로 이행했다는 사실, 적어도 부분적으로 탈근대성의 시대적 흐름이 나타나고 있으며, **근대성에서 탈근대성으로의 이행이 보편적인 역사적 흐름**이라는 사실을 (암묵적으로든 명시적으로든) 받아들인다. 포스트모더니즘을 비롯한 포스트 담론은 새로운 시대의 흐름을 표현하는 정신이나 문화적 풍조 또는 세계관인 셈이다.[3]

다른 한편으로 포스트 담론을 **자본의 이데올로기 내지 허상**으로 간주하는 입장이 존재한다. 특히 포스트 담론이 수용되던 초기에는 마르크스주의를 포함한 좌파 쪽에서 포스트모더니즘이나 포스트마르크스주의 또는 포스트구조주의를 마르크스주의를 무력화하기 위한 지배계급의 이데올로기 내지 프티부르주아적인 사상의 표본으로 간주하곤 했다.[4] 또한 지난 2007년 이후 세계적인 금융위기가 닥치고 '경제'

---

3 국내의 다양한 필자들에게서 이처럼 탈근대성을 새로운 세계사적 현실로, 포스트 담론은 이러한 현실을 반영하는 담론으로 간주하는 논법을 찾아볼 수 있다. 김성기, 『포스트모더니즘과 비판사회과학』, 문학과지성사, 1991; 김욱동, 『포스트모더니즘의 이론』, 민음사, 1992; 김진석, 『탈형이상학과 탈변증법』, 문학과지성사, 1993; 『초월에서 포월로』, 문학과지성사, 1994; 이병천, 「맑스 역사관의 재검토」, 『사회경제평론』 제4집, 1991; 「포스트 맑스주의와 한국사회」, 『사회평론』 17호, 1992; 이진우, 『탈현대의 사회철학』, 문예출판사, 1993; 김상환, 『해체론 시대의 철학』, 문학과지성사, 1994; 『예술가를 위한 형이상학』, 민음사, 1999 등 참조.
4 알렉스 캘리니코스, 『포스트모더니즘 비판』, 임상훈·이동연 옮김, 문화과학사, 1994; 윤소영, 『마르크스주의의 전화와 '인권의 정치'』, 문화과학사, 1995; 『알튀세르를 위한 강의: '마르크스주의의 일반화'를 위하여』, 공감, 1996 등 참조.

의 문제가 사회적·지적 논의의 화두로 등장하면서 다시 포스트 담론을 하나의 허상으로 간주하는 태도가 확산되었다. 금융자본이 정치·사회·경제·문화 영역에 걸쳐 점점 더 막강한 전 지구적인 보편성의 힘으로 영향을 미치고 있는 반면, 포스트 담론은 '경제'에 관한 비판적 인식에 아무런 기여도 하지 못할 뿐만 아니라, 거대서사의 종언이나 보편의 허구성 등을 내세우면서 보편적인 사회·정치적 쟁점들에 대한 전망을 거부한 가운데 자기 자신을 '문화' 영역으로 폐쇄시키고 있다는 식의 비판을 종종 목격하게 된다.[5]

홍미로운 점은 어떤 의미에서는 이 두 가지 태도가 동일한 전제를 지니고 있다는 점이다. 이는 지난 1980년대 영미권에서 전개된 포스트모더니즘 논쟁에서 마르크스주의적 관점의 한 전형을 제시해준 바 있는 프레드릭 제임슨에게서 뚜렷하게 드러난다. 제임슨은 「포스트모더니즘 또는 후기 자본주의의 문화 논리」라는 유명한 논문에서 포스트모더니즘을 20세기 후반 후기 자본주의 시대의 상부구조의 새로운 표현으로 제시한 바 있다.[6] 그는 이 논문에서 포스트모더니즘에 특

---

5 가령 외국 이론가이기는 하지만 다음과 같은 비판은 이러한 논점을 전형적으로 보여준다. "모더니티에 반대하면서 포스트모더니즘으로 돌아선 이론들은 그 자체가 이데올로기적이라는 게 나의 주장이다. 왜냐하면 이성의 역할을 비판하면서 자본주의로부터 관심의 초점을 바꿈으로써 결국 자본주의의 핵심 문제를 숨기게 되었기 때문이다"(호르헤 라라인, 『이데올로기와 문화정체성: 모더니티와 제3 세계의 현존』, 김범춘 외 옮김, 모티브북, 2009, 12쪽).

6 Fredric Jameson, "Postmodernism, or the Cultural Logic of Late Capitalism", *New Left Review*, no.152, 1984[「포스트모더니즘—후기자본주의의 문화논리」, 정정호·강내희 편, 『포스트모더니즘론』, 도서출판 터, 1990]. 이 논문은 나중에 동일한 제목의 책 속에 수록되었다.[F. Jameson, *Postmodernism, or, the Cultural Logic of Late Capitalism*, Durham: Duke University Press, 1991].

유한 현상들로 고급예술과 대중예술의 경계의 와해, 깊이의 상실과 표층성의 부각, 역사의 말소와 미적 형식들로의 대체, 개별 주체의 소멸과 혼성모방의 등장, 의미 사슬의 붕괴, 시간의 공간화, 비판적 거리의 소멸 등을 꼽고 있다. 그러면서도 그는 대부분의 마르크스주의자들과 달리 포스트모더니즘을 단순한 허상이나 가상으로서의 이데올로기로 간주하지 않고, 그것이 1950년대부터 성립한 후기 자본주의의 문화적 논리를 표현해준다고, 곧 그것은 토대의 변화에 부응하는 일종의 상부구조의 논리적 형식이라고 주장한 바 있다. 그렇다면 포스트모더니즘 또는 좀더 일반화한다면 포스트 담론 일반은 가상 내지 이데올로기이기는 하되, 현실 역사의 변화와 연동되어 있고 그것을 나타내는 가상, 따라서 말하자면 **필연적 가상** 내지 **현실 가상**이라고 말할 수 있다.

이러한 제임슨의 관점은 포스트모더니즘이라는 문화적·지적 현상을 물질적·경제적 변화 과정과 연동해서 설명하려 한다는 주목할 만한 장점을 지니고 있지만, 몇 가지 측면에서 문제를 지니고 있다. 우선 이런 식의 설명은, 알튀세르의 표현을 빌리면 토대와 상부구조 사이의 관계를 일종의 표현적 총체성으로 본다는 점에서 문제가 있다. 곧 토대와 상부구조는 긴밀하게 연결된 완결된 총체를 이루고 있어서 토대의 변화는 상부구조의 변화와 무매개적으로 대응하게 된다.[7] 더욱

---

7 더 나아가 숀 호머와 오민석이 각각 지적하듯이, 제임슨이 과연 토대와 상부구조 사이의 상응 관계를 온전히 설명하고 있는가라는 반론도 제기될 수 있다. 제임슨의 책에는 정치 경제학에 관한 논의가 한 장에만 포함돼 있을 뿐만 아니라, 그 장의 논의 역시 시장과 이데올로기 내지 문화의 관계에 대한 일반적 언급에 그치고 있기 때문이다. Sean Homer, *Fredric Jameson: Marxism, Hermeneutics, Postmodernism*, London: Routledge, 1998; 오민석, 「프레드릭 제임슨, 정치성, 그리고 매개: 포스트모더니즘론을 중심으로」,

이 제임슨은 "문화적 지배소"(cultural dominant)라는 개념을 통해 문화적 총체성을 긍정하면서도 그 내부에 존재하는 이질성과 차이들을 인정하려고 하지만, 여러 비판가들이 지적하듯이 실제로는 포스트모더니즘으로 통칭되는 후기 자본주의의 상부구조는 동질적인 총체를 이루는 것으로 간주된다. 따라서 포스트모더니즘으로 표현되는 자본주의적 문화 현상 내부에 존재하는 이질적인 경향들 사이의 갈등이나 충돌, 또는 모순을 해명하기 어렵게 된다.[8] 아울러 포스트모더니즘이 후기 자본주의의 전일적인 문화적 지배를 표현하고 그 속에서는 비판적 거리가 소멸된다면, 어떻게 포스트모더니즘에 대한 저항이 가능한가에 대해서도 설명이 불가능해진다. 사실 제임슨의 논리대로 한다면, 비판적 거리가 상실된 포스트모더니즘 시대에 제임슨과 같이 포스트모더니즘에 대한 비판적이고 포괄적인 고찰 자체가 어떻게 가능한지, 그러한 아르키메데스적인 관점이 어떻게 확보될 수 있는지에 대해 우선 질문을 던져볼 수 있다.[9]

우리의 관점에서 본다면, 제임슨의 논의는 미국에 특유한 문화적 현상으로서의 포스트모더니즘을 후기 자본주의 내지 다국적 자본주의의 전 지구적인 문화적 논리로 일반화하고 있다는 점도 문제가 아닐

『영미문학연구』 1권, 2001 참조.

8 마이크 데이비스, 「도시 르네쌍스와 포스트모더니즘 정신」, 『마르크스주의와 포스트모더니즘』, 오길영 외 옮김, 이론과실천, 1992; 김용규, 「이론적 통찰과 맹목: 제임슨의 포스트모더니즘론」, 『오늘의 문예비평』 58호, 2005년 가을호 참조.

9 이 점에 관해서는 Warren Montag, "What is at stake in the debate on postmodernism?", in E. Ann Kaplan ed., *Postmodernism and Its Discontents: Theories, Practices*, New York: Verso, 1988 참조.

수 없다. 포스트 담론이 수용된 이래 흔히 포스트모더니즘이나 포스트 담론을 범세계적인 현상으로 이해하는 견해를 자주 볼 수 있는데, 이는 제임슨과 같이 미국에 특유한 현상들을 전 세계적인 경향으로 일반화하는 미국 중심주의적인 관점에도 그 책임이 있다. 사실 포스트 담론의 국내 도입과 그 확산 과정 자체는 어떤 의미에서 그 자체가 미국화 과정의 한 측면이었다고, **사유의 미국화** 과정이었다고 말할 수도 있을 것이다. 더 중대한 문제는 이것이 **비판적 사유의 미국화** 과정을 수반했다는 점이다. 가령 어떤 사상가나 이론가가 미국에서 각광을 받고 조명을 받아야 비로소 그것이 국내에서 논의되는 경우들을 흔히 볼 수 있다. 따라서 미국의 비판이론계의 사정에 밝은 독자들이라면, 현재 미국에서 막 '뜨고 있는' 이론가가 몇 년 후에는 한국에서 뜨게 되리라고 예측할 수 있다. 아무리 중요한 이론가나 지식인이라 하더라도 '미국에서 뜨지 않는' 사람이 한국에서 각광받고 조명받는 것은 매우 어려운 일이 되었다. 이런 의미에서 포스트 담론에 대한 인식과 평가를 위해 필요한 전제 중 하나는 그것이 **미국에서 발원한 미국식 담론**이라는 점을 분명히 이해하는 일이다. 이 점에 관해서는 뒤에서 좀더 부연하기로 하겠다.

2) 애도작업으로서 포스트 담론

필자가 보기에 국내의 포스트 담론은 시대정신이나 허상 내지 이데올로기라기보다는 (또는 그것들에 앞서) 일종의 **애도의 담론**으로 이해하는 것이 적합하다. 포스트 담론을 애도의 담론으로 규정하는 것은, 포스트 담론은 처음에도 그랬거니와 지금도 역시 그 도입 조건의 굴레에 여전히 묶여 있음을 의미한다.

지난 20여 년 동안 국내에서 이루어진 포스트 담론의 수용 과정을 돌이켜볼 때마다 놀라움을 느끼게 된다. 그러한 놀라움은 무엇보다 포스트 담론의 수용이 막 시작되던 1980년대 말~1990년대 초에 일어난 수수께끼 같은 변화로 인해 생겨난다. 1980년대는 한국 지성사에서 획기적인 시기였다. 민주화운동의 고양을 배경으로 한국사회 성격 논쟁이 뜨겁게 전개되면서 오랫동안 한국의 사상계에서 자취를 감추었던 마르크스주의의 복원이 이루어지고 이른바 '자생적 발전론'을 중심으로 한 독자적인 '민족사'의 구성이 20세기 후반 한국 인문사회과학계의 중심적 화두 중 하나로 제기되었다. 그런데 이러한 도도한 지적 흐름은 말 그대로 1980년대 말부터 순식간에 급격한 변화를 겪게 되어, 채 몇 년이 지나기도 전에 마르크스주의나 민중, 민족 같은 용어들은 사라져버리고 그 대신 '포스트'라는 접두어를 지닌 다양한 담론들 및 그것들과 결부된 새로운 개념들(담론, 텍스트, 해체, 시뮬라크르, 파놉티콘, 숭고 등)이 전면에 등장하게 되었다. 가히 인식론적 단절 내지 절단이라고 부를 만한 변화였다. 이것이 충격적인 이유는 **국내의 그 누구도 몇 년 전만 하더라도 전혀 알지 못했던** 사상, 담론, 용어들이 갑자기 시대의 주류 사상과 담론으로 등장했기 때문이다.

마르크스주의에서 포스트모더니즘으로, 민중사에서 문화사로, 마르크스주의에서 포스트마르크스주의로, 사회철학에서 포스트 담론으로의 이러한 급격한 변화는 도대체 왜 일어난 것일까? 이 질문에 대한 가장 명백한 답변은 같은 시기에 일어났던 급격한 세계사적 변화에 그

원인이 있다는 것이다. 1989년 베를린장벽이 붕괴되고 소련을 비롯한 동유럽 사회주의 국가들의 연쇄적인 몰락은 (마르크스주의의 위기에 관한 논의가 이미 1970년대부터 널리 전개되고 있었지만) 아무도 예측하지 못했던, 말 그대로 급격한 변화였고 한 시대의 종언을 나타낸다는 점에서 이러한 답변은 설득력이 있다. 사회주의의 몰락, 마르크스주의의 종언, 냉전의 종식, 근대성의 종말, 국민국가의 몰락 등과 같이 각종 종말에 대한 담론은 새 천년의 시작을 눈앞에 두고 급속하게 확산된 바 있다.

하지만 이 답변은 한계를 지니고 있다. 우선 이 답변은 '외부 현실의 변화'가 왜 꼭 그렇게 급격한 '내부의 사상적 변화'를 수반해야 했는가라는 반문에 대해 제대로 답변하기 어렵다. 실제로 1992년에 창간되어 1990년대 중반에 이르기까지 국내 인문사회과학계에 큰 영향을 미친 『이론』이라는 학술지가 있다. 세계사적인 변화에 대응하려는 마르크스주의적 시도를 대변하던 그 학술지의 존재는 단순히 외부 현실의 변화만으로는 급격한 사상과 담론의 변화를 설명하기 어렵다는 점을 단적으로 말해준다.

따라서 오히려 포스트 담론의 수입과 급속한 수용은 일종의 애도의 표현이라는 가설을 세워볼 수 있다. 주지하다시피 프로이트는 「애도와 우울증」(Trauer und Melancholia, 1917)이라는 글에서 애도작업을 사랑하는 대상으로부터 점차적으로 리비도를 분리시키는 것으로 규정한 바 있다.[10] 이러한 애도 개념을 원용해서 이야기한다면, 포스트

---

10 지그문트 프로이트, 「슬픔과 우울증」, 『무의식에 관하여』, 윤희기 옮김, 열린책들, 1997.

담론의 수입은 그 이전까지 국내의 지적 무대를 지배하던 마르크스주의(또는 민중민주주의) 및 민족담론이라는 사랑하는 대상, 하지만 "현실성 검사를 통해 …이젠 더 이상 존재하지 않는다는 것"[11]이 확인이 된 대상으로부터 리비도를 철회하는 작업, 곧 그 대상의 상실을 돌이킬 수 없는 것으로, 그것을 완전히 떠나간 것으로, 사망한 것으로 받아들이라는 작업이었다고 생각해볼 수 있다. 애도담론으로서의 포스트 담론이라는 가설은 왜 1990년대 초에 국내에 그토록 많은 고백의 서사와 전향의 담론이 유행하게 되었는지 설명할 수 있게 해준다.[12] 포스트 담론은 그 고통스러운 애도의 과정을 견딜 수 있게 해주고 이미 상실된 사랑하는 대상을 대체할 수 있게 해준 어떤 것이었다.

---

11 같은 책, 249~250쪽.

12 고백의 서사와 전향의 담론 중 가장 유명한 것들만 몇 가지 제시한다면, 다음과 같은 것들을 꼽아볼 수 있다. 1970년대 대표적인 저항시인이자 반체제 지식인이었던 김지하가 사회주의가 몰락한 이후 생명담론을 내세우면서 '운동권'에 대한 비난을 제기하기 시작한 것이나, 1970~1980년대 대표적인 PD과 노동운동가였던 김문수가 자유주의로 전향을 선언한 이후 집권 여당에 입당한 것, 또는 1980년대 대표적인 노동시인이었던 박노해가 자유주의적 예술가로 변모한 것 등이 그 사례들이다. 그리고 대중들에게는 덜 유명하지만 1980년대 한국사회 성격 논쟁의 주요 논객들이었던 박형준과 이병천은 1990년대 초에 마르크스주의의 몰락과 포스트마르크스주의로의 전향을 선언한 바 있다.[박형준·이병천 옮김, 『마르크스주의의 위기와 포스트마르크스주의』 I~III, 의암출판, 1992~1993]. 이병천은 그 이후 시민 민주주의론과 한국경제론 연구에 전념하고 있으며, 박형준은 이명박 정권에서 청와대 정무수석을 지낸 바 있다. 최근에는 1970~1980년대 민중문학의 대표자 중 한 사람이었던 황석영이 이명박 정권을 공개적으로 지지하면서 파문을 일으킨 바 있다. 하지만 1990년대 초에 있었던 고백과 전향의 흐름은 이러한 저명인사들의 사례보다는 대학가에서 운동권이 거의 사라지고 고시공부에 몰두한다든가, 민주화세대를 대표하는 '386' 또는 '486'의 주요 운동가들이 우파(심지어 극우파) 정치인으로 변신한 것 등에서 좀더 극명하게 드러난다.

3) 포스트 담론의 애매성

또한 포스트 담론이 지닌 이러한 애도담론으로서의 성격에 입각해 그
것이 지닌 애매성(나는 '애매성'을 영어의 ambiguity, 곧 두 가지 이상의
뜻이 혼재되어 혼란을 초래할 수 있는 상태라는 의미로 사용한다)을 설명
할 수 있다. 우선 당시에 일어났던 세계사적인 변화는 어떤 것이었는
지 질문해볼 수 있다. (1) 그것은 앞서 말한 것처럼 소련을 비롯한 동
유럽 사회주의 국가들의 연쇄적인 몰락이었으며, 그와 함께 역사적 마
르크스주의가 종말을 고한 것이기도 했다. 1990년대 이후(사실 유럽
및 북미에서는 이미 1980년대부터) 우리나라만이 아니라 거의 전 세계
적으로 이론적 담론으로서 마르크스주의가 급격하게 사라졌다는 사
실이 이를 잘 말해준다. (2) 하지만 그러한 변화는 동시에 새로운 세계
질서의 도래를 알리는 것이기도 했다. 오늘날의 용어법으로 말하면 그
것은 신자유주의적 세계화가 본격적으로 전개되는 시점이었다. 따라
서 사회주의와 마르크스주의의 몰락은 현실 역사의 종말도, 정치적·
사회적 갈등의 종말도 아니었다. 오히려 그것은 어쩌면 이전보다 훨씬
더 불투명하고 훨씬 더 참기 어려운 (왜냐하면 인식과 실천의 기본 준거
로 기능했던 마르크스주의의 정당성이 와해되었기 때문에) 새로운 종류
의 갈등과 적대, 또는 새로운 종류의 계급투쟁의 시작이었다고 할 수
도 있다.

　　하지만 애도의 담론으로서 포스트 담론에서는 세계사적인 변화의
이 두 가지 측면 중에서 첫 번째 측면만이 부각되었다. 달리 말하면 포
스트 담론에서는 (1)에 대한 애도가 (2)에 대한 망각을 초래했다고, 또

는 (2)에 대한 망각 내지 청산의 욕망이 (1)에 대한 애도를 과잉 규정했다고 말할 수 있다.

반면 (대부분의) 마르크스주의자들은 (1)을 부인하려고 애쓰는 대신 (2)의 측면에 좀더 주목했다. 소수의 사람들을 제외한다면 대부분의 마르크스주의자들은 (1)의 현상을 소련을 비롯한 동유럽 사회주의 국가들의 한계로 받아들였을 뿐 마르크스주의 그 자체의 문제는 아니라고 주장했다. 그것이 국가관료적 사회주의라고 불리든, 아니면 은폐된 국가독점자본주의로 불리든 간에 소련을 비롯한 동유럽 사회주의 국가들은 진정한 사회주의체제가 아니었으며, 따라서 마르크스주의를 대표하는 현실 정체로 불릴 만한 자격이 없다는 것이다. 이런 의미에서 소련과 동구 사회주의 국가들의 몰락은 오히려 왜곡되고 변질된 마르크스주의에서 벗어나 마르크스주의의 진정한 본질, 진정한 핵심을 복원할 수 있는 기회로 간주될 수 있었다. 그러나 필자는 (다른 식으로 평가하는 사람들도 있겠지만) 그 이후의 사태의 전개과정은 이러한 생각이 별로 타당성이 없었음을 증명해주었다고 생각한다. 더욱이 그것은 역사적 마르크스주의의 모순과 한계에 대한 엄정한 인식과 비판을 가로막는 알리바이로 기능했다.

이처럼 포스트 담론이 애도의 담론이었고, 또한 (1)에 대한 애도가 (2)에 대한 망각을 초래했다면, 과연 이러한 애도 작업을 수행하게 했던 무의식적인 욕망은 어떤 것이었을까? 그것은 사회주의 국가들의 연쇄 몰락으로 인해 생겨난 사회주의 및 마르크스주의에 대한 실망감과 좌절의 감정이었을 것이며, 민주화의 성취감과 이른바 '3저 호황'으로 요약될 수 있는 당시의 경제성장에 대한 기대감, 아울러 민주화

운동 주체들의 운동에 대한 피로감도 또 다른 욕망이었을 것이다. 하지만 민주화운동 및 노동운동의 관점에서 보면 이광일의 설명이 좀더 설득력이 있다. 이광일은 1980년대 한국 노동운동의 전개과정에 대한 빼어난 연구에서, 1980년대 민주화운동 및 노동운동을 주도하던 세력은 사실 이미 자유주의 헤게모니에 포섭되어 있었으며, 이러한 헤게모니에서 벗어나 급진 노동운동을 전개하려는 정파들은 노동 대중과의 연계를 상실한 가운데 엘리트 운동으로 나아가게 되었다고 진단한 바 있다.[13] 따라서 1980년대 말~1990년대 초 마르크스주의 및 민중·민족담론에서 포스트 담론으로의 급격한 이행은, 1987년 민주화협약을 통해 형성된 자유주의 체제가 자신의 헤게모니를 구축해가는 과정의 이면이었다고 할 수 있다.

그 결과 애도 작업으로서 포스트 담론의 수용은 새로운 종류의 갈등과 적대 내지 계급투쟁(말하자면 '계급 없는 계급투쟁')에 직면하여 다음과 같은 문제들을 제기했어야 했지만, 그것이 지닌 애매성 때문에 이러한 과제를 제대로 수행할 수 없었다. 역사적 마르크스주의의 몰락이라는 '현실' 앞에서 새로운 종류의 계급투쟁, 새로운 종류의 적대를 어떻게 설명할 것인가? 왜 마르크스주의는 이러한 적대와 갈등을 설명하지 못했고 또 여전히 설명하지 못하는가? 그러한 한계를 극복하기 위해서는 어떠한 이론적·실천적 해법들이 모색되어야 하는가?

---

13 이광일, 『좌파는 어떻게 좌파가 됐나? 한국 급진노동운동의 형성과 궤적』, 메이데이, 2008 참조.

3. 포스트 담론의 인식론적·정치적 효과

이러한 문제들을 적극적으로 제기하는 것은 고사하고 애도의 담론으로서 포스트 담론에 내포된 이러한 애매성은 몇 가지 인식론적·정치적 효과를 산출했다.

1) 이중적인 무력화

가장 주목할 만한 효과는, 바로 이러한 포스트 담론의 애매성으로 인해 마르크스주의와 포스트 담론으로 소개된 새로운 이론들 양쪽이 모두 이론적으로 무력화되었다는 점이다. 마르크스주의의 경우 1980년대 인문사회과학계가 이룩한 성과에도 불구하고, 포스트 담론이 등장한 이후 마르크스주의는 손쉽게 본질주의, 계급 환원주의, 경제주의, 유럽 중심주의의 대명사 등으로 환원되었다. 특히 장–프랑수아 리오타르가 『포스트모던 조건』에서 보편적인 인간해방의 신화와 철학적 체계를 통한 모든 지식의 사변적 통일이라는 신화를 근대의 두 가지 정당성 신화로 제기하면서 마르크스주의를 이러한 두 가지 정당성 신화의 결합체로 지적한 것[14]이 마르크스주의를 무력화하기 위한 논거로 자주 활용되었다. 2000년대 이후 마르크스주의가 **게토화**된 것은 마르크스주의자들의 이론적 무능력도 중요한 요인이었지만,[15] 포스트 담론

---

14 Jean-François Lyotard, *La Condition postmoderne*, Paris: Minuit, 1979; 『포스트모던적 조건』, 이현복 옮김, 서광사, 1992.

15 마르크스주의자들의 이론적 무능력은 변화하는 세계 현실에 대한 깊이 있는 정세분석

에 내포된 이러한 애매성도 큰 영향을 미쳤다고 할 수 있다.

다른 한편으로 포스트 담론 역시 지적 담론으로서 무력화되기는 마찬가지였다. 새로 도입된 포스트모더니즘 또는 포스트구조주의에 관한 논의들은 계몽과 보편성, 인간해방의 과제를 근대의 신화로 기각할 뿐 새로운 대안을 마련하지 못한 채, 개인적인 욕망과 문화적 유희에만 몰두하는 무책임한 담론으로 비판받았다. 특수주의, 심미주의, 문화주의, 정체성 정치, 비결정성, 실천적 무기력 등이 이러한 비판을 요약하는 단어들이었다.

사실 포스트 담론에 관한 국내의 논의를 특징짓는 것은 포스트 담론 내부 및 포스트 담론에 대한 비판 모두에서 나타나는 상투어구의 반복, 짜깁기, 획일화, 정교한 분석의 부재 등이다. 필자가 다소 사태를 과장하는 것일지도 모르겠지만, 지난 20여 년 동안 국내의 포스트 담론에 관한 논의에서 실제로 의미 있고 독창적인 작업을 찾기란 매우 힘든 일이다.[16] 몇 가지 사례만 들어보기로 하자.

을 제시하지 못했고, 마르크스주의의 역사적 한계에 대한 엄정한 평가를 제출하지도 못했으며, 그러한 한계를 극복할 수 있는 새로운 논의를 개발하지도 못했다는 사실에서 단적으로 드러난다. 이는 특히 들뢰즈나 네그리 또는 기타 현대이론가들을 원용하여 마르크스주의를 쇄신하려는 이론가들(이진경, 조정환 또는 문화과학 그룹 등)보다는 이른바 '정통 마르크스주의'를 자처하는 이들에게서 적나라하게 드러난다.

16 그나마 몇 가지 눈에 띄는 연구의 사례를 든다면 철학 분야에서는 다음과 같은 업적을 꼽아볼 수 있다. 김진석, 『탈형이상학과 탈변증법』; 이진우, 『탈현대의 사회철학』, 문예출판사, 1993; 김상환, 『니체, 프로이트, 맑스 이후: 현대 프랑스 철학의 쟁점』, 창비, 2002 등 참조. 이들의 연구에 대한 비판적인 분석은 다음 기회로 미루고 여기에서는 한 가지 논평만 해두기로 하자. 이들의 저작은 공통적으로 포스트 담론과 마르크스주의의 관계 또는 양자 사이의 대결을 문제 삼고 있지만, 실제로는 이들 저작에서 마르크스(주의) 이론이나 운동에 대한 깊은 논의라든가 포스트 담론과 마르크스(주의) 간의 긴장이나 갈등관계에 대한 날카로운 분석을 찾아보기 어렵다.

우선 다음과 같은 질문을 던져볼 수 있다. 국내에 소개된 포스트 담론, 특히 포스트모더니즘과 포스트구조주의는 과연 어디서 유래한 담론일까? 필자는 몇 년 전부터 이런저런 기회에 포스트모더니즘과 포스트구조주의를 포함한 포스트 담론은 프랑스 철학이나 프랑스 이론이 아니라 **미국제 담론**이라는 점을 강조해왔다.[17] 포스트 담론을 적절하게 수용하고 평가하기 위한 중요한 전제 중 하나는 그것이 프랑스제 담론이 아니라 미국제 담론이라는 점을 분명히 인식하는 일이지만 필자와 대화한 이 중 이 주장을 진지하게 듣고 또 심각하게 생각하는 사람들은 거의 없었다.

이것은 포스트 담론이 지닌 이런저런 문제점을 프랑스가 아니라 미국에 전가하기 위한 주장이 아니다. 또는 포스트 담론이 내포한 이런저런 문제점들로부터 프랑스 철학자들을 면제시켜주기 위해서도 아니다. 오히려 프랑스의 문명사학자 프랑수아 퀴세가 지난 30여 년 동안 미국에서 이루어진 '프랑스 이론의 발명'의 역사를 짚어보는 노작(勞作)에서 잘 보여준 것처럼 미국학계에서 발명된 포스트 담론은 어떤 의미에서는 **미국학계의 놀라운 생산성과 지적 활력을 보여주는 사례로 간주될 수 있다.**[18] 예컨대 에드워드 사이드에서 호미 바바에 이르

---

17 초기 포스트 담론 수용을 주도하던 당사자 중 한 사람인 김성기는 그 이후 포스트 담론을 "불란서제 담론"이라고 부른 바 있는데, 이러한 규정은 포스트 담론에 관한 통상적인 이해를 나타내는 것으로 볼 수 있다.[김성기, 「불란서제 담론의 그늘」, 『패스트푸드점에 갇힌 문화비평』, 민음사, 1996 참조]. 불란서제 담론에 대한 김성기의 다소 회의적인 시선에 대하여 이진경은 그 담론의 전복성을 부각시키고자 하지만, 그것을 불란서제 담론으로 간주한다는 점에서는 마찬가지다.[이진경, 「6장 근대적 정체성과 횡단의 정치」, 『맑스주의와 근대성: 주체생산의 역사이론을 위하여』, 문화과학사, 1997 참조].
18 François Cusset, *French Theory: How Foucault, Derrida, Deleuze, & Co.*

는 포스트식민주의 담론은 미국에서 발명된 포스트 담론의 대표적 사례인데, 그것이 지닌 한계에도 불구하고, 서양문명 및 근대성의 한계를 근원적으로 재고찰할 수 있는 계기를 제공해주었다는 데 대해서는 크게 이론이 없을 것이다. 하지만 포스트식민주의 담론이 광범위하게 프랑스 철학자들(가령 데리다, 푸코, 알튀세르, 라캉 등)을 원용하고 있음에도, 1990년대 말까지 프랑스 철학자들 자신이나 프랑스 국내 학계에서 포스트식민주의에 관한 논의는 거의 찾아보기 어려웠다.[19] 가령 프랑스 철학자들 가운데 프란츠 파농에 관한 글을 쓴 사람은 사르트르가 유일했으며, 아프리카나 아시아 또는 남아메리카의 식민주의나 포스트식민주의의 문제를 자신의 철학의 주요 사고 대상으로 삼은 사람도 찾아보기 어렵다.[20] 로버트 영이 현대 프랑스 철학자들의 사유의 정치적 기원은 68혁명보다는 알제리의 반식민투쟁에서 찾을 수 있다고 말한 것은 넓은 의미에서 옳다고 할 수 있지만, 그것은 그들의 철학에서 명시적인 사유 주제나 대상으로 부각되지는 못했다. 마찬가지로 포스트마르크스주의 역시 2000년대 이전까지는 프랑스에서 거의 관심

Transformed the Intellectual Life of the United States, Minneapolis: University of Minnesota Press, 2008[프랑수아 쿠세, 『루이비통이 된 푸코? 위기의 미국 대학, 프랑스 이론을 발명하다』, 문강형준·박소영·유충현 옮김, 난장, 2012].

19 카메룬 출신 이론가 아쉴 엠벰베의 아프리카 포스트 식민지 현실에 대한 빼어난 저작은 먼저 프랑스어로 출간됐지만 별로 주목받지 못하다가, 이 책의 영역본이 큰 화제를 모으면서 프랑스에서도 새삼 관심을 끌게 되었다. Archille Mbembe, *De la postcolonie*, Paris: Karthala, 2000.

20 식민지 알제리의 문제를 전기적인 시각에서 출발하여 철학적으로 성찰하려고 한 데리다 정도가 예외적인 경우라 할 수 있다. Jacques Derrida·Geogffrey Bennington, *Jacques Derrida*, Paris: Seuil, 1990; *Le monolinguisme de l'Autre*, Paris: Galilée, 1996.

을 끌지 못했다.[21]

 따라서 포스트 담론이 미국제 담론이라는 점을 강조하는 것은 프랑스 철학자들을 옹호하고, 포스트 담론은 폄훼하는 것과는 아무 관계가 없다. 중요한 것은 포스트 담론이 영미 지식계, 특히 미국에서 탄생한 미국식의 담론이라는 점을 인식할 때에만 **그 담론이 생산된 맥락**을 좀더 정확히 이해할 수 있고, 따라서 그 담론들의 강점과 한계를 좀더 잘 파악할 수 있다는 점이다. 그리고 우리 나름의 방식으로 그러한 담론을 재창조하기 위한 조건을 잘 고려하기 위해서도 이것은 필수적인 전제가 된다. 하지만 지난 20여 년 동안 국내의 포스트 담론 수용에서 이러한 논의는 거의 찾아보기 어려웠으며, 포스트 담론에 관한 여러 가지 오해가 산출된 것에는 이러한 문제점이 중요한 요인으로 작용했다.[22]

 더 나아가 미국과 달리 국내에서는 포스트 담론의 중요한 이론적 원천이 되는 프랑스 철학자들의 저작이 충분히 소개되지도 못했거니와 번역된 저작들 역시 심각한 오역으로 훼손된 경우가 많았다는 점도 지적될 필요가 있다. 국내에 소개된 프랑스 철학자들 중에서 상대

---

21 1985년에 출간된 에르네스토 라클라우와 샹탈 무페의 대표작 『헤게모니와 사회주의 전략』은 2008년에야 프랑스어로 번역됐다. Ernesto Laclau · Chantal Mouffe, *Hégémonie et stratégie socialiste; vers une démocratie radicale*, Paris: Les Solitaires intempestifs, 2008.

22 포스트 담론의 주체적인 수용을 모색하려는 초기의 시도 중 주목할 만한 집단 작업으로는 다음 저작을 참조. 이정우 외, 『프랑스 철학과 우리 1: 현대 프랑스 철학을 보는 눈』, 당대, 1997; 이구표 외, 『프랑스 철학과 우리 3: 포스트모던 시대의 사회역사철학』, 당대, 1997. 하지만 이 저작들의 경우도 여전히 포스트 담론=프랑스 철학(또는 프랑스제 담론)이라는 전제를 넘어서지 못하고 있다.

적으로 번역이 많이 되고 또한 번역의 질이 좋은 경우는 푸코와 들뢰즈 정도다.[23] 반면 국내에 독자적인 학회도 존재하는 라캉의 경우 제대로 번역된 책은 겨우 『세미나 11권』 하나뿐이다.[24] 데리다의 경우 80여 권이 넘는 저서와 수백 편의 논문, 인터뷰 등에서 번역된 책은 20여 권에 불과하며, 그나마 제대로 독서가 가능한 책은 6~7권을 넘지 못한다. 포스트 담론에 가장 큰 영향을 미친 이론가 중 한 사람인 리오타르의 경우는 『포스트모던 조건』을 포함한 2권의 작은 책과 한 권의 평전만 번역되었을 뿐[25], 『쟁론』(Différend)이나 『담론, 형상』(Discours, figure), 『비인간』(L'inhumain) 같은 그의 숱한 대표작은 전혀 소개되지 못하고 있다.[26] 이런 상황에서 프랑스 철학이 국내의 독자적인 포스트 담론 수용을 위한 이론적 원천으로 작용하기는 쉽지 않을 것이다. 실제로 국내에서 독자적인 수용과 활용의 노력이 이루어진 경우는 문학비평에서의 라캉(또는 오히려 지젝), 사회학에서의 들뢰즈 정도라고

---

23 푸코의 국내 수용에 관해서는 진태원, 「푸코에 대한 연구에서 푸코적인 연구로」, 『역사비평』 99호, 2012년 여름호 참조.

24 자크 라캉, 『자크 라캉 세미나 11: 정신분석의 네 가지 근본 개념들』, 맹정현·이수련 옮김, 새물결, 2008.

25 리오타르, 『포스트모던적 조건』; 『지식인의 종언』, 이현복 옮김, 문예출판사, 1993; 『앙드레 말로』, 이인철 옮김, 책세상, 2000.

26 리오타르 미학의 대표작 중 하나인 칸트의 '숭고분석론'은 번역된 바 있으나, 심각한 오역 때문에 국내의 논의에 거의 아무런 영향도 미치지 못했다.[장 프랑수아 리오타르, 『칸트의 숭고미에 대하여』, 김광명 옮김, 현대미학사, 2000]. 또한 민음사에서도 『포스트모던적 조건』 및 관련된 논문들을 묶은 저작을 출간한 바 있지만, 심각한 오역 때문에 거의 아무런 기여도 하지 못했다[『포스트모던의 조건』, 유정완 외 옮김, 민음사, 1992].『쟁론』은 2015년 필자에 의해 번역되었다. 장 프랑수아 리오타르, 『쟁론』, 진태원 옮김, 경성대출판부, 2015.

할 수 있다.[27]

이런 상황에서 포스트 담론은 주로 **상투어구의 반복, 짜깁기, 획일화의 대상**이 되어왔다고 할 수 있다. 사실 상투어구의 반복이나 짜깁기, 획일화 같은 경향이 우리나라에서만 일어난 현상은 아니다. 프랑수아 퀴세는 미국에서 프랑스 이론의 발명의 역사를 다루면서 '인용'을 이러한 발명의 핵심 장치 중 하나로 제시한 바 있다.

> 하나의 소우주처럼 작동하는 인용은 복잡한 논지와 전체 저작을 전달하는 것으로 제 임무를 다한다. 말 그대로 제시하는 것(présenter), 즉 요약하거나 재현하는 것이 아니라 독자 앞에 나타나게 하는 것, 적어도 [복잡한 논지와 전체 저작의] 유령을 불러내는 일이다. 결국 인용은 프랑스 이론으로 불리는 지적 합성물의 기초 자료를 제공한다. 한 줌의 인용 속에 프랑스 이론 전체가 포함되는 것이다.[28]

그러면서 그는 유명한 인용의 사례들을 제시한다. 포스트모더니티를 "메타서사에 대한 불신"이라고 정리한 리오타르의 요약, 다양한 방식으로 번역된 데다가 그 텍스트의 바깥에서 너무나 자주 반복된 데리다의 "텍스트-의-바깥은 없다"는 주장 등이 좋은 예일 것이다. 심지어 철학사란 "어떤 작가의 뒤에 들러붙어 그의 애를 만들어내는" 일종

---

27 슬라보예 지젝의 경우는 좀 독특하다. 그는 포스트 담론에 대한 가장 열정적인 비판가 중 한 사람으로 볼 수 있지만, 국내에서는 포스트 담론의 대표자 중 한 사람으로 간주되고 있고, 또 문학 분야에서는 '라캉의 대용품'으로 널리 원용되고 있다.

28 퀴세, 『루이비통이 된 푸코?』, 158쪽.

의 "비역질"이라는 들뢰즈의 표현, 푸코가 『말과 사물』에서 말한 "해변의 모래사장에 그려진 얼굴이 파도에 씻기듯" 사라질 인간의 이미지는 너무 자주 반복·변형되어 원래의 텍스트는 실질적으로 사라져버린 것이나 다름없게 됐다."[29]

따라서 데리다가 자신을 포스트모더니즘이나 포스트구조주의 이론가로 분류하려는 시도에 대해 다음과 같이 격렬히 반발한 것은 어찌 보면 당연한 일이다.

> 나는 또 『마르크스의 유령들』 및 나의 작업 일반을 **포스트모더니즘** 내지 **포스트구조주의**라는 "유"(類)의 단순한 한 가지 종(種)이나 경우 또는 사례로 간주하려는 모종의 성급한 시도 때문에 충격을 받는다. 이 통념들[포스트모더니즘과 포스트구조주의 — 옮긴이]은 바로 가장 미흡한 정보를 지닌 공중(대개의 경우 거대 언론)이, "해체"를 필두로 자신이 좋아하지 않거나 이해하지 못하는 거의 모든 것들을 쓸어 담는 잡동사니 부대자루들이다. 나는 내가 포스트구조주의자도 포스트모더니스트도 아니라고 생각한다. 나는 여러 번에 걸쳐, 내가 하려는 것과 일치하지 않는다는 점을 일러두기 위해 사용하는 경우를 제외하고는 왜 내가 이 단어들을 거의 사용하지 않는지 설명했다. 나는 결코, 더군다나 내 나름대로 활용하기 위해 "모든 메타서사의 종말의 예고"에 관해 말한 적이 없다. … 또한 사람들은 앞의 경우와는 **정반대로**, 하지만 역시 아주 부당하게도, 위대한 메타서사 담론, "큰 이야기"와 비

---

29 퀴세, 『루이비통이 된 푸코?』, 158~159쪽.

교해 볼 때 "해체주의자들"—또 다른 잡동사니 통념—은 보잘 것 없이 약하다고 비난하곤 했다."[30]

실제로 프랑스 철학자들 중에서 자신의 철학을 포스트모더니즘으로 규정한 것은 리오타르가 유일하며 푸코나 들뢰즈, 데리다는 자신의 사상을 포스트모던한 것으로 규정한 적이 없을 뿐만 아니라, 지극히 드문 예외적인 경우가 아니라면 '포스트모더니즘'이라는 말조차 사용한 적이 없다. 더욱이 그들의 저작에서는 포스트구조주의라는 말도 전혀 찾아볼 수 없으며, 프랑스에서 이들을 포스트구조주의로 분류하는 경우도 거의 찾아보기 어렵다. 따라서 포스트 담론에서 획일화는 일종의 전형적인 현상이라고 할 수 있다.

우리나라의 경우도 사정은 예외가 아니다. 아니, 어떤 의미에서는 우리나라야말로 "한줌의 인용 속에 프랑스 이론 전체가 포함되는" 일, "너무 자주 반복·변형되어 원래의 텍스트는 실질적으로 사라져버린 것이나 다름없게" 되는 일이 표본적으로 일어났고 또 여전히 일어나고 있는 곳이라고 할 수 있을 것이다. 가령 "텍스트의 바깥이란 없다"(Il n'y a pas de hors-texte)라는 데리다의 문장은 오히려 대부분 "텍스트의 바깥에는 아무것도 없다"는 **그릇된 번역**으로 더 잘 인용되며, 포스트모더니즘 또는 포스트 담론 일반의 **텍스트주의**를 대표하는 명제로 아무런 의심 없이 통용된다.[31] 우리나라에서 이 문장의 원문이 무엇이

---

30 자크 데리다 외 지음, 『마르크스주의와 해체: 불가능한 만남?』, 진태원·한형식 옮김, 길, 2009, 163~164쪽.
31 사실 이러한 오해를 처음으로 조장한 사람 중 하나는 다름 아닌 에드워드 사이드이다.

고, 과연 그 원문이 이런 식으로 번역될 수 있을지, 또 이 문장에서 데리다가 말하는 텍스트가 관념이나 표상, 책이라는 의미에서의 텍스트를 뜻하는 것인지 의문을 가져보는 사람은 거의 찾아보기 어렵다.[32] 또한 『말과 사물』에 나오는 "해변의 모래사장에 그려진 얼굴이 파도에 씻기듯" 사라질 인간이라는 푸코의 문장은 인간의 종말, 주체의 죽음을 대표하는 문장으로 거듭 반복되고 인용되고 심지어 **증거로** 제시되곤 한다. 하지만 역시 그 문장이 제시된 책의 맥락을 함께 검토하는 경우는 찾아보기 어려우며, 『말과 사물』 전후의 푸코 저작들에 대한 검토를 통해 그 문장의 의미가 어떻게 변용되고 있는지 탐구하는 경우는 더욱더 찾아보기 어렵다.[33]

E. Said, "The Problem of Textuality: Two Exemplary Positions", *Ciritical Inquiry*, vol.4, no.4, 1978 참조.

32 필자가 알기로 데리다의 텍스트 개념에 대한 진지한 연구는 거의 유일하게 김상환 교수에게서 찾아볼 수 있다. 특히 김상환, 「데리다의 텍스트」, 서울대학교 철학사상연구소 편, 『철학사상』 27집, 2008. 하지만 그의 관점에는 몇 가지 비판의 소지가 있다. 이 문제에 관해서는 다른 곳에서 다뤄볼 생각이다.

33 '인간의 죽음' 내지 '주체의 죽음'에 관한 국내의 거의 유일한 철학적 논의로는 강영안, 『주체는 죽었는가: 현대 철학의 포스트모던 경향』, 문예출판사, 1996 참조. 이 책에서 필자는 "어떤 하나의 입장을 내세우려는 것이 나의 의도는 아니었"으며 "현대 서양철학이 자리 잡고 있는 자리를 확인해보자는" 것이 자신의 의도임을 주장하고 있지만, 이 책에서 주로 다루는 철학자들이 독일관념론 및 그 이후의 독일 철학과 레비나스라는 점에서 필자의 관점은 이미 분명히 드러나는 것으로 보인다. 더욱이 필자는 푸코와 데리다가 '주체의 죽음'에 관한 현대의 논의를 주도한다고 말하면서도 푸코와 데리다에 대해서는 거의 분석하지 않은 채, "푸코나 데리다의 주체 비판이 이런 점에서 니체와 하이데거에 힘입고 있"(11쪽)다거나 "푸코의 경우, 말년에 또 다시 자신의 문제는 결국 '주체'의 문제였음을 토로"(19쪽)했다는 언급, "데리다 같은 사람은 … 모두 하이데거를 반복한 것에 지나지 않는다"(30쪽)는 지적에 그치고 있다. 따라서 이 책은 라캉이나 알튀세르, 푸코나 데리다 또는 들뢰즈 등이 제기한 주체에 관한 문제제기에 대한 깊은 분석이라기보다는 독일관념론이나 레비나스의 시점에서 그러한 문제제기를 밀려서 스케치하는 저작이라고 평할 수 있다.

뒤에서 좀더 자세히 논의하겠지만, 마찬가지로 리오타르의 거대서사 내지 메타담론의 종언이라는 주장의 의미가 무엇인지, 그것이 어떤 맥락에서 제기되었는지 살펴보는 경우도 거의 없으며, 들뢰즈의 시뮬라크르와 보드리야르의 시뮬라크르 개념의 차이는 무엇인지, 데리다의 '텍스트'가 과연 '시뮬라크르'와 동일한 논리를 표현하는지 분석하는 경우를 발견하기란 지극히 어려운 일이다. 그 대신 텍스트, 인간의 죽음, 거대서사의 종언, 시뮬라크르, 노마드, 리좀, 파놉티콘, 숭고 등이 뒤범벅이 된 포스트모더니즘 또는 포스트 담론이라는 비빔밥이 하나의 동일한 담론, 대체 가능한 등가적인 논리들로서 소개되고 인용되고 비판되고 또 경우에 따라 찬양되곤 한다.

2) 문제들의 분리

따라서 두 번째 중요한 효과는 이러한 상호 무력화로 인해 포스트 담론의 이론적·실천적 지향에 대한 맹목이 일반화되었고, 포스트 담론은 **이데올로기로서의 포스트주의**로 전락했다는 점이다. 그리하여 마르크스주의와 새로운 이론들 사이의 갈등관계에 대한 정확한 인식 역시 장애를 겪게 되었고, 포스트 담론이 제기하는 새로운 이론적·실천적 과제들에 대한 모색에도 지장을 초래했다. 포스트 담론이 대결했어야 할 과제는 앞서 언급한 대로 역사적 마르크스주의의 몰락이라는 현실 앞에서 새로운 종류의 갈등과 적대를 어떻게 설명할 것인가라는 문제였으며, 또한 포스트 담론을 통해 역사적 마르크스주의(및 좀더 넓게는 근대성 일반)의 한계들을 성찰하고 넘어설 수 있는가라는 문제였지만,

국내에서 이러한 문제가 본격적으로 다루어지는 경우는 찾아보기가 어렵다.[34]

그 대신 포스트 담론은 주로 애도와 청산의 알리바이로 기능했으며, 이로부터 다양한 종류의 '이행'의 시도가 산출되었다. 가령 거대서사에서 작은 이야기로(곧 민중사에서 문화사 내지 일상사로), 계급 내지 민중에서 소수자로, 보편성에서 차이로, 민족에서 탈민족으로, 이성에서 감성으로, 정치에서 문화로의 이행 등과 같은 이행의 논의들이 그 사례라고 할 수 있다. 이 경우 문제는 대립의 두 항 사이의 관계가 **배타적인 대립**이나 **선형적인 이행**의 관점에서 파악된다는 점이다. 곧 거대서사의 문제점에 대한 비판은 곧바로 거대서사의 폐기와 작은 이야기들의 특권화를 낳게 되고, 노동자계급 중심 정치의 한계에 대한 지적은 자유주의 정치의 전면적인 수용으로 나타나며, 근대적 이성의 병리에 대한 분석은 감성에 대한 맹목적 찬양으로 넘어가는 식의 이행론이 만연하게 되었다. 그리하여 이는 마르크스주의에 대한 **강요된 청산**으로 이어졌으며, 그와 결부된 계급론의 문제나 정치경제학 비판의 문제 설정의 소멸을 낳게 되었다.

또한 포스트 담론을 원용하여 독자적인 문제를 구성하려는 시도들이 제시되었다. 국문학계와 역사학계에서 제기된 탈민족주의 담론이 대표적인 경우라고 할 수 있는데, 문제는 과연 이러한 담론이 진정으로 포스트 담론으로 간주할 수 있는가 여부이며, 그것은 오히려 포

---

34 대신 국내에서는 이진경이나 조정환 등과 같이 들뢰즈나 네그리 등을 원용하는 연구자들에 의해 이러한 작업이 수행된 바 있다. 하지만 이들은 자신들이 원용하는 들뢰즈나 네그리가 포스트 담론과 무관하다고 간주하는 것 같다.

스트 담론과 거의 무관한 또 하나의 획일적이고 이분법적 담론이 아닌가 하는 의문이다. 왜냐하면 탈민족주의 담론에서는 포스트 담론에서 볼 수 있는 섬세한 분류와 분석을 찾아보기 어려울뿐더러, 근대와 탈근대의 선형적인 시기 구분에 입각하여, '민족=국민=근대=마르크스주의=전체주의' 같은 식의 획일적이고 배타적인 논리가 많이 나타나기 때문이다.[35]

이러한 문제들의 분리로 인해 한편으로 마르크스주의 내지 민중·민족담론의 역사적 한계에 대한 고찰 및 개조라는 과제를 수행하는 일이 어렵게 되었다. 만약 포스트 담론이 원래 지니고 있던 문제의식이 적절하게, 그리고 능동적으로 수용되었다면, 마르크스주의 및 민중·민족담론이 지니고 있던 내적 한계를 좀더 효과적으로 인식하고 전위(轉位)시킬 수 있었을지 모른다. 하지만 애초에 포스트 담론과 마르크스주의 사이에는 배타적 대립 내지 선형적 이행의 관계가 설정되어 있었고, 이에 따라 포스트 담론을 주로 새로운 자본의 이데올로기로 치부했기 때문에, 마르크스주의나 민중·민족담론 내부에서 포스트 담론을 생산적으로 수용하는 것은 매우 어려웠다. 또한 포스트 담론의 경우에는 그것의 지적·정치적 모체를 이루는 마르크스주의와의 연관성[36]에서 분리된 채, 1990년대 이후 등장한 자유주의 세력의 헤게모니를 정당화하거나 더 나아가 새로운 문화 담론을 제시한다고 하면서도

---

35 탈민족주의 담론 내지 그 한 흐름으로서 전체주의적 국민국가론에 관한 비판적 분석으로는 이 책 4장 「국민이라는 노예?」 참조.

36 마르크스주의와 포스트 담론의 역사적 연관성에 대한 좋은 논의로는 로버트 영, 『백색신화』, 김용규 옮김, 경성대출판부, 2008; 『포스트 식민주의 또는 트리컨티넨탈리즘』, 김택현 옮김, 박종철출판사, 2005를 각각 참조.

실제로는 자본주의의 새로운 소비 담론을 뒷받침하는 이데올로기로 전락하는 경우도 나타나고 있다.[37]

4. 포스트 담론의 통찰

따라서 앞으로 포스트 담론이 감당해야 할 과제는 지난 20여 년 동안 일어났어야 할, 하지만 일어나지 못한, 포스트 담론과 그 타자의 마주침을 시도하는 일일 텐데, 이렇게 하기 위해 일차적으로 필요한 일은 지난 20여 년 동안의 포스트 담론의 수입에도 불구하고 여전히 제대로 인식되지도, 실천되지도 못하고 있는 포스트 담론에 고유한 통찰들을 발굴하고 발전시키는 일이다. 필자의 생각에 그러한 통찰은 크게 세 가지 측면에서 찾아볼 수 있다.

1) 보편에서 보편들로

첫 번째 통찰은 **보편에 관한 새로운 문제설정**을 가능하게 해주었다는 점에서 찾을 수 있다. 흔히 포스트 담론의 한계로 거론되는 것이 차이

---

37 이런 측면에서 이광일의 다음과 같은 지적은 포스트 담론에 관한 논의를 주도하거나 원용하는 사람들에게는 뼈아픈 비판이다. "물론 포스트주의는 맑스주의가 공백으로 남긴 이론적, 실천적 지점들을 날카롭게 지적했으나 이를 극복하기 위해 급진 노동운동과 연대하기보다 대중운동과 무관한 강단이나 '시민 없는 시민운동'의 영역과 밀착되어 있었다. 그 결과 포스트주의의 많은 쟁점들은 자유주의적 시민운동들에 의해 선점되었고 이것은 급진 노동운동을 고립시키는 정치적 효과를 발휘하였다." 이광일, 『좌파는 어떻게 좌파가 됐나?』, 391~392쪽.

나 특수성을 지나치게 강조한 나머지 보편성을 거부하거나 배제한다는 점이다. 하지만 차이와 보편성을 이처럼 직접 대립시키는 것은 근대성 대 탈근대성, 보편성 대 차이, 계급 대 정체성 등과 같은 불모의 양자택일 구도를 강화하거나 아니면 '열린 보편성'이나 '차이의 연대' 같은 식의 비개념적인 통념상의 결합을 낳을 수밖에 없다는 의미에서 문제가 있다. 필자가 생각하기에 보편성의 문제와 관련하여 포스트 담론이 제기하는 진정한 인식론적 기여가 있다면, 그것은 보편성의 **존재 조건**이라는 문제와 **다수의 보편들** 사이의 관계라는 문제를 제기했다는 점에서 찾을 수 있다.

보편성의 존재 조건이라는 문제는 포스트 담론에 고유한 특징으로 보기는 어렵다. 사실 마르크스와 니체, 프로이트 같은 이른바 '의심의 대가들'의 공통적인 특징은, 진리 내지 보편성에는 유한한 (물질적) 조건들이 존재하며, 더 나아가 진리 내지 보편성은 **자신의 유한한 조건들을 부인하는 가상을 내재적으로 포함**한다는 점을 보여주었다는 데서 찾을 수 있다. 따라서 그러한 조건을 계급구조로 보든 무의식으로 보든 아니면 노예와 주인 사이의 차별적인 가치 구조로 보든 간에, 이들 이후에 보편성의 문제는 유한한 조건의 문제와 분리될 수 없게 되었으며, 그러한 조건 속에서 어떻게 보편성을 주장할 수 있는가라는 문제로 제기된다.

이렇게 볼 때 보편성의 조건이라는 문제에 관한 포스트 담론의 고유한 기여는 그 조건의 **우발성**과 **다양성**이라는 쟁점, 따라서 (비목적론적·비종말론적) **역사성**이라는 쟁점을 제기했다는 점에서 찾을 수 있다. 돌이켜보면 마르크스와 니체, 또는 프로이트는 자신의 대상에 대해서는 그 고유한 맹점과 가상, 유한성을 고발하고 비판하면서도 **그들 자신의 이론 역시** 동일한 맹점과 가상, 유한성을 지닐 수 있다는 사실에 대해서는 여전히 맹목적이었다. 이들의 통찰에 크게 빚지고 있는 포스트 담론이 이들의 문제설정보다 한 걸음 더 나아간다면, 그것은 포스트 담론을 통해 보편은 우발적이고 다양한 조건들 속에 존재한다는 것이 인식되었기 때문이다.

가령 계보학의 철학적 원리가 선명하게 드러나는 「니체, 계보학, 역사」(1970)라는 글에서 푸코는 계보학의 전제로 기원의 거부를 제시하고 있다.[38] 계보학은 "기원"(Ursprung), 곧 가장 본질적이고 가장 귀중한 것으로서 만물의 시초라는 관념, 진리가 거주하는 고유한 장소라고 보는 관념을 거부하고 그 대신 사물의 역사적인 "유래"(Herkunft), 곧 개별적인 그 사물 속에서 "서로 교차하고 풀기 힘든 연관망을 형성하는 은밀하고 독특하며 개체 이하의 수준에 놓인 모든 표시들"[39]을 탐구한다. 또는 계보학은 "생성"(émergence) 내지 "돌발"(surgissement)로서의 "성립"(Entstehung)을 탐구한다. 항상 특정한 세력들이 이루는 상태에서 생산되는 생성이나 돌발은 기원이라는 관념이 함축하는 필연적이거나 선형적인 인과관계를 비판할 수 있게 해주며, 모든 사물은 단일한 중심이나 본질을 포함하고 있다는 통념에 맞서 사물들 내부를 관통하는 상이한 세력들 사이의 투쟁 및 그 효과들을 분석할 수 있게 해준다. 따라서 기원에 대한 계보학적 거부는 목적론과 본질주의에 대

---

38 Michel Foucault, "Nietzsche, la généalogie, l'histoire", in *Dits et écrits*, vol.1 (collection "Quarto"), Paris: Gallimard, 2001.

39 Ibid., p.1009.

한 선전포고와 다르지 않다.

둘째, 계보학은 필연성을 역사적으로 우연적인 것으로 규정한다. 말년에 푸코가 탐구한 "우리 자신의 역사적 존재론"과 긴밀하게 결부되어 있는 이러한 목표는, "우리 자신을 역사적으로 규정된 우연적인 존재자들로 분석하는 것"[40], 곧 "우리에게 보편적이고 필연적인, 의무적인 것으로 주어진 것 속에서, 독특하고 우연적인 것의 몫, 자의적인 강제에서 비롯한 것의 몫은 무엇인지"[41] 찾아내기 위한 것이다. 따라서 이는 **필연적인 한정**이라는 형태 아래 이루어졌던 (칸트의) 비판을 **가능한 넘어섬**의 형태를 띠는 실천적인 비판의 형태로 전환한다.

셋째, 또한 계보학은 새로운 가능성의 장들을 열어놓는다. 이는 두 번째 측면에서 당연히 따라 나오는 것으로, 지금까지 보편적이고 필연적인 것으로 우리에게 제시되었던 것들이 사실은 상이한 세력들 사이의 접촉과 합체, 갈등과 대립, 분산과 해소에 의한 우발적인 역사적 결과였으며 또한 현재 우리 자신 및 우리의 동일성이나 본질 역시 이러한 우연성에 의해 구축된 것이라면, 이러한 우연성을 대체할 수 있는 새로운 가능성의 영역들이 열리게 된다. 따라서 계보학의 궁극적인 목표는 **현재의 우리와 다른 우리의 가능성을 탐색**하는 데 있다고 할 수 있다.

비판은 더 이상 보편적인 가치를 지니는 형식적 구조들에 대한 연구가 아니라, 사건들을 통해 우리로 하여금 우리를 구성하도록 이끌어

---

40 Michel Foucault, "Qu'est-ce que les lumières?", in *Dits et écrits*, vol.II, p.1391.
41 Ibid., p.1393.

온, 그리고 우리로 하여금 우리 자신을 우리가 행동하고 사고하고 말하는 것의 주체들로서 인지하도록 이끌어온 것이 무엇인지에 관한 역사적 탐구다. […] 이러한 비판은 우리 자신으로 하여금 우리 자신이 되도록 해온 우연성으로부터 더 이상 우리 자신이 아니게 존재하고, 우리가 하는 것과 다르게 행동하고 또는 우리가 사고하는 것과 다르게 사고할 수 있는 가능성을 도출해낼 것이라는 […] 의미에서 계보학적이다.[42]

그런데 보편이 우발적이고 다양한 조건들을 지닌다는 것은, 보편이 하나가 아니라 다수이며, 보편들 사이에는 복합적인 관계가 존재한다는 점을 시사한다. 사실 어떤 의미에서는 포스트 담론이 처음부터 씨름했던 핵심 과제는 다수의 보편들 사이에는 어떤 관계가 존재하는가, 그러한 관계는 어떻게 파악되고 또 실천될 수 있는가라는 주제였다고 말할 수 있다. 가령 알튀세르가 제기한 역사유물론과 정신분석의 관계라는 문제는 경제와 무의식이라는 보편자들 사이의 관계라는 문제로 이해될 수 있으며, 자크 라캉이 정식화한 RSI론, 곧 실재계, 상징계, 상상계에 관한 위상학 역시 다수의 보편들 사이의 복합적 관계를 논리적·임상적으로 파악하려는 시도라고 할 수 있다.[43] 그리고 데리다가 차이가 아니라 차연(différance)이라는 새로운 개념을 제시할 때,[44]

---

42 Foucault, "Qu'est-ce que les lumières?", p.1393.

43 이 문제는 국내에서 포스트 담론의 대표자들로 간주되는 최근 현대이론가들 사이에서 논쟁의 쟁점으로 제기된 바 있다. 특히 슬라보예 지젝·주디스 버틀러·어네스토 라클라우, 『헤게모니, 보편성, 우연』, 박미선·박대진 옮김, 도서출판 b, 2009 참조.

44 이 점에 관해서는 데리다 자신의 간명한 해명을 참조할 수 있다. Jacques Derrida &

들뢰즈와 가타리가 『반오이디푸스』에서 시도한 마르크스와 프로이트의 새로운 종합이라는 과제를 넘어("이접적 종합"synthèse disjonctif이라는 개념이 말해주듯, 여기에서도 이미 보편들 사이의 새로운 관계 설정이 중요한 과제였지만) 『천 개의 고원』에서 다양체(multiplicité) 그 자체를 이론화하려고 시도했을 때, 그 역시 보편들 사이에 새로운 관계를 설정하려는 독자적인 모색이라고 볼 수 있다.

　더 나아가 흔히 차이와 특수성, 작은 이야기들의 대표적인 옹호자로 간주되는 리오타르의 관점도 새로운 각도에서 이해해볼 필요가 있다. 리오타르가 『포스트모던 조건』(1979)에서 근대의 두 가지 정당화 신화인 인간해방의 신화와 사변적 지식의 통일이라는 신화를 비판하면서 더 이상 메타서사란 존재하지 않는다고 선언한 것은 사실이다. 하지만 이는 정치적으로는 프롤레타리아 독재에서 프롤레타리아트에 대한 독재로 변질된 동유럽 사회주의에 대한 비판을 전제하는 것이며, 또한 철학적으로는 비트겐슈타인의 언어게임론에 대한 수용을 전제하는 것이다. 따라서 리오타르의 입장은 메타서사 대 작은 이야기들 사이의 대립에 있다기보다는 획일적이고 전체화하는 하나의 언어게임(일종의 보편) 속으로 그것과 상이한 종류의 다른 언어게임들(다른 보편들)을 포섭하려는 시도에 대한 비판에 있다고 할 수 있다. 실제로 그의 대표작이라고 할 수 있는 『쟁론』(1984)에서 리오타르는 언어게임들 사이의 관계라는 문제를 좀더 정치하게 이론화한다.[45] "두 논증

Elisaeth Roudinesco, *De quoi demain...*, Paris: Fayard/Galilée, 2001, p.43 이하.
45 리오타르, 『쟁론』 참조.

들에 적용할 수 있는 판단 규칙이 없기 때문에 공평하게 해결될 수 없는 (적어도) 두 편 사이의 갈등"으로서의 쟁론(différend)을 화두로 제시하면서, 그는 모든 것을 하나의 담론 장르로 환원하려는 근대성의 시도 대신 서로 환원 불가능하고 공약 불가능한 담론 장르들 사이의 쟁론을 전체주의적 착란을 방지할 수 있는 유일한 해독제로 제시한다. 따라서 리오타르가 차이와 이질성 등을 강조하고 보편들 사이의 공약 불가능성을 제시하는 것은 사실이지만, 그것은 다수의 보편들 사이의 관계에 대한 문제제기로 이해해야지, 단순히 보편성에 맞선 특수성이나 차이에 대한 옹호로 파악해서는 안 된다.

다수의 보편이라는 문제에서 흥미로운 쟁점 중 하나는 포스트식민주의가 제기한 문제, 곧 유럽적 보편성과 비유럽적 보편성 사이의 관계라는 문제, 다수의 근대성이라는 문제다.[46] 이 문제에 관해 이 글에서 구체적으로 논의를 하기는 어렵고, 다만 에티엔 발리바르가 제안한 외연적 보편주의(universalisme extensif)와 내포적 보편주의(universalisme intensif)라는 개념 또는 현실적 보편과 이상적 보편, 허구적 보편이라는 개념들은 이러한 복수의 보편을 사고하기 위해 매우 유용한 길잡이가 될 수 있다는 점만을 지적해두겠다.[47]

---

46 이 문제에 관해서는 Dipesh Chakrabarty, *Provincializing Europe: Postcolonial Thought and Historical Difference*, Princeton: Princeton University Press, 2007(20001)[디페시 차크라바르티, 『유럽을 지방화하기』, 김택현·안준범 옮김, 그린비, 2014]; Boaventura de Sousa Santos, "Épistémologies du Sud", *Études rurales*, no.187, 2011; 이매뉴얼 월러스틴, 『유럽적 보편주의』, 김재오 옮김, 창비, 2008; 엔리케 두셀, 『1492년, 타자의 은폐: '근대성 신화'의 기원을 찾아서』, 박병규 옮김, 그린비, 2011 등 참조.
47 현실적 보편, 이상적 보편, 허구적 보편에 대해서는 에티엔 발리바르, 「보편들」, 『대중들

외연적 보편주의라는 개념이 지시하는 것은 국민국가(또는 국민국가들의 체계)와 식민화 사이의 본질적인 연관성이다. 18세기 이후 유럽에서 국민국가들의 형성과 그들 사이의 패권경쟁은 식민지 경쟁으로 이어졌는데, 식민화에 나선 각각의 국민국가들은 이를 **보편성의 관점**에서 이해했다. 다시 말해 이러한 식민화는 단순한 약탈이나 침략의 견지에서가 아니라 선교의 사명 내지 인류 전체의 문명화라는 사명의 관점에서 수행되었으며, 더욱이 내면화된 신념에 따라 수행되었다. 하지만 이러한 보편주의적 관점에도 불구하고, 식민화를 통해 비유럽의 피식민지 인구들은 지배자들의 국적에는 포함되었지만, 식민지 본국의 시민들과 동등한 지위를 누리지는 못한다. 따라서 같은 국적을 지닌 시민들이기는 하지만, 동시에 동등한 지위와 권리를 누리지 못하는 비(非)시민들이 생겨나게 된다. 이것이 하나의 모순이다.

이러한 모순은 또 다른 보편주의, 곧 내포적 보편주의를 통해 좀 더 첨예한 형태를 띠게 된다. 발리바르가 **내포적 보편주의**라고 부르는 것은 「인권선언」에서 구현된 것처럼, 모든 사람들은 평등하고 자유롭다는 명제, 곧 평등=자유라는 명제를 가리키며, 또한 그것과 내재적으로 연결된 모든 인간은 시민이라는 명제, 곧 인간=시민이라는 명제를 가리킨다.[48] 내포적 보편주의가 함축하는 모순은 다음과 같은 것이다. 만약 모든 사람이 평등하고 자유롭다면, 또는 적어도 그럴 권리를 지

의 공포』, 서관모·최원 옮김, 도서출판 b, 2007을 참조하고, 외연적 보편주의와 내포적 보편주의에 대해서는, 특히 에티엔 발리바르, 「공동체 없는 시민권?」, 『우리, 유럽의 시민들?』, 진태원 옮김, 후마니타스, 2010을 참조.

48 「인권선언」에 대한 발리바르의 해석은 E. Balibar, *"La proposition de l'égaliberté"*, in La proposition de l'égaliberté, Paris: PUF, 2010 참조.

니고 있다면, 그리고 각각의 개인들이 누리는 평등과 자유는 그가 시민으로 존재하는 한에서만, 시민으로서의 권리를 누리는 한에서만 누릴 수 있다면, 그것은 다음과 같은 결론을 낳는다. "시민권의 배제…는 인간성 또는 인간 규범 바깥으로의 배제와 달리 해석되고 정당화될 수 없다."[49] 다시 말하면 모든 사람은 그가 사람인 한에서 평등과 자유를 누릴 수 있는 원초적인 권리를 갖고 있지만, 역으로 이러한 권리는 그가 시민으로 존재하는 경우에만, 곧 특정한 정치체, 특정한 국민국가의 성원으로 존재하는 한에서만 실제로 향유되고 행사될 수 있다. 따라서 모든 인간은 **그가 어떤 국가의 국적을 갖고 있지 않는 한에서는**, 곧 그가 이러저러한 국민이 아닌 한에서는 실제로는 **인간성을 박탈당하게 되는 것이다**. 한나 아렌트는 1차세계대전 이후 유럽에서 무수히 생겨난 국적 없는 사람들이 이러한 모순을 실제로 체험하고 구현했음을 보여준 바 있다.[50]

외연적 보편주의와 내포적 보편주의라는 개념쌍은 (탈)식민화의 문제와 관련하여 흥미로운 통찰을 제시해줄 수 있다. 외연적 보편주의가 왕정과 단절하고 공화국을 구성하고자 했던 국민국가의 제국주의화 현상, 따라서 그것에 내재한 퇴행적이거나 도착적인 측면을 부각시킨다면, 반대로 내포적 보편주의는 식민주의에서 벗어나 해방을 이룩하려고 했던 민족해방운동에 고유한 '역설'을 설명해준다. 곧 민족해방운동은 식민지 세력으로부터 벗어나 독립적인 민족국가 또는 국

---

49 발리바르, 『우리, 유럽의 시민들?』, 127쪽.

50 Hannah Arendt, *The Origins of Totalitarianism*, New York: Harcourt, 1951[한나 아렌트, 『전체주의의 기원 1』, 박미애·이진우 옮김, 한길사, 2006, 9장 참조].

민국가를 건설하는 것을 과제로 삼고 있지만, 이러한 과제를 수행하기 위해 식민지 세력으로부터 빌려온 언어, 곧 평등, 자유 같은 내포적 보편주의의 언어를 사용하게 된다. 더 나아가 민족해방을 성취한 세력은 독립된 국가를 건설하게 되는데, 이 경우 새로운 국가는 제국주의 국가들에서 나타난 것과 같은 외연적 보편주의와 내포적 보편주의 간의 새로운 변증법적 순환을 겪게 된다. 곧 새로운 국가는 평등과 자유에 기반을 둔 근대 네이션의 구성을 내세우지만, 그것은 또 다른 지배와 불평등을 낳고 또 다른 갈등과 저항을 유발하게 되며, 이 과정에는 외연적 보편주의와 내포적 보편주의의 갈등 관계가 작용하게 된다. 따라서 이러한 용어법은 지배와 해방, 국민국가와 제국(주의) 사이에 존재하는 갈등 관계를 좀더 복합적으로 이해할 수 있게 해준다. 더 나아가 하나의 국가 곧 하나의 네이션에 한정되지 않은 내포적 보편주의의 실현의 문제가 포스트식민주의의 문제와 맺고 있는 연관성을 좀더 심층적으로 해명할 수 있는 틀을 제공해준다.

2) 주체에서 주체화(들)로

주체화(subjectivation)라는 개념 또는 예속화(assujettissement)-주체화라는 개념쌍(subjection-subjectivation 또는 subjectification)은 미셸 푸코에 의해 고안된 이래 현대이론가들에 의해 광범위하게 논의되고 활용되어왔다. 국내에서는 이상하게도 이 개념 또는 개념쌍에 대해 별로 논의가 되고 있지 않을뿐더러 그다지 주목받지도 못하고 있는데, 그것은 국내에서 포스트 담론, 특히 현대 프랑스 철학의 중심 주제가

'주체의 죽음'이나 '주체의 종말'로 잘못 알려진 데서 기인한다.

하지만 철학적인 측면에서 본다면 포스트 담론의 핵심적인 이론적 유산은 주체를 원리에서 결과로, 또는 구성하는 기능에서 구성되는 위치로 이행시켰다는 데서 찾을 수 있다.[51] 이것은 흔히 통속적으로 이야기되는 것처럼 (포스트) 구조주의가 주체의 죽음을 가져왔다거나 주체를 제거했다는 것을 의미하지는 않는다.[52] 그것은 오히려 (포스트) 구조주의 이후 이제 주체는 더 이상 설명의 근본 원리가 아니라 오히려 설명의 대상으로 존재하게 되었다는 것을 뜻한다. 곧 주체는 우리가 세계를 설명하기 위해서는 필연적으로 가정하지 않을 수 없는 어떤 것, 세계를 초월한(칸트적 의미의 '초월'이든 아니면 좀더 전통적인 의미의 '초월'이든 간에) 지점에 위치해 있는 어떤 것이 아니라, 일정한 물질적·상징적 존재 조건을 기반으로 하여 특정한 메커니즘에 따라 비로소 생산되고 재생산되는, 그리고 그러한 조건이나 메커니즘의 변화에 따라 전환되는 그런 것이 되었다.

---

51 이 점에 관해서는 발리바르의 다음과 같은 지적을 참고할 수 있다. "라캉, 후기 푸코, 또는 알튀세르 등 어떤 위대한 철학적 '구조주의자들'도… 주체를 실격시키는 데 그치지 않았다. 그들 모두는 그 반대로 고전 철학에 의해 기초의 위치에 장착된 이러한 맹목적인 노력을 해명하고자 했다. 즉 **구성하는** 기능에서 **구성되는** 위치로 주체를 이행시키고자 했다"(에티엔 발리바르, 『알튀세르와 마르크스주의의 전화』, 윤소영 옮김, 이론, 1993, 213~14쪽. 번역은 약간 수정).

52 이 점에 대해서는 데리다의 다음과 같은 언급을 참조할 수 있다. "이 세 담론(라캉, 알튀세르, 푸코)과 그들이 특권화하는 사상가들(프로이트, 마르크스, 니체)에서 주체는 재해석되고 복원되고 재기입될 수 있으며, 분명 "일소되지"는 않습니다." Jacques Derrida, "Il faut bien manger ou le calcul du sujet", *Cahiers confrontation*, no.20, 1989, p.45. 또한 푸코의 논평도 참조. Michel Foucault, "Entretien avec D. Trombadori"(1978), in *Dits et écrits*, vol.II; 미셸 푸코, 『푸코의 맑스』, 이승철 옮김, 갈무리, 2000, 59~61쪽.

하지만 이것은 구조주의의 설명 대상으로서의 주체가 일종의 자동인형 같은 전적으로 수동적인 존재자라는 것을 의미하지는 않는다. 구조주의가 설명하려고 하는 것은 자율적인 존재자로서의 주체가 어떻게 자신의 타자에 의해, 곧 자기 바깥의 물질적·상징적 존재 조건에 의해 **자율적인 존재자로서 생산되고 재생산되는가** 하는 점이다. 요컨대 주체가 자율적 존재자로서 존재하기 위해서 전제하지 않으면 안 되는 주체생산의 조건과 메커니즘을 해명하는 것, 따라서 **주체의 자율성의 조건으로서 타율성**을 설명하는 것이 (포스트) 구조주의의 근본적인 철학적 과제였다고 할 수 있다.

예속화–주체화라는 개념쌍의 강점은 주체를 이미 주어진 불변의 실체로 파악하지 않고, 역사적인 과정 속에서 형성되고 재생산되고 또 변형되는 산물로 본다는 점이다. 더욱이 그러한 형성과 재생산, 변형을 지배구조에 의해 위로부터 강요되거나 부과되는 어떤 과정이 아니라 복합적이고 갈등적인 과정으로 이해할 수 있게 해준다는 점이 중요하다. 따라서 이러한 개념쌍을 통해 가령 '민족'이나 '국민' 또는 '시민'이라는 역사적 주체들이 어떻게 형성되었고, 그것을 가능하게 한 조건과 메커니즘은 어떤 것이었는지 새롭게 사고할 수 있으며, 민족이나 국민이 더 이상 불가능한 어떤 것인지, 그렇다면 어떤 조건 때문에 그런 것인지 좀더 정확히 인식할 수 있을 것이다. 또한 근대 서양에서 정치적 주체로 등장한 인민(people) 개념의 역사적 조건과 전개과정은 어떤 것이었는지, 그것이 한국의 민중 개념과 어떻게 연결되고 어떻게 다른지 사고하는 데에서도 이러한 개념쌍은 기여하는 바가 적지 않을 것이다. 신자유주의와 관련해서도 예속화–주체화라는 문제설정은 신자유주의를 경제정책이나 금융자본의 이데올로기로 파악하는 관점을 넘어 새로운 종류의 주체생산이라는 각도에서 이해할 수 있는 길을 열어준다.[53] 이는 신자유주의에 대한 저항이나 대안을 모색하는 데서 매우 중요한 이론적 기반이 될 수 있다.

3) 단일한 정치에서 복수의 정치로

마지막으로 복수의 정치라는 문제를 제기하지 않을 수 없다. 마르크스주의가 남긴 유산 중 하나는 정치의 진정한 장소를 제도적인 정치 바깥에서 찾는다는 점이다. 특히 초기 마르크스 저작에서 발견되는 이러한 관점에 따르면 민주주의가 주장하는 시민들의 평등과 자유는 부르주아지의 계급적 이익 추구를 은폐하는 형식적이고 기만적인 수사에 불과하며, 오히려 진정한 정치는 경제적 착취에 근거를 둔 계급투쟁에서 찾을 수 있다. 마르크스주의에서 법과 정치는 경제적 생산관계에 기반을 둔 상부구조이며, 부르주아 국가는 자본가계급의 계급적 이익을 보장하고 실현하기 위한 도구일 뿐이다. 따라서 제도적인 정치의 영역은 진정한 정치의 장소와 무관한 허상에 불과하다. 이는 노동자계급 내지 프롤레타리아트라는 **역사의 주체**에 근거를 둔 마르크스주의의 본질주의의 근본적인 한계 중 하나라고 할 수 있다.

---

53 이 점에 관해서는 푸코의 신자유주의 분석을 탁월하게 발전시키고 있는 Pierre Dardot · Christian Laval, *La nouvelle raison du monde: Essai sur la société néolibérale*, Paris: La Découverte, 2009[『새로운 세계이성: 신자유주의 사회에 관한 시론』, 오트르망 옮김, 그린비, 근간]. 또한 국내의 연구로는 특히 서동진, 『자유의 의지, 자기계발의 의지』, 돌베개, 2009가 눈여겨볼 만한 업적이다.

이러한 '바깥의 정치'는 알랭 바디우나 슬라보예 지젝, 자크 랑시에르, 조르조 아감벤 같은 동시대 유럽 정치철학자들의 저작에서도 광범위하게 나타난다. 이들은 현대 정치의 대표적인 모델로 간주되는 자유민주주의 정치체가 이상적 정치체라기보다는 오히려 진정한 의미의 민주주의를 억압하거나 배제하는 지배의 체제라고 간주한다. 따라서 인민의 권력으로서 민주주의를 실현하기 위해서는 자유민주주의 체제 바깥에 존재하는 진정한 정치의 장소를 발견하고 그것에 근거하여 그 체제를 넘어설 수 있는 길을 모색하는 것이 필요하다고 본다. 하지만 이처럼 진정한 정치와 가짜 정치, 계급정치와 대의정치 사이의 양자택일적인 구분은 이론적으로 설득력이 부족할 뿐만 아니라 실천적으로도 무력화되기 쉽다.[54] 따라서 이처럼 단 하나의 진정한 정치를 추구하기보다는 복수의 정치를 사고할 수 있는 길을 찾는 것이 필요할 것이다. 이러한 복수의 정치는 노동자계급의 본질주의를 넘어서기 위한 포스트 담론의 다양한 노력과 서양 근대문명 및 유럽적 보편성의 한계를 극복하려는 포스트식민주의의 통찰에 좀더 부합할 수 있다.

필자로서는 에티엔 발리바르가 제안한 정치의 세 가지 개념이 이를 위한 한 가지 중요한 실마리가 될 수 있다고 본다.(물론 경우에 따라 얼마든지 다른 모델을 생각해볼 수 있으며, 또한 기존에 제안된 이런저런 개념이나 이론을 새롭게 변형해볼 수도 있을 것이다.) 발리바르는 1997년 출간된『대중들의 공포』라는 저작에서 정치를 세 가지 개념으로 복수화할 것을 제안한다. 정치의 세 가지 개념이란, 해방(émancipation),

---

54 이 점에 관한 좀더 자세한 논의는 이 책 7장「푸코와 민주주의」참조.

변혁(transformation), 시민다움(civilité)을 가리킨다.[55] 이 중에서 첫째, 해방 또는 정치의 자율성이란 권리의 내포적 보편성에 준거하는 정치를 가리킨다. 이것은 인간 집단(인민이나 국민 등)이 이제는 어떠한 자연적이거나 초월적인 권위에 복종하지 않고 자기 자신의 권위 및 역량에 기초하여 자기 자신을 통치한다는 정치의 권리선언에 준거한다는 뜻이다. 발리바르는 1789년 「인간과 시민의 권리선언」에서 이러한 해방의 정치의 원칙이 가장 분명하게 표현되었다고 간주한다. 왜냐하면 이러한 「선언」에서 정치는 인민의 자기결정의 전개이며, 인민을 구성하는 개인들은 자신들이 향유하는 권리들을 집단적으로 쟁취하여 서로에게 부여하고 보장한다는 호혜성의 원리가 뚜렷하게 선언되고 있기 때문이다.

둘째 변혁이란, 정치를 규정하는 물질적·상징적 조건들, 특히 지배구조 및 권력관계들의 변혁을 중심적인 대상으로 삼는 정치를 의미한다. 발리바르 자신은 마르크스(주의)와 푸코를 변혁의 정치의 두 가지 모델로 제시한다. 주지하다시피 마르크스가 정치를 규정하는 본질적인 조건을 자본주의의 토대 내지 경제적 구조에서 찾았다면, 푸코는 규율권력 및 생명권력 같은 권력관계들에서 변혁의 조건을 발견한다. 하지만 두 사람 모두는 일반적인 의미에서의 정치의 영역은 그것을 조건짓는 자신의 타자에 의존한다는 점에서 전혀 자율적이지 않고 타율

---

55 E. Balibar, "Trois concepts de la politique: émancipation, transformation, civilité" in *La Crainte des masses*, Paris: Galilée, 1997[발리바르, 「정치의 세 개념: 해방, 변혁, 시빌리테」, 『대중들의 공포』]. 참고로 이 번역본에서는 정치의 세 가지 개념 중 civilité가 '시민인륜'으로 번역돼 있는데, 우리의 생각으로는 '시민다움'이 좀더 적절한 번역어인 것 같다.

적이라는 점, 따라서 진정한 정치는 제도 정치의 영역 바깥에 존재한다고 본다는 점에서는 공통적이다.

발리바르가 보기에 이 두 사람의 또 다른 공통점은 지배의 조건이 강화되고 확장되는 가운데 어떻게 그러한 조건을 변혁할 수 있는가라는 문제에 대해 숙명론과 주의주의 사이에서 동요할 뿐, 제대로 답변하지 못한다는 점이다. 그것은 두 사람 모두 지배 상태의 강화로 인해 지배에 저항하고 그것을 변혁할 수 있는 주체생산의 가능성이 잠식되고 있는 상황에서 독단적으로 그러한 가능성을 전제하는 것 이상으로 나아가지 못하기 때문이다. 따라서 발리바르는 이처럼 정치의 주체가 존재하기 위한 조건이 잠식되는 상황을 타개하기 위한 정치로서 시민다움의 정치라는 세 번째 개념을 제시한다. 초주체적 폭력이나 초객체적 폭력과 같은 극단적 폭력의 퇴치를 목표로 삼는 시민다움의 정치[56]는 모든 헌정에 내재적인 구성적 봉기의 역량을 복원하고 확장하려는 운동과 더불어 이러한 운동이 동질적인 정치공동체의 구성으로 전락할 수 있는 위험에서 벗어나려는 탈실체화의 운동을 함축하고 있다.

이처럼 정치를 단일한 개념(그것이 해방이든 봉기든, 변혁이든 또는 평등이나 자유든 간에)이 아니라 세 개의 개념을 통해 사고하는 것은 현대사회의 다원성이라는 현실을 무시하지 않으면서도, 그러한 다원성이라는 사실을 해방이나 봉기 또는 변혁의 정치를 포기하기 위한 구실

---

56 발리바르의 시민다움의 정치에 관해서는 특히 발리바르, 「폭력과 세계화: 시빌리테의 정치는 가능한가?」, 『우리, 유럽의 시민들?』; 「국민우선에서 정치의 발명으로」, 『정치체에 대한 권리』, 진태원 옮김, 후마니타스, 2011; 『폭력과 시민다움』, 진태원 옮김, 난장, 2012 등을 참조.

로 삼는 것을 피하기 위한 좋은 이론적 실마리를 제공해준다.[57]

5. 결론을 대신하여: 애도의 애도를 위하여

데리다의 작업에서 정신분석이 중요한 위치를 차지하고 있다는 것은
잘 알려져 있다. 「프로이트와 기록의 무대」(1964)에서 「진리의 배달
부」(1980)를 거쳐, 『정신분석의 저항들』(1996)에 이르기까지, 그리고
그 이후에도 정신분석의 통찰은 서양 형이상학의 탈구축을 위한 주요
이론적 도구를 제공해주었으며, 때로는 정신분석 자체가 탈구축의 시
험에 부쳐지기도 했다. 하지만 데리다의 정신분석 수용과 활용 및 변
용에서 '애도'라는 주제가 핵심적인 중요성을 차지하고 있다는 사실은
그리 잘 알려져 있지 않다. 데리다는 프로이트 및 그의 계승자들의 애
도 이론을 **정상적인 애도**에 관한 이론이라고 간주하며, 그 핵심이 타자
에 대한 배제에 있다고 지적한다.[58] 그것은 프로이트를 비롯한 정신분
석가들에게 애도라는 것은, 주체가 상실된 타자에게 사로잡혀 우울증
에(곧 비정상적인, 실패한 애도에) 빠지지 않도록 해주는 기능, 정상적인

---

57 이런 측면에서 본다면 라클라우나 무페의 작업과 발리바르의 이론 사이의 차이라는 문
제는 매우 흥미 있는 쟁점이다. 발리바르와 마찬가지로 라클라우나 무페 역시 현대사회
의 다원성이라는 조건을 수용하면서도 급진 민주주의의 문제설정을 포기하지 않기 때
문이다. 앞으로 이 점에 관해 많은 논의가 필요할 것으로 보인다. 발리바르와 무페의 정
치학을 비교하는 작업으로는 문성규, 「적대의 지구화와 정치의 조건들: 무페와 발리바
르의 시민권, 공동체 이론」, 서강대학교 철학연구소 편, 『철학논집』 제28집, 2011 참조.
하지만 필자가 보기에 이 글은 발리바르의 봉기적 시민권과 운명 공동체 개념을 무매개
적으로 연결한다는 점에서 다소 문제가 있다.

58 여러 글 중에서 특히 Jacques Derrida, *Memoires: For Paul de Man*, New York:
Columbia University Press, 1986 참조.

자아를 보호하는 기능을 수행하는 것인데, 이는 곧 주체로부터 타자의 배제를 정당화하는 작용이기 때문이다.

하지만 그렇다고 해서 데리다가 정상적인 애도의 반대편에 있는 비정상적 애도 또는 실패한 애도로서의 우울증을 옹호하는 것은 아니다. 오히려 데리다의 초점은 정상과 비정상, 애도와 우울증이라는 대립을 전위시켜 새로운 문제를 부각시키는 데 있다. 그것은 **어떻게 타자에게 충실할 수 있는가**라는 물음이다. 타자에 대한 충실성이라는 관점에서 보면 정상적인 애도는 사실은 타자에 대한 배반일 수 있다. 왜냐하면 그것은 타자를 완전히 자기 안으로 내면화하는 것, 또는 같은 말이지만 타자의 타자성을 완전히 말소시키는 것이기 때문이다. 그렇지만 반대로 실패한 애도가 타자에 대해 충실한 태도라고 하기도 어렵다. 실패한 애도에서는 타자를 수용하거나 환대하는 주체가 와해될 수 있기 때문이다.

따라서 타자에 대한 충실성, 타자에 대한 환대의 윤리라는 관점에서 보면 중요한 것은 **우리 자신을 어떻게 애도할 것인가**의 문제다. 프랑스의 저명한 문화이론가이자 데리다의 친구였던 루이 마랭(Louis Marin)에 대한 애도의 글에서 데리다가 강조한 것이 바로 이 점이다.

내가 말했던 것처럼 우리는 모두, 각자 독특하게 루이 마랭에 의해 응시되고 있다. 그는 우리를 응시하고 있다. **우리 안에서.** 그는 우리 안에서 응시하고 있다. … 우리 안에서 우리를 응시하는 이 ──그리고 **그에 대하여** 우리가 존재하는 이(*pour qui* nous sommes) ──는 더 이상 그가 아니다/더 이상 존재하지 않는다(n'est plus, lui). 그는, 그가 항상 그래 왔던 것처럼, 전혀 다른 이, 무한하게 다른 이이며, 죽음은 그를 이러한 무한한 타자성 속에 맡기고, 그 속으로 인도하고, 그 속에서 멀어지게 한다. 아무리 나르시시즘적인 것으로 남아 있다 해도 우리의 주관적 사변/반영(spéculation)은 더 이상 그 시선을 붙잡아 가둘 수 없다. 우리 안에 그 시선을 품고, 우리의 매 순간의 행동 하나하나마다 그 시선을 지니고, 우리가 **우리 자신**의 애도를 수행함으로써만, 우리 자신에 대해 우리 자신의 애도를 수행함으로써만 ──내 말은 우리의 자율성의 애도, 우리 자신을 우리 자신에 대한 척도로 만드는 모든 것에 대한 애도라는 뜻이다── **그에 대한** 우리의 애도를 수행할 수 있는 바로 그 순간에 우리가 그 앞으로 함께 출두하게 되는 그 시선을 더 이상 붙잡아 가둘 수 없는 것이다.[59]

이러한 우리 자신에 대한 애도, 타자에 대한 애도의 <u>조건</u>으로서 우리 자신에 대한 애도는 말하자면 **애도에 대한 애도**라고 할 수 있다. 그리고 지난 20여 년간 포스트 담론이라는 이름 아래 수행되었던 애도 작업에 대하여 오늘날 우리가 수행해야 할 것 역시 바로 이러한 의미의 애도의 애도라고 할 수 있다.

이제 마지막으로 애도의 담론으로 기능해왔던 포스트 담론의 장래를 위해, 그것의 애도의 애도를 위해 필요한 한 가지 작업(이것이 유일한 작업이라는 뜻은 아니다)을 지적하면서 논의를 마치겠다. 그것은

---

59 Jacques Derrida, "À force de deuil", in *Chaque fois unique, la fin du monde*, Paris: Galilée, 2003, p.200.

넓은 의미에서 '문화'와 '경제'의 마주침이다. 알다시피 그동안 국내에서 포스트 담론은 주로 문화의 영역에서 논의되어 왔다. 이는 비단 국내에서만 나타나는 현상이 아니라, 영미권에서도 뚜렷하게 나타난 현상이었다. 포스트 담론은 처음에 미국의 문학이론과 비평 분야에서 발원했으며, 그 이후에도 문화연구나 탈식민주의 분야에서 주로 큰 영향을 미쳤기 때문이다. 우리나라에서도 포스트 담론은 경제학 등은 말할 것도 없고 사회과학 분야보다는 주로 영문학이나 국문학을 중심으로 한 문학 분야에 영향을 미쳤으며, 역사나 철학에도 부분적인 영향을 미쳤다. 따라서 포스트 담론은 어떤 의미에서는 '문화' 담론이었다고 말할 수도 있다.

이렇게 본다면 굳이 포스트 담론의 장래를 위해 '경제'와의 접합이나 마주침이 필요할까라는 의문도 제기될 수 있을지 모른다. 하지만 필자는 이러한 접합이나 마주침이 필수적인 과제 중 하나라고 생각한다. 그것은 두 가지 측면에서 그렇다.

그것은 우선 포스트 담론들 및 그것의 이론적 모체를 이루는 현대 프랑스 철학의 특성을 좀더 정확히 이해하기 위해 필수적이다. 흔히 마르크스주의와 포스트 담론 또는 프랑스 철학 사이에는 대립 관계가 존재한다고 생각하지만, 이는 근거가 박약할뿐더러 그리 생산적이지도 못한 태도다. 마르크스주의와 포스트 담론 사이에는 명백한 긴장과 갈등 관계가 존재하지만, 그것은 대립이나 적대와는 다른 관계다. 넓은 의미에서 포스트 담론은 마르크스주의에 내적인 모순이나 한계를 극복하기 위한 시도에서 출발했고 그것의 핵심에는 경제 중심주의 내지 노동자계급 중심주의가 존재했다. 따라서 포스트 담론이나 현대 프랑스 철학의 문제의식을 정확히 이해하려면 양자 사이의 본래적인 연관성에 대한 인식이 필요하다.

하지만 포스트 담론이나 프랑스 철학이 경제 중심주의의 한계를 극복한다고 자부했지만, 과연 그것이 넓은 의미에서의 경제에 관한 새로운 인식과 통찰을 얼마나 산출했는가에 대해서는 의문이 제기될 수 있다. 따라서 포스트 담론의 내적인 한계를 극복하기 위해서도 이는 필수적인 과제라고 할 수 있다. 포스트 담론에서는 주로 근대성이나 탈근대성이 논의되었을 뿐, 자본주의나 탈자본주의의 문제는 거의 논의되지 않았다. 하지만 자본주의와 분리된 근대성은 사고하기 어려울 뿐더러 인식에서 여러 가지 결함과 공백을 낳을 수밖에 없다는 점에서, 근대성과 자본주의, 또는 탈근대성과 탈자본주의 사이의 관계들에 대한 논의는 포스트 담론의 진전을 위해 중요한 과제 중 하나라고 볼 수 있다.

하지만 이러한 마주침을 단순히 **기존에 존재하던** 두 가지 담론 또는 두 가지 사조 내지 이론 사이의 결합이나 연결 또는 접합이라는 뜻으로 이해해서는 안 된다. 그러한 마주침은 오히려 두 개, 아니 그 이상의 담론이나 이론 또는 사조나 운동이 그러한 마주침을 통해 **서로 전화될 수 있는** 것이어야 한다. 기존의 정체성을 그대로 보존한 가운데서 이루어지는 연결이나 결합에서는 아무런 마주침도 일어날 수 없거니와, 애도의 애도라는 과제에 걸맞은 것이 되기 위해서는 마주침은 마땅히 자기 애도의 시험을 거쳐야 할 것이다.

2장

좌파 메시아주의라는 이름의 욕망
: '포스트-포스트 담론'의 국내 수용에 대하여

1. 이론에서는 혁명, 현실에서는 민주당?

나는 외국 사상의 국내 수용에 관해 꽤 오래전부터 한 가지 의문을 품어왔다. 그것은 지난 1990년대 이후, 특히 2000년대 들어 국내에 크게 유행하고 있는 현대 사상의 국내 수용에서 나타나는 이상한 현상에 관한 의문이다.

1장에서 살펴본 것처럼 지난 1990년대 이후 국내에는 포스트모더니즘이나 포스트마르크스주의 또는 포스트구조주의 및 포스트식민주의 등과 같이 '포스트'(post-)라는 접두어를 지닌 일련의 문화적·사상적 흐름이 급속히 수용된 바 있다. 실로 미셸 푸코, 자크 데리다, 질 들뢰즈, 자크 라캉, 장-프랑수아 리오타르, 장 보드리야르 등과 같이 이러한 흐름을 대표하는(또는 그렇다고 간주되는) 사상가들을 제외하고서 1990년대 이후 한국의 지적 담론을 이해하는 것은 불가능하다고 말할 수 있다.

또한 2000년대 들어서는 이 사상가들의 후배 세대에 해당하는 슬라보예 지젝, 안토니오 네그리·마이클 하트, 조르조 아감벤, 자크 랑시에르, 알랭 바디우 등과 같은 새로운 이론가들, 말하자면 '포스트-포스트 담론'의 대표자들이 국내에서 큰 반향을 불러일으키고 있다. 2008년 당시 국내에 이제 막 몇 권의 책이 번역·소개되고 있던(따라서 **국내에 거의 알려지지 않은** 사상가였던) 자크 랑시에르가 한국을 방문했을 때 언론과 대중이 보여준 뜨거운 관심이나 2013년 가을 알랭 바디우와 슬라보예 지젝이 동반해서 방한했을 때 일어난 열광적인 반응은 이들이 국내에서 얼마나 큰 대중적인 명망을 얻고 있는지 잘 보여준다. 이는 마치 유명한 외국의 팝스타나 이른바 아이돌 그룹에 대한, 또는 유명 운동선수들에 대한 팬들의 열광과 비견될 만한 것이었다.

내가 궁금하게 생각했고, 또 지금도 여전히 궁금해하는 것은 다음과 같은 점이다. 포스트 담론을 대표하는 사상가들도 그렇거니와, 그 이후에 각광받고 있는 이 후배 사상가들은 이전의 철학이나 인문학 담론에서 보기 어려운 새로운 주제를 다루고 급진적인 정치적 주장을 제시하는 사상가들이다. 특히 지젝과 바디우는 지난 2008년 금융위기 이후 유럽과 북미의 주요 도시(파리, 베를린, 뉴욕 등)를 돌아다니면서 '공산주의라는 이념'(the Idea of Communism)이라는 제목 아래 일련의 학술회의를 조직하면서 공산주의 사상을 복원하고 전파하기 위해 노력하고 있다.[1] 또한 네그리와 하트는 『제국』과 『다중』, 『공통체』 같은

---

1 이 학술회의의 결과는 몇 권의 책으로 묶여져 출판된 바 있다. Costas Douzinas and Slavoj Zizek eds., *The Idea of Communism*, Verso, 2010; Alain Badiou et al., *L'idée du communisme*, Nouvelles Editions Lignes, 2010; Alain Badiou et al., *L'idée du*

일련의 저작들에서 이를 테면 다중의 공산주의를 제창하고 있다. 이들과는 다소 상이한 지적·정치적 노선에 서 있는 조르조 아감벤 역시 매우 급진적인 메시아주의 정치를 표방하고 있다. '몫 없는 이들의 몫'이라는 개념 아래 민주주의를 다시 사고하려는 자크 랑시에르 역시 이들 못지않게 급진적인 사상가라고 할 수 있다.

그런데 문제는 이처럼 가장 급진적인 정치적 입장을 과시하고, 전복적이며 때로는 파괴적이기까지 한 주장을 서슴없이 제시하는 이 사상가들에 대해 이른바 '운동권' 좌파나 아니면 마르크스주의를 포함한 급진적인 인문사회과학자들이 (이런저런 비판적 반응을 제외하면) 거의 아무런 관심을 기울이지 않는다는 점이다. 그 대신 이 사상가들은 넓은 의미의 교양 대중을 포함하여 주로 문학이나 영화 및 기타 대중예술 관련 연구자들에 의해 열광적으로 (연구되기보다는) 수용되고 인용되고 있다. 지젝이나 바디우, 아감벤에게 관심을 보이는 교양 대중 및 인문학 연구자들이 보수적이지는 않을 것이다. 하지만 그렇다고 해서 그들이 정치적인 의미에서 급진적인 것도 아니다. 이 사상가들을 열광적으로 수용하는 독자들은 대개 넓은 의미에서 자유주의적인 지향을 보이는 이들이다. 정치적으로 본다면 노무현 전 대통령을 열광적으로 지지한 바로 그들이고, 2012년 대선에서는 팟캐스트 '나꼼수' 방송에 심취하면서 문재인 후보나 (잠재적으로는) 안철수 후보에게 성원을 보냈던 이들이기도 하다.

---

communisme: volume 2, conférence de Berlin 2010, Nouvelles Editions Lignes, 2011; Slavoj Zizek ed., *The Idea of Communism 2: The New York Conference*, Verso, 2013.

필자가 보기에 이는 매우 이상한 일이다. 왜냐하면 이 사상가들, 특히 이 글에서 주로 관심을 기울일 지젝이나 바디우, 아감벤 같은 사람들은 현대 사상가들 중에서도 가장 급진적인 정치적 입장을 제시하고 있으며, 따라서 현대의 대표적인 정치체라고 할 수 있는 자유민주주의 체제는 물론이거니와 에르네스토 라클라우와 샹탈 무페 등이 제안하는 급진 민주주의까지도 개량적이고 이데올로기적이라는 비판을 서슴지 않는 이들이기 때문이다. 이처럼 반(反)자본주의적이고 반(反)자유주의적인 정치를 제창하는 이들이 어떻게 좌파들에게는 거의 반응을 얻지 못하고 오히려 자유주의적인 지식인들이나 대중에게 호응을 받는 것일까? 더 이상한 것은, 이러한 기묘한 불일치 내지 괴리에 대해 거의 아무도 관심을 기울이지 않는다는 점이다. 좌파 인문사회과학자들이나 단체들은 이들을 대개 무시하거나 경원하는 태도를 보이고, 이들에 호응하는 사람들은 이들의 급진적이고 혁명적인 주장에 열광하면서도 다른 한편으로 선거 때가 되면(특히 대선 같은 중요한 선거일수록) 늘 민주당 후보에게 투표하러 투표소로 간다.

이러한 괴리 현상을 **역설적으로** 극명하게 드러냈던 것은 2012년 대선을 코앞에 둔 시점에서 『한겨레신문』에 실린 알랭 바디우와의 인터뷰 사건이다. 이 인터뷰에서 한국의 상황에 대한 충분한 지식이 없는 가운데 바디우는 민주당 대선 후보였던 문재인 후보에 대한 지지 입장을 표명한 바 있다.[2] 이것이 역설적인 현상인 이유는, 자유민주주

---

2 알랭 바디우, 「정치란 더 많은 평등의 기회를 줄 방법을 찾는 것: 프랑스 철학자 알랭 바디우 인터뷰」, 『한겨레신문』 2012년 12월 18일[http://www.hani.co.kr/arti/culture/religion/566013.html, 2014. 1. 10. 접속].

의 정치질서의 가장 대표적인 제도 중 하나인 대통령 선거에서 급진적이거나 진보적인 정당도 아니고 보수 야당의 후보인 문재인 후보를, 의회주의에 대한 거부를 자신의 평생 정치적 모토 중 하나로 제시해온 바디우가 지지했기 때문이다. 반(反)의회주의 정치철학자의 의회민주주의에 대한 참여(그것도 자신이 잘 알지 못하는 다른 나라의), 이것은 그 괴리를 부인함으로써 입증하는 기묘한 방식이었던 셈이다.

그 이후 그의 제자 중 한 사람인 서용순 교수가 이 인터뷰에 대해 문제제기를 하면서 바디우의 진의를 밝히는 기고문을 실었지만,[3] 필자가 보기에 그것은 그렇게 중요한 문제가 아니다. (더욱이 서 교수가 바디우의 진의를 밝히면서 옹호한 논리에 대해서도 여전히 또 다른 문제제기가 가능하다.) 왜냐하면 문제는 바디우의 진의가 어떤 것이었는가의 여부가 아니라, 이러한 괴리가 지속적으로 되풀이되고 있다는 사실 자체이기 때문이다. 왜 이러한 현상이 반복되는 것일까? 이 문제를 좀더 따져 보기 위해서는 포스트 담론이라고 불리는 이론의 성격 및 그것의 국내 수용에서 나타난 문제점으로 거슬러 올라가 볼 필요가 있다.

2. 어떤 유행들

성인으로 1980년대를 경험했고 그 격변의 소용돌이 속에서 정치와 철학에 눈을 뜬 필자와 같은 사람에게 1990년대 이후 한국사회에서 전

---

3 서용순, 「알랭 바디우 인터뷰에 오해의 소지 있다」, 『한겨레』 2012년 12월 27일[http://www.hani.co.kr/arti/culture/religion/567270.html, 2014. 1. 10. 접속].

개된 지적 변화의 흐름은 당혹스러운 경험의 연속이라 할 만했다. 잘 알다시피 1980년대는 한국지성사에서 꽤 의미 있는 시기였다. 이 시기는 한편으로 식민사관에서 벗어나 이른바 '내재적 발전론'에 입각하여 독자적인 민족사를 구성하는 것이 국문학, 국사학을 비롯한 인문사회과학의 중심적인 학문적 과제로 제시되었으며, 다른 한편으로는 군사독재에 대한 저항의 수단이자 한국사회를 과학적으로 이해하고 변혁하기 위한 지적 원천으로서 마르크스주의의 복권이 이루어진 시기였다. 하지만 1987년 이후 한국사회의 (부분적이고 매우 불완전한 형태이기는 하지만) 민주화가 이루어지고, 곧 군사독재라는 명시적인 적대자가 사라지고(또는 좀더 비가시적인 다른 대상들로 대체되고) 베를린장벽의 붕괴와 더불어 현실사회주의가 몰락하면서 마르크스주의는 현실을 분석하고 실천을 조직하기 위한 이론적 중심으로서의 권위를 급격히 상실하게 되었다.

그 대신, 약화된 마르크스주의를 대신하여, 1980년대 말~1990년대 초부터 포스트 담론이 한국사회에 급속히 확산되기 시작했다. 포스트 담론의 이러한 수용은 "가히 인식론적 단절 내지 절단이라고 부를 만한 변화였다. 이것이 충격적인 이유는 **국내의 그 누구도 몇 년 전만 하더라도 전혀 알지 못했던** 사상, 담론, 용어들이 갑자기 시대의 주류 사상과 담론으로 등장했기 때문이다."[4] 1980년대에 누가 데리다, 푸코, 들뢰즈 같은 사상가들의 이름을 알고 있었을까? 또 해체, 기표, 시뮬라크르, 규율권력, 파놉티콘 또는 바로 '담론'과 같은 개념들을 누가 들어본

---

4 이 책 1장, 35쪽.

적이 있을까? 그럼에도 불과 몇 년 사이에 이 사상가들과 이 개념들은, 비판을 위해서든 찬양을 위해서든 또는 단순한 수사적 장식을 위해서든, 학술적 논의 및 저널리즘적 담론에서 공용어로 자리 잡았다. 불과 몇 년 사이에, **아무도 알지 못했던 개념들과 이론들이 너무나 자명한 것들로 변신한 것이다.**

따라서 마르크스주의적인 관점을 고수하던 이들 또는 좀더 넓은 맥락에서 보면 1980년대의 지적·실천적 문제의식을 고수하려던 이들이 포스트 담론을 집중적인 비판과 경원의 대상으로 간주한 것은 우연이 아니다. 한국사회에서 포스트 담론은 급진적인 사회변혁의 전망이 사라지고 그 대신 자유민주주의의 제도화의 시대가 도래했음을 알리는, 또는 '무겁고 심각한' 정치에서 '가볍고 재미있는' 문화로의 이동이 시작되었음을 나타내는 상징과 같은 것이었지만, 이러한 상징은 동시에 철저하게 이데올로기적인 성격을 띠고 있었기 때문이다. 다시 말해 포스트 담론을 통해 이제 새로운 시대가 도래했으며, 이 새로운 시대는 골치 아프고 힘겨운 정치와 투쟁의 시대가 아니라, 이제 먹고 살만한 사람들이 즐길 수 있는 심미적 쾌락과 문화적 향유의 시대라는 점을 선언한 이들이 (의도한 것이든 아니든 간에) 제대로 간파하지 못한 것은, 이들이 말하던 새로운 시대가, 얼마 못 가서 밝혀지게 되었지만, **동시에 새로운 불평등과 예속화의 시대였다는 점이다.** 현실사회주의의 몰락은 갈등과 적대의 시대의 종식이 아니라, 신자유주의적 세계화라는 명칭으로 집약되는, 새로운 갈등과 적대, 새로운 불평등과 예속의 시대의 시작이었던 것이다.

그런데 흥미로운 것은, 1997년 IMF 외환위기 이후나 2008년 세계

금융위기 이후, 또는 국내정치의 경우에는 2008년 이명박 정권 등장 이후 포스트 담론을 주장하던 이들이 알리바이로 내세우던 새로운 (문화의) 시대는 허상에 불과했음이 뚜렷이 입증되었음에도, 포스트 담론은 여전히 한국 인문사회과학 및 저널리즘의 지배적인 담론으로 작용하고 있다는 점이다. 또는 좀더 정확히 말한다면, 그 비판적이고 급진적인 잠재력은 거세된 가운데, 포스트 담론은 한편으로 이제 얼마간 학술적 가치를 인정받은 학계의 신참자로서 등재지 논문들을 위한 새로운 자원으로 활용되고 있고, 다른 한편으로는 문화적 교양을 과시하기 위한 지적 클리셰로서 저널리즘과 대중 담론에서 애호되고 있다.

한 가지 차이가 있다면 2000년대 후반부터 포스트 담론은 때로는 그것을 계승하고 때로는 그것과 경쟁하며 대체하고자 하는 새로운 종류의 **인문학 담론**, 곧 포스트-포스트 담론이라는 형태로 변화되었다는 점이다. 이 새로운 담론은 포스트 담론이 정치를 대체하는 문화적·미학적 담론으로 소개되고 소비되었던 것에 비해, 이번에는 훨씬 더 정치적인 담론으로, 그것도 급진적 해방의 담론으로 자처하고 있으며, 더 나아가 그렇게 소개되고 **또한** 소비되고 있다. 네그리와 하트의 제국과 다중에 관한 저작,[5] 지젝의 라캉주의 정치학,[6] 아감벤의 호모 사케르

---

5 안토니오 네그리·마이클 하트, 『제국』(2000), 윤수종 옮김, 이학사, 2001; 『다중』(2004), 조정환 외 옮김, 세종서적, 2008 등 참조.
6 슬라보예 지젝은 현대 사상가들 중에서 가장 다작의 저자로 꼽을 만한 사람이며, 국내에도 수많은 저작들이 번역되어 있다. 따라서 그의 저작을 여기서 일일이 열거할 수는 없으며, 1990년대 후반 이후 그가 근본적인 변혁을 주장하게 된 몇몇 저작들만을 제시한다면 다음과 같다. 슬라보예 지젝, 『까다로운 주체』(1999), 이성민 옮김, 도서출판 b, 2005; 『지젝이 만난 레닌』(2002), 정영목 옮김, 교양인, 2008; 『시차적 관점』(2006), 김서영 옮김, 마티, 2009; 『잃어버린 대의를 옹호하며』(2008), 박정수 옮김, 그린비, 2009; 『폭력이란 무엇

연작,[7] 바디우의 포스트 마오주의적 공산주의,[8] 랑시에르의 무정부주의적 민주주의론[9] 등이 그 대표적인 사례들이다.

이 새로운 담론들이 포스트 담론에 속하는 사상가들, 곧 데리다, 들뢰즈, 푸코, 리오타르, 라클라우·무페 등에 대해 꽤나 비판적인 태도를 취하고 있고, 더욱이 이들이 포스트 담론에 비해 훨씬 더 적극적이고 급진적인 정치적 입장을 표명하고 있기 때문에, 이들을 포스트 담론과 같은 노선 위에 위치시키고, 말하자면 그 담론의 후예들로 평가하는 것은 어쩌면 상당히 부당한 평가일지도 모른다. 하지만 필자가 보기에 이러한 관점에 기초를 둘 경우에만 이 새로운 담론의 (**언표적 내용**이라기보다는) **언표행위적 위상**을 적절히 평가할 수 있으며, 포스트 담론 및 포스트-포스트 담론의 국내 수용의 의미와 한계를 파악하는 것이 가능하다. 문제는 1990년대 이후 국내에 차례로 소개되고 있고

인가』(2008), 정일권·김희진·이현우 옮김, 난장이, 2011; 『처음에는 비극으로, 다음에는 희극으로』(2009), 김성호 옮김, 창비, 2010.

7 조르조 아감벤, 『도래하는 공동체』(1990), 이경진 옮김, 꾸리에, 2014; 『호모 사케르』(1995), 박진우 옮김, 새물결, 2008; 『목적 없는 수단』(1996), 김상운·양창렬 옮김, 난장, 2011; 『아우슈비츠의 남은 자들』(1998), 정문영 옮김, 새물결, 2012; 『예외상태』(2003), 김항 옮김, 새물결, 2009; 『세속화 예찬』(2005), 난장, 2011.

8 알랭 바디우, 『존재와 사건』(1988), 조형준 옮김, 새물결, 2013; 『철학을 위한 선언』(1989), 서용순 옮김, 길, 2010; 『모호한 재앙에 대하여』(1991), 박영기 옮김, 논밭출판사, 2013; 『조건들』(1992), 이종영 옮김, 새물결, 2006; 『윤리학』(1993), 이종영 옮김, 동문선, 2001; 『사도 바울』(1997), 현성환 옮김, 새물결, 2008; 『투사를 위한 철학: 정치와 철학의 관계』(2011), 서용순 옮김, 오월의책, 2013.

9 자크 랑시에르, 『무지한 스승』(1985), 양창렬 옮김, 궁리, 2008; 『정치적인 것의 가장자리에서』(1998), 양창렬 옮김, 길, 2013; 『감성의 분할』(2000), 오윤성 옮김, 도서출판b, 2008; 『민주주의는 왜 증오의 대상인가』(2005), 허경 옮김, 인간사랑, 2011; 『불화: 정치와 철학』(1995), 진태원 옮김, 길, 2015.

광범위한 지적·대중적 영향력을 획득하고 있는 어떤 서양 인문학 담론들이 유행하는 이유를 해명하는 것이다.

3. 바깥의 정치

나는 포스트 담론 이후 국내에 큰 영향을 미치고 있는 이 새로운 담론을 '바깥의 정치'라는 이름으로 개념화한 바 있다.[10] 다소의 중복을 무릅쓰고 그 대략적인 논지를 소개하면 다음과 같다.

필자가 보기에 네그리와 하트, 지젝, 바디우, 아감벤, 랑시에르 같은 현대의 대표적인 좌파사상가들은 그들의 다양한 사상적 원천과 이론적 문제설정에도 불구하고 공통의 지적·정치적 입장을 공유하고 있다. 그것은 이들이 모두 각자 나름대로 급진적인 해방의 정치를 추구하고 있으며, 이러한 정치를 제도적인 정치 바깥에서 찾고 있다는 점이다. 실로 이들은 공통적으로 현대 정치의 대표적인 모델로 간주되는 자유민주주의 정치체를 이상적인 정치체가 아니라 진정한 의미의 정치를 억압하거나 배제하는 지배의 체제로 간주한다. 따라서 인민의 권력으로서의 민주주의를 실현하기 위해서는 **자유민주주의 체제 바깥에 존재하는 진정한 정치의 장소**를 발견하고 그것에 근거하여 이 체제를 넘어설 수 있는 길을 모색하는 것이 필요하다고 본다.

이렇게 본다면 이들의 입장은 고전적인 마르크스주의적인 관점과 대동소이한 것으로 보인다. 실제로 이들은 명시적이든 암묵적이든

---

10 이 책 7장 참조.

간에 마르크스주의적인 관점을 계승하고 있다. 이는 두 가지 측면에서 이해될 수 있다. 첫째는 마르크스주의가 자유민주주의 또는 부르주아 민주주의의 허구성과 기만성에 대한 비판 모델을 제시했다는 점이다. 특히 초기 마르크스 저작에서 발견되는 이러한 관점에 따르면 민주주의가 주장하는 시민들의 평등과 자유는 부르주아지의 계급적 이익 추구를 은폐하는 형식적이고 기만적인 수사에 불과하다. 둘째는 경제적 착취에 근거를 둔 계급투쟁을 진정한 정치의 쟁점으로 파악한다는 점이다. 마르크스주의에서 법과 정치는 경제적 생산관계에 기반을 둔 상부구조이며, 부르주아 국가는 자본가계급의 계급적 이익을 보장하고 실현하기 위한 도구일 뿐이다. 따라서 제도적인 정치의 영역은 진정한 정치의 장소와 무관한 허상에 불과하다.

하지만 이들의 사상은 고전 마르크스주의와 꽤 비판적인 거리를 두고 있다. 실제로 다중의 정치철학을 통해 고전 마르크스주의의 정치경제학 비판을 스피노자의 정치적 존재론과 결합하려고 시도하는[11] 네그리와 하트를 제외한다면, 아감벤이나 바디우, 지젝, 랑시에르 등은 자신들의 정치학을 정치경제학 비판에 기초를 두고 있지 않으며, 이들이 『자본』을 비롯한 마르크스의 저작에 대해 상세히 논의를 전개하는 경우도 거의 찾아보기 어렵다. 이런 의미에서 이들의 정치학은 마르크스주의와 또 다른 유산에 기반을 두고 있다고 할 수 있다. 그것은 특히

---

11 물론 이들이 원용하는 스피노자주의가 실제의 스피노자 사상, 특히 그의 정치학에 충실한 것인지, 아니면 이들의 자유로운 창작의 산물인지는 논의의 여지가 있다. 네그리와 하트의 스피노자주의 정치학에 대한 비판적 고찰로는 진태원, 「대중의 정치란 무엇인가?」, 『을의 민주주의』, 그린비, 2017 참조.

푸코(와 알튀세르)의 유산이다. 푸코가 현대의 바깥의 정치론에 미친 영향은 두 가지 측면에서 살펴볼 수 있다.

첫째, 푸코는 마르크스주의와 마찬가지로 자유주의자들 자신의 관점에 기초하여 근대사회의 형성과정을 분석하지 않고 오히려 그러한 관점의 기저 내지 바깥에 있는 역사적 전개과정을 탐색하려고 했다. 하지만 푸코는 마르크스주의와 달리 이러한 역사과정을 생산력과 생산관계의 모순적 과정 또는 경제적 착취관계의 형성 및 전개과정으로 파악하지 않고, 오히려 **권력관계**(처음에는 규율권력이라 부르고, 유고작으로 출간된 강의록에서는 생명권력 및 통치성이라고 부른)의 전개과정으로 제시했다.[12] 따라서 푸코는 자유주의 제도 바깥에 놓인 진정한 정치의 장소를 추구하되 마르크스주의와 다른 방식으로 그러한 작업을 수행했다는 점에서, 바깥의 정치의 한 전범을 제시했다고 말할 수 있다.

둘째, 푸코는 이러한 분석을 통해 예속화(assujettissement)와 주체화(subjectivation)라는 문제를 진정한 정치의 쟁점으로 제기한다. 이것은 고전 마르크스주의와 현대 사상을 가르는 핵심적인 문제 중

---

12 규율권력론에 대해서는 특히 미셸 푸코, 『감시와 처벌』(1975), 오생근 옮김, 나남, 2003 참조. 푸코는 『감시와 처벌』 및 『성의 역사』 1권(1976)을 출간한 뒤, 곧바로 규율권력론의 난점을 정정하기 위해 많은 노력을 기울인다. 이 과정에서 그는 생명권력, 통치성 같은 새로운 문제설정을 발전시킨다. 이는 특히 국내에 번역된, 1970년대 후반 콜레주 드 프랑스 강의록에서 살펴볼 수 있다. 『"사회를 보호해야 한다"』, 김상운 옮김, 난장, 2015; 『안전, 영토, 인구』, 오트르망 옮김, 난장, 2011; 『생명관리정치의 탄생』, 오트르망 옮김, 난장, 2012. 푸코의 국내 수용에 대한 비판적 평가로는 진태원, 「푸코에 대한 연구에서 푸코적인 연구로: 한국에서 푸코 저작의 번역과 연구 현황」, 『역사비평』 99호, 2012년 여름호 참조.

하나라고 할 수 있다. 루카치나 프랑크푸르트학파 1세대의 학자들이 『자본』의 물신숭배론 및 막스 베버의 합리화이론을 원용한 사물화(Verdinglichung) 이론이나 도구적 이성이론을 바탕으로 부르주아 사회에 고유한 인간학적 소외 상태를 분석한 반면, 푸코는 예속화의 메커니즘을 경제적 착취관계나 상품관계에서 찾지 않고, 대신 규율권력이나 통치성의 측면에서 설명하고 있으며, 더 나아가 권력론의 기반 위에서 예속화의 메커니즘에서 벗어날 수 있는 주체화 양식의 문제를 제기하고 있다. 푸코가 보기에 고전적인 해방의 문제설정(노동해방투쟁 및 성해방투쟁, 반(反)식민해방투쟁 등을 포함하는)은 계급지배나 성적 지배 또는 식민지배를 통해 억압된 보편적 인간 본성을 가정하고 있다는 점에서 문제가 있을 뿐만 아니라 해방 이후 주체들 사이의 자유로운 관계 형성이라는 문제에 대해 제대로 해명하지 못한다는 점에서도 문제를 안고 있다.[13] 이 문제를 해명하기 위해서는 권력에 관한 새로운 관점이 필요할 뿐만 아니라, 주체화에 관한 독자적인 문제설정이 요구된다는 것이 푸코, 특히 후기 푸코의 관점이다.

푸코의 문제제기는 바깥의 정치를 주장하는 사상가들에 의해 폭넓게 공유되고 있는 것으로 보인다. 가령 랑시에르는 주체화의 문제를 자신의 민주주의론의 핵심 요소로 삼고 있으며,[14] 아감벤의 경우는 푸코의 장치(dispositif) 개념을 원용하여 통치와 주체화의 문제를 탐

---

13 이 점에 관해서는 Michel Foucault, "L'éthique du souci de soi comme pratique de la liberté", in *Dits et écrits*, vol.II, Gallimard, 2001; 「자유의 실천으로서 자기에의 배려」, 정일준 엮음, 『미셸 푸코의 권력이론』, 새물결, 1994 참조.
14 랑시에르, 『정치적인 것의 가장자리에서』; 『불화』 등.

색하고 있다.[15] 지젝은 라캉의 정신분석학과 헤겔 철학에 기반을 두고 (무의식적) 주체의 문제를 현대 사상의 근본 과제로 제시한 바 있다.[16] 또한 네그리와 하트는 다중이라는 새로운 정치적 주체에 기반을 둔 정치학을 추구하고 있다.[17] 따라서 푸코는 현대 사상가들, 특히 바깥의 정치를 추구하는 사상가들의 주요한 이론적 원천이라고 할 수 있다.

4. 좌파 메시아주의

그런데 이러한 바깥의 정치의 사상가들 중에서도 지젝, 바디우, 아감벤은 또 다른 특징을 공유하고 있는 것으로 보인다. 이는 이 세 사람이 다른 바깥의 정치의 사상가들과 달리 일종의 메시아주의적인 관점을 표방하고 있기 때문이다. 따라서 이 세 명의 사상가는 말하자면 좌파 메시아주의의 사상가들로 분류해볼 만하다. 이들을 좌파 메시아주의로 부를 수 있는 이유는, 이들이 자본주의 및 자유민주주의 체제와의 급진적이고 전면적인 단절을 주장할 뿐만 아니라, 이를 기독교 전통, 특히 바울의 정치신학 전통에 대한 재독해에 기반하여 혁명적 사건성의 관점에서 해명하려고 하기 때문이다.[18]

가장 좌파적인 관점을 견지하는 사상가들이 기독교 신학의 문제설정에 기반을 두고 급진적인 정치사상을 제시하고 있다는 점은 언뜻

---

15 조르조 아감벤, 『장치란 무엇인가?/장치학을 위한 서론』, 양창렬 옮김, 난장, 2011.
16 지젝, 『까다로운 주체』 참조.
17 네그리·하트, 『제국』, 『다중』.
18 현대 철학의 메시아주의적 경향에 대한 좀더 상세한 비판적 고찰은 이 책 3장 참조.

보기에는 이해하기 어렵지만, 사실 이들의 입장은 현재의 이론적·정치적 정세의 특징을 뚜렷하게 반영하는 것으로 볼 수 있다. 우선 자유주의 정치의 위기에서 그 이유를 찾을 수 있다. 베를린장벽의 붕괴 이후 사회주의 진영이 몰락하면서 유일하게 보편적인 정치체 또는 정치원리로 자부하는 자유민주주의 체제 내에서 보편적인 정치적 가치가 퇴조하고, 사회경제적 불평등이 심화되고, 이주 및 외국인에 대한 혐오감과 인종주의, 민족 갈등이 확대되는 현상들이 나타나고 있다. 따라서 자유민주주의 정체들이 이러한 문제들에 대해 실효성 있는 해법을 제시하지 못하고 오히려 어떤 의미에서는 이러한 위기의 뿌리로 지목되면서, 자유민주주의적인 정체 자체의 한계를 넘어설 수 있는 근본적인 정치에 대한 요구가 등장하게 되었다고 볼 수 있다.

둘째, 이와 관련하여 신자유주의 위기 이후 자본주의에 대한 대안을 모색하려는 움직임도 중요한 요인 중 하나라고 볼 수 있다. 곧 자본주의의 종언을 어떻게 사고하고 또 어떻게 실행할 수 있는가? 자본의 시간성을 어떻게 종결시킬 것인가 같은 질문이 메시아주의 정치를 불러온 핵심 요인이라고 볼 수 있다. 특히 사람들이 기대했던 것처럼 신자유주의가 2008년 세계 금융위기 이후 붕괴하거나 약화되지 않고 오히려 더 강화됨에 따라, 신자유주의의 종말, 자본주의의 종말을 어떻게 사고할 수 있는가라는 질문이 좀더 절박하게 제기되고 있다.

그런데 왜 이것이 메시아주의로 나타날까? 그것은 '종말', '단절', '사건', '예외' 같은 범주들에 대한 근본적 성찰의 필요성 때문이라고 볼 수 있다. 자유민주주의와 자본주의적 시간성이 압도적인 질서로 나타나면 나타날수록 그것과의 단절의 사건이 이루어지는 시간성, 새로운 시작이 이루어질 수 있는 시간성을 사유하는 것은 생각만큼 쉬운 일이 아니다. 이 때문에 종말과 단절, 새로운 시작에 대한 깊은 성찰을 담고 있는 전통적인 메시아주의 사상, 특히 정치신학 사상에 대한 재고찰이 필요할 수 있다. 더욱이 사회주의 진영이 붕괴하고 마르크스주의 역사철학의 기초를 이루는 보편적인 해방의 계급, 곧 **프롤레타리아트의 혁명적 주체성에 대한 믿음이 더 이상 존재하지 않는** 가운데 단절과 새로운 시작의 사건을 사유하는 것은 훨씬 더 어려운 일일 수밖에 없다. 따라서 메시아주의, 또는 종말론은 종교 내지 신학으로의 퇴보를 뜻한다기보다는 종말론의 종교, 메시아주의 신학에 담겨 있는 깊은 철학적 통찰과 그 실천적 함의를 이끌어내려는 노력의 표현으로 이해할 수 있다.[19]

　바로 여기에서 현재 전개되는 좌파 메시아주의의 또 다른 특징이 나온다. 그것은 이러한 메시아주의 정치가 매우 **사변적인 정치학**이라는 점이다. 바디우, 지젝, 아감벤과 같은 대표적인 좌파 메시아주의 이론가들 중에서 누구도 (막연하고 일반적인 정식들을 제외한다면) 신자유주의적 자본주의나 국가에 대한 구체적인 분석을 제시하지 않으며, 그

---

19 그런데 발리바르가 지적하듯이, 사실 이미 마르크스의 저작 자체 내에 이미 이러한 쟁점이 담겨 있다. "한편으로 역사적 생성의 **경향들과 결과들**의 분석을 지향하는 시간의 정치철학(즉 '목적론')과 다른 한편으로 '극단적'이거나 '묵시록적'이라고 여겨지는 상황──착취 세력과 해방 세력이 서로를 상쇄(相殺)하는 상황──의 의미와 결말의 **발본적 불확실성**을 지향하는 시간의 정치철학 사이의 딜레마란, 마르크스의 작업에 대한 철학적·신학적 독해들이 외부에서 마르크스에게 투사한 딜레마가 아니라는 점이다. 그것은 자본주의적 발전과 반자본주의적 혁명에 관한 마르크스의 구상 전체를 가로지르고 갈라놓는 딜레마다." 에티엔 발리바르, 「종말론 대 목적론: 데리다와 알튀세르의 유예된 대화」, 진태원 엮음, 『알튀세르 효과』, 그린비, 2011, 145쪽.

것에 맞설 수 있는 대안적인 운동이나 조직에 관한 구체적인 성찰도 보여주지 않는다. 다만 그들이 수행하는 것은 철학, 신학, 이론 내에서의 작업이다. 더욱이 이들의 이론적 작업은 경험적인 현실 구조를 다루는 사회과학과의 연계 속에서, 그것에 대한 비판적 성찰 속에서 이루어지는 것이라기보다는 주로 사변적인 역사철학이나 정치신학, 문화이론적 차원의 논의라고 할 수 있다. 이 때문에 이들의 주장은 상당히 공허하게 느껴질 수 있다. 항상 혁명과 봉기, 사건, 단절을 주장하고 자본주의의 종말을 외치며 메시아적 시간을 이야기하지만, 그것은 **사변적인 차원**에서의 성찰이고 호소이기 때문이다. 또한 그것을 수행할 만한 혁명적 주체와 그 조직 형성에 관한 고민이 없을 뿐더러, 이들이 단절을 외치는 자본주의 질서 및 자유민주주의 체제에 관한 면밀한 분석도 수반되지 않기 때문이다.

가령 알랭 바디우(1937~)는 세 명 가운데 가장 일찍부터 일관되게 반(反)자본주의, 반(反)의회주의를 주장해온 사상가다. 그는 1968년, 프랑스 68혁명을 경험하면서, 자신의 스승이었던 알튀세르와 단절하고 프랑스의 마오주의 운동을 이끌었다. 그 후 마오주의 운동이 퇴조한 뒤 철학 연구에 몰두하여 1982년에 출간된 『주체이론』과 1988년에 나온 『존재와 사건』, 그리고 2005년 출간된 『세계들의 논리』 같은 대작들을 발표함으로써, 20세기 후반 프랑스 철학계의 대표적인 철학자 중 한 사람으로 자리 잡게 되었다.[20] 매우 정교하고 체계적인 이 저작들

---

20 Alain Badiou, *La théorie du sujet*, Seuil, 1982; *L'être et l'événement*, Seuil, 1988; *Logique des mondes*, Seuil, 2005. 이 세 권의 저작 가운데 국내에 번역된 것은 『존재와 사건』뿐인데, 그나마 비전공자의 번역으로 인해 번역 시비에 휘말려 있는 상태다.

을 이 자리에서 제대로 검토하는 것은 불가능하지만,[21] 이 저작들을 관통하는 바디우의 정치적 관점의 핵심은 해방의 정치와 국가의 대립이며, 또한 이른바 **대상 없는 주체**, 곧 대상성과 결별한 주체성에 대한 확고한 태도라는 점은 지적할 수 있다.

바디우가 말하는 대상 없는 주체란, 객관적 세계에 대한 과학적 규정을 통해 주체를 규정하려고 했던 과거의 철학들과 단절하려는 시도를 함축하고 있다. 가령 마르크스주의의 경우 프롤레타리아트라는 정치적 주체는 자본주의의 경제구조에 대한 과학적 분석을 통해 주체로서의 정체성을 획득하게 된다. 그런데 이렇게 되면 주체는 주어진 객관적 질서에 따라 규정되기 때문에 진정한 의미의 사건적 주체라고 할 수 없으며,[22] 더 나아가 해방의 정치의 주체가 될 수도 없다. 왜냐하면 마르크스주의에서는 주체가 처음부터 객관적 조건에 따라 규정되었으며, 이러한 주체는 혁명적 주체를 표방한다고 하더라도 결국 이러한 조건에서 벗어날 수 없기 때문이다. 가령 사회주의 혁명에 성공한

---

21 국내에서는 주로 서용순 교수가 여러 글을 통해 바디우 사상을 소개하기 위해 애쓰고 있다. 바디우 사상에 대한 외국의 연구문헌으로는 특히 Peter Hallward, *Badiou: A Subject to Truth*, University of Minnesota Press, 2003; 『알랭 바디우: 진리를 향한 주체』, 박성훈 옮김, 길, 2016; Bruno Bosteels, *Badiou and Politics*, Duke University Press, 2011을 참조. 그런데 바디우 사상에 대한 가장 좋은 입문서는 사실은 바디우가 쓴 여러 소책자들이다. Alain Badiou, *L'éthique*, Hatier, 1993; 『윤리학』; 『철학을 위한 선언』; *Saint Paul: La fondation de l'universalisme*, PUF, 1997; 『사도 바울』. 하지만 『윤리학』과 『사도 바울』은 번역에 다소 문제가 있어서 원서를 참조할 필요가 있다.

22 바디우에게 사건은 기존의 사물의 상태를 표현하는 백과사전적인 지식의 체계로 환원되지 않는, 기존의 지식의 질서에서는 식별 불가능한 새로운 어떤 것의 발생, 또는 기존의 지식 체계에 구멍을 내는 어떤 것의 출현을 뜻한다. 따라서 사건은 오직 주체의 개입과 충실성을 통해서만 사건으로서 인정받고 통용될 수 있다. 역으로 주체는 사건에 대한 충실성을 통해 주체로서 성립하게 된다.

프롤레타리아트(또는 그것을 대표하는 공산당)는 국가권력을 장악하여 프롤레타리아 독재를 시행한다. 이러한 독재의 목표는 부르주아 국가장치를 파괴하고 프롤레타리아트의 권력을 확고히 함으로써, 궁극적으로는 국가 자체의 소멸로 나아가는 것이다. 그런데 이러한 국가 소멸은 국가권력의 강화에 의존할 수밖에 없으며, 이는 원래의 목표와는 달리 새로운 국가 정치를 산출하는 데로 귀결하고 만다. 바디우에 따르면 20세기 마르크스주의의 역사적 한계는 바로 여기에서 생겨난다고 할 수 있다.[23]

하지만 만약 진정한 정치의 주체가 대상 없는 주체가 되어야 한다면, 그것이 어떤 의미에서 진정한 정치인지 알 수 있는 길은 존재하지 않는다. 왜냐하면 그러한 정치를 진정한 정치, 해방의 정치로 규정하고, 따라서 그것을 객관적으로 판단할 수 있게(또는 적어도 객관성 여부를 따질 수 있게) 해주는 객관적 조건이나 규정 같은 것은 대상 없는 주체에게는 존재하지 않기 때문이다. 그 주체에게 자신이 추구하는 것이 진리이고 해방이라는 것은 오직 **믿음의 문제**로 남는다. 그것이 어떤 지표나 지시체를 획득하게 되는 것은 (바디우가 사용하는 프랑스어 문법의 시제 표현을 빌려 말하면) 전미래(前未來)의 시제, 곧 미래의 어떤 완료 시점일 뿐이며, 더욱이 이러한 전미래 시제의 존재 역시 현재 주체의 충실성에 달려 있기 때문이다. 이런 의미에서 바디우가 주장하는 공산주의란, 네그리가 지적했다시피 **마르크스주의 없는 공산주의, 또는 역사**

---

23 이 점에 관해서는 Alain Badou, *Abrégé de métapolitique*, Seuil, 1998; *Circonstances 5: L'hypothèse communiste*, Nouvelles Editions Lignes, 2009를 각각 참조.

유물론 없는 공산주의라고 말할 수 있다.

슬라보예 지젝(1949~)의 경우에도, 개괄적이고 막연한 논평이나 상황적인 분석을 제외한다면, 자본주의나 자유민주주의에 대한 면밀한 분석이라든가 혁명(내지 진정한 정치)을 수행할 정치조직이나 방법에 관한 논의를 찾아보기는 매우 어렵다. 그는 세 명의 사상가 가운데 국내에 가장 널리 소개되고 가장 대중적인 인기를 누리는 사람이다. 1990년대 중반부터 라캉 정신분석에 입각하여 대중문화를 분석하는 문화이론가로 국내에 알려진 지젝[24]은 그의 최초의 주저라고 할 수 있는 『이데올로기의 숭고한 대상』을 비롯한 주요 이론 저작들이 도서출판b에서 출간되면서 독자적인 사상가로서 국내에 본격적으로 소개되기 시작했다.[25] 지젝은 『이데올로기의 숭고한 대상』이나 『그들은 자기가 하는 일을 알지 못하나이다』, 또는 『부정적인 것과 함께 머물기』 같

---

24 슬라보예 지젝, 『삐딱하게 보기: 대중문화를 통한 라캉 이해』(1991), 김소연·유재희 옮김, 시각과언어, 1995; 『당신의 징후를 즐겨라: 할리우드의 정신분석』(1992), 주은우 옮김, 한나래, 1997; 『향락의 전이: 여성과 인과성에 대한 여섯 편의 에세이』(1994), 이만우 옮김, 인간사랑, 2001; 『항상 라캉에 대해 알고 싶었지만 감히 히치콕에게 물어보지 못한 모든 것』(1988), 김소연 옮김, 새물결, 2001; 『환상의 돌림병: 문화 현상을 라캉식으로 읽기』(1997), 김종주 옮김, 인간사랑, 2003; 『무너지기 쉬운 절대성?』, 김재영 옮김, 인간사랑, 2004. 이 중에서 『향락의 전이』, 『무너지기 쉬운 절대성?』, 『환상의 돌림병』 등은 지젝의 번역본 가운데 최악의 오역본들로 꼽힐 만한 것들이며, 모두 인간사랑 출판사에서 출간되었다는 공통점을 지니고 있다.

25 슬라보예 지젝, 『이데올로기라는 숭고한 대상』(1989), 이수련 옮김, 인간사랑, 2001; 『그들은 자기가 하는 일을 알지 못하나이다』(2001), 박정수 옮김, 인간사랑, 2004; 『까다로운 주체: 정치적 존재론의 부재하는 중심』(1999), 이성민 옮김, 도서출판 b, 2005; 『신체 없는 기관: 들뢰즈와 결과들』(2003), 김지훈 외 옮김, 도서출판 b, 2005; 『부정적인 것과 함께 머물기: 칸트, 헤겔 그리고 이데올로기 비판』(1993), 이성민 옮김, 도서출판 b, 2007. 이 중에서 『이데올로기라는 숭고한 대상』은 제목을 바꿔서 다시 출간되었다. 『이데올로기의 숭고한 대상』, 이수련 옮김, 새물결, 2013.

은 초기의 이론 저작에서는 헤겔 철학과 라캉 정신분석을 결합하여 이 데올로기 이론을 쇄신하려는 작업을 수행했다. 그리고 이 당시 지젝의 정치적 입장은 라클라우와 무페가 제창한 포스트마르크스주의 내지 급진 민주주의와 상당히 가까운 것이었다.

그런데 1990년대 후반 이후 지젝의 정치적 관점은 극적으로 변모한다. 그는 더 이상 급진 민주주의라는 관점을 옹호하지 않을 뿐만 아니라, 급진 민주주의를 포함한 민주주의 일반을 글로벌 자본주의의 이데올로기적 중핵으로 간주하게 된다. 2000년대 초에 발표된 몇몇 저작에서 지젝은 자신의 이론적·정치적 전회를 명시적으로 표현한다. "오늘날 헐리우드의 '사회비평적인' 음모 영화에 이르기까지 모든 사람이 '반자본주의적'이게 되었을 때, …'반자본주의'라는 기표는 자신의 전복적 독침을 상실하게 된다. 오히려 우리가 토론해야 하는 것은 이러한 '반자본주의'의 자명한 대립물, 곧 정직한 미국인들의 민주주의적 실체가 음모를 분쇄할 수 있으리라는 신뢰다. 이것이야말로 오늘날 글로벌 자본주의 세계의 중핵이며, 그것의 진정한 주인 기표다. 민주주의가 바로 그것이다."[26]

따라서 이제 지젝에게는 민주주의의 텅 빈 중심을 둘러싼 헤게모니 투쟁이 아니라, 자유민주주의 정치체 또는 더 나아가 민주주의라는 상징계 자체를 넘어서는 것이 중요한 문제가 된다. 그리고 『잃어버린 대의를 찾아서』나 『폭력이란 무엇인가?』 같은 저작들에서는 한 걸음 더 나아가 '해방적 테러' 내지 발터 벤야민의 「폭력의 비판을 위하여」

---

26 Slavoy Zizek, *Revolution at the Gates*, Verso, 2002, p.272[『지젝이 만난 레닌』, 483쪽].

를 원용한 '신적 폭력'이라는 개념에 의거하여 종말론적인 정치학을 표방하고 있다. "이 책은 일말의 거리낌도 없이 보편적 해방을 위한 투쟁이라는 '메시아적' 관점에 선다."[27] "급진좌파의 유산을 물려받은 사람들이 해야 하는 일은 무엇인가? 최소한 두 가지가 있다. 첫째, 폭력적인 과거에 대해 비록 그것이 비판적으로 거부될지라도 ── 혹은, 바로 그 때문에 ── 우리는 그것을 우리 자신의 것으로 받아들여야 한다. …우리는 또한 우리의 반대자들이 투쟁의 기준과 주제를 결정하지 못하게 해야 한다. 이것은 무자비한 자기비판은, …자코뱅 테러의 '합리적 핵심'이라고 부르고 싶은 것의 과감한 수용을 동반해야 함을 의미한다."[28] 이것은 물론 스탈린적인 테러를 옹호하거나 유혈 폭력을 낭만적으로 찬양하자는 뜻이라기보다는 "너무나 손쉽게 제출된 자유-민주주의적 대안을 문제 삼"[29]기 위한 것이다.

그렇다면 과연 어떤 것이 해방적 테러 내지 신적 폭력이라고 할 수 있을까? 지젝은 몇 가지 사례를 든다. 1792~1794년 자코뱅의 혁명적 폭력이나 파리코뮌 당시의 폭력, 또는 "10여 년 전 리우데자네이루의 빈민들이 도시의 부자 동네로 몰려가 슈퍼마켓을 약탈하고 불태웠을 때 이것이 바로 '신적 폭력'이다."[30] 반면 2005년 프랑스 방리유에서 소외된 이민자 계층이 벌였던 시위와 폭력은 신적 폭력이라고 할 수 없는 것이다. 그것은 1968년 5월혁명과 비교해봤을 때, "시위하는

---

27 지젝, 『잃어버린 대의를 옹호하며』, 15쪽.
28 같은 책, 242쪽.
29 같은 책, 15쪽.
30 같은 책, 245쪽.

군중에게 긍정적이고 유토피아적인 전망이 전혀 없다는 점"[31] 때문이다. 그들은 "어떤 특별한 요구도 하지 않았다. 다만 꼭 집어 표현할 수 없는 막연한 원한에 근거하여 자기들을 인정해달라고 주장했을 뿐이다."[32] 또한 중국의 문화대혁명도 신적 폭력이라고 할 수 없기는 마찬가지다. 문화대혁명의 "최종 결과가 현재 중국에서 아무도 못 말릴 정도로 활발하게 진행되는 자본주의화라는 사실은 일종의 자업자득이다. 마오쩌둥이 주장했던 항구적인 자기-혁명, 경화된 국가, 구조에 대한 항구적 투쟁과 자본주의가 본질적으로 가지고 있는 역동성이라는 특징 사이에는 깊은 구조적 상동성이 존재한다."[33]

그런데 흥미롭게도 지젝은 또한 다음과 같이 말한다. "어떤 폭력이 신적 폭력인지 식별할 수 있는 '객관적' 기준은 없다. 같은 행위를 두고 외부의 관찰자는 그걸 단순히 폭력이 분출되는 행위로 볼 수도 있겠지만, 직접 참여한 자들에게는 신적 폭력이 될 수 있다. 그 신적 성격을 보증해주는 대타자는 없으며, 그것을 신적 폭력으로 읽고 떠맡는 위험은 순전히 주체의 몫이다."[34] 이 주장이 흥미로운 이유는, 만약 여기에 따른다면, 2005년 방리유 소요나 마오쩌둥의 문화대혁명, 심지어 스탈린의 테러까지 신적 폭력이라고 하지 않을 이유가 전혀 없기 때문이다. 폭력의 참여자가 그것을 신적 폭력이라고 생각한다면 그것은 신적 폭력이기 때문이다. 따라서 "구조화된 사회적 공간 바깥에 있는 자

---

31 지젝, 『폭력이란 무엇인가?』, 117쪽.
32 같은 책, 117쪽.
33 같은 책, 287~288쪽.
34 같은 책, 275쪽.

들이 '맹목적으로' 폭력을 휘두르면서 즉각적인 정의/복수를 요구하고 실행에 옮기는 것, 바로 이것이 신적 폭력이다"[35]라는 지젝의 주장조차, 앞의 기준에 따르면 너무 '대타자'에 입각한 것이고, 너무 외부 관찰자적인 시선이라고 할 수 있다. 그런데 과연 이런 기준에 입각해서 **진정한 해방의 정치가 가능할까?**

조르조 아감벤(1942~)의 경우에는 또 다른 측면이 드러난다. 바디우와 지젝에 비해 아감벤은 마르크스주의적인 정치투쟁 경험을 지니고 있지 않고, 그의 여러 저작에서 마르크스 및 마르크스주의자들은 거의 논의되지 않는다. 하지만 어떤 의미에서 아감벤은 두 사람에 비해 훨씬 더 급진적인 메시아주의를 제창하고 있다. 로마대학의 법학도였던 아감벤은 1966년 프랑스의 르 토르(Le Thor)에서 있었던 하이데거의 철학 세미나에 참여한 것을 계기로 철학 공부로 방향을 전환하게 된다. 저명한 발터 벤야민 연구로 전문가 집단에게 명성을 얻은 아감벤이 세계적인 철학자로 부상하게 된 계기는 뭐니 뭐니 해도 1995년 이탈리아어로 출간된『호모 사케르』덕분이다.[36]

『호모 사케르』는 다음과 같은 세 가지 테제에 기초를 두고 있다. 첫째, 원초적인 정치적 관계는 추방(ban, 곧 외부와 내부, 배제와 포함이 구분되지 않는 지대로서의 예외상태)이다. 둘째, 주권의 근본 활동은, 원초적인 정치적 요소이자 자연과 문화, 조에(zoē)와 비오스(bios)의 접합의 임계(臨界)로서 벌거벗은 생명(bare life)의 생산에 있다. 셋째, 서

---

35 지젝,『폭력이란 무엇인가?』, 277쪽.
36 아감벤,『호모 사케르』.

구의 근본적인 생명정치의 패러다임은 도시가 아니라 강제수용소에 있다. 아감벤은 이러한 세 가지 테제를 호모 사케르(homo sacer)라는 고대 로마법에 등장하는 법적 인물에 입각해서 풀어나간다. 호모 사케르는 희생물로 삼을 수는 없지만, 그를 죽인다고 해서 살인죄가 되는 것이 아닌 사람을 가리킨다. 이때 희생물로 삼을 수 없다는 것은 호모 사케르에서 사케르라는 표현이 종교적 의미에서 "성스러움"을 가리키지 않음을 의미하고(말하자면 신의 법에서 배제되어 있는 뜻이다), 그를 죽이는 게 살인죄가 되지 않는다는 것은 호모 사케르가 '정상적인 인간'의 범주에서 제외되어 있음을 가리킨다(따라서 그는 인간의 법에서도 제외가 된 셈이다). 이런 의미에서 호모 사케르는 벌거벗은 생명의 최초의 사례를 나타낸다.

그런데 아감벤에게 중요한 것은 근대에 들어서 바로 이 호모 사케르가 법적, 정치적으로 보편적인 의미를 획득하게 되었다는 점이며, 근대에서야 비로소 호모 사케르의 벌거벗은 생명이 정치의 핵심 목표가 되었다는 점이다. 이를 보여주기 위해 아감벤은 한나 아렌트의 『전체주의의 기원』 9장에 나오는 인권의 역설에 대한 분석과 『성의 역사 1권』 마지막 장에서 다루어진 푸코의 생명권력론을 결합하여 프랑스대혁명 당시 발표된 「인권선언」의 생명정치적 함의를 부각시킨다. 그에 따르면 「인권선언」에 등장하는 '인간'과 '시민'이라는 개념, 특히 '인간'은 근대 인간주의적인 전통이 해석해온 것처럼 천부인권의 담지자가 아니라 벌거벗은 생명을 가리킨다. 곧 「인권선언」은 역사상 최초로 인간의 양도 불가능한 기본권을 천명한 문헌이라기보다는 아무런 특질도 지니지 않는 추상적 존재로서의 인간, 곧 벌거벗은 생명이 **정치의**

대상이 되었음을, 곧 주권적 권력에 대한 인간의 보편적인 생명정치적 예속이 시작되었음을 공표한 선언이라는 것이다. 따라서 시민들이 누리는 이러저러한 정치적 권리들은 우선 그들 각자가 '인간=벌거벗은 생명'으로서 주권자의 통치의 대상으로 포섭된 이후에 얻게 되는 특질들의 표현이 된다.

아감벤에게 나치의 유대인 강제수용소는 근대성의 문턱에서 선언된 이러한 생명정치적 예속화의 논리적 연속이지 돌연변이적인 현상이 아니다. 더 나아가 '수용소'는 벌거벗은 생명이 정치의 대상으로 출현하는 장소들을 모두 포함하기 때문에, 나치의 유대인수용소나 소련의 정치범수용소 같은 것에 국한되는 게 아니라 훨씬 보편적인 현상을 가리킨다. 가령 공항에 설치되어 있는 난민 신청자들을 임시 수용하는 장소 역시 일종의 수용소로 볼 수 있다. 왜냐하면 이 사람들이 공식적인 법적 기관(경찰이나 외무부 직원들)에 넘겨지기 전까지 이 사람들은 '예외상태' 속에서 아무런 법적 지위나 권리도 지니고 있지 않은 가운데 벌거벗은 생명으로서 존재하기 때문이다. 따라서 아감벤의 관점에서 보면 나치스 독일과 오늘날의 유럽이나 미국 같은 자유민주주의 정치체 사이에는 생각만큼 그렇게 큰 차이가 존재하는 것이 아니라고 할 수 있다.

그렇다면 일종의 유사 파시즘적인 정치체라고 할 수 있는 자유민주주의 정치체를 극복하기 위해서는 어떻게 해야 할까? 아감벤에게 이런 식의 질문은 아마도 잘못 제기된 질문이라고 할 수 있다. 왜냐하면 이 질문은 자유주의적 정치체를 그와 다른 정치체 내지 사회구조로 대체하는 것을 정치의 주요 과제로 상정하고 있으며, 그러한 과제를 수행할 어떤 주체(및 조직)의 형성을 연관된 과제로 제기하고 있는데 반해, 아감벤에게 이러한 관점은 **엄밀한 의미의 메시아주의와 무관**하며, 따라서 진정한 정치라고 할 수 없기 때문이다. 아감벤은 사도 바울에 관한 저작인 『남겨진 시간』에서 종말론적 시간과 메시아적 시간을 구별하고 있다. "메시아적 시간은 시간의 끝이 아니라, 끝의 시간이다. 사도들이 관심을 가진 것은 최후의 날, 시간이 종말을 고하는 순간이 아니라, 자기 자신을 수축하고 끝나기 시작하는 시간이다. 또는 이렇게 말하는 게 더 낫다면, 시간과 그 끝 사이에 남아 있는 시간이다."[37] 이러한 메시아적 시간에서 수행되는 일은 바디우가 주장하듯이 법적인 정체성을 넘어서는 보편성을 정초하는 일이 아니라,[38] 오히려 모든 정체성을 깨뜨리고 그러한 각각의 정체성들(유대인, 그리스인 등)이 자기 자신과 불일치하게 만드는 일이다.

아감벤은 『세속화 예찬』의 한 대목에서 계급 없는 사회를 다음과 같이 규정하고 있다. "계급 없는 사회란 계급적 차이의 모든 기억을 폐지하고 잃어버린 사회가 아니라 새로운 사용을 가능하게 만들기 위해서, 그런 차이를 만들어내는 장치들을 비활성화해 그 차이 자체를 순수한 수단으로 변형하는 법을 배운 사회이다."[39] 따라서 중요한 것은 새로운 법을 만들거나 새로운 주체를 세우는 일이 아니라, 또 주권적 권력이 만들어 놓은 구별과 분리를 폐지하는 것이 아니라, 그러한 구

---

37 Giorgio Agamben, *The Time that Remains: A Commentary on the Letter to the Romans*, trans. Patricia Dailey, Stanford University Press, 2005, p.62.

38 바디우, 『사도 바울』.

39 아감벤, 『세속화 예찬』, 126쪽.

별과 분리를 "새로운 사용에 집어넣는 것을 배운다는 것, 분리를 가지고 노는 법을 배운다는 것"[40]이다. 매우 독창적이고 신선한 발상이 아닐 수 없다. 그런데 그처럼 새로운 사용을 만드는 일, 분리를 가지고 노는 법을 배우는 일은 누가 하는 것인가? 모든 사람이? 지금 여기서? 이것이 진정한 해방인가? 해방의 정치 없이, 또는 그 이전에 대항 폭력 없이 이루어지는?

5. 비판적 사유의 미국화

지금까지 좌파 메시아주의의 대표적인 사상가들에 대해서 몇 가지 비판적인 논평을 제시했지만, 우리가 이 글을 쓰게 된 이유는 이것이 주된 목적이 아니다. 만약 이것이 목적이었다면, 아마 이 글 대신 좀 더 정교한 분석을 담은 다른 논문들을 썼을 것이다. 이 글의 초점은 앞에서도 말했듯이 이 사상가들 및 다른 바깥의 정치의 이론가들 자체보다는 이들을 수용하는 한국의 맥락, 담론적이고 정치적인 맥락에 놓여 있다.

지난 1990년대 이래 포스트 담론이 그랬던 것처럼, 오늘날 서양 인문학을 전공하는 연구자들이 이 세 사람의 저작을 외면하는 것은 매우 어려운 일이다. 아마 앞으로 이러한 경향은 더욱 강화될 것이다. 이는 물론 이들의 저작이 세계적인 명성에 걸맞게 매우 깊이 있고 독창적인 주장과 분석을 담고 있기 때문이지만, 다른 한편으로는 오늘날

---

40 아감벤, 『세속화 예찬』, 126쪽.

한국 인문학에 고유한 또 다른 현상 때문이기도 하다. 그것은 바로 포스트 담론의 수입과 동시에 이루어진 **비판적 사유의 미국화**라는 현상이다. 내가 비판적 사유의 미국화라고 부르는 것은, 오늘날 한국 인문학에서 회자되는 많은 담론들이 미국을 통해 가공되고 변형되고 수입된 담론이라는 사실을 가리킨다. 오늘날 한국에서 비판적 사유의 전거로 작용하는 여러 사상가들은, 그가 프랑스 사상가든, 이탈리아 사상가든, 독일 사상가든 간에, 미국이라는 생산과 유통의 회로를 거치지 않고서는 더 이상 영향력을 미치기 어렵게 되었다. 가령 왜 지금 이 글에서 이 세 명의 사상가를 비롯한 바깥의 정치의 이론가들을 논의하고 있는지 질문을 해볼 필요가 있다. 이들이 오늘날 세계에서 **가장 탁월한** 사상가들이기 때문일까? 만약 그렇게(만) 생각하는 사람들이 있다면 그것은 매우 순진한 생각일 것이다.

문제는 이러한 비판적 사유의 미국화가 초래하는 몇 가지 맹점이다. 우선 이는 미국학계의 특정한 일부분이 생산해낸 담론을 **전 세계적인 담론**으로, **서구 담론 전체**로 일반화하는 경향이 있다. 또한 이는 미국에서 변형되고 가공되고 재조립된 '미국제 담론'을 '프랑스제 담론', '이탈리아제 담론' 그 자체로 받아들이는 것을 당연한 것으로 만든다. 한 가지 사례를 든다면, 들뢰즈, 데리다, 푸코, 라캉, 리오타르 등과 같은 여러 현대 프랑스 철학자들이 한국에서 아무런 문제제기 없이 '포스트모더니스트들'로, '포스트구조주의자들'로 지칭되는 현상이 이를 단적으로 보여준다. 프랑스에서는, 리오타르를 제외한다면, 누구도 이런 명칭으로 분류되거나 지칭되지 않음에도 말이다. 따라서 이 현상은 비판적 사유의 미국화라는 경향을 고려하지 않고서는 이해

하기 어렵다.[41]

　더 나아가 이러한 경향은 **인문학을 고립화**하는 효과를 수반하는 것으로 보인다. 인문학의 고립화는 두 가지 뜻으로 이해되어야 한다. 하나는 인문학이 다른 학문 분과, 특히 사회과학들과의 연계를 점점 더 상실해가고 있다는 뜻이고, 다른 하나는 비판적 인문학을 자처하는 경우에도 사회적 실천, 특히 조직적인 실천과의 연계를 맺는 경우가 극히 드물다는 점이다. 마르크스주의가 이론과 실천의 융합을 강조하고 항상 조직된 운동, 특히 노동운동과의 연계 속에서 이론적 논의를 전개했다는 점을 감안하면, 현재의 비판적 인문학은 그와 비견될 만한 아무런 실천적인 면모를 보여주지 못한다고 말할 수 있다.

　하지만 내 말의 뜻을 잘 이해해야 한다. 내 말은, 이 모든 문제점(이것들을 '문제점'이라고 할 수 있다면)이 미국학계의 결함이나 오늘날 한국에서 논의되는 외국의 주요 사상가들의 한계에서 비롯한다는 뜻이 아니다. 중요한 것은 1990년대 이후 한국사회에 수용된 포스트 담론이 별로 실천적인 면모를 보여주지 못하고 어떤 의미에서는 자유주의 헤게모니를 공고히 하는 데 기여했다면, 이제 그들에 대한 비판적 거리두기를 내세우면서 등장하고 있는 포스트-포스트 담론들이 포스트 담론의 한계를 넘어설 수 있는 길을 보여줄 수 있는가 여부다. 그렇지 못할 경우, 이 글에서 거론된 서구 인문 담론들은 아마도 오래지 않아 포스트 담론의 아류들로 전락하는 신세를 면하기 어려울 것이다. 이러한 담론들을 지지하고 그 사상적 취지에 공감하는 이들이라면 무엇보

---

41 이 문제에 관한 좀더 상세한 논의는 이 책 1장 참조.

다도 어떻게 이 사상가들을 '세계적인 석학'이라는 신자유주의적인 기표에서 떼어낼 수 있을지, 어떻게 그들을 조금 더 위험하고 급진적인 사유의 모험 속에서 사용할 수 있을지 고민해야 할 것이다.

비판적 사유의 미국화란 무엇인가?

2014년 『황해문화』 봄호에 발표된 「좌파 메시아주의라는 이름의 욕망: 알랭 바디우, 슬라보예 지젝, 조르조 아감벤의 국내 수용에 대하여」[1]에 관한 독자들의 반응은 대개 두 부류로 구별되는 듯하다. 하나는 2000년대 국내에서 유행하고 있는 외국 사상가들의 수용 방식 및 그 사상 자체가 지닌 난점들에 관한 적절한 비평이었다는 것이고, 다른 하나는 이들의 사상적 잠재력을 너무 폄하한 것 아닌가라는 비판적 반응이다.

사실 나 자신은 비판적 반응을 환영하는 입장이고, 그 반응이 조금 더 정제된 논의로 발전되어 발표되기를 기다리고 있다. 이 글의 필자가 몇 가지 비판적 논평을 제시한 이 사상가들의 작업이 오늘날 한국에서 무언가 의미 있는 이론적 자원으로 활용될 수 있다고 생각하는

---

1 이 책에서는 부제를 "포스트-포스트 담론'의 국내 수용에 대하여'로 바꾸어 수록하였다. 이하에서는 편의상 「좌파 메시아주의」로 약칭한다.

사람들이 있다면, 또 「좌파 메시아주의」가 그 잠재력이나 역량을 부당하게 과소평가한 점이 있다면, 나 자신은 그들의 비판적 반응을 통해 무언가를 배울 수 있는 자세가 충분히 되어 있다. 독자들의 날카로운 비평을 기대한다.

그런데 지난 번 글에 관해 긍정적으로 평가한 독자들 가운데서도 한 가지 측면에 대해서는 부정적인 평가가 나오는 것 같다. 그것은 지난 번 글의 마지막 절에서 다룬 바 있는 '비판적 사유의 미국화'라는 문제다. 어떤 독자들은 마지막에 나오는 '비판적 사유의 미국화'라는 문제제기가 다소 뜬금없다고 보는가 하면 다른 독자들은 그것은 20여 년 전 국내에 포스트 담론이 소개될 무렵 이미 충분히 제기된 문제라고 지적하기도 했다.[2] 사실 '비판적 사유의 미국화'라는 문제는 내가 좀 더 부연하고 싶었던 쟁점이지만, 지난 번 글에서는 지면 관계상 충분히 내 논점을 제시하기 어려웠다. 따라서 이 문제에 관한 독자들의 부정적인 반응에는 나 자신에게 많은 책임이 있는 셈이다. 이제 이 글에서는 지난 번 글에서 더 발전시켜야 했지만 미처 다루지 못했던 '비판적 사유의 미국화'라는 문제를 조금 더 상세하게 논의해보고 싶다.

우선 지난 번 글의 논점을 간략히 요약해보자. '비판적 사유의 미국화'는 "오늘날 한국 인문학에서 회자되는 많은 담론들이 미국을 통해 가공되고 변형되고 수입된 담론이라는 사실을 가리킨다."[3] 내가 보

---

2 2014년 4월 18일 맑스코뮤날레 주최로 열린 필자의 글에 관한 토론회에서 일부 참석자가 이런 반응을 보인 바 있다. 그와 별도로 이날 토론의 기회를 제공해준 맑스코뮤날레와 토론자로 참석해준 김정한, 박영균, 최원 교수 및 청중들에게 감사드린다. 이날 토론회는 필자 자신의 글을 폭넓게 돌이켜볼 수 있는 기회가 되었다.
3 이 책 2장, 103쪽.

기에 바디우, 지젝, 아감벤 같은 사상가만이 아니라, 그 이전인 지난 1980년대 말부터 포스트 담론, 곧 포스트모더니즘, 포스트구조주의, 포스트마르크스주의, 포스트식민주의 등과 같은 담론과 그 주요 사상가들이 국내에 급속하게 수용된 현상, 곧 극소수의 전문가들을 제외하면 아무도 알지 못했던 푸코, 데리다, 들뢰즈, 리오타르 등이 불과 몇 년 사이에 누구나 다 아는 사상가들로 바뀌게 된 현상은 바로 비판적 사유의 미국화라는 문제를 고려하지 않고서는 제대로 이해하기 어렵다.

그리고 나는 비판적 사유화의 맹점을 두 가지 측면에서 지적한 바 있다. 첫째, "이는 미국학계의 특정한 일부분이 생산해낸 담론을 **전 세계적인 담론으로, 서구 담론 전체로** 일반화하는 경향이 있다. 또한 이는 미국에서 변형되고 가공되고 재조립된 '미국제 담론'을 '프랑스제 담론', '이탈리아제 담론' 그 자체로 받아들이는 것을 당연한 것으로 만든다."[4] 둘째, "이러한 경향은 **인문학을 고립화**하는 효과를 수반하는 것으로 보인다."[5] 곧 한편으로 인문학과 사회과학의 연계가 점점 상실되어 가고 있고, 다른 한편으로 비판적 인문학을 자처하는 경우에도 "사회적 실천, 특히 조직적인 실천과의 연계를 맺는 경우가 극히 드물다는 점"이 또 다른 맹점이라고 지적했다.

---

4 이 책 2장, 103쪽.
5 이 책 2장, 104쪽.

1. 학문적 식민주의의 전형으로서 포스트 담론 수용

포스트 담론 및 좌파 메시아주의 수용에 관한 비판적 토론의 말미에 내가 비판적 사유의 미국화라는 문제를 제기한 이유는 무엇일까? 그 것은 일차적으로 한국의 인문사회과학, 특히 비판적 인문사회과학의 미국 의존도가 점점 더 증가하고 있다는 사실을 지적하기 위해서다. 한국사회 및 한국학계가 미국에 크게 의존하고 있다는 사실은 새삼스 럽게 지적할 필요가 없을 정도로 잘 알려져 있는 사실이다. 학계의 경 우에서 한 가지 사례만 든다면, A&HCI, SSCI라는 약어로 잘 알려진 영어권 인문사회과학 학술지 색인목록을 생각해볼 수 있다. 미국의 일 개 민간 학술 데이터베이스 회사에서 운영하는 이 색인목록이 오늘날 한국 인문사회과학계에서 얼마나 큰 권위를 지니고 있는가에 대해서 는 굳이 거론할 필요도 없을 것이다. 다행히 2012년 거대 학술출판사 엘서비어(Elsevier)에 대한 학자들의 보이콧 사건과 2013년 "샌프란시 스코 선언"을 계기로 미국의 거대 학술출판사들의 학술시장 독점행태 및 학술연구 평가의 문제점에 관해 국제적인 문제제기가 이루어지고,[6] 국내에서도 A&HCI나 SSCI 중심의 학술 평가방식에 대한 재고의 움

---

6 거대 학술출판사 엘서비어에 대한 학자들의 보이콧 사건에 관한 보도는 과학전문웹진 『사이언스온』에 실린 다음 기사를 참조하라. 「과학 학술출판 공룡기업에 과학자들 반기 들다」, 『사이언스온』, 2012년 2월 13일[http://scienceon.hani.co.kr/32559, 2014. 10. 15. 접속] 그리고 "샌프란시스코 선언"의 번역문 및 배경에 관해서는 같은 웹진의 아래 주소 를 참조하라.
http://scienceon.hani.co.kr/?mid=media&act=dispMediaListArticles&tag=%EC%83 %8C%ED%94%84%EB%9E%80%EC%8B%9C%EC%8A%A4%EC%BD%94%EC%84% A0%EC%96%B8&document_srl=102455 (2014년 10월 15일 접속).

직임이 일어나고 있는 것으로 보인다.[7]

이 글의 주제와 관련하여 중요한 것은 이처럼 미국에 대한 의존도가 증대하는 것이 학계의 제도적 상황이나 주류 담론에 국한된 것이 아니라, 비판적 인문사회과학의 경우에서도 똑같이 나타나고 있다는 점이다. 내가 "미국학계의 특정한 일부분이 생산해낸 담론을 **전 세계적인 담론**으로, **서구 담론 전체**로 일반화하는 경향이 있다. 또한 이는 미국에서 변형되고 가공되고 재조립된 '미국제 담론'을 '프랑스제 담론', '이탈리아제 담론' 그 자체로 받아들이는 것을 당연한 것으로 만든다"고 말한 것은 이러한 문제를 지적하기 위해서였다.

그런데 앞서 말했듯이 몇몇 독자들은 이러한 문제점이 이미 20여 년 전에 제기된 바 있다고 지적했다. 과연 그럴까? 내가 보기에는 독자들의 이러한 반응에는 약간의 착각과 오해가 존재하는 것 같다. 우선 포스트 담론이 수용되던 당시에 제기되었던 문제는 내가 지적하려는 문제와는 차이가 있다는 점을 분명히 밝혀두는 게 좋겠다. 1990년대 초에 제기되었던 주장은 사실은 다음과 같은 것이었다.

첫째, 그것은 포스트 담론을, 프레드릭 제임슨이 말하듯이 **후기 자본주의의 문화적 논리** 또는 이데올로기로 간주하는 가운데, 그 생산지를 프랑스가 아닌 미국으로 규정하려는 시도였다. 따라서 이는 둘째, 포스트 담론은 **진정한 프랑스 철학이 아니라 변질된 프랑스 철학**이라는 뜻을 담고 있었다. 곧 포스트모더니즘을 비롯한 포스트 담론은 진정한

---

7 강명구, "객관적·주관적 평가지표 혼용하자", 『교수신문』(2013년 6월 18일)을 비롯한 학술평가에 관한 관련 기사 및 칼럼 등을 참조하라.

프랑스 철학이 아니라, 미국학계에 의해 왜곡되고 변질되고 탈정치화된 가짜 담론이라는 것이다. 따라서 왜곡되고 변질되고 탈정치화되기 **이전의 진짜 프랑스 철학**, 순수하고 급진적이고 깊이 있는 프랑스 철학을 있는 그대로 수용하는 게 중요하며, 진짜 프랑스 철학은 마르크스주의와 배치되는 것이 아니라, 마르크스주의를 그 위기에서 벗어나게 해줄 수 있는 탈출구 내지 촉매가 된다는 주장이었다.[8]

따라서 몇몇 독자들이 내가 제기한 '비판적 사유의 미국화'라는 테제가 1990년대 초에 이미 제기되었던 논점이라고 간주하는 것은, 비판적 사유의 미국화 테제를 미국학계에 대한 비판으로, 곧 미국학계에서 생산된 자본의 이데올로기가 바로 포스트 담론이며, 이러한 이데올로기를 진보적인 프랑스 철학과 혼동한 것이 한국의 포스트 담론이라는 식으로 이해한 결과인 셈이다. 하지만 이는 어떤 의미에서는 나의 **주장을 거의 정반대로 이해한 것**이다.

나는 1장인 「'포스트' 담론의 유령들: 애도의 애도를 위하여」를 2012년 겨울에 발표했으며,[9] 2장 「좌파 메시아주의라는 이름의 욕망」은 1장에 대한 일종의 속편에 해당한다. 따라서 당연히 「좌파 메시아주의라는 이름의 욕망」에서 계속 1장에 준거했으며, 실제로 1장에 대

---

8 이러한 주장은 특히 다음 저작들에서 찾아볼 수 있다. 이정우 외, 『프랑스 철학과 우리 1: 현대 프랑스 철학을 보는 눈』, 당대, 1997; 이구표 외, 『프랑스 철학과 우리 3: 포스트모던 시대의 사회역사철학』, 당대, 1997 참조. 또한 다소 강조점이 다르기는 하지만 이진경의 다음 저작 역시 포스트 담론에 함축되어 있는 급진성을 프랑스 철학(푸코나 특히 들뢰즈·가타리)에서 찾으려고 한다는 점에서는 이러한 경향과 상통하는 점이 있다고 할 수 있다. 이진경, 『맑스주의와 근대성: 주체생산의 역사이론을 위하여』, 문화과학사, 1997 참조.
9 이 책 1장 참조.

한 이해 없이 「좌파 메시아주의라는 이름의 욕망」의 논점을 충분히 이해하기는 어렵다. 이는 비판적 사유의 미국화의 경우도 마찬가지다. 나는 1장에서 비판적 사유의 미국화라는 테제가 미국학계에 대한 비판을 뜻하는 것이 아님을 다음과 같이 지적한 바 있다.

> 이것은 포스트 담론이 지닌 이런저런 문제점을 프랑스가 아니라 미국에 전가하기 위한 주장이 아니다. 또는 포스트 담론이 내포한 이런저런 문제점들로부터 프랑스 철학자들을 면제시켜주기 위해서도 아니다. 오히려 프랑스의 문명사학자 프랑수아 퀴세가 지난 30여 년 동안 미국에서 이루어진 "프랑스 이론의 발명"의 역사를 짚어보는 노작(勞作)[10]에서 잘 보여준 것처럼 미국학계에서 발명된 포스트 담론은 어떤 의미에서는 **미국학계의 놀라운 생산성과 지적 활력을 보여주는 사례로** 간주될 수 있다.[11]

오히려 나의 논점은 다음과 같은 점에 있었다.

> 따라서 포스트 담론이 미국제 담론이라는 점을 강조하는 것은 프랑스 철학자들을 옹호하고 반대로 포스트 담론은 폄훼하는 것과는 아무 관계가 없다. 중요한 것은 포스트 담론이 영미 지식계, 특히 미국에서 탄

---

10 François Cusset, *French Theory: How Foucault, Derrida, Deleuze, & Co. Transformed the Intellectual Life of the United States*, University of Minnesota Press, 2008. 퀴세의 책은 다음과 같은 엉뚱한 제목으로 국역된 바 있다. 퀴세, 『루이 비통이 된 푸코?』.

11 이 책, 43쪽.

생한 미국식의 담론이라는 점을 인식할 때에만 그 담론이 생산된 맥락을 좀더 정확히 이해할 수 있고, 따라서 그 담론들의 강점과 한계를 좀더 잘 파악할 수 있다는 점이다. 그리고 우리 나름의 방식으로 그러한 담론을 재창조하기 위한 조건을 잘 고려하기 위해서도 이것은 필수적인 전제가 된다. 하지만 지난 20여 년 동안 국내의 포스트 담론 수용에서 이러한 논의는 거의 찾아보기 어려웠으며, 포스트 담론에 관한 여러 가지 오해가 산출된 것에는 이러한 문제점이 중요한 요인으로 작용했다.[12]

가령 이런 예를 들어볼 수 있다. 사람들은, 특히 인문사회과학계에 종사하는 학자들까지도 흔히 20세기 후반의 프랑스 철학자들을 포스트모더니즘 또는 포스트구조주의로 분류하곤 한다. 그런데 문제는 프랑스 철학자들 자신은, 리오타르를 제외한다면 자신들의 철학을 한 번도 포스트모더니즘으로 규정한 적이 없다는 점이다.[13] 포스트구조주의 역시 마찬가지다. 과문한 탓인지는 모르겠지만, 내가 알기로는 포스트구조주의의 대표자로 분류되는 철학자들 가운데 자신의 철학을 포스트구조주의라고 규정한 사람은 아무도 없다. 그것이 푸코이든, 데리다이든, 들뢰즈이든 또는 라캉이든 누구도 포스트모더니즘이나 포스트구조주의로 자신의 철학이나 사상을 규정한 적이 없다(혹시 누군가 그런 사례를 발견하게 된다면 필자에게 꼭 알려주시기를 부탁드린다). 오히

---

12 이 책, 45쪽.
13 리오타르, 『포스트모던적 조건』.

려 영어권에서 쓰이는 포스트모더니즘이나 포스트구조주의 등과 같은 용어들의 특징은, 그것들이 분류를 위해 만들어진 용어이며, 특히 **이질적이고 불순한 타자들을 분류하기 위해 만들어진 용어**라는 점이다. 곧 기존의 주류 담론과 다른 어떤 것들, 더 나아가 기존의 담론 질서를 어지럽히고 그것을 위태롭게 하는 것을 지칭하고 비판하기 위해 만들어진 단어들이 바로 포스트모더니즘이나 포스트구조주의 같은 용어들이다. 따라서 이것들(특히 '포스트모더니즘'이라는 용어)은 대개 **타자 (들)을 구별 짓고 비판하기 위해 사용되는 용어들**이지, 포스트모더니즘이나 포스트구조주의 사조로 분류될 수 있다고 간주되는 사상가들이나 연구자들이 스스로를 지칭하기 위해 사용되는 명칭이 아니다.[14]

그러므로 데리다가 다음과 같이 항변하는 것은 당연한 일이다.

> 나는 또 『마르크스의 유령들』 및 나의 작업 일반을 **포스트모더니즘** 내지 **포스트구조주의**라는 "유"(類)의 단순한 한 가지 종(種)이나 경우 또는 사례로 간주하려는 모종의 성급한 시도 때문에 충격을 받는다. 이 통념들[포스트모더니즘과 포스트구조주의 — 옮긴이]은 바로 가장 미흡한 정보를 지닌 공중(대개의 경우 거대 언론)이, "해체"를 필두로 자신이 좋아하지 않거나 이해하지 못하는 거의 모든 것들을 쓸어 담는 잡동사니 부대자루들이다. 나는 내가 포스트구조주의자도 포스트

---

14 영어권에서 포스트모더니즘이라는 것이 얼마나 자의적으로 사용되고 있는지 살펴보려면 영어권에서 최근 널리 참조되고 있는 "스탠포드 철학백과사전"(Stanford Encyclopedia of Philosophy)의 '포스트모더니즘' 항목을 보라. http://plato.stanford.edu/entries/postmodernism/(2014년 10월 15일 접속)

모더니스트도 아니라고 생각한다. 나는 여러 번에 걸쳐, 내가 하려는 것과 일치하지 않는다는 점을 일러두기 위해 사용하는 경우를 제외하고는 왜 내가 이 단어들을 거의 사용하지 않는지 설명했다. 나는 결코, 더군다나 내 나름대로 활용하기 위해 "모든 메타서사의 종말의 예고"에 관해 말한 적이 없다.… 또한 사람들은 앞의 경우와는 **정반대로**, 하지만 역시 아주 부당하게도, 위대한 메타서사 담론, "큰 이야기"와 비교해 볼 때 "해체주의자들" ─ 또 다른 잡동사니 통념 ─ 은 보잘 것 없이 약하다고 비난하곤 했다.[15]

그런데 왜 우리는 **마치 당연하다는 듯이**, 그들 스스로 한 번도 사용한 적이 없는 용어들을 원용하여 푸코, 들뢰즈, 데리다, 라캉 등과 같은 여러 사상가들을 포스트모더니즘이나 포스트구조주의로 분류하는 것일까? 내가 보기에 한국 인문사회과학, 특히 비판적 인문사회과학이 미국에 얼마나 종속되어 있는지 단적으로 보여주는 것이 바로 이러한 **당연함의 감정**이다. 데리다가 포스트모더니스트라는 것은 **당연하다**. 들뢰즈가, 또는 푸코가 아니면 라캉이 포스트구조주의자라는 것은 **자명한** 일이다. 그러나 왜? 그들 스스로 포스트모더니즘이나 포스트구조주의라는 용어를 한 번도 사용한 적이 없는데, 우리가 무슨 권리로, 어떤 근거에 입각하여 그들을 포스트모더니스트나 포스트구조주의자라고 부를 수 있는 것일까? 유일한 답변은 **미국에서 또는 영어권에서 그렇게 사용하기 때문**이라는 것이다. 미국이나 영어권에서 사용하는 용어들을

---

15 데리다 외, 『마르크스주의와 해체: 불가능한 만남?』, 163~164쪽.

당연한 것으로 받아들이는 감정, 그 용어들의 유래와 용법에 무언가 의심스러운 게 있을지도 모른다는 것에 관해 한 번도 의심해보지 않는 태도, 이것보다 더 식민주의적인 것이 있을까?[16]

이러한 태도는 내가 '바깥의 정치'나 '좌파 메시아주의'라고 규정했던 포스트 담론 이후의 사상들, 곧 슬라보예 지젝이나 알랭 바디우, 조르조 아감벤 등의 수용 방식에서도 그대로 반복되고 있다는 것이 비판적 사유의 미국화의 논점 중 하나였다. 내가 「좌파 메시아주의」에서 "이러한 관점에 기초를 둘 경우에만 이 새로운 담론의 (**언표적 내용**이라기보다는) **언표행위적 위상**을 적절히 평가할 수 있으며, 포스트 담론 및 포스트-포스트 담론의 국내 수용의 의미와 한계를 파악하는 것이 가능하다"[17]고 지적한 것은 이를 염두에 둔 것이었다.

2. 진정한 프랑스 철학 대 변질된 포스트 담론?

하지만 다시 한 번 강조하거니와, 이는 포스트 담론은 변질된 담론이며 자본의 이데올로기라고 주장하려는 것이 아니다(사실 순수한 프랑스 철학 대 변질된 포스트 담론, 참된 원본 대 그릇된 모방물 같은 이분법만큼 프랑스 철학 또는 포스트 담론과 어긋나는 것이 있을까). 오히려 내가

---

16 이런 관점에서 본다면, 라캉을 포스트구조주의자 내지 포스트모더니스트로서의 데리다, 들뢰즈, 푸코 등과 구별하려는 지젝의 전략에는 희극적인 측면이 있다. 더욱 희극적인 것은 프랑스에서 유학한 일부 한국 연구자들이 지젝의 용어법을 그대로 차용하여 라캉(실제로는 지젝에 의해 각색된 라캉)이나 바디우의 철학적 중요성을 옹호하려고 시도한다는 점이다.

17 이 책, 83쪽.

보기에 미국학계에서 프랑스 이론들을 수용하고 변용하여 재가공해 낸 결과로서의 포스트 담론들에는 프랑스 철학 자체에서는 발견되지 않는 새롭고 독창적인 측면들이 존재한다.

　가령 포스트식민주의(postcolonialism)를 생각해보자. 에드워드 사이드, 호미 바바, 가야트리 스피박 등과 같은 포스트식민주의 이론가들이 푸코, 데리다, 라캉 같은 프랑스 사상가들의 작업을 광범위하게 원용하고 있기 때문에, 사람들은 프랑스 철학 또는 프랑스 인문사회과학계에서 포스트식민주의가 일찍부터 전개되었을 것이며, 다양한 방식으로 논의되고 있을 것이라고 짐작한다. 포스트식민주의의 지적·정치적 기원 중 하나라고 할 수 있는 프란츠 파농이 프랑스어로 글을 썼고 알제리 독립을 위해 정치적으로 헌신했다는 점에서 더 그렇게 생각할 수 있다. 따라서 **진보적인** 프랑스 철학자들이 당연히 이 위대한 사상가이자 정치 투사인 파농에 관해, 또한 알제리 전쟁에 관해 여러 저술과 분석을 제시했을 것이라고 미루어 짐작하는 것은 어찌 보면 자연스러운 일이다. 하지만 놀랍게도 프란츠 파농에 관해 글을 남긴 유일한 사상가는 사르트르였지, 들뢰즈나 푸코가 아니었다. 그리고 식민지 알제리에 관해 이론적인 분석을 남긴 사상가는 데리다가 유일하다고 할 수 있다.[18]

---

18 데리다는 식민지 알제리의 문제를 자서전적인 시각에서 출발하여 철학적으로 성찰하려고 했다. Jacques Derrida·Geoffrey Bennington, *Jacques Derrida*, Seuil, 1990; *Le monolinguisme de l'Autre*, Galilée, 1996. 리오타르의 경우 알제리 전쟁 기간 동안 『사회주의냐 야만이냐』에 알제리에 관한 일련의 글들을 발표했지만, 이는 자신의 성숙기 철학에 입각한 것이라기보다는 넓은 의미에서 마르크스주의적인 시각에서 쓰인 것이다. Jean-François Lyotard, *La Guerre des Algériens: Écrits 1956–1963*, Galilée,

더욱이 프랑스 학계에 포스트식민주의라는 용어 및 문제의식이 본격적으로 수용되기 시작한 것은 2000년대에 들어서였다. 에드워드 사이드의 『오리엔탈리즘』은 영어 원서가 출간된 지 2년 만인 1980년에 바로 번역되었으나,[19] 이 책은 동양학에 관한 문헌학적 비판서로 이해되었다. 그리고 그의 다른 저작들은 2000년대 들어서야 비로소 잇달아 번역되었다. 또한 가야트리 스피박, 호미 바바 등의 주요 저술도 2000년대 이후에야 비로소 번역되기 시작했다.[20] 그리고 우리나라에도 번역·소개되어 있는 라나지트 구하의 『서발턴과 봉기』나 디페시 차크라바르티의 『유럽을 지방화하기』 또는 파르타 차테르지의 『민족주의 사상과 식민지 세계』 등과 같은 서발턴 연구의 대표작들은 아직 번역되지 않았고 거의 논의되지도 않고 있다.[21]

따라서 포스트식민주의는 프랑스 학계가 만들어낸 담론이 아니라 오히려 뒤늦게 수용하기 시작한 담론이라고 할 수 있다.[22] 더욱이 포스트식민주의는 보편주의를 침식하는 문화적 상대주의 내지 민족

1989. 리오타르와 알제리 전쟁의 관계에 대해서는 Jane Hiddleston, *Lyotard's Algeria: Theory and/or Politics*, Liverpool University Press, 2010 참조.

19 Edward Said, *L'orientailisme*, trad. par Catherine Malamoud, Seuil, 1980.

20 Gayatri Spivak, *Les subalternes peuvent-elles parler?*, Éditions Amsterdam, 2006; *En d'autres mondes, en d'autres mots: Essais de politique culturelle*, Payot, 2009. Homi K. Bhabha, *Les lieux de la culture: Une théorie postcoloniale*, Payot, 2007.

21 라나지트 구하, 『서발턴과 봉기』, 김택현 옮김, 박종철출판사, 2008; 차크라바르티, 『유럽을 지방화하기』; 빠르타 짯떼르지, 『민족주의 사상과 식민지 세계』, 이광수 옮김, 그린비, 2013.

22 프랑스에서 유학하고 돌아온 한국 학자들이 포스트식민주의에 별로 관심이 없는 데에는 그럴 만한 이유가 있는 셈이다.

주의라는 이유로 일각에서는 강력한 비판을 받고 있다.[23] 이는 곧 우리가 짐작하는 바와 달리, 프랑스 철학계 및 인문사회과학계에서 유럽적인 또는 프랑스적인 보편성의 식민주의적 성격이라는 문제, 보편성의 기원적인 분할이라는 문제는 여전히 하나의 사유 과제로 남아 있음을 뜻한다. 따라서 영국의 포스트식민주의 이론가인 로버트 영이 현대 프랑스 철학자들의 사유의 정치적 기원은 68혁명보다는 알제리의 반식민 투쟁에서 찾을 수 있다고 말한 것은 넓은 의미에서 옳다고 할 수 있지만,[24] 그것은 그들의 철학에서 명시적인 사유 주제나 대상으로 부각되지 못했다. 아니 오히려, 현대 프랑스 철학과 알제리의 반식민 투쟁을 결부시키려는 시도 자체가 영미권 이론가들에 의해 처음 시도되었다고 말할 수 있을 것이다.

또한 사람들이 짐작하는 바와 달리 포스트마르크스주의라는 용어가 프랑스 학계에서 사용되기 시작한 것도 최근에 들어서다. 이는 포스트마르크스주의의 기원이라고 할 수 있는 에르네스토 라클라우와 샹탈 무페의 『헤게모니와 사회주의 전략』이 영어 원서가 출간된 지 25년 만인 지난 2008년에야 비로소 프랑스어로 번역되었으며, 그것도 무명에 가까운 출판사에서 출간되었다는 사실에서 단적으로 드러난다.[25]

---

23 Jean-Loup Amselle, *L'Occident décroché: Enquête sur les postcolonialismes*, Albin Michel, 2011 및 Jean-François Bayard, *Les études postcoloniales. Un carnaval académique*, Karthala, 2010 참조.

24 로버트 영, 『백색신화』, 김용규 옮김, 경성대출판부, 2008; 『포스트 식민주의 또는 트리컨티넨탈리즘』, 김택현 옮김, 박종철출판사, 2005 참조.

25 Ernesto Laclau & Chantal Mouffe, *Hégémonie et stratégie socialiste; vers une*

그렇다면 영어권 학계에서 만들어지고 널리 확산된 포스트 담론은, 현대 프랑스 철학(들)을 원용하되, 그러한 철학들에서는 제기되지 않은 문제를 사유하고 발전시켜왔다는 점을 알 수 있다. 따라서 이것은 단순한 **적용**이나 **수용**이 아니라 **변용**이며 가공이고, 실질적인 의미에서 **재창조**라고 할 수 있다. 아마도 우리가 영어권 학계에서 배워야 할 점이 있다면 그것은 바로, 무언가를 수용하되, 단순히 그것이 유행하니까 수용하는 것이 아니라 자신들의 문제를 사고하기 위해 수용하는 태도, 그리고 그러한 문제의식에 입각하여 수용된 것을 변용하고 재창조하여 새로운 개념과 이론을 만들어내는 능력이라고 할 수 있다.

3. 사변적인 포스트 담론 대 실천적인 마르크스주의?

이제 내가 지적했던 또 다른 문제점을 살펴보기로 하자. 그것은 포스트 담론이 국내에 수용되기 시작한 이래, 인문학과 사회과학의 연계가 점점 상실되어가고 있고, 다른 한편으로 비판적 인문학을 자처하는 경우에도 사회적 실천, 특히 조직적인 실천과의 연계를 맺는 경우가 극히 드물다는 점이었다.

상당수의 독자들은 이것을 포스트 담론이나 그것을 계승/대체하는 포스트-포스트 담론, 곧 내가 '바깥의 정치'나 '좌파 메시아주의' 등과 같은 용어로 지칭하려고 했던 담론에 대한 이데올로기적 비판으로

---

démocratie radicale, Les Solitaires intempestifs, 2008. 이 번역본에는 에티엔 발리바르의 「서문」이 붙어 있다.

받아들인 것 같다. 말하자면 **사변적인 포스트 담론 대 실천적인 마르크스주의**라는 대결의 관점에서 포스트 담론 및 포스트-포스트 담론에 대해 비판을 제기하고 있다고 이해한 것으로 보인다. 이 점에서도 역시 일차적인 책임은 조금 더 충분히 논점을 해명하지 못한 나에게 있을 것이다. 그러나 '사변적인 포스트 담론 대 실천적인 마르크스주의'라는 또 다른 이분법을 주장하려는 것이 나의 논점은 아니었다. 이 점은 이미 「'포스트' 담론의 유령들」에서도 상론한 적이 있거니와,[26] 이 글에서는 약간 다른 각도에서 이 문제를 부연해보겠다.

우선 포스트 담론의 수용과 관련하여 내가 「'포스트' 담론의 유령들」에서 지적했던 것은 '이중의 무력화' 및 '문제들의 분리'라는 난점이었다.

이중의 무력화가 뜻하는 것은 다음과 같은 점이다. 포스트 담론이 본격적으로 수입되기 시작한 1980년대 말~1990년대 초는 한편으로 소련을 비롯한 사회주의 진영의 붕괴와 더불어 역사적 마르크스주의가 종언을 고했던 시기이지만, 동시에 다른 한편으로는 오늘날 신자유주의적 세계화라고 부르는 새로운 불평등과 지배의 질서가 본격화되던 시기이기도 했다. 하지만 포스트 담론을 수용한 이들은 이러한 이중적인 정세에서 마르크스주의(또는 '근대성' 일반)의 종언이라는 점에만 주목했으며, 바로 마르크스주의를 비롯한 근대성에 대한 애도라는 이유에 입각하여 포스트 담론의 수용을 정당화했다. 수용 당시부터 오늘날에 이르기까지 포스트 담론이 지속적으로 실천적 무력함으로 인

26 특히 이 책 1장, 54~71쪽 참조.

해 비판받고, 더 나아가 새로운 자본의 이데올로기라고 공격받은 것에는 이러한 맹목이 중요한 이유로 작용했다.

하지만 이와 동시에 마르크스주의를 비롯한 민중·민족담론 역시 무력화된 것은 마찬가지였다. 이 분야의 연구자들은 때로 자신들이 무력화되고 심지어 게토화된 이유를 포스트 담론의 유행 탓으로 돌리기도 하지만, 사실 그 진정한 이유는 마르크스주의 및 민중·민족담론의 내재적 한계와 맹목에 있다고 보는 것이 옳을 것이다. 이들은 포스트 담론과는 반대로, 1980년대 말~1990년대 초에 일어난 격변을 자본의 새로운 세계질서의 전개과정으로만 이해했을 뿐, 그것을 마르크스주의를 비롯한 민중·민족담론의 근본적인 한계의 표출로 사고하지는 않은 것이다.

이러한 이중의 무력화는 문제들의 분리를 수반했다. 곧 포스트 담론은 '근대냐 탈근대냐'라는 조야한 이분법에 스스로 사로잡혀 청산과 대체의 기능(곧 내가 '애도'라고 불렀던 것)을 수행했다. 다시 말하면 포스트 담론을 소개하고 수용했던 사람들의 의도가 어떠했든 간에 그 담론들은 마르크스주의 및 민중사, 내재적 발전론 등과 같은 1980년대 한국 진보 인문사회과학의 주요 화두를 청산하면서 "거대서사에서 작은 이야기로(곧 민중사에서 문화사 내지 일상사로), 계급 내지 민중에서 소수자로, 보편성에서 차이로, 민족에서 탈민족으로, 이성에서 감성으로, 정치에서 문화로의 이행 등과 같은 이행의 논의들"[27]을 산출했던 것이다. 반대로 마르크스주의나 민중사 쪽에서는 포스트 담론이 지니고 있

---

27 이 책, 52쪽.

는 통찰의 도움을 받아 자신의 이론적·실천적 한계들을 검토하고 그 것을 돌파하기 위한 대안을 모색하기보다는 포스트 담론을 새로운 이데올로기로 치부하면서 자기 정당화에 주력했고, 이에 따라 스스로 게 토화되고 말았다.

이처럼 서로 생산적으로 조우하고 이를 통해 좀더 풍부하고 실천 적인 효과들을 산출할 수도 있었던 포스트 담론과 마르크스주의 및 민 중·민족담론의 불모적인 적대와 분리에 관해 나는 다음과 같은 아쉬 움을 표현한 바 있다.

> 만약 포스트 담론이 원래 지니고 있던 문제의식이 적절하게, 그리고 능동적으로 수용되었다면, 마르크스주의 및 민중·민족담론이 지니고 있던 내적 한계를 좀더 효과적으로 인식하고 전위(轉位)시킬 수 있었 을지 모른다. 하지만 애초에 포스트 담론과 마르크스주의 사이에는 배 타적 대립 내지 선형적 이행의 관계가 설정되어 있었고, 이에 따라 포 스트 담론을 주로 새로운 자본의 이데올로기로 치부했기 때문에, 마르 크스주의나 민중·민족담론 내부에서 포스트 담론을 생산적으로 수용 하는 것은 매우 어려웠다. 또한 포스트 담론의 경우는 그것의 지적·정 치적 모체를 이루는 마르크스주의와의 연관성에서 분리된 채, 1990년 대 이후 등장한 자유주의 세력의 헤게모니를 정당화하거나 더 나아가 새로운 문화 담론을 제시한다고 하면서도 실제로는 자본주의의 새로 운 소비 담론을 뒷받침하는 이데올로기로 전락하는 경우도 나타나고 있다.[28]

따라서 비판적 사유의 미국화에 관한 나의 문제의식은 포스트 담론과 마르크스주의 중에서 양자택일을 하거나 후자의 입장에서 전자의 실천적 무능력을 비판하는 것과는 거리가 멀다. 만약 이론적 빈곤과 실천적 무기력이 존재한다면, 그것은 오늘날 한국에서 통용되는 포스트 담론과 마르크스주의 및 민중·민족담론 양쪽에서 공히 찾아볼 수 있는 것이다.

이런 관점에서 보면, 국내에서 새롭게 각광받고 있는 좌파 메시아주의 담론은 이중의 무력화나 문제들을 분리를 해결하기 위한 대안이라기보다는 오히려 문제를 더 악화시킬 수 있는 소지가 있다. 왜냐하면 좌파 메시아주의는 이중의 봉쇄를 수행하는 것으로 보이기 때문이다. 곧 좌파 메시아주의는 **포스트 담론들의 핵심적인 문제제기를 봉쇄하는 기능을 수행하면서** 다른 한편으로는 마르크스주의의 유산을 **상속하기보다는 오히려 대체하는 기능을** 수행하는 것으로 보인다.

이중의 봉쇄에 대한 한 가지 예로 지젝의 경우를 살펴보자. 최근 지젝의 공산주의론에 관심을 가진 일부 연구자나 독자들은 지젝의 작업에서 포스트 담론에서 이루어지지 못했던 마르크스주의와의 조우의 가능성을 기대하는 것으로 보인다. 실제로 지젝은, 특히 에르네스토 라클라우와의 논쟁에서 볼 수 있듯이, 급진 민주주의론 및 헤게모니의 정치학으로는 자본의 지배를 철폐할 수 없으며, 문제는 "오늘날 글로벌 자본주의 세계의 중핵"으로서 민주주의 자체를 넘어서는 것이라고 강조하면서, 자신을 "급진좌파"의 전통에 위치시킨다. 따라서 우

---

28 이 책, 53~54쪽.

리는 지젝의 급진 정치학에서 라캉이라는 포스트 담론의 한 중핵(물론 지젝 자신은 라캉을 포스트 담론에 포함시키는 것을 결연히 반대하겠지만)과 마르크스주의적 계급정치의 행복한 결합을 기대해볼 수 있는 것 아닐까? 하지만 내가 보기에 이는 별로 가망이 없어 보이는 기대다.

　지젝이 마르크스주의적인 사상의 전통에 속할 수 있다면, 그것은 '정치경제학 비판'보다는 오히려 '이데올로기 비판'의 측면 때문이라고 할 수 있다. 지젝은 그의 저서 이곳저곳에서 글로벌 자본주의에 대한 정치경제학 비판의 필요성을 촉구하기는 하지만, 실제로 그의 논의는 단편적이고 평범한 수준의 논의일 뿐 무언가 새롭고 독창적인 것이라고 할 수는 없다. 반면 지젝은 그의 출세작인 『이데올로기의 숭고한 대상』(1989)부터 최근 저작들에 이르기까지 거의 모든 책에서 자유주의 및 자본주의 이데올로기에 대한 비판을 제시해왔다. 그런데 초기 저작부터 그의 이데올로기론은 특히 라캉의 정신분석(및 독일관념론)에 의거하여 루이 알튀세르의 이데올로기론을 극복하는 것을 과제로 삼아왔다. 그의 주장에 따르면, 알튀세르는 호명 이론을 통해 어떻게 이데올로기가 예속적 주체를 산출하는지 보여주었지만, 이러한 예속적 주체생산의 메커니즘을 넘어설 수 있는 길을 보여주지는 못했으며, 호명의 메커니즘을 넘어설 수 있는 길은 라캉이 이론화한 정신분석 이론, 특히 환상을 횡단하기 및 무의식의 주체 개념에 근거할 경우에만 가능하다.[29]

---

29 알튀세르와 지젝의 이데올로기론에 대한 좀더 상세한 비교·고찰은, 진태원, 「스피노자와 알튀세르에서 이데올로기의 문제-상상계라는 쟁점」, 『근대철학』 3권 1호, 2008 참조.

하지만 어떻게 환상을 횡단하기 및 무의식의 주체라는 개념을 통해 호명의 메커니즘을 넘어설 수 있는지, 그리고 무의식의 주체 개념이 어떤 의미에서 새로운 주체 개념이며, 새로운 급진 정치학을 가능하게 할 수 있는 개념인지, 지젝은 제대로 보여준 적이 없다. 그는 늘 그것이 필요하고 가능하다고 이야기하고 대중문화나 농담의 사례를 통해 그것을 예시할 뿐, 그것을 정치학의 차원에서 이론화한 적이 없다. 그리고 내가 보기에 이는 그의 이데올로기론의 난점에서 유래하는 결과다.

이 점에 관해 조금 더 부연해보자. 알튀세르 자신의 이론을 포함하는 전통적인 이데올로기론에서 이데올로기는 자신의 존재의의와 실재성, 효력을 토대에 의존하게 된다. 다시 말해 이데올로기가 이데올로기인 이유는 그것이 생산양식(또는 간단히 말하면 경제)으로서의 토대에 준거하면서도, 그러한 토대가 존재하며 자신이 그 토대에 근거를 두고 있다는 사실 자체를 은폐하거나 왜곡한다는 데 있다. 자본가계급이 지배하고 산업노동자를 비롯한 임노동자들은 자본의 의해 착취되는 현실에서 모든 사람은 자유롭고 평등하다고 주장한다면 그것이 바로 이데올로기가 된다. 따라서 중요한 문제는 이데올로기 자체가 아니라 그것이 은폐하거나 왜곡하는 토대, 경제 자체를 변혁하는 것이다.

하지만 그렇다면 이데올로기는 순전히 부정적인 현상에 불과한 것인가, 아니면 그것이 수행하는 어떤 적극적 기능은 존재하지 않는가라는 문제가 제기될 수 있다. 알튀세르 이데올로기론의 의의는 이데올로기를 토대와 관련시키면서도 그것이 수행하는 적극적·구성적인 역할을 해명하려고 했다는 점에서 찾을 수 있다. 그는 이데올로기적 국가장치(들)라는 개념과 이데올로기의 물질성 및 호명 개념을 통해 그러한 작업을 수행한다.[30] 알튀세르 이데올로기론의 본질적인 긴장은 여기서 비롯한다. 곧 그는 전통적인 마르크스주의에 충실하게 이데올로기를 경제적 토대 또는 계급투쟁에 근거짓는다. 하지만 다른 한편으로 그는 이데올로기의 물질성 및 호명 개념을 통해 이데올로기에 대해 전통 이론에서 볼 수 없었던 커다란 실재성을 부여한다. 이데올로기는 토대에 의존한다는 점에서는 부차적인 것이지만, 토대 자체의 구성이 이데올로기에 의존한다는 점에서는 **토대 못지않게 실재적이고 일차적** 이다.

반면 지젝에게는 더 이상 경제적 토대가 궁극적인 이데올로기의 준거로 기능하지 않으며, 국가가 이데올로기의 물질적 지주로 작동하지도 않는다. 오히려 이데올로기의 토대 내지 근거, 궁극적인 현실이 존재한다면, 그것은 바로 정신분석적 의미의 '실재'이며, 이데올로기의 물질적 지주가 존재한다면 그것은 '향락'(jouissance)이다. 이러한 실재는 이데올로기적인 봉합 또는 봉쇄의 불가능성의 다른 이름이면서 사회적 적대의 표현이며, 향락은 개인들의 내밀한 욕망과 충동의 차원에서 작동하는 이데올로기의 지주다.

따라서 지젝의 이론은 이데올로기가 작동하는 매우 구체적인, 또한 매우 미시적인 차원을 밝혀준다는 인상을 준다. 하지만 반대로 그의 이론은 이데올로기를 **근본적으로 탈실재화**하는 것이 아닌가 생각해

---

30 Louis Althusser, *Sur la reproduction*, PUF, 1995; 루이 알튀세르, 『재생산에 대하여』, 김웅권 옮김, 동문선, 2007. 국역본은 번역에 다소 문제가 있다.

볼 수 있다. 왜냐하면 지젝은 이데올로기에는 항상 실재의 차원이 존재한다고 역설함에도 불구하고, 그의 이데올로기론에는 **국가도 경제도 존재하지 않기 때문이다.** 그에게서 이데올로기는 개인들에게 작용하는 것이며, 반(反)유대주의 같은 집합적 이데올로기의 경우에도 국가나 사회 계급의 차원에서 이데올로기가 분석되는 것이 아니라, 늘 유대인 개인과 그의 이웃의 관계가 문제가 된다.

그렇다면 알튀세르와 지젝의 이데올로기론의 차이점 중 하나는, 알튀세르의 경우 이데올로기가 **이데올로기적 국가장치들을 통해 어떻게 예속적인 주체들을 구성하는지,** 그리고 이것이 어떻게 자본주의가 자신을 재생산하는 데서 본질적인 계기를 이루는지 설명하는 것이었다면,[31] 지젝에게는 이미 **구성되어 있는 개인들**을 이데올로기가 **어떻게 사로잡는지,** 그들을 어떻게 포획하는지 설명하는 것이 중요한 문제라는 점에서 찾을 수 있다.

알튀세르나 푸코(또는 『반오이디푸스』의 들뢰즈·가타리)가 해명하려고 했던 문제는, 근대철학의 기본 원리이자 마르크스주의 정치의 핵심 전제이기도 한 자율적 주체가 사실은 이데올로기나 규율권력에 의해 예속적으로 생산된 주체라는 점이었다. 그리고 이들에게 예속적 주체생산의 문제는 항상 이데올로기적 국가장치들이나 규율권력의 메커니즘 같은 **구조적이고 제도적인 실천의 차원**과 결부되어 있었다. 따라서 이러한 예속적인 주체화 양식과 구별되는 새로운 주체화 양식의 길

---

31 푸코의 경우라면 규율권력이 바로 개인들을 생산하는 권력이다. 미셸 푸코, 『감시와 처벌』, 오생근 옮김, 나남, 2003 참조.

이 어떤 것인지 해명하기 위해서는 국가장치들이나 권력의 메커니즘을 어떻게 개조할 것인가라는 문제와 분리될 수 없다. 역으로 생산양식이나 국가의 변혁이라는 과제는 새로운 주체화 양식이 어떻게 가능한가라는 문제를 해명하지 않고서는 제대로 사고될 수 없다. 내가 볼 때 포스트 담론의 핵심적인 문제제기는 여기에서 찾을 수 있다.

반면 지젝의 경우 주체가 이미 이데올로기 **이전**에 형성되어 있기 때문에 예속적 주체화에 관한 분석이 필요하지 않을뿐더러, 이데올로기에서 벗어날 수 있는 가능성을 해명하기 위해 구조적이고 제도적인 차원을 분석할 필요도 없다. 그렇다면 지젝의 정치학에서 **집합적인 실천에 관한 전략적인 질문들**이 부재한 것은 우연이라고 할 수 없다. 그런데 국가장치나 권력의 메커니즘 또는 경제제도의 변혁이나 개조의 쟁점들을 구체화하는 전략적 질문들이 없는 정치란 결국 **전무 아니면 전부**(자본주의의 유지냐 자본주의의 전면적인 폐지냐)라는 거대하지만 허망한 물음을 끊임없이 되풀이하는 것에 불과하지 않을까? 내가 좌파 메시아주의는 이중의 봉쇄를 수행하는 것으로 보인다고 말한 것은 이런 이유 때문이다.

4. 결론을 대신하여

지금까지의 논의를 간단히 정리해보자. 내가 지난 번 글에서 제기했던 비판적 사유의 미국화라는 테제는 포스트 담론이나 포스트-포스트 담론이 지닌 이런저런 문제점을 미국학계에 전가하기 위한 주장이 아니다. 또한 그것은 자본의 이데올로기인 포스트 담론을 청산하고 다시 마르크스주의로 또는 민중·민족담론으로 돌아가자는 주장을 담고 있는 것도 아니다. 오히려 그것은, 미국에서 변용되고 재창조된 담론들을 **글로벌한 첨단 유행 담론**으로서 그때그때마다 재빨리 수입해서 등재지 논문들이나 교양 대중 저술을 생산하기 위한 편리한 자원으로 이용하는 데 골몰하는, 지난 20여 년 동안의 유행의 흐름 속에 비친 한국 인문학의 지적·정치적 자화상을 드러내 보이려는 필자의 생각을 담고 있을 뿐이다.

어떤 독자들은 내가 좌파 메시아주의 사상가들만이 아니라 그들의 급진적인 한국 독자들을 과소평가하고 있다고 지적하기도 하지만, 그것이 과소평가인지 아닌지를 입증하는 것은 바로 그 독자들의 책임이다. 지난 글에서도 말한 바 있지만, 좌파 메시아주의의 이 사상가들을 어떻게 "'세계적인 석학'이라는 신자유주의적인 기표에서 떼어낼 수 있을지, 어떻게 그들을 조금 더 위험하고 급진적인 사유의 모험 속에서 사용할 수 있을지 고민"[32]해야 할 주체들은 바로 그 독자들인 것이다.

그리고 그러한 고민이 헛수고에 그치지 않기 위해서는 무엇보다 지난 20여 년 동안 한국에서 포스트 담론이 어떻게 수용되어 왔는지, 그 과정에서 포스트 담론과 마르크스주의 및 민중·민족담론이 어떻게 상호 무력화의 악순환에 빠져 왔는지 면밀하게 검토하는 일이 선행되어야 한다.

---

32 이 책, 105쪽.

3장

시간과 정의
: 벤야민, 하이데거, 데리다

1. 머리말

이 장에서는 좌파 메시아주의에 관한 앞에서의 토론과 관련하여 벤야
민과 하이데거, 데리다에서 시간과 정의의 문제를 살펴보려고 한다.
이 세 명의 사상가의 연관성과 차이에 대한 고찰이 필요한 것은, 이들
사상의 독창성과 깊이도 중요한 이유가 되거니와, 또한 이들의 사상이
우리 시대의 급진적인 메시아주의 정치철학에 깊은 영향(긍정적이든
부정적이든 간에)을 미치고 있기 때문이다.[1] 실제로 아감벤은 벤야민과

---

1 '메시아적인 것' 및 정치신학의 근대적·현대적 논의를 검토하는 최근의 한 논문 모음
집의 편자들은 현재 서양 인문학계에서 거론되는 메시아주의적 전회에 가장 큰 영향
을 미친 철학자로 데리다를 꼽고 있는데, 매우 설득력 있는 견해라고 생각한다. "여러 측
면에서 볼 때, 데리다의 탈구축론은 메시아적인 것에 관한 동시대 철학 가운데 가장 영
향력 있는 철학으로 남아 있다." Adam Thurschwell, "Politics without the Messianic
or a 'Messianic without Messianism', 2010: A Response to Richard Beardsworth",
Fletcher & Bradley, eds., Continuum, 2010. p.3.

하이데거 철학의 기반 위에서 새로운 형태의 메시아주의 내지 종말론의 가능성을 탐색하고 있으며, 지젝은 벤야민의 정치신학 및 역사철학을 원용하여 그 나름의 방식으로 급진적인 정치철학을 제시하고 있다. 주목할 만한 점은 아감벤이나 지젝 또는 부분적으로는 바디우 모두 데리다(및 레비나스)에 관한 비판을 통해, 또는 그에 대한 비판을 위해 하이데거나 벤야민 또는 여타 다른 정치신학에 관심을 두고 있다는 점이다.[2] 반대로 이 글에서는 오히려 벤야민과 하이데거와 대비되는 데리다 정치철학의 강점을 제시해볼 것이다. 곧 **메시아주의 및 종말론에 맞서 단절의 가능성, 사건의 가능성을 모색하고 있다는 점**[3]이야말로 데리다 정치철학의 중요한 교훈이라는 것이 이 글을 이끌어가는 나의 기본 가설이다.

---

2 이른바 '윤리적 전회' 내지 그 핵심으로서 '타자의 윤리학'(레비나스를 중심으로 하고 때로는 리오타르와 데리다도 포함되는)에 관한 바디우, 랑시에르, 지젝의 공통된 비판은 주목할 만한 현상이다. 이들의 비판의 의미와 난점에 관한 검토는 독자적으로 다뤄볼 만한 주제다. 바디우의 『윤리학』에 관한 비판적 고찰로는 에티엔 발리바르, 『폭력과 시민다움』, 진태원 옮김, 난장, 2012 참조.

3 데리다는 이를 메시아주의 없는 메시아적인 것이라고 부른다. "그것은 오히려, 우리가 일체의 교리들이나 심지어 일체의 형이상학적·종교적인 규정, 일체의 메시아주의로부터 해방시키려고 시도할 수 있는 어떤 해방적이고 메시아적인 긍정, 약속에 대한 어떤 경험이다. 그리고 어떤 약속은 지켜진다는 것을 약속해야 한다. 곧 '정신적'이거나 '추상적'인 것으로 남는 것이 아니라, 사건들과 새로운 형태의 활동, 실천, 조직 등을 생산해 낼 것을 약속해야 한다. '당 형태'나 이러저러한 국가 형태 내지 인터내셔널의 형태와 단절한다고 해서 모든 실천적이거나 현실적인 조직 형태를 포기한다는 뜻은 아니다. 여기서 우리에게 중요한 것은 정확히 정반대의 것이다"(강조는 필자). 자크 데리다, 『마르크스의 유령들』, 진태원 옮김, 그린비, 2014, 180쪽.

2. "너무 하이데거적이고 메시아-마르크스주의적 또는 시원-종말론적" 인: 데리다의 문제제기

데리다의 『법의 힘』에서 논의를 시작해보자. 『법의 힘』은 여러 가지 측면에서 획기적인 저작이라고 할 수 있다. 이 책은 우선 보통 해체론(또는 좀더 정확히 말하면 탈구축[4])이라고 불리는 현대 사상의 주요 흐름에서 획기적인 전회를 이룩한 저작이다.[5] 『법의 힘』 이전까지 탈구축 이론은 미국의 문학이론계에서 폭넓게 수용되었으며, 텍스트, 문자기록(écriture), 대체보충(supplément), 산종(散種, dissemination)과 같은 여러 개념들과 결부되어 주로 문학작품의 분석을 위한 방법론으로, 정밀한 해석의 이론으로 받아들여졌다. 반면 『법의 힘』 이후 탈구축 이론은 정치철학 및 윤리학, 법철학 등과 같은 실천철학 분야에서도 널리 수용되고 있다. 오늘 우리 주제와 관련해본다면, 『법의 힘』은 벤야민의 저술 가운데 거의 주목받지 못했던 「폭력의 비판을 위하여」를 현대 정치철학의 중심 텍스트로 위치시키는 데 크게 기여했다는 점에서도 의미가 있다. 데리다가 『법의 힘』 2부인 「벤야민의 이름」에서 이 텍스트에 대하여 꼼꼼한 탈구축적인 독서를 제시한 이후, 이 책은 오늘날 벤야민 저술들 가운데서도 가장 주목받는 글 중 하나가 되었고, 아감벤,

---

4 필자는 데리다의 déconstruction이라는 말은 '해체'보다는 '탈구축'으로 이해하는 것이 적절하다고 믿는다.

5 맥코믹은 데리다의 『법의 힘』, 특히 그 1부를 소크라테스가 아테네 시민들 앞에서 했던 변론과 비교하면서 『법의 힘』이 불러일으킨 파장을 평가하고 있다. John P. McCormick, "Derrida on Law; Or, Poststructuralism Gets Serious", *Political Theory*, vol.29, no.3, 2001.

지젝을 비롯한 수많은 연구자들의 논평과 응용 및 변용의 대상이 되고 있다.

하지만 『법의 힘』, 특히 그 책 2부에서 제시된 벤야민에 대한 독서는 숱한 논란과 비판을 불러왔다. 그것은 다른 무엇보다 2부의 「서언」과 「후기」 때문이다. 데리다가 책의 맨 앞 「서문」에서 밝히고 있듯이 『법의 힘』, 정확히 말하면 그 1부는 1989년 10월 뉴욕의 카르도조 법대 대학원에서 처음 발표되었으며, 2부는 참석자들에게 배포만 되고 읽지는 않았다. 2부는 그 다음해인 1990년 4월 캘리포니아 대학에서 열린 "나치즘과 '궁극적 해결책': 표상의 한계들에 대한 검토"라는 제목의 콜로퀴엄에서 처음 발표되었다. 그리고 2부 텍스트에는 새롭게 「서언」(prolegomenon)과 「후기」(post-scriptum)가 추가되었다. 2부 텍스트에 대해서만 따로 「서언」과 「후기」가 나중에 추가되었다는 사실은 꽤 특이한 일이고, 따라서 무언가 의미 있는 전언이 담겨 있으리라 짐작해볼 수 있다. 실제로 「서언」과 「후기」에는, 「벤야민의 이름」 본문에서는 쉽게 찾아보기 어려운, 「폭력의 비판을 위하여」에 대한 매우 단호한 평가가 담겨 있다.

우선 데리다는 「서언」에서 벤야민의 「폭력의 비판을 위하여」가 "근본적 파괴, 말살, 총체적 무화(無化)라는 주제 […] 말살적 폭력이라는 주제에 신들려 있다"[6]고 말한다. 그것은 이 텍스트가 "언어의 도착과 타락인 표상(représentation)에 대한 비판일 뿐만 아니라, 형식적이고 의회적인 민주주의 정치체계인 대의(représentation)에 대한 비판

---

6 자크 데리다, 『법의 힘』, 진태원 옮김, 문학과지성사, 2004, 63~64쪽.

이기도 하"며, "법을 파괴하는 신성한 폭력(유대적인)과, 법을 창설하고 보존하는 신화적 폭력(그리스적인)을 대립시키는 유대적 관점 속에 기입되어 있기"[7] 때문이다. "이 '혁명주의적' 논문(마르크스주의적이면서 동시에 메시아주의적인 스타일에서 혁명주의적인)은 1921년 반의회주의적이고 반'계몽주의'인 대세 —— 나치즘은 1920년대와 30년대 초에 말하자면 이 조류의 표면 위로 부상하고, 심지어 '파도타기'를 하게 될 것이다 —— 에 속하고 있었다."[8]

　　따라서 데리다는 벤야민의 이 텍스트가 '궁극적 해결책'이라는 주제와 어떻게 관련되어 있는지, 양자 사이에 어떤 연관성이 있는지 의문을 제기한다. 하지만 단지 시간적인 차이(이 글은 1921년에 발표되었고 벤야민 자신은 1940년 자살한 반면, 나치가 유대인 학살을 모의한 반제회의는 1942년에 열렸다) 때문만이 아니라 "이 텍스트에서 중첩되는 코드들이 극히 예외적으로 다양하다는 사실, 또는 한정하자면, 단지 새로운 역사적 시대를 선포할 뿐만 아니라 신화가 제거된 진정한 역사의 개시를 선포하는 메시아적 혁명의 언어에 마르크스주의적 혁명의 언어가 접목되고 있다는 사실"[9]로 인해, 이러한 질문을 제기하는 것은 매우 어려운 일이라고 데리다는 지적한다. 그러면서도 「후기」에서 데리다는 다음과 같이 말한다. "이 모든 이유 때문에 우리는 발터 벤야민이 이 텍스트의 논리 안에서 —— 만약 이 텍스트 안에 하나의, 단 하나의 논리가 존재한다면 —— 나치즘과 '궁극적 해결책'에 관해 어떻게 생

---

7 같은 책, 65~66쪽.
8 같은 책, 66쪽.
9 같은 책, 67쪽.

각했을지 물어볼 권리를 갖고 있지 않거나 제한된 권리만을 갖고 있을 것이다. 그렇지만. 그렇지만 나는 어떤 점에서는 그렇게 할 것이[다]."[10] 이러한 입장에 따라 데리다는 '궁극적 해결책'과 벤야민 텍스트의 관계에 대해 몇 가지 논점을 제시한다.

첫째, 나치즘은 법의 신화론적 폭력의 체계이기 때문에, 우리는 "법의 신화론적 폭력이 속해 있는 이 공간과 다른 장소에서만 '궁극적 해결책'의 특유성을 사고하거나 상기할 수 있다."[11] 곧 궁극적 해결책에 대해 **사고하기** 위해서는 법, 신화, 표상의 질서에서 벗어나야 한다.

둘째, 따라서 "이 체계를 그 타자에 따라, 곧 이 체계가 배제하고 파괴하고 몰살시키려고 했던, 하지만 외부 및 내부에서 이 체계에 유령처럼 따라다닌 것에 따라 사고하려고 시도해야 한다. **독특성** (singularité)**의 가능성에 따라, 서명과 이름의 독특성의 가능성에 따라** 이 체계를 사고하려고 시도해야 하는데, 왜냐하면 대표[표상]의 질서가 몰살시키려고 시도했던 것은 수백만 명의 목숨일 뿐만 아니라 정의의 요구이기도 하며, 이는 또한 이름들이기도 하기 때문이다. 무엇보다도 이름을 부여하고 기입하고 부르고 상기할 가능성이기도 하기 때문이다."[12] 따라서 "아마도 벤야민은 '궁극적 해결책'에 대한 모든 역사적이거나 심미적인 객관화를 부질없고 쓸모없는 것으로, 어쨌든 사건을 측정하는 데에는 쓸모없는 것으로 판단했을 텐데, 이런 객관화는 모든 객관화와 마찬가지로 표상 가능하고 심지어 규정 가능한 것의 질서에,

---

10 데리다, 『법의 힘』, 128쪽.
11 같은 책, 130~31쪽.
12 같은 책, 131쪽. 강조는 필자.

규정적이고 결정 가능한 판단의 질서에 속할 것이기 때문이다."[13]

셋째, 그런데 문제는 규정적이고 결정 가능한, 표상 가능한 객관화는 그것이 신화론적 질서에 속하기 때문에 궁극적 해결책을 사고하는 데 쓸모없는 것이라면, 반대로 "이 질서에서 벗어나자마자 역사 ─와 신성한 정의의 폭력 ─가 시작되지만, 우리 인간은 **판단들 ─및 결정 가능한 해석들 ─을 가늠할 만한 능력을 지니고 있지 못하다**"는 점, 곧 "두 질서(신화론적인 질서와 신성한 질서)를 함께 구성하고 한정하는 모든 것에 대한 해석과 마찬가지로, '궁극적 해결책'에 대한 해석은 인간의 능력 밖이라는"[14] 점이다. 따라서 신화론적 질서 대 신성한 정의의 질서, 표상의 언어 및 계몽주의 대 순수한 표현의 언어 사이의 대립과 양극성이 순수하게 유지될 수는 없으며, "공약 불가능하고 이질적인 두 차원 사이의 타협"[15]이 이루어져야 한다. 데리다에 따르면 이러한 "이질적인 질서들 사이의 타협의 숙명, 더욱이 표상[대표]의 법칙[…]에 복종하도록 명령할 뿐만 아니라 동시에 특유한 것 및 모든 특유성이 일반성이나 비교의 질서로 재기입되는 것을 피하도록 해주는, 표상을 초월하는 법칙에도 복종하도록 명령하는 정의의 이름에 따라 이루어지는 타협의 숙명"[16]이야말로 우리가 이끌어낼 수 있는 교훈 중 하나다.

넷째, 그런데 데리다는 "마지막으로" 그가 "이 텍스트에서 발견하

---

13 같은 책, 133쪽.
14 같은 책, 133쪽. 강조는 필자.
15 같은 책, 134쪽.
16 같은 책, 134쪽.

는 가장 가공할 만한 것, 심지어 참기 어려운 것"이라는 문제를 제기한다. 그것은 무엇인가? 그것은

> 결국 이것이 열어놓으려고 하는, 특히 '궁극적 해결책'의 생존자들 내지는 희생자들에게, 그 과거, 현재 또는 미래의 잠재적인 희생자들에게 열어놓으려고 하는 유혹이다. 어떤 유혹 말인가? 대학살을 신의 폭력의 해석 불가능한 발현의 하나로 사고하려는 유혹이다. 벤야민의 말에 따르면 이 신의 폭력은 말살적·면죄적이면서 동시에 비유혈적인 것으로, 이 폭력은 ──다시 벤야민을 인용하자면 ── "내리치고 면죄시키는 비유혈적 심판"을 통해 현행의 법을 파괴한다. [⋯] 가스실과 화장용 가마를 생각한다면, 비유혈적이기 때문에 면죄적인 어떤 말살에 대한 이러한 암시를 깨닫고 어떻게 몸서리치지 않을 수 있겠는가? 대학살을 하나의 면죄로, 정의롭고 폭력적인 신의 분노의 판독할 수 없는 서명으로 만드는 해석의 발상은 끔찍한 것이다.[17]

이 때문에 데리다에 따르면, 벤야민의 이 텍스트는 다의성을 지니고 있고 의미론적인 반전의 여지를 지니고 있지만, "결국 자신이 그에 반대하여 행동하고 사고하고 행위하고 말해야 하는 것에 현혹되어 혼동스러울 만큼 이와 너무 유사해져버린 것 같다. 내가 보기에 벤야민의 다른 많은 텍스트들처럼 이 텍스트는 여전히 너무 하이데거적이고 메시아-마르크스주의적 또는 시원-종말론적이다."[18]

---

17 데리다, 『법의 힘』, 134~135쪽. 강조는 인용자.

벤야민의 「폭력의 비판을 위하여」에 대한 데리다의 해석 가운데서 특히 이 부분이 뜨거운 논쟁을 불러왔다. 가령 아감벤의 『호모 사케르』는 어떤 의미에서는 "반(反)데리다론"으로 읽을 수 있을 만큼, 데리다의 벤야민 해석에 대해 격렬한 비판을 제기하고 있다. 또한 다수의 벤야민 연구자들 역시 데리다의 해석이 지닌 문제점들에 대해 날카로운 비판을 제기한 바 있다.[19] 심지어 탈구축 이론가들로 분류될 수 있고 데리다와 가까운 여러 이론가들 역시 데리다의 해석에 대해 유보를 표시하거나 암묵적인 비판을 제기하고 있다.[20] 따라서 「벤야민의 이름들」 전체에 대해서는 아닐지 몰라도, 적어도 그 「서언」과 「후기」에서의 평가는 다소 성급하고 과도한, 또는 면밀하거나 정확하지 못한 판단이라는 것이 여러 연구자들의 비평이라고 할 수 있다.

하지만 정말 데리다의 평가가 성급하고 과도한, 또는 부정확한 것일까? 이 점에 관한 여러 비판가들의 판단 자체가 오히려 다소 성급하

---

18 같은 책, 135쪽. 강조는 인용자.

19 이 점에 관해서는 특히 Haverkamp, Anselm, ed. *Gewalt und Gerechtigkeit: Derrida-Benjamin*, Suhrkamp, 1994에 수록된 여러 글을 참조할 수 있다. 또한 Greenberg, Udi D., "Orthodox violence: "Critique of Violence" and Walter Benjamin's Jewish political theology", *History of European Ideas* 34, 2008도 참조.

20 가령 베르너 하마허(Werner Hamacher)는 데리다의 『법의 힘』과 거의 같은 시기에 「폭력의 비판을 위하여」에 대한 상이한 해석을 제시한 바 있으며(Hamacher, "Afformative, Strike: Benjamin's 'Critique of Violence'", in *Walter Benjamin's Philosophy—Destruction and Experience*.), 이후 몇몇 글에서 데리다의 벤야민 해석에 대하여 암묵적인 비판을 제기하고 있다. 특히 Hamacher, "Guilt History: Benjamin's Sketch 'Capitalism as Religion'", *Diacritics*, vol.32, no.3, 2002 참조. 미국의 대표적인 해체론 이론가이자 저명한 벤야민 연구자이기도 한 새뮤얼 웨버는 데리다의 글이 발표된 지 2년 후 (데리다가 『법의 힘』에서 친화성을 지적한) 벤야민과 슈미트의 차이점을 밝히는 논문을 발표한 바 있다. Weber, "Taking Exception to Decision: Walter Benjamin and Carl Schmitt", *Diacritics*, vol.22, no.2, 1992. 참조.

고 과도한 또는 면밀하지 못한 것이 아닐까? 실제로 데리다의 해석에 대한 비판들 못지않게 데리다의 평가를 옹호하는, 또는 그러한 평가의 의미를 좀더 면밀하게 해명하는 주목할 만한 논의들도 충분히 찾아볼 수 있다. 가령 데리다에 대한 아감벤의 평가를 반비판하는 논의들도 있거니와,[21] 데리다의 「서언」과 「후기」에 대한 매우 꼼꼼하고 세심한 연구들도 충분히 찾아볼 수 있다.[22] 따라서 데리다의 벤야민 평가를 성급하거나 부정확한 것으로 기각하기 이전에 그 해석에서 제기되는 쟁점을 꼼꼼히 따져볼 필요가 있을 것이다.

이 글에서 시도해보려는 것도 어떤 의미에서는 데리다의 평가의 함의를 다시 한 번 음미해보는 일과 다르지 않다. 다만 우리는 『법의 힘』 2부의 「서언」과 「후기」 자체를 분석하거나 그것이 2부 본문 및 「폭력의 비판을 위하여」와 맺는 관계를 따져보는 대신 데리다가 「후기」의 마지막에서 제기한 테제, 곧 「폭력의 비판을 위하여」가 "여전히 너무 하이데거적이고 메시아-마르크스주의적 또는 시원-종말론적이다"라는 테제의 의미를 검토해보고 싶다. 어떤 의미에서 벤야민의 텍스트는 여전히 "메시아-마르크스주의적 또는 시원-종말론적"이라고 할

---

21 특히 Adam Thurschwel, "Cutting the Branches for Akiba: Agamben's Critique of Derrida", in Andrew Norris ed., *Politics, Metaphysics, and Death: Essays on Giorgio Agamben's Homo Sacer*, Duke University Press, 2005; Johnson, "As If Time Were Now: Deconstructing Agamben", *The South Atlantic Quarterly*, vol.106, no.2, 2007; Librett, "From the Sacrifice of the Letter to the Voice of Testimony: Giorgio Agamben's Fulfillment of Metaphysics", *Diacritics*, vol.37, nos. 2-3, 2007. 참조.

22 「서언」과 「후기」에 대한 최근의 주목할 만한 독해로는 "'And yet': Derrida on Benjamin's Divine Violence", *Mosaic: a Journal for the Interdisciplinary Study of Literature*. vol.40, no.2, 2007; Staikou, "Justice's last word: Derrida's post-scriptum to *Force of law*", *Derrida Today*, vol.1, no.2, 2008 참조.

수 있는가? 또한 왜 이 텍스트는 "여전히 너무 하이데거적"이라고 할 수 있는가? 그리고 너무 "하이데거적"이라거나 너무 "메시아-마르크스주의적 또는 시원-종말론적"이라는 것은 무엇을 뜻하는가? 왜 "하이데거적"이거나 "메시아-마르크스주의적"인 것이 문제가 될까? 그것이 어떤 의미에서 오늘날 역사와 정치를 사고하는 데서 한계를 지닌 것일까?

3. "시간이 이음매에서 어긋나 있다": 정의의 사건, 사건으로서의 정의

이 질문들에 답하기 위해서는 (여러 주석가들이 그러듯이) 『법의 힘』이나 「폭력의 비판을 위하여」 텍스트에 한정할 수 없으며, 데리다의 다른 저작 및 벤야민과 하이데거의 다른 저작들을 함께 고찰해봐야 한다. 내가 보기에 일차적으로 중요한 텍스트는 『마르크스의 유령들』이다. 여러 측면에서 볼 때 『법의 힘』과 긴밀하게 연결돼 있고, 어떤 의미에서는 한 쌍을 이룬다고 말할 수 있는 『마르크스의 유령들』은 「서언」과 「후기」에서 데리다가 모호한 암시로 남겨놓은 테제에 대해 좀더 적극적이고 분명한 해명을 제시하고 있다. 셰익스피어의 『햄릿』에 나오는 유명한 대사, "시간이 이음매에서 어긋나 있다"(The time is out of joint)를 모티프로 삼고 있는 이 책에서도 데리다는 벤야민과 하이데거와의 거리두기를 시도하고 있다.

『마르크스의 유령들』에서 좀더 본격적인 탈구축의 대상이 되는 것은 하이데거의 시간론, 또는 현존(Anwesen), 현존성(Anwesenheit)의 관점에서 시간과 정의(dike)의 문제를 해명하려는 하이데거의 시도다. 데리다는 하이데거의 「아낙시만드로스의 잠언」(1946)을 읽으면서 존재론과 정의, 시간론의 교차점을 탐색하며, "이음매가 어긋난 시간", 유령적인 시간성의 관점에서 그러한 교차점을 넘어설 수 있는 길, 아니 오히려 그러한 교차점에 존재하는 어긋남, 균열, 탈구를 모색한다.

하이데거는 「아낙시만드로스의 잠언」에서 서양철학의 가장 오래된 단편인 아낙시만드로스의 잠언을 다시 사유하려고 시도한다. 그는 이 잠언에 대한 문헌학자 헤르만 딜스(Hermann Diels)와 청년 니체의 해석에 반대하여(그에 따르면 이러한 해석은 아낙시만드로스가 말하는 디케[dike]를 법적·도덕적으로 표상한다) 존재에 대한 그리스적인 사유의 경험에 따라 디케와 아디키아(adikia)를 현존에 대한 그리스적인 이해 방식으로 읽으려고 한다. 이러한 관점에 따르면 딜스와 니체가 불의(不義, Ungerechtigkeit)로 이해하는 아디키아는 "현존자의 근본 특성", 곧 "그것이 지배하고 있는 곳에서는 사물들이 올바로 존립하지 못한다는 사실", "이음매에서 벗어나 있다(aus den Fugen)"[23], 이음매가 어긋나 있고 부적합하다는 사실을 가리킨다.

어떤 의미에서 아디키아는 "이음매에서 벗어나 있음", "이음매

---

23 aus den Fugen 또는 Un-Fug는 번역자에 따라 "안배된 곳에서 벗어나 있다"(신상희)나 "불응"(박찬국·설민)으로 옮겨지는데(Heidegger, *Grundbegriffe*, Vittorio Klostemann, 1991; 『근본 개념들』, 박찬국·설민 옮김, 도서출판 길, 2012, 181쪽 이하 참조), 우리는 데리다의 해석을 따라 이를 "이음매에서 벗어난" 또는 "이음매가 어긋난"으로 옮긴다. 번역의 차이는, 데리다식의 번역이 이 단어가 지닌 일상적이고 기술적인 어법에 좀더 충실한 반면, 국역자들의 경우는 그 존재론적인 의미에 좀더 치중하고 있다는 점에서 찾을 수 있다. 데리다식의 번역은 사실 영역본이나 불역본에서 표준적으로 사용되는 번역이다.[Heidegger, *Holzwege*, Vittorio Klostermann, 1951; 『숲길』, 신상희 옮김, 나남출판, 2008, 518~519쪽]. 번역은 약간 수정.

가 어긋나 있음"을 뜻할까? 하이데거의 이러한 재해석은 현존자에 대한 재규정을 전제하고 있다. 하이데거에 따르면 아낙시만드로스의 의미에서 타 에온타(ta eonta)는 "현재적인 것이라는 의미에서의 존재자"를 가리킨다. 그리고 이때의 '현재적인 것'이란, 시간의 흐름의 한 단계로서의 '지금의 것'(das jetzige)을 뜻하는 게 아니라, '현재적'(gegenwärtig)이라는 의미에서의 현재적인 것을 가리킨다.

> 에온타의 성격을 지닌 '현재적'이라는 낱말은, "비은폐성의 영역 안에 머물러 있고자 다가와 있는"이라는 의미를 갖는다. […] 그렇게 다가와 있음(Angekommenheit)이 본래적인 다가옴(Ankunft)이고, 본래적인 현존자의 현존이다. 과거적인 것과 미래적인 것도 또한 현존자이며, 다시 말해 비은폐성의 영역 바깥에 현존하는 것이다. 비현재적으로 현존하는 것은 부재하는 것이다. […] 부재하는 것도 또한 현존하는 것이며, [다시 말해] 비은폐성의 영역으로부터 [떠나가] 부재하는 것으로서, 비은폐성 속으로 [또 다시 출현하여 나오기도 한다는 점에서] 현존하고 있다.[24]

따라서 지금 존재하는 것을 넘어서 과거에 존재하는 것과 미래에 존재할 것을 포함하는 넓은 의미의 현존자, 현존하는 것이란, "생성하다가 소멸하는 것, 다시 말해 덧없이 사라져가는 것(Vergängliche)"[25],

---

24 Heidegger, *Holzwege*; 『숲길』, 508~509쪽.
25 *Ibid.*; 같은 책, 503쪽.

일시적으로 체류하는 것, "'그때마다–체류하는 것'(je-weilige)"²⁶을 뜻한다.

그렇다면 "이음매가 어긋나 있음"으로서 아디키아는 무엇을 뜻할까? 그것은 "현존자가 자신이 존재하는 바의 그런 현존자로서 이음매에서 벗어나 있다는 것"을 뜻한다. 곧 일시적으로 머물렀다가 가는 것, 그때그때 잠깐 왔다가 사라지는 것이 현존자의 존재 양식임에도, 현존자가 계속 현존할 것을 고집할 때 이음매가 어긋나고 아디키아가 일어나게 된다. "그때마다–체류하는 것은 자신의 현존을 고수한다. 이런 식으로 그것은 자신의 이행적인 머무름으로부터 스스로를 이끌어내고 있다. 그것은 완고한 고수 속으로 펼쳐진다. 그것은 더 이상 다른 현존자에 대해서는 전혀 아랑곳하지 않는다. 그것이 마치 이러한 것이 머무름이라고 하는 듯 지속적 존립을 완강히 주장한다. 자신에게 적합한 체류 기간 속에 현존하면서 현존자는 이음매에서 벗어나 이음매가 빠진 상태로 그때마다–체류하는 것으로서 존재한다. 그때마다–체류하는 모든 것은 이음매에서 벗어난 곳에 서 있다."²⁷

그러므로 아디키아, "어긋남은, 불화다(die Un-Fuge, ist der Un-Fug)."²⁸ 반대로 디케는 "연결해주고 어울리게 해주는 일치(der fugend-fügende Fug)"다. 곧 그때그때마다 체류하는 현존자들이 그에게 부여된 체류 속에서 현존하게 하면서도 그것이 다른 현존자들에

---

26 이것은 "그때그때 겨를을 지니는 것"(Heidegger, *Grundbegriffe*; 『근본 개념들』, 185쪽)으로 옮겨지기도 한다.

27 Heidegger, *Holzwege*; 『숲길』, 520~521쪽.

28 *Ibid.*; 같은 책, 523쪽.

게 고유한 체류, 현존과 어긋나거나 불화를 일으키지 않도록 배려하는 것, 어떤 현존자가 자신의 현존을 완강하게 고수하여 다른 현존자들의 현존을 가로막거나 그것과 어긋나지 않게 하는 것이 바로 디케이며, 디도나이 디켄(didonai diken), 곧 디케를 줌, 디케를 선사함(딜스와 니체의 번역을 따르면 '벌을 받음' 내지 '죗값을 치름'이지만)이다. "그때마다-체류하는 것들이 그저 단순히 지속하려고 끊임없이 고집을 피우고 그리하여 이러한 집착 속에서 현재적인 현존자로부터 서로를 밀어내고자 완전히 흩어지지 않는 한에서, 그것들은 일치를 속하게 한다(didonai diken)."[29]

이러한 하이데거의 주장을 데리다는 다음과 같이 정리한다. "만약 하이데거가 하듯이 우리가 디케를 현존으로서의 존재로부터 사고한다면, "정의"는 무엇보다, 궁극적으로는, 특히 고유하게는 일치의 이음매다. 타자에게 고유한 이음매는 그것을 갖고 있지 못한 이에 의해 타자에게 주어진 것이다. 불의는 어긋남 내지 부조화다."[30] 그리고 곧바로 이런 반론을 제기한다.

하이데거는 항상 그렇듯이, 그가 호의/은혜, 베풀어진 호의/은혜의 가능성 자체로 해석하는 것에, 곧 조화롭게 한데 모으거나 받아들이는 허여하는 일치 […] 에 호의적으로 기울어 있는 것 아닌가? […] 타자와의 관계로서의 정의는, 존재 안에서 그리고 시간 안에서 어긋남 또

---

29 *Ibid.*; 같은 책, 528쪽.
30 데리다, 『마르크스의 유령들』, 69쪽.

는 몰시간성의 환원 불가능한 초과를, 어떤 운푸게(Un-Fuge), "이음매가 어긋난" 어떤 탈구를 가정하고 있지 않은가? 이러한 어긋남이야말로 항상 악, 비전유, 불의의 위험 ── 이것들을 확실하게 제어할 수 있는 계산 가능성은 존재하지 않는다 ── 을 무릅쓰면서, 유일하게 타자로서의 타자에게 정의를 실행할 수 있는 또는 정의를 돌려줄 수 있는 것이 아니겠는가?[31]

데리다에 따르면 하이데거는 현존을 고수하는 것으로서의 아디키아를 "어긋남 내지 부조화"로 이해하고, 디케는 이러한 어긋남이나 부조화를 바로 잡는 것, 일치를 허여(許與)하는(Zugeben) 것으로 이해함으로써, "이음매가 어긋나 있음"을 바로 잡아야 하거나 올바르게 만들어야 할 부당한 사태로 간주하고 있다. 하지만 이것은 어긋남을 바로 잡음으로써, 무언가 새로운 것이 일어날 가능성, 전혀 이질적인 타자가 도래할 사건의 가능성을 가로막는 것 아닌가? 따라서 이것은 정의의 가능성을 총체화하는 현존의 경제 속으로 가두는 것 아닌가? 그렇다면 시간과 정의의 관계, 사건으로서의 정의의 문제에 관한 하이데거와 데리다의 차이는 디케를 현존자들에게 고유한 현존을 허락해주는 "연결해주고 어울리게 해주는 일치"로 이해하느냐, 아니면 시간의 이음매가 어긋남을 통해서만 가능한, 예측 불가능한 타자와의 관계로 이해하느냐의 문제라고 말할 수 있을 것이다.

　여기에 대해서는 물론 데리다가 하이데거의 텍스트를 잘못 이해

---

31 데리다, 『마르크스의 유령들』, 69~70쪽.

하고 있다는 반론이 제기될 수 있다. 가령 프랑스의 저명한 현상학자 프랑수아즈 다스튀르(Françoise Dastur)는 데리다에게 헌정된 논문에서 (헌정의 말 이외에는 데리다를 전혀 인용하거나 언급하지 않은 가운데) 하이데거의 「아낙시만드로스의 잠언」은 이음매가 어긋남, 이음매가 빠져 있음을 "존재 그 자체의 중심에 기입"[32]해넣는다고 말한다. 사실 하이데거는 데리다가 다루지 않는 논문 뒷부분에서 현존으로서 존재 내부에는 어긋남, 불일치가 존재함을 지적하고 있다. "[자연의 섭리적] 필요(Brauch)는 일치와 배려를 관장하면서 체류 속으로 놓아주며, 현존자를 그때마다 체류하도록 양도해준다. 그러나 이로써 그것이 체류하는 머무름으로부터 순전한 지속으로 굳어지게 될 위험이 항존하게 된다. 따라서 필요는 그 자체가 동시에 현존을 불일치(Un-Fug) 속으로 넘겨주는 것이기도 하다. 필요는 [불일치의] 불(Un-)을 이어준다."[33] 따라서 다스튀르의 주장에 의하면 "존재는 **동시에** 불일치 또는 아디키아의 빛 속에서 나타나지 않고서는 일치 또는 디케로 사유될 수 없다."[34]

그녀의 주장은 하이데거 텍스트에 대한 정확한 독해라는 점에서 의미가 있는 반론이다. 사실 「아낙시만드로스의 잠언」에 대한 다스튀르의 독해는 데리다에 관한 그녀의 몇 편의 텍스트에서 볼 수 있는 전형적인 독법이라고 할 수 있다. 곧 다스튀르는 후설이나 하이데거에

---

32 Françoise Dastur, "Anaximander and Heidegger: Being and justice", in *Interrogating the Tradition, Hermeneutics and the History of Philosophy*, C. E. Scott and J. Sallis eds., State University of New York Press, 2000. p.188.

33 Heidegger, *Holzwege*; 『숲길』, 541쪽.

34 Dastur, "Anaximander and Heidegger: Being and justice", p.188.

관한 데리다 독해의 새로움과 강점을 인정하면서도, 데리다 자신의 관점은 이미 후설이나 하이데거 텍스트에 존재함을 보여주려는 전략을 즐겨 채택한다.[35] 그것은 이 경우에도 마찬가지다. 하지만 그녀의 반론은 데리다의 독해에 대한 충분한 반론이라고 보기는 어려운데, 왜냐하면 데리다는 하이데거가 불일치나 어긋남을 배제하거나 부정했다고 주장하는 것이 아니라, 불일치에 비하여 일치를 더 **강조한다**고, 일치쪽에 더 **기울어 있다**고 말하고 있기 때문이다. 반면 데리다는 우리가 적어도 불일치나 어긋남에 대해 동등한 비중을 부여하지 않는다면, 특히 새로운 사건의 조건으로서 불일치를 파악하지 않는다면, 현존을 사건 내지 생기(Ereignis)로 충실히 이해하기 어려울뿐더러, 정의의 문제를 하이데거 자신이 비판하는 법적·도덕적 표상의 질서에서 벗어나게 하기 어렵다고 주장한다. 따라서 다스튀르의 반론이 설득력을 얻기 위해서는 하이데거가 불일치나 어긋남에 대해 적어도 동등한 중요성을 부여하며, 그것을 사건의 사건성의 조건으로 제시하고 있다는 점이 입증되어야 할 것이다.

그렇다 해도 또 다른 반론이 가능할 수 있다. 곧 「아낙시만드로스의 잠언」에서는 사건의 우발성이 충분히 해명되지 않고 있다 하더라도, 하이데거의 다른 텍스트에서는 그것이 좀더 깊이 있게 제시되고 있다는 반론이 제기될 수 있다. 실제로 하이데거 생전에 마지막으로 출간된 저작인 『사유의 사태로』(*Zur Sache des Denkens*)에서 하이데

---

35 가령 "Derrida et la question de la présence: une relecture de *La Voix et le phénomène*", *Revue de métaphysique et de morale*, no.53, 2007 참조.

거 사상의 이러한 면모가 좀더 풍부하게 드러나고 있다. 이 점에 관해서는 뒤에서 다시 다루기로 하고, 이제 벤야민과 데리다의 관계를 메시아주의 또는 메시아적인 것의 문제를 중심으로 살펴보기로 하자.

4. 메시아주의 없는 메시아적인 것: 유사초월론 대 무초월론

『마르크스의 유령들』에서 벤야민과 관련하여 데리다는, "많은 차이점"이 존재한다는 점을 지적하면서도 「역사의 개념에 대하여」의 두 번째 테제에 나오는 "약한 메시아적 힘"[36]을 자신이 말하는 "메시아주의 없는 메시아적인 것"의 벤야민식 표현이라고 말한 바 있다[37]. 하지만 데리다는 『마르크스의 유령들』에 관한 여러 학자들의 비평에 대한 답변으로 『유령의 모습을 그리기』(*Ghostly Demarcations*, 1999)에 수록된 「마르크스와 아들들」에서는 벤야민의 '약한 메시아적 힘'과 자신이 말하는 '메시아주의 없는 메시아적인 것'의 차이점을 아주 상세하게 밝히고 있다. 이는 세 가지 논점으로 집약된다.

첫째, 데리다는 자신이 말하는 메시아주의 없는 메시아성은 "이러저러한 메시아주의적 전통과 연결되어 있지 않"은 "또 다른 구조, 실존의 구조"를 가리키며, 따라서 그것은 벤야민과 달리 "약화된 메시아주의, 감소된 힘을 지닌 메시아적 기대가 아니다."[38] 오히려 그것은 "한

---

36 이 개념의 지성사적 배경에 관해서는 Astrid Deuber-Mankobsky, "The Image of Happiness We Harbor: The Messianic Power of Weakness in Cohen, Benjamin, Paul", *New German Critique* 105, vol. 35, no. 3, 2008 참조.

37 데리다, 『마르크스의 유령들』, 343쪽 주 32.

38 데리다, 「마르크스와 아들들」, 『마르크스주의와 해체: 불가능한 만남?』, 진태원·한형식

편으로는 모든 언어행위, 다른 모든 수행문 및 심지어 타자와의 관계에 대한 모든 전 언어적인 경험을 조직하는 약속(하지만 또한 약속의 주심에 놓여 있는 위협)의 수행문이 보여주는 역설적인 경험에 대한 분석"이며, **"다른 한편으로는**, 이러한 위협하는 약속과 교차하는 기대의 지평에 대한 해명"이다. 그리고 이러한 "기대의 지평은 […] 기대 **없는** 어떤 기대, 말하자면 사건(기다려짐 **없이** 기다려지는)에 의해 그 지평이 파열된 어떤 기대, 곧 사건에 대한 기대, "도착하기" 위해서는 일체의 규정하는 예상을 넘어서고 놀라게 해야 하는 어떤 "도착하는 것/이"에 대한 기대"를 가리킨다. "미래 아닌 미래의 걸음(pas de future), 장래 아닌 장래의 걸음(pas de l'avenir), 다르게 다른 것 아닌 다르게 다른 것의 걸음, 사건이라는 이름으로 불릴 만한 사건 아닌 사건의 걸음, 혁명 아닌 혁명의 걸음, 정의 아닌 정의의 걸음."[39]

둘째, 벤야민의 약한 메시아적 힘은 특정한 역사적 상황, 위기와 궁지에 몰린 상황과 결부되어 있으며, 그 때문에 그 힘은 "약한"이라는 형용사로 규정되는 데 반해, 메시아주의 없는 메시아성은 "보편적이고 유사초월론적인 구조"로서, 이는 "역사[…]의 어떤 특수한 순간과도, 어떤 특수한 문화[…]와도 연결되어 있지 않기 때문이다. 그리고 이러한 메시아성은 어떤 메시아주의를 위한 알리바이로도 사용되지 않으며 어떤 메시아주의도 모방하거나 반복하지 않는다. 그것은 어떤 메시아주의도 확증하거나 약화시키지 않는다."[40]

옮김, 길, 2009, 217쪽.

39 데리다, 「마르크스와 아들들」, 218쪽.

40 같은 글, 226쪽.

셋째, 따라서 메시아주의 없는 메시아적인 것 또는 메시아성은 "우리가 메시아주의로 이해할 수 있는 것, 곧 다음과 같은 두 가지 점과는 아무런 본질적인 관계도 **없다**. 메시아주의는 한편으로 역사적으로 규정된 계시 ── 유대적인 계시이든 아니면 유대·기독교적인 계시이든 간에 ── 에 대한 기억, 다른 한편으로는 상대적으로 규정된 메시아의 형상으로 이루어져 있다. 메시아주의 **없는** 메시아성은 그 구조의 순수성 자체에서 이러한 두 가지 조건을 배제한다."[41]

이 주장의 의미를 제대로 이해하려면 우선 데리다가 메시아주의 없는 메시아성을 "보편적이고 유사초월론적 구조"라고 부를 때 "유사초월론"(quasi-transcendantal)으로 의미하는 바가 무엇인지 이해할 필요가 있다. 데리다는 『그라마톨로지에 관하여』(1967)나 『조종』(1974) 같은 저작들에서 가끔 "유사초월론" 내지 "과잉초월론"(ultra-transcendantal)이라는 표현을 사용한 바 있다. 하지만 그가 이 표현을 좀더 의식적이고 체계적으로 사용하기 시작한 것은 로돌프 가셰(Rodolphe Gasché)가 『거울의 주석박: 데리다와 반성철학』(*The Tain of the Mirror: Derrida and the Philosophy of Reflection*, 1986)에서 독일관념론 전통과의 대비 속에서 데리다 철학의 독창성을 설명하면서 "유사초월론"이라는 개념에 대해 좀더 체계적이고 중요한 위상을 부여한 다음부터다.

과잉초월론이나 유사초월론이라는 명칭은, 이것이 칸트나 후설 철학을 특징짓는 초월론 철학과 무언가 관련성을 지니면서도 또한 그

─────────────

41 같은 글, 219쪽.

로부터 벗어나 있음을 시사한다. 우리가 초월론 철학을 어떤 것(이것이 인식 경험이든 실천이든 또는 언어이든 간에)의 가능성의 조건에 대하여 탐구하는 철학으로 규정하고, 초월론적인 것을 경험적인 것의 가능 조건을 이루는 것으로 정의한다면, 초월론 철학의 특징은 초월론적인 것과 경험적인 것의 **뚜렷한 구별** 및 **위계적 비대칭성**에서 찾을 수 있다. 왜냐하면 초월론적인 것은 경험적인 것을 근거 짓는 반면, 경험적인 것의 변화 여부와 무관하게 불변적인 것으로 남아 있고, 또 그렇게 남아 있어야 하기 때문이다. 반면 데리다가 말하는 유사초월론은 초월론적인 것과 경험적인 것 사이의 원칙적 분리를 인정하지 않으며, 더 나아가 양자 사이에 비대칭성 내지 일방향적 관계를 설정하지도 않는다. 다시 말해 유사초월론은 초월론적인 것이 경험적인 것 **내부에서만** 존립할 수 있으며, 더 나아가 경험적인 것의 변화를 통해 초월론적인 것 **자체도 변화**할 수 있다고 주장한다.[42] 그렇다면 초월론적인 것은, 가령 단지 역사적 변화를 규정하고 식별할 수 있게 해주는 역사 바깥의 불변적이고 보편적인 틀 내지 질서가 아니라, **그것 자체가 하나의 역사를 갖는 어떤 것**이라고 할 수 있다.

　이런 관점에 입각하면, 근원 내지 근거로서의 기원은 후속하는 것

---

42 가령 데리다는 『불량배들』에서 "민주주의적인 것에 본질적이고 기원적이고 구성적이고 종별적인 가능성으로서, 곧 민주주의적인 것의 역사성 자체"(Jacques Derrida, *Voyous*, Galilée, 2003, p.106)에 관해 언급하면서 자신이 말하는 도래할 민주주의를 다음과 같이 규정한다. "'도래할 민주주의'라는 표현은 그 자체 내에서, 그 개념 자체 내에서 자기비판과 개선 가능성에 대한 권리라고 불리는 자기면역의 공식을 환영하는 유일한 체계라는 점을 감안해야 한다. 민주주의는 원칙상, 민주주의라는 관념, 그 개념과 그 역사, 그 이름을 포함한 모든 것을 공개적으로 비판할 권리를 사람들이 지니거나 떠맡게 되는 유일한 체계, 유일한 헌정 패러다임이다."(*Ibid.*, p.127)

을 통해서만 비로소 성립할 수 있으며, 또한 그것들을 통해 변화하게 된다. 가령 이런저런 **최초의 사건**을 생각해보기로 하자. 그러한 사건이 엄밀한 의미에서 최초의 사건으로 남으려면, 그 사건은 일회적인 것이어서는 안 되며, 계속 반복될 수 있어야 한다. 왜냐하면 최초의 사건이 엄밀한 의미에서의 일회적인 것에 그치게 된다면, 그것은 이후의 시간의 계열들과 단절된 채 소멸되거나 망각될 것이고, 따라서 최초의 어떤 것이 될 수 없기 때문이다. 따라서 최초의 사건이 최초이기 위해서는 그것은 그것 다음에 오는 두 번째, 세 번째, 네 번째 등등의 사건들속에서 **되풀이될 수 있어야 한다**. 이런 의미에서 최초의 사건으로서의 기원은 그 이후에 오는 시간 내지 역사의 계열에 의거해서만 성립할 수 있으며, 기원을 기원으로서 성립 가능하게 만들고, 또한 기원을 기원으로서 재생산되게 만드는 반복 가능성에 의존하고 있다고 말할 수 있다.[43]

『마르크스의 유령들』에 나오는, 처음 보기에는 수수께끼 같은 다음 대목은 이런 의미로 이해될 수 있다. "반복과 최초의 순간. 이것은 아마도 환영의 문제로서 사건의 문제일 것이다. 환영이란 무엇인가? 유령, 곧 허상과 마찬가지로 비현실적이고 잠재적이며 비실체적인 것에 불과한 것으로 보이는 것의 **현실성** 내지 **현존**이란 어떤 것인가? 거기에, 사물 그 자체와 그것의 허상 사이에는 어떤 대립이 존재하

---

43 데리다의 유사초월론에 관해서는 Rodolphe Gasché, *The Tain of the Mirror: Derrida and the Philosophy of Reflection*, Harvard University Press, 1986. 이외에도 Matthias Fritsch, *The Promise of Memory: History and Politics in Marx, Benjamin, and Derrida*, SUNY, 2005 중 2장, Andrea Hurst, "Derrida's Quasi-Transcendental Thinking", *South Africa Journal of Philosophy*, vol.23, no.3, 2004. 참조.

는가? 반복과 최초의 순간이기도 하지만 또한 반복과 최후의 순간이기도 한데, 왜냐하면 모든 **최초의 순간**의 독특성은 또한 최초의 순간을 **최후의 순간**으로 만들기 때문이다. 매 순간마다 그것은 사건 그 자체이며, 어떤 최초의 순간은 최후의 순간이다. 전적으로 다른 것/모든 다른 것(tout autre). 역사의 종언의 무대를 마련하기. 이것을 유령론(hantologie)이라고 부르자. 이러한 신들림의 논리는 어떤 존재론이나 어떤 존재 사유[…]보다 단순히 더 광범위하거나 더 강력한 것만은 아니다. 신들림의 논리는 자신 안에 종말론이나 목적론을 수용하고 있지만, 한정된 장소들 내지는 특수한 효과들로 수용하고 있다."[44]

따라서 반복 가능성은 기원 이후에, 최초의 사건 이후에 비로소 도래하는 것이 아니라, 기원 그 자체 속에 기입되어 있다. 다시 말해 반복될 수 없는 것은 기원으로서 성립할 수 없으며, 기원이 기원이기 위해서 그것은 항상 이미 반복되어야 한다. 『법의 힘』에서 데리다가 '되풀이 (불)가능성의 역설'이라고 부른 것은 이런 의미로 이해되어야 한다.

[법정초적 폭력과 법보존적 폭력이라는] 두 가지 폭력의 엄격한 구분을 위협하는 것은 근본적으로는 되풀이 (불)가능성의 역설 ──벤야민이 이를 말하지 않은 것은 이를 배제하고 있거나 아니면 모르고 있기 때문이다── 이다. 되풀이 (불)가능성은 기원이 **기원으로서의** 가치를 지니기 위해서는, 곧 스스로를 반복하고 스스로를 변질시킬 수밖에 없게 만든다. […] 되풀이 (불)가능성은 정초의 본질적 구조 안에 보존을

---

44 데리다, 『마르크스의 유령들』, 34쪽. 강조는 원문.

기입한다.[45]

유사초월론이 낳는 또 하나의 효과는 **무조건적인 것(가령 정의)과 조건적인 것(가령 법)의 절대적 대립의 해체**다. 가령 『법의 힘』에 대한 흔한 오해 중 하나는 『법의 힘』이 법보다 정의를 더 중시하고, 법을 초월하는 정의를 추구하고 있다는 생각이다. 데리다가 법으로 환원되지 않는, 계산 불가능한, 해체 불가능한 것으로서의 정의를 추구하고, 그러한 정의에 입각하여 법과 정치를 사유하려고 한다는 점에서 보면 이는 일리가 있는 생각이다. 하지만 이것은 데리다가 법 바깥에 있는, 법을 넘어서 있는 정의를 추구한다는 것을 뜻하지 않는다. 데리다는 여러 차례에 걸쳐 이 점을 분명히 지적하고 있다.

정의가 법과 계산을 이처럼 초과하고, 현존 불가능한 것이 규정 가능한 것을 이처럼 범람한다고 해서 이를 제도나 국가 내부에서, 제도들이나 국가들 사이에서 벌어지는 법적·정치적 투쟁을 회피하기 위한 알리바이로 삼을 수는 없으며, 그래서도 안 된다. 계산 불가능한 정의, 선사하는 정의라는 이념은 그것 자체로 고립될 경우에는 항상 악이나 심지어 최악에 더 가까운 것이 되고 마는데, 왜냐하면 이는 가장 도착적인 계산에 의해 재전유될 수 있기 때문이다. […] 하지만 계산 불가능한 정의는 계산할 것을 **명령한다**. […] 계산 가능한 것과 계산 불가능한 것의 관계를 계산하고 협상해야 하고, 우리가 '던져져' 있는 곳에

---

45 데리다, 『법의 힘』, 98쪽.

서, 우리가 스스로를 발견하는 곳에서 재발명되어야 하는 규칙들 없이 협상해야 할뿐만 아니라, 또한 우리가 스스로를 발견하는 장소를 넘어서, 그리고 기존의 식별 가능한 도덕이나 정치 또는 법적인 지대를 넘어서, 민족적인 것과 국제적인 것, 공적인 것과 사적인 것 등의 구분을 넘어서 마찬가지로 가능한 한 멀리 이렇게 해야 한다. 이러한 **해야 함**의 질서는 정의에도, 법에도 고유하게 귀속되지 않는다.[46]

이 점을 정확히 이해하는 것은 매우 중요하다. 왜냐하면 유사초월론의 특성을 이해하지 못할 경우, 데리다가 말하는 정의나 메시아주의 없는 메시아적인 것(또는 도래할 민주주의나 정의, 장래 같은 것)을 칸트식의 규제적 이념으로 잘못 파악하게 되거나, 유토피아주의의 한 형태(그것도 규정된 내용을 지니고 있지 않기 때문에 매우 빈곤하고 불모적인)로 간주하는 경우가 생기기 때문이다. 반대로 데리다에게 정의나 도래할 민주주의 또는 메시아주의 없는 메시아적인 것은 경험적인 것과 분리되지 않고 그 속에서만 성립할 수 있다는 점에서 규제적 이념이나 유토피아주의와 무관하다. 더욱이 정의나 도래할 민주주의 또는 메시아주의 없는 메시아적인 것이 유사초월론적인 것인 한에서, 이것들은 모두 경험적 사건들을 통해 그것 스스로 변화하게 된다는 점에서 자유민주주의의 초역사성을 주장하는 입장(가령 하버마스식의 비판이론가들이나 최장집 교수 같은 이들에게서 발견할 수 있는)과도 무관하다. 또한 그것은 역사의 완성이나 종결로서의 종말론과도 무관한데, 왜냐하

---

46 데리다, 『법의 힘』, 59~60쪽.

면 역사의 완성이나 종결 또는 최후라는 것은 정의상 그 후속하는 시간 내지 역사를 통해서만 성립할 수 있으며, 또한 하나의 완성이나 종결로서 판단될 수 있기 때문이다.

따라서 유사초월론적 관점에서는 상이한 시간성의 대립 같은 것은 존재할 수 없다. 데리다는 이미 「실체와 기록」(Ousia et Gramme)[47]이라는 논문에서 하이데거의 『존재와 시간』에 나오는 본래적 시간성(eigentlich Zeitlichkeit)과 비본래적 시간성(uneigentlich Zeitlichkeit)이라는 대립쌍을 해체한 바 있거니와, 그 이후에도 상이한 시간성의 대립을 전제한다거나 둘 중 하나의 시간성에 대하여 우위(거짓된 시간성 대 진정한 시간성, **지배**의 시간성 대 **해방**의 시간성 같이)를 부여한다거나 한 적이 없다. 그 대신 그는 **시간**의 **질서 자체**가 이음매가 어긋나 있음을 주장한다. 이러한 어긋남은 분명 불의와 폭력, 기능 이상의 표현일 수 있지만, **또한** 정의의 가능성의 조건이 되기도 한다.

이런 측면에서 본다면 데리다가 벤야민의 「역사의 개념에 대하여」 두 번째 테제에 나오는 "약한 메시아적 힘"과 메시아주의 없는 메시아적인 것을 연결하면서 동시에 분리하는 것은 꽤 의미심장한 일이다. 「역사의 개념에 대하여」는 처음 보기에는 시간에 관한, 역사에 관한 데리다의 관점과 확연한 대조를 이루는 것 같다. 왜냐하면 벤야민은 "균질하고 공허한 시간"(테제 13)과 "지금 시간(Jetztzeit)"(테제 14)을 대립시키고[48], 전자를 파시즘의 시간으로, 후자를 역사유물론의 시

---

47 Jacques Derrida, *Marges de la philosophe*, Minuit, 1972에 수록.
48 발터 벤야민, 『역사의 개념에 대하여 외: 발터 벤야민 선집 5권』, 최성만 옮김, 길, 344~345쪽.

간으로 규정함으로써 뚜렷한 이원론적 시간관을 표현하고 있고, 더 나아가 역사의 연속체가 폭파되는(테제 15), 그리하여 과거에 억압된 이들의 구원이 이루어지는(테제 3) 지금 시간을 통해 종말론적이고 메시아주의적인 역사관을 표현하는 것처럼 보이기 때문이다. 하지만 뛰어난 벤야민 연구자들 덕분에 우리는 사정이 그리 간단치 않다는 것을 알고 있다. 특히 베르너 하마허는 일련의 연구를 통해 매우 일관성 있고 심오하게 벤야민의 시간관과 역사관을 재구성하고 있다.[49] 그의 연구가 더욱 의미 있는 것은 그가 (하이데거 및) 데리다의 철학에 기반을 두고 벤야민의 역사철학을 재구성하고 있으며, 다스튀르가 그렇듯이, 데리다를 전혀 (또는 거의) 언급하지 않는 가운데 그의 벤야민 해석을 정정하거나 비판하려고 시도하기 때문이다.

하마허는 「역사의 개념에 대하여」 중 특히 2번째 테제와 17번째 테제가 가장 중요하다고 말하면서, 두 테제에 입각하여 벤야민의 역사 개념을 체계화하고 있다. 특히 그는 두 번째 테제에 대한 재해석을 통해 "약한 메시아적 힘"을 특수한 역사적 상황, 궁지에 몰린 위기의 상황(가령 나치즘의 파리 침공)과 결부시키고, 이를 통해 그것을 역사의 보편적 구조와 분리시키려는 데리다의 해석을 간접적으로 비판한다.[50]

---

49 특히 Werner Hamacher, "Guilt History: Benjamin's Sketch 'Capitalism as Religion'", *Diacritics*, vol.32, no.3, 2002; "'Now': Walter Benjamin on Historical Time", in Benjamin, Andrew ed., *Walter Benjamin and History*, Continuum, 2005.

50 반면 미카엘 뢰비는 벤야민의 「역사 개념에 대하여」를 역사적 정세 및 19~20세기 혁명 전통과의 연관 속에서 독해한다. Michael Löwy, *Walter Benjamin: avertissement d'incendie. Une lecture des thèses sur le concept d'histoire*, PUF, 2001. 따라서 뢰비의 저작은 하마허의 독해보다 덜 사변적이지만 벤야민 글의 이론적·정치적 맥락을 이해하는 데는 더 도움이 된다.

그는 다음과 같이 말한다.

> 가능한 것 ──가능한 행복──은 현재화 ──현재의 행복──를 요구
> 하는 것이며, 그 속에 이러한 요구의 목적(telos)이 기입된 채 남아 있
> 는 것이다. 비록 이러한 현재화가 결코 존재했던 적이 없고 또 앞으로
> 이러한 현재화가 존재하지 않는다 하더라도 그렇다. […] '우리'가 과
> 거의 모든 것에 의해 '부여받은' 메시아적 힘은 약한 것인데, 왜냐하면
> 그것은 우리들 자신으로부터 생겨나는 능력이 아니라 [과거에 실현의
> 기회를] 놓쳐버린 가능태들 및 충족에 대한 그것들의 요구의 소실점
> 이기 때문이다. 하지만 그것이 **약한** 힘인 이유는 또한 그것이 각각의
> 미래(그것이 지각되고 현재화되지 못하는) 속에서 소멸되어야 하기 때
> 문이다.[51]

그렇다면 데리다가 말한 것과 달리 메시아적 힘은 단지 특수한 역
사적 상황과 결부되어 있는 것이 아니라, 역사의 구조적인 특성에서
유래하는 것이라고 할 수 있다. 또한 하마허는 다음과 같이 암묵적으
로 데리다를 반박한다. "'약한'은 더 커다란 힘과 관련하여 이러한 힘
의 양을 표시하는 것이 아니라 […] 원칙적으로 그것이 실패할 수 있음
을 나타낸다. 오직 실패할 수 있는 경우에만 메시아적 힘이 존재한다.
따라서 메시아적 힘이라 불릴 수 있는 것은 어떤 것이든 **약한** 메시아

---

51 Hamacher, "'Now': Walter Benjamin on Historical Time", p.42(대괄호 추가는 인용자).

적 힘이다."[52] 또한 다음과 같은 대목은 더욱 명시적으로 데리다 철학의 관점에 입각하여 벤야민을 해석하면서 동시에 데리다의 벤야민 해석을 반박하고 있다.

> 벤야민이 약함을 이러한 구조적 메시아성에 귀속시키는 것은, 이상적 상황에서는 치유될 수도 있는 우연적 결함을 표시하기 위해서가 아니라 이러한 메시아성의 한 구조적 요소, 그것을 통해 이러한 메시아성이 자신의 가능한 실패와 연결될 수 있는 그러한 요소를 강조하기 위해서다. 행복의 가능성은 오직 그것에 상응하는 행복의 실패 가능성과 함께 지시된다. 메시아적 인덱스는, 선험적으로 가능한 실패 및 따라서 가능한 불가능성에 대한 지시와 교차된다. 요컨대 […] 자신의 비메시아성으로부터 출현하지 않는 메시아성은 존재하지 않는다. '메시아적 힘'의 약함은 그 구조적 유한성에 놓여 있다. 역사의 사라져버린 가능성들을 현재의 행복으로 구원한다고 가정돼 있는 메시아 자신이 사라질 수 있다. 모든 메시아──그리고 그가 들어설 수 있어야 하는 각각의 순간, 각각의 지금──는 본질적으로 유한하다. 곧 오직 그가 메시아가 아닐 수 있는 가능성이 존재하기 때문에 그는 메시아일 수 있다.[53]

그리하여 그는 벤야민의 메시아주의를 "최소의 메시아주의"

---

52 Hamacher, "'Now': Walter Benjamin on Historical Time", p.44.
53 Ibid., p.45.

(minimal messianism)로, 더 나아가 "무–메시아주의"(a-messianism)[54]
로 규정하는 데까지 나아간다.

　하마허의 밀도 높고 치밀한 재구성을 좀더 엄밀하게 평가하기 위
해서는(그리고 그의 해석과 아감벤의 벤야민 해석과의 친화성 및 차이점에
관해 판단하기 위해서는) 아마도 좀더 정교한 분석이 필요할 것이다.[55]
여기에서는 한 가지 질문만 제기해보기로 하자. 하마허는 데리다 철학
에 입각하여, 하지만 또한 데리다에 맞서, 그의 역사철학과 경쟁할 만
한 벤야민의 역사철학을 제시한다. 그는 약한 메시아적 힘이 구조적
특성을 지니고 있음을 주장하며, 그의 메시아주의를 최소의 메시아주
의, 무–메시아주의로 규정한다. 또한 데리다가 유사초월론을 주장하
듯이, 그는 벤야민의 역사철학이 **무초월론**(a-transcendental)임을 주
장하고 있다.[56] 그런데 그의 해석은 결국 그의 역사철학을 훨씬 더 초
월론적인 것으로, 또는 훨씬 더 메시아주의적이고 종말론적인 것으로
만들고 있지 않은가? 왜냐하면 이러한 최소의 메시아주의 내지 무–메
시아주의에 따를 경우, 역사의 매 시간, 매 순간, 매번의 지금은 역사의
가능성 자체, 과거의 억압받은 사람들의 구원 자체가 달려 있는 절박

---

54 Ibid., p.66.

55 한편 아감벤은 데리다의 철학을 "실패한 메시아주의"라고 규정한 바 있다(Giorgio
　Agamben, *The Time That Remains*, Stanford University Press, 2001, p.103). 이는 『호모
　사케르』에서 잘 드러나듯이 그가 데리다의 철학, 그의 탈구축론이 기본적으로 결정 불
　가능성으로 규정될 수 있다고 믿기 때문이다.

56 또한 그는 "attranscendental", "ad-transcendental", "ante-transcendental" 같은 표
　현도 사용하고 있다. 이러한 용법은 사실 하마허의 다른 글에서도 전형적으로 나타나
　는 용어법이다. 가령 Werner Hamacher, "Affirmative, Strike: Benjamin's 'Critique of
　Violence'", in *Walter Benjamin's Philosophy—Destruction and Experience*. Ed.,
　Andrew Benjamin, Peter Osborne, Routledge, 1994 참조.

하고 위험한 순간, 역사 자체의 가능성이 상실되고 메시아 자체가 소멸할 수도 있는 결정적인 순간, 그야말로 종말론적인 순간이기 때문이다. 더욱이 이러한 결정의 책임은 특정한 계급, 특정한 집단, 특정한 지도자들, 특정한 지식인들에게만 할당되어 있는 것이 아니라, **불특정한 아무나 모두에게** 할당되어 있기 때문에, 절박성은 훨씬 더 실존적으로 강화된다. 하마허에 따르면 어느 시간, 어느 순간, 어느 지금이든, 누구나, 아무나에게나 과거의 억압받은 이들을 구원하고 역사의 가능성을 실현할 책임이 돌아가는 것은 아닐까? 그렇다면 **우리들 각자, 우리들 아무나**는 매일매일, 매 시간, 매 순간, 매 지금마다 치열한 계급투쟁을 치르고 있고 또 치러야 하는 셈이다.[57] 그런데 과연 사람들이 그것을 견뎌낼 수 있을까? 또는 우리가 누군가에게(또 사람들 각자가 자기 자신에게) 그것을 요구할 수 있는 규범적 정당성을 가지고 있을까?[58]

이러한 생각이 일리가 있다면, 하마허는 시종일관 데리다를 염두

---

[57] 내가 보기에 국내의 연구자들은 벤야민 역사철학이 지닌 이러한 종말론적 측면 및 그것이 지닌 난점들에 대해 충분히 주의를 기울이지 않고 있는 것 같다. 벤야민 역사철학에 대한 국내 학자들의 독해로는 고지현, 「발터 벤야민의 역사철학에 나타나는 역사의 유대적 측면-벤야민의 게르숌 숄렘과의 카프카 토론」, 『사회와 철학』 10호, 2005; 「발터 벤야민의 역사주의 비판」, 『독일연구』 10호, 2005; 『꿈과 깨어나기: 발터 벤야민 파사주 프로젝트의 역사이론』, 유로서적, 2007; 김유동, 「파괴, 구성 그리고 복원: 발터 벤야민의 역사관과 그 현재성」, 『문학과 사회』 74호, 2006년 여름, 2006; 이창남, 「역사의 천사: 벤야민의 역사와 탈역사 개념에 관하여」, 『문학과 사회』 69호, 2005년 봄; 최성만, 「벤야민에서 '정지 상태의 변증법'」, 『현대 사상』 7호, 2010. 참조.

[58] 이것은 물론 이러한 절박한 투쟁을 매일매일, 매 시간마다 치르고 있는 사람들이 **실제로 존재한다**는 것을 부정하는 것은 아니다. 더욱이 그러한 사람들은 우리와 시공간적으로 멀리 떨어진 곳에 존재했거나 존재하는 것만이 아니라, 우리와 아주 가까운 곳에 실제로 존재한다는 것도 사실이다. 가령 류은숙의 증언을 보라(류은숙, 『사람인 까닭에』, 낮은 산, 2012. 참조). 하지만 그러한 극단적 존재 양상(극단적 폭력에 내몰려 있는)이 일상적인 존재 양상으로 보편화될 수는 없으며, 또 그렇게 되어서도 안 된다.

에 두고 데리다 철학에 입각해 있으면서도, 어떤 의미에서는 그와 가장 멀리 떨어져 있는 것 아닌가? 왜냐하면 유사초월론의 특징 중 하나는 이질적인 것들 사이의 타협의 숙명을 받아들이는 것에 있으며, 지배와 해방의 날카로운 대립에 입각하여 대항폭력을 추구하기보다는 민주주의적 정치의 필요성, 또는 좀더 정확히 말하면 (자유) 민주주의를 넘어서는 민주주의 정치의 필요성을 촉구하고 있기 때문이다.[59] 반면 하마허가 재구성한 역사철학에서는 이러한 민주주의적 정치의 가능성은 존재하지 않(거나 적어도 매우 희박해지)는 것으로 보인다. 그런데 그 경우 정치적 삶, 더 나아가 인간적 삶의 영위 가능성 역시 매우 희박해지는 것 아닐까? 데리다는 한 인터뷰에서 다음과 같이 말한다.

> 따라서 어떤 종류의 닫힘(closure)이 본질적입니다. 만약 내가 어떤 것 내지 어떤 이 또는 어떤 상황을 긍정하기를 원한다면 […] 독특성이 존재해야 하는데, 독특성은 어떤 닫힘을 의미합니다. 곧 내가 누군가에게 어떤 것을 준다면, 그런 한에서 나는 어떤 것을 다른 누군가에게

---

59 이처럼 지배의 폭력에 맞서는 손쉬운(물론 '개념적으로' 손쉬운) 대항폭력에 의탁하기보다 지배의 폭력과 대항폭력의 이분법을 넘어서려고 한다는 점에서 데리다와 발리바르의 정치철학은 매우 근접해 있다. 대항폭력의 위험에 대한 경고 및 반(反)폭력의 정치 내지 시민다움의 정치의 필요성에 대한 촉구에 관해서는 Etienne Balibar, "Les universels", in *La crainte des masses*, Galilée, 1997; 「보편들」, 『대중들에 대한 공포』, 서관모·최원 옮김, 도서출판 b, 2007; 발리바르, 『우리, 유럽의 시민들? 세계화와 정치의 재발명』, 7장; 『폭력과 시민다움. 반폭력의 정치를 위하여』를 각각 참조. 반면 지젝은 고전적인 의미의 대항폭력을 옹호하되, 벤야민의 신적 폭력이라는 개념을 통해 여기에 약간의 변주(신비화?)를 부여하고자 하는 것으로 보인다. Slavoy Zizek, *Violence: Six Sideways Reflections*, Profile Books, 2009; 『폭력이란 무엇인가?』, 이현우 외 옮김, 난장이, 2011 참조.

주는 것을 포기하는 셈입니다. 나는 누군가에게 환대를 베풂과 동시에 다른 이들에게는 내 집 문을 닫게 됩니다. 그것이 유한성입니다. 유한성 없이는 선물이나 환대도 없습니다. 따라서 유한성은 선택을 의미하며, 선택은, 내가 "예"라고 말할 때, 거기에는 어떤 형태의 닫힘이 개입돼 있음을 뜻합니다. 이것이 예라는 것이 긍정되기 위한 조건입니다. […] 우리는 그저 여러 가지 가능한 열림들과 닫힘들 가운데에서 선택해야 하며, 이것은 전략의 문제입니다.[60]

하마허가 재구성한 벤야민의 역사철학에서는 이러한 전략의 여지가 아주 협소해지는 것은 아닌가?

5. 초월론적인 것의 역사(들)

마지막으로 가장 중요한, 하지만 가장 어려운 문제인 초월론적인 것의 역사, 아니 단수의 역사가 아니라 **복수의 역사**라는 의미에서 **초월론적인 것의 역사들**을 어떻게 사고할 수 있는가라는 문제를 제기할 필요가 있다. 내 생각에는 이 문제야말로 데리다와 벤야민, 하이데거를 둘러싼 논의가 핵심적으로 다루어야 할 문제가 아닌가 한다. 그리고 **서구중심적, 유럽중심적 관점에 입각한** 종말론적인 역사철학과 메시아주의 정치

---

60 이는 레비나스의 절대적 타자 개념에 대한 데리다의 반론 또는 적어도 문제제기에 기반을 두고 있다. Derrida, *Donner la mort*, Galilée, 1996. 참조: Derrida, "The Tragic, the Impossible and Democracy: An Interview with Jacques Derrida", *International Journal for the Semiotics of Law*, vol.23, no.3, 2010, p.250.

철학에 관한 논의[61]가 우리에게 무언가 의미 있는 이론적 기여가 될 수 있기 위해서는 이러한 논의를 초월론적인 것의 역사들에 관한 화두로 변용하는 것이 필수적이라고 생각한다.[62]

하이데거가 말년에 사유하고자 한 것도 어떤 의미에서는 이러한 초월론적인 것의 역사의 문제였다고 할 수도 있다. 가령 하이데거가 『사유의 사태로』에서 존재의 역사로서의 "존재의 역운(Geschick)"에 대해 말하면서 "[각각의 시대마다] 변화되는 존재의 모습들"을 "에포케"(epokhe)라는 개념으로 표현할 때, 일종의 초월론적인 것의 역사를 사유하려는 시도를 읽을 수 있다.

> 플라톤이 존재를 이데아와 이데아들의 코이노니아(koinonia, 공동체)로서 표상했고, 아리스토텔레스는 에네르게이아로서, 칸트는 정립(Position)으로서, 헤겔은 절대 개념으로서, 그리고 니체는 힘에의 의지로서 표상했다면, 이러한 것은 그저 우연히 전개된 이론들이 아닙니다. 오히려 [이러한 것은] 자기 자신을 은닉하는 보내줌(schicken) 속에서, 즉 '그것이 존재를 준다'는 말 속에서 말하고 있는 [존재의] 어떤 말 걸어옴에 대한 대답들로서의 존재의 낱말들입니다. 스스로 물러서는 보내줌 속에 그때그때마다 포함되어 머물러 있는 채, 존재는 자신

---

61 실제로 바디우, 지젝, 아감벤의 공통적 특징 중 하나는 노골적인 유럽중심주의, 서구중심주의적 관점을 취하고 있다는 점이다. 그럼에도 적어도 바디우에게서는 다수의 초월론에 관한 논의의 한 가능성을 찾아볼 수 있는 것 같다. Alain Badiou, *Logique des mondes*, Seuil, 2006. 참조.

62 포스트 담론에 관한 논의의 철학적 핵심도 여기에서 찾을 수 있을 것이다. 포스트 담론의 국내 수용에 관한 비판적 고찰로는 이 책 1장 참조.

의 에포케적 변화의 풍부함과 더불어 사유에게 탈은폐됩니다.[63]

더욱이 하이데거에게서 존재는, 말하자면 헤겔의 이성과 달리 역사의 주체라고 할 수 없으며, 존재의 역운을 규정하는 일반 법칙이 존재하지 않는다는 의미에서, 그리고 존재는 **항상 보내줌 속에서 스스로 삼간다는 점에서** 하이데거가 사유하려는 초월론적인 것의 역사는 목적론에서 탁월하게 벗어나 있으며, (긍정적이든 부정적이든 간에) 종말론의 위험 역시 피하고 있다고 말할 수 있다. "존재의 역사는 존재의 역운을 뜻하는데, 이러한 역운의 보내줌들 속에서 보내줌과 보내주는 그것(Es)이 이러한 보내줌들 자체의 알려짐과 더불어 스스로 [드러내기를] 삼가고 있습니다. 스스로 삼감(An sich Halten)은 그리스어로는 에포케입니다."[64] 하지만 하이데거에게는 스스로 보내면서 삼가는 익명의 존재, 또는 그것(Es)에게 그러한 역사를 결정하는 몫이 부여돼 있다는 점에서 행동의 여지, 실천의 여지가 매우 줄어드는 것은 물론이거니와 초월론적인 것의 역사의 가능성이 신비의 문제로 남게 되는 것은 아닌지 질문해볼 수 있다.

반대로 이 문제에 관해 데리다와 벤야민 사이에 존재하는 차이점은 오히려 다음과 같은 점에 있는 것 같다. 벤야민은 초월론적인 것의 역사를 개시할 수 있는 정지와 중단 또는 **비정립**(Entsetzung)의 계기

---

63 Heidegger, *Zur Sache des Denkens*, Max Niemeyer, 1976; 『사유의 사태로』, 문동규·신상희 옮김, 도서출판 길, 2008, 40~41쪽.

64 *Ibid.*; 같은 책, 39쪽.

를 강조하는 반면,[65] 그러한 정지와 비정립이 최악의 것으로 귀결될 수 있는, 또는 적어도 일시적인 중단 이후 다시 법 질서에 고유한 동요의 순환으로 복귀할 수 있는 가능성에 대해서는 제대로 주의를 기울이지 못하는 것 같다. 반대로 데리다는 그러한 최악의 것으로 귀결될 수 있는 위험에 대하여 강조하면서 차이적 오염의 논리나 되풀이 (불)가능성의 법칙에 주목하는 반면, 그러한 되풀이 (불)가능성이 변형적인 되풀이로, 차이와 이질성을 산출할 수 있는 근거, 적어도 그 계기에 대해서는 소홀한 것이 아닌가? 다시 말해 데리다가 장래를 열어두는 것, 사건이 도래할 수 있는 가능성을 무조건적으로 긍정하면서 동시에 다른 한편으로는 거기에 함축된 최악의 것, 도착성, 잔혹성을 막기 위해 보존의 필요성, 전유 및 동일성의 필요성을 긍정하고, 서로 환원 불가능한 두 가지 법칙 사이의 타협의 숙명을 주장한다면, 그러한 타협은 **차악의 것**을 영속적으로 보존하고 재생산할 수 있는 위험에서 어떻게 벗어날 수 있는가? 곧 그러한 타협을 통해 생산되는 차이, 변형, 이질성이 **이전과 다른 새로운** 차이, 변형, 이질성이라는 것, 더욱이 **이전보다 더 나은** 것이라는 점을 어떻게 알 수 있는가? 요컨대 초월론적인 것의 새로운 역사가 시작되었다는 것을 우리가 어떻게 식별할 수 있는가?[66]

---

65 따라서 「폭력의 비판을 위하여」에 나오는 '비정립' 개념과 「역사의 개념에 나오는」 중단으로서의 '지금-시간'의 공통점과 차이점에 관한 좀더 면밀한 고찰은 벤야민의 정치철학의 함의를 살피기 위해 필수적인 과제 중 하나다.
66 이 문제에 관한 더 상세한 토론은 9장 「(탈)현대 이후, 마르크스주의 이후」를 참조하라.

<보론>

새로운 역사의 천사
: 멘붕의 정치학, 유령들, 메시아주의

1. 역사의 천사

발터 벤야민의 철학적 유언이라 불리는 「역사의 개념에 대하여」(또는 「역사철학테제」라 불리기도 한다) 중 9번째 테제는 화가 파울 클레의 작품인 「새로운 천사」에 대한 성찰을 담고 있다.

　"이 그림의 천사는 마치 자기가 응시하고 있는 어떤 것으로부터 금방이라도 멀어지려고 하는 것처럼 묘사되어 있다. 그 천사는 눈을 크게 뜨고 있고, 입은 벌어져 있으며 또 날개는 펼쳐져 있다. 역사의 천사도 바로 이렇게 보일 것임이 틀림없다. 우리들 앞에서 일련의 사건들이 전개되고 있는 바로 그곳에서 그는, 잔해 위에 또 잔해를 쉼 없이 쌓이게 하고 또 이 잔해를 우리들 발 앞에 내팽개치는 단 하나의 파국만을 본다. 천사는 머물고 싶어 하고 죽은 자들을 불러일으키고 또 산산이 부서진 것을 모아서 다시 결합하고 싶어 한다. 그러나 천국에서 폭풍이 불어오고 있고 이 폭풍은 그의 날개를 꼼짝달싹 못하게 할 정도로 세차게 불어오기 때문에 천사는 날개를 접을 수도 없다. 이 폭풍은, 그가 등을 돌리고 있는 미래 쪽을 향하여 간단없이 그를 떠밀고 있으며, 반면 그의 앞에 쌓이는 잔해의 더미는 하늘까지 치솟고 있다. 우리가 진보라고 일컫는 것은 바로 이러한 폭풍을 두고 하는 말이다."[1]

　　이제 클레의 그림은 벤야민의 테제와 뗄 수 없이 결합되어, 그 그림을 보면 벤야민을 떠올리게 되고, 벤야민을 생각하면 또 그 그림의 이미지를 머릿속에 그리게 된다. 나는 벤야민의 테제들에 대하여 몇 가지 이견을 지니고 있지만, 최근 우리나라의 정세를 겪으면서 그의 테제들을 떠올리지 않을 수 없었다. '진보'라고 불리는 폭풍 앞에서 안간힘을 쓰면서 파국을 막아보려고 하는 역사의 천사, 하지만 그럴수록 발 앞에 쉼 없이 잔해가 쌓이는 것을 목격하게 되는 역사의 천사를 생각하게 된다. 벤야민은 파시즘이, 반동 세력이 승산이 있는 이유는 "무엇보다 그 적들이 역사적 규범으로서의 진보의 이름으로 그 파시즘에 대처하기 때문"[2]이라고 말한다. 곧 파시즘의 적이 파시즘과 **동일한 원칙에 입각하여** 싸움을 벌이는 한, 언제나 승리자는 파시즘, 반동세력일 수밖에 없다는 것이다. 이것은, 오늘날 벌어지고 있는 싸움의 성격이 무엇인지, 거기에서 승리와 패배를 규정하는 기준이 어떤 것인지 숙고하려는 사람이라면 한번 곱씹어볼 만한 테제다.

---

1 벤야민, 『역사의 개념에 대하여 외』, 339쪽.
2 같은 책, 8번째 테제, 337쪽.

2. 어떤 멘붕

'멘붕'이라는 용어는 이제 은어의 차원을 넘어서 사회적 공용어가 되었다고 할 수 있을 만큼 널리 쓰이는 말이 됐다. 이 말이 일간신문에까지 종종 등장하고 있다는 사실이 이를 입증해준다. 알다시피 '멘탈 붕괴'의 줄임말인 멘붕은 어떤 놀라운 일을 겪었거나 심하게 좌절감을 느낄 때 사용되는 말이다. 이런 일반적인 뜻을 넘어 멘붕이 사회적 공용어가 되게 해준 계기는 아마도 지난 18대 대선이었을 것이다.

야권의 후보 단일화가 사실상 실패로 귀결되었음에도, 선거를 며칠 앞둔 시점부터 인터넷이나 SNS에서는 대선 승리에 대한 기대감이 한층 높아졌다. 내가 이런저런 사석에서 만나본 사람들도 대개 이번 선거에서는 문재인 후보가 승리할 것이라는 예상을 내놓았다. 물론 여론조사에서는 박근혜 후보가 늘 앞서 나갔지만, 그것을 심각하게 생각하는 사람은 별로 없었다. 숨은 야권표가 10%는 될 것이며, 주로 집전화로 이루어지는 여론조사는 핸드폰 사용자인 젊은이들이 빠져서 신빙성이 없다고, 야당 후보는 늘 바람을 통해 막판에 뒤집기 마련이라고, SNS 상에서는 게임도 되지 않는 상태라고 저마다 의견을 내놓았다. 더욱이 선거 당일날 투표율은 이미 오전부터 최근 선거에서는 찾아볼 수 없을 만큼 높게 나타났다. 투표율이 높을수록 야당 후보에게 유리하다는 것은 잘 알려진 선거의 공식인 만큼 이러한 예상은 점점 현실화되는 분위기였다.

하지만, 결과는 다 알다시피 이런 낙관적인 기대에 완전히 찬물을 끼얹는 것이었다. 근소한 표 차이로 여당 후보가 승리할 것이라는, 지상파 방송 3사의 합동 출구조사 결과가 발표되고 나서 일차적인 실망감이 터져 나왔으나, 그래도 출구조사는 완전히 신뢰하기 어려우니 끝까지 결과를 지켜보자는 의견들이 SNS와 인터넷 댓글에 속출했다. 하지만 그러한 초조한 인내심이 절망으로 바뀌기까지는 그리 시간이 걸리지 않았다. 선거일이 지나가기 전 여당 후보의 대통령 당선 확정이라는 자막이 지상파 방송에 떴고, 그것으로 결과는 끝이었다.

'멘붕'의 고통을 호소하는 트위터와 댓글이 순식간에 온라인을 뒤덮었다. 그리고 놀라운 결속력으로 여당 후보를 지지하고, 결국 당선시킨 50~60대 여당 지지자들에 대한 비난과 저주의 말들이, 상대적으로 투표율이 저조했던 20대 젊은이들에 대한 비아냥과 불평의 글들이 넘쳐났다. 야권 후보를 지지하고 그가 당선되기를 목놓아 기대하던 사람들에게는 참으로 기나긴, 악몽 같은 밤이었다.

이번 선거를 보면서 필자가 1987년 겨울, 처음으로 대통령 선거에 참여했던 기억이 떠올랐다. 대통령 선거에서 여당 후보의 당선이 확정된 다음 날 아침 학교에 가기 위해 탔던 지하철 풍경은 지금까지 잊히지 않는다. 출근 시간의 지하철은 수많은 사람들로 가득 차 있었으나 놀랍게도 지하철은 적막 그 자체였다. 역의 이름을 알리는 안내방송 말고는 열차 안에서는 아무런 소리도 들리지 않았다. 누구도 입을 열지 않았고, 아무도 주위를 둘러보지 않았다. 초췌하고 피곤한 눈길의 사람들은 자리에 앉아 고개를 파묻고 있거나 선 채로 멍한 시선을 던지고 있을 뿐, 웃음소리도 불평 소리도 사소한 다툼의 소리도 들리지 않았다. 나는 집단적 좌절감이 어떤 것인지 그날의 적막한 고요를 통해 처음 알았다. 그에 비하면, 이번 대선에서 사람들이 겪었다고 하는

'멘붕'은, 야박한 소리일지도 모르지만, 아무것도 아니었다.

이것은 물론 나 자신이 이번 선거를 지켜보면서 거의 아무런 감정의 변화를 느끼지 못했기 때문일 수 있다. 주변의 지인들이 선거의 승리를 기대하면서 낙관에 들떴을 때도 냉담한 기분이었고, 참담한 결과에 고통스러워할 때도 담담한 기분이었다. 이번 선거의 승리와 패배가, 사람들이 믿고 있는 만큼 그렇게 중요한 것이 아니라고 생각했기 때문이다. 그리고 그것은 지금도 마찬가지다. 선거에서 승리했느냐 패배했느냐보다는 어떤 승리이고 어떤 패배인가가 훨씬 중요할 때가 있는데, 내가 보기에는 지금이 바로 그렇다.

3. 유령들의 싸움

18대 대통령 선거는, 데리다의 표현을 빌리자면 **유령들의 싸움**이었다. 여당 후보로 육화된 박정희의 유령과 야당 쪽에서 불러내려고 애쓴 노무현이라는 유령이 싸움을 벌인 선거였다. 노무현이라는 유령의 힘이 상대적으로 약했던 탓일까, 아니면 박정희의 유령의 위력이 여전히 거대했던 탓일까? 많은 사람들의 기대에도 불구하고, 유신의 망령의 위험을 경고하는 외침에도 불구하고, 민주화를 대표하는 노무현의 유령은 경제발전을 대표하는 박정희의 망령을 당해내지 못했다.

사실 노무현은 경제발전이라는 망령과 맞서 싸우기에는 상당히 허약한 유령이다. 그가 5년 동안 대통령으로서 수행했던 통치는 그를 민주주의를 대표하는 유령으로 불러올 수 있을 만큼 그렇게 대단히 민주주의적이었던 것이 아니다. 그가 표현의 자유를 위해, 권력 분립을 위해, 지방자치를 위해, 남북관계의 발전을 위해 나름대로 애썼다는 것은 인정할 수 있다. 하지만 동시에 그는 노동자들의 표현의 자유에는 재갈을 물렸고, 재벌의 권력을 키우는 데 기여했고, 황우석을 위해 피디수첩을 공격했다. 그가 개인적으로 얼마나 훌륭한 인품을 지니고 있었는가와 별개로, 그는 민주화의 유령, 민주주의의 화신으로 불리기에는 상당히 부족한 대통령이었다.

반대로 박정희는, '진보' 역사학자들 및 언론매체의 지속적인 비판과 축귀(逐鬼)의 시도에도 불구하고 여전히 수많은 대중들을 사로잡을 수 있을 만큼 강력한 유령이라는 점이, 그의 딸이 대통령에 당선됨으로써 다시 한 번 입증되었다.

왜 박정희의 유령이 그토록 강력한 것일까? 이미 사망한 지 35년 가까운 시간이 흘렀음에도 왜 그는 여전히 많은 사람들의 마음속에 생생히 살아 있는 것일까? 그것은 물론 박정희 집권 당시에 이룩된 경제성장에 대한 강한 향수 때문일 것이다. 특히 경제가 어렵고 사람들의 삶이 팍팍할수록, 돈벌이가 잘 되고 취직 걱정이 없고 나날이 살림살이가 좋아져 간다고 느끼던 그 시절이 다시 돌아왔으면 하는 바람이 절실해진다. 5년 전 이명박이 압도적으로 승리한 것도 '박정희 코스프레'를 하면서 경제 대통령을 내세웠던 때문이 아니었는가?

그런데 이러한 바람은 과연 '그들'만의 문제였을까? 그들과 대립하고, 그들과 싸워 이겨야 한다고 믿었던 '우리들'은 과연 '그들'과 다른 바람, 다른 향수를 갖고 있었을까? '그들'과 '우리들'을 가르는 경계선은, 경제발전 대 민주화가 아니라, 사실은 경제발전의 두 가지 방식의 차이가 아니었을까? 아니, **동일한** 경제발전에 대한 욕망을, 한 쪽은 좀더 분명하고 직설적으로 표현했던 반면, 다른 한 편은 '민주화'라는 어색한 수사법으로 애써 둘러대려고 했던 것은 아닐까?

4. 신자유주의적 메시아주의

사실 노무현이 박정희의 유령에 맞서기에는 불안하고 역부족인 유령이라는 것은, 나뿐만 아니라 아주 많은 사람들이 느끼고 있었던 것 같다. 왜냐하면 이번 선거에서 많은 사람들이 그들을 구원해주리라고 기대했던 것은 노무현도, 문재인도 아니었기 때문이다. 그것은 오히려 안철수라는 새로운 메시아였다. 어쩌면 사람들은 노무현이 생각지도 않게 2002년 대통령 후보에 오르고, 또 절대적으로 불리하리라던 여론조사를 뒤집고 극적으로 대통령에 올랐던 것처럼, 이번 대선에서도 전혀 생각하지 않은 누군가가 다시 한 번, 극적으로 자신들의 메시아가 되기를 바랐을 것이다. 하지만 안철수는 링에 올라보기도 전에 밀려났고, 어쩌면 그것으로 18대 대선이라는 유령들의 싸움은 이미 결정난 것인지도 모른다.

사람들이 안철수에게서, 또는 그 뒤에는 마지못해 문재인에게 기대했던 희망과 꿈은 어떤 것이었을까? 그것은 아마도 민주주의의 발전과 경제발전이 조화를 이루는 것, 북유럽의 여러 나라들처럼 복지국가를 이룩하는 것이었을 것이다. 다시 말해 경제발전의 기적을 순조롭게 지속해가되 거기에 민주주의를 결합시키는 것이, 그들이 새로운 메시아를 기다리며 기대했던 것이었으리라.

그런데 사람들이 복지국가라고 부르며 기대했던 것은, 사실은 신

자유주의적 복지국가가 아니었을까? 그리고 알다시피 신자유주의가 민주주의의 기초를 잠식하며 시장(또는 자본)의 명령에 순종하는 새로운 정치질서를 창조하고 있는 한, 신자유주의적 복지국가란 사실은 **사회의 약자들의 희생 위에서만 가능한** 복지국가가 아닐까? 그렇다면 그것은 누구를 위한 복지국가일까? 그리고 그러한 복지국가는 박정희의 유령을 내세운 이들도 마찬가지로 추구하는 것이 아닐까? 그렇다면 과연 선거 결과에 멘붕을 했던 이들은 무엇 때문에 멘붕을 한 것일까? 그리고 멘붕을 한 이들은 어떤 계급의 사람들일까?

이번 선거에서 가장 가슴 아팠던 일은 여러 노동자가 선거 결과가 나온 직후 불과 며칠 사이에 연이어 자살했다는 점이다. 그들이 얼마나 절박하게 선거 결과를 기다렸을까 생각하면 지금도 가슴이 먹먹해진다.

하지만 그렇다 해도, 그들이 기대했던 그 메시아는, 과연 목숨을 걸어야 했을 만큼 가치가 있는 메시아였을까 하는 질문을 해보지 않을 수 없다. 아니, 신자유주의가 지배하는 오늘날의 세계에서 메시아를 기다리면서 이룩할 수 있는 정치적 진보가 있을까 질문해볼 수 있다. 이렇게 본다면 선거 직전 「한겨레신문」이 좌파 메시아주의의 아이콘 중 한 사람인 알랭 바디우를 동원해 야당 후보를 지원했다는 것은 의미심장한 사실이 아닐 수 없다.

벤야민이 역사의 천사라는 이미지를 통해 고통스럽게 말했듯이, 적과 동일한 원칙에 입각해서는 적을 물리칠 수가 없는 것이다.

2부

민족 공동체의 탈구축

4장

국민이라는 노예?
: 전체주의적 국민국가론에 대한 비판적 고찰

1. 들어가는 말

이 글은 2000년대 들어서 국내외의 몇몇 필자들이 국민국가라는 주제에 관해 보여주는 이론적·정치적 문제점에 대해 몇 가지 비판적 질문들을 던져보고, 그러한 문제점에 대한 해법을 제안해보려고 한다. 내가 염두에 둔 필자들은 임지현, 권혁범, 김철, 니시카와 나가오, 사카이 나오키 같은 학자들이다.[1] 이들은 이론적으로 의미 있는 문제제기와 실천적인 지향으로 인해 국내에서 상당한 공감과 더불어 이론적 영향력을 얻고 있다. 하지만 나는 이들의 작업에 대해 한편으로 공감하면서도 다른 한편으로 적지 않은 불편함과 거리감을 느끼게 된다. 공감하는 이유는, 다른 많은 사람들과 마찬가지로 나 역시도 국내의 뿌리 깊은 민족적 국민주의와 그것이 정치적·문화적·일상적인 측면에서

---

1 이하에서 호칭은 모두 생략한다.

미치는 부정적인 영향들에 대해 면밀한 비판과 더불어 대안을 모색할 필요성을 느끼고 있기 때문이다. 특히 마르크스주의를 비롯한 진보세력에서도 이러한 민족주의적인 지향이 강하게 남아 있다는 점을 감안하면 이러한 비판의 필요성은 더욱 절실하다.

하지만 다른 한편으로 내가 그들의 작업에 대해 거리감을 느끼는 이유는, 국민주의 및 그것과 긴밀하게 결부된 군사독재와 보수주의에 대한 이들의 비판적 성찰이, 결국에는 국민 자체, 국민국가라는 범주 자체에 대한 전면적인 기각과 부정을 낳기 때문이다. 뒤에서 좀더 상세히 살펴보겠지만, 이들은 처음에는 국민주의에 대한, 특히 국민주의의 부정적인 측면들(민족 중심적·배타적·획일적·가부장적 측면들)에 대한 비판을 전개하다가 그것을 넘어서 민족 내지 국민과 더불어 국민국가 자체를 문제 삼기에 이른다. 그것은 이들이 단순히 국민주의만이 아니라 근대정치의 병리적 측면들 전체가 국민과 국민국가에 뿌리를 두고 있다는 문제의식을 공유하고 있기 때문이다.

세계화를 맞아 근대의 지배적인 정치형태로서 국민국가가 위기에 처해 있다든가 국민국가가 종언을 맞이했다는 명제는 이제 별다른 반응을 불러일으키지 못할 만큼 자명한 것으로 간주되고 있다.[2] 따라서

---

2 물론 이것은 그 명제를 자명한 것으로 받아들여야 한다는 뜻이 아니다. 국민이라는 정치 공동체 및 국민국가의 진보적 성격을 비가역적인 역사적 성취로 간주하는 정치학자나 사회학자들도 적지 않다. 따라서 그들이 보기에 중요한 것은 국민 내지 국민국가를 새로운 역사적 상황에 맞게 개조하고 재구성하는 것이며, 국민이나 국민국가를 전면적으로 기각하는 것은 오히려 근대의 정치적 성취를 훼손하거나 상실할 위험을 안고 있다. 이런 입장을 잘 보여주는 저작으로는 Rogers Brubaker, "The Manichean Myth: Rethinking the Distinction Between 'Civic' and 'Ethnic' Nationalism", in Hanspeter Kriesi et al., ed., *Nation and National Identity: The European Experience in Perspective*,

국민이나 국민국가 그 자체를 비판하거나 거부하는 이들의 논의는 그리 특별한 것이 아닐 수도 있다. 하지만 문제는 국민이나 국민국가라는 개념들이 어떤 점에서 비판을 받거나 거부되어야 하며, 또 그렇다면 그것에 대한 대안은 어떤 것인가를 설득력 있게 보여주는 일이다. 내가 이들의 작업에 거리감이나 불편함을 느낀다면, 그것은 이들의 논의가 그 선명한 주장만큼 충실한 논거를 제시하지 못하고 있으며, 때로는 자가당착적인 결론으로 나아가는 것이 아닌가 하는 의문 때문이다. 자가당착이라는 강한 표현을 쓴 이유는, 국민주의와 국가주의 및 그것에 기반을 두고 있는 독재권력의 문제점을 드러내고 그것들에 대한 민주주의적이고 윤리적인 대안을 모색하려는 이들의 실천적인 문제의식에도 불구하고, 그들의 비판이나 그들이 제시하는 논거들 자체가 오히려 그러한 실천적 문제의식의 실현을 가로막고 있는 것은 아닌가 하는 의문을 더 분명하게 표현하기 위해서다.

좀더 정확히 말하면 이들이 제기하는 국민국가에 대한 비판들은 근대 국민국가가 드러낸 여러 가지 문제점들을 강렬하게 드러내고 있지만, 그와 동시에 근대 국민국가를 가능케 했던 이념적·제도적·운동

Chur: Rügger, 1999; "In the Name of the Nation: Reflections on Nationalism and Patriotism", *Citizenship Studies*, vol.8, no.2, 2004; Dominique Schnapper, *Qu'est-ce que la citoyenneté?*, Paris: Gallimard, 2000; *La Communauté des citoyens*, Paris: Gallimard, 2003 등을 참조. 필자는 이들의 입장에 전적으로 동의하지는 않는데, 그것은 이들의 입장이 자칫 국민이나 국민국가를 초역사적인 정치적 준거(또는 규범적 모델)로 만들 위험이 있기 때문이다. 특히 쉬나페르는 '국민'(nation)이라는 모델은 포기할 수 없는 보편적 규범의 성격을 지니고 있다고 주장한다. 이와 관련된 좋은 논의로는 발리바르, 『우리, 유럽의 시민? 세계화와 민주주의의 재발명』 4장 「공동체 없는 시민권?」, 그리고 발리바르, 『정치체에 대한 권리』 5장 「어떤 상상의 공동체?」, 9장 「민주주의적 시민권인가 인민주권인가? 유럽에서의 헌법 논쟁에 대한 성찰」 참조.

적인 기반들에 대한 인식을 불가능하게 만드는 것은 아닌가 생각한다. 왜냐하면 뒤에서 더 자세히 살펴보겠지만, 근대 국민국가에 대한 이들의 비판은 국민국가를 억압과 배제의 동질적인 권력 메커니즘으로 제시할 뿐만 아니라 국민국가에 의해 형성된 국민은 오직 복종과 예속만 수행할 뿐인 철저하게 수동적인 또는 (이들 중 몇몇 사람들이 자발적인 예속을 강조하고 있으므로) 오히려 예속적인 주체로 그리고 있기 때문이다. 내가 보기에 이는 근대 국민국가의 복합성과 양가성을 드러내는 좋은 관점이 아닐뿐더러, 그것을 비판하고 넘어서기 위한 실천적 노력에도 별로 도움이 되지 못하는 것 같다. 이처럼 국민국가를 획일화된 국가, 전체주의 국가와 동일한 것으로 간주하는 것은 국민국가에 대해 전면적인 예속이냐 아니면 전면적인 거부냐 하는 이분법적 인식의 차원을 벗어나지 못하는 것이기 때문이다. 그리고 이렇게 되면 국민국가를 내재적으로 비판·개조할 수 있는 길, 또는 국민국가의 내재적 전화를 모색할 수 있는 길을 정확히 인식하는 것은 어려울 수밖에 없으며, 의도와 달리 국민국가를 가공할 만한 위력을 지닌 악마적인 권력체로, 빅브라더의 공간으로 신화화하는 결과를 낳게 되기 때문이다.

이 글은 이러한 관점에서 위에서 언급한 필자들의 국민국가 비판에 대해 검토해보고 그러한 비판들에 대한 한 가지 대안을 모색해보려는 시도다. 이를 위해 2절에서 먼저 이 글이 비판적으로 다루려고 하는 필자들의 공통적인 문제의식을 추출해볼 것이다. 그 다음 3절에서는 이들의 논의를 네 가지 측면에서 비판적으로 검토해볼 것이다. 마지막 4절에서는 이들의 작업에 대한 대안을 모색하기 위해 필요한 몇 가지 이론적 전제들을 제시해볼 것이다. 이 글은 주로 문헌 해석과 비평의 방법을 채택하고 있다. 그것은 이 글이 제한된 지면에서 다수의 필자들을 다루고 있고 또 그들의 논의를 비판적으로 검토하고 있기 때문에 그들의 논점을 될 수 있는 한 상세히 소개하고 비판적으로 분석하는 이러한 방법이 얼마간 효과적일 수 있다고 생각했기 때문이다. 아울러 이 글은 학제적인 관점에서 일종의 이데올로기 비판을 겨냥하고 있지 대안적인 국민국가론을 제시하거나 논의하는 것을 목표로 삼지 않는다는 점을 미리 밝혀두겠다. 그동안 이들의 작업이 국내의 인문사회과학계에 미친 영향을 고려한다면 이러한 비판적인 작업도 나름대로 의미를 가질 수 있으리라고 생각한다.

2. 국민국가가 왜 문제인가?: 전체주의적 국민국가론의 문제의식

내가 이 글에서 비판적으로 다뤄보려는 필자들은 한국과 일본의 비판적 지식인들이다. 그들은 각자의 전공분야와 학문적·정치적 입장에 따라 다소의 견해 차이는 보여주지만, 공통적인 출발점을 지니고 있다. 그것은 한국과 일본에서 팽배해 있는 '민족주의' 내지 '국민주의'를 비판적으로 고찰하고 그로부터 벗어나려는 것이다. 한국과 일본은 과거 식민지와 제국의 관계에 있었고, 그에 따라 상이한 역사적 전개과정을 거쳐왔음에도 공통적으로 강한 민족주의적 지향을 보여주고 있으며, 탈냉전 이후 세계화가 전개되는 정세에서도 이러한 민족주의적 지향은 수그러들지 않고 있다는 것이 이들의 문제의식이다. 더욱이 이러한 민족주의적 지향은 탈냉전 이후 세계의 유일 초강대국으로 군림한 미국의 동아시아 패권 전략과 결부되어 동아시아의 평화와 안전을 위협하고 한국과 일본의 우경화를 부추긴다는 점에서 더 심각한 문제점을 안고 있다. 따라서 민족주의에 대한 비판은 단순히 학문적이거나 이론적인 문제에 그치는 것이 아니라, 동아시아 사람들의 화해와 평화로운 삶의 영위를 불가능하게 만드는 것이 바로 민족주의에 있다는 지극히 실천적인 문제의식에서 나오는 것이다.

그런데 민족주의는 단순히 추상적인 관념이나 가상적인 허위의식, 따라서 지적인 깨우침을 통해서 손쉽게 빠져나올 수 있는 것이 아니라는 데 문제의 심각성이 있다. 왜냐하면 민족주의는 민족 내지 국민의 존재 그 자체를 생산하거나 '제작'하는 이데올로기 체계이며, 따라서 국민국가가 존속하는 한 민족주의는 사라질 수 없고 지속적으로 재생산될 수밖에 없기 때문이다. 국민국가는 국민주의를 기반으로 하여 자신이 본래적으로 지니고 있는 억압과 배제의 속성을 유지하고 확장해가며, 역으로 민족주의는 국민국가의 제도들을 통해 끊임없이 개인들을 국민들로 생산하거나 제작하는 것이다. 따라서 이들에 따르면 민족주의에 대한 비판은 필연적으로 국민국가 자체에 대한 거부 및 그것에 대한 대안의 모색으로 나아갈 수밖에 없다. 내가 보기에, 이 글에서 다룰 필자들의 국민국가 비판은 이러한 문제의식을 공유하고 있다.

마르크스주의 및 동유럽의 민족 문제에 관한 전문 연구자에서 출발해서 연구 영역을 점차 확장해온 임지현이 최근 몇몇 글과 저서에서 보여주는 태도는 이러한 국민국가 비판의 전형으로 간주할 수 있다. 그는 『민족주의는 반역이다』라는 저서에서는 민족주의를 "고정 불변의 이데올로기로서가 아니라 역사적 변화에 열려 있으면서 끊임없이 자신을 만들어나가는 '운동'"[3]으로 볼 것을 요구하고 있다. 이는 "궁극적으로 민족에 대한 우리 사회의 정의가 인종적인 것 혹은 종족적인 것으로부터 공공적인 것 혹은 시민적인 것으로, 영어식으로 표현한다면 'ethnic nationalism'에서 'civic nationalism'으로 이동해야 한다고 믿는다"[4]는 저자의 입장 때문이다. 그는 이러한 입장을 좀더 부연 설명한다. "그것은 프랑스혁명을 추동했던 시민적 민족주의 혹은 식민지의 저항민족주의가 지녔던 혁명적 역동성을 견지하면서, 권력과 같이 짜인 텍스트로부터 민족주의를 구출해내는 첫걸음이 아닐까 한다. 민족주의는 더 이상 체제를 옹호하는 권력의 이데올로기가 아니라, 건설을 기약하는 반역의 이데올로기로 재창조되어야 한다는 것이 나의 신념이다."[5]

그의 입장은 한국사회의 뿌리 깊은 보수성 및 특히 진보운동 진영에 내재하는 보수성에 대한 성찰을 거쳐[6] 인민주권론에 대한 (슈미트식의) 해석을 매개로 하여,[7] 결국 『오만과 편견』부터는 민족주의는 물론이거니와 국민국가 자체에 대한 전면적 기각이라는 입장으로 바뀌게 된다. 이 책의 한 대목은 그의 문제의식을 선명히 보여준다.

저는 요즘 나치즘이나 파시즘, 혹은 스탈린주의 등을 '대중독재'라는

---

3 임지현, 『민족주의는 반역이다』, 소나무, 1999, 7쪽.
4 같은 책, 8쪽.
5 같은 책, 8쪽.
6 같은 책, 339쪽 이하.
7 임지현, 「다시, 민족주의는 반역이다」, 『창작과 비평』, 117호, 2002년 가을호.

개념으로 묶을 수 있는지의 여부를 고민하고 있는데요. '대중독재'가 갖는 뚜렷한 특징은 국민국가적 근대성에서 찾을 수 있지 않을까 합니다. 잘 짜인 행정기구, 지방의 개별 촌락 단위까지 침투한 동원의 메커니즘, 다양한 커뮤니케이션 장치들을 통해, 대중의 일상적 사고와 생활에 관철되는 지배 헤게모니는 국민국가의 완성도와 정비례하는 것이 아닐까요? [⋯] 대중의 국민화라는 관점에서 본다면, 사실상 영국·미국식의 '대중민주주의'와 독일·이탈리아식의 '대중독재'는 그 형식적 차이에도 불구하고 대중의 자발적이고 적극적인 참여에 의존하는 국가적 동원체제에 뿌리박고 있다는 점에서 사실상 국민국가의 근대권력이 낳은 쌍생아입니다.[8]

한문학 전공자인 강명관에게서도 이와 유사한 인식을 엿볼 수 있다. 그는 한국 민족주의의 기본 속성을 "순수성과 우월성"으로 규정한 뒤, "다른 컨텍스트를 무시한 [채 ──인용자 추가] 오로지 민족의 우월성이란 코드로만 역사와 문화를 읽어내는 것, 이것이 민족주의의 최대 모순"[9]이라고 지적하면서 한 걸음 더 나아가 이를 국민국가 내지 민족국가 일반에 대한 비판으로 확장한다.

개인은 한국인으로 태어나는 것이 아니다. 개인이 민족주의에 의해 한국인으로 제작된 것이다. 모든 국가의 개인은, 태어난 공간을 점유하

---

8 사카이 나오키·임지현, 『오만과 편견』, 휴머니스트, 2003, 138~139쪽. 강조는 인용자.
9 강명관, 『국문학과 민족 그리고 근대』, 소명출판사, 2007, 46쪽.

고 있는 국가권력에 의해 국민으로 제작된다. 민족주의는 존재하지 않는 동일성을 구성한다. […] 국가는 이처럼 다양한 기구와 장치를 통해 민족-국민을 제작한다. 민족-국민은 이런 기구의 작동 속에 놓여 있다. 개인의 동의 여부는 물어보지 않는다. 나에게 의견을 말할 기회는 주어지지 않는다. 동의하지 않아도 태어나는 그 순간 이후 민족-국민으로 제작될 뿐이다.[10]

비슷한 시기에 이루어진 한 대담에서도 그는 동일한 논지를 펴고 있다.[11]

국문학자인 김철은 "'국민의', '국민'에 의한, '국민'을 위한, 질서 정연한 통사적(統辭的)-통사적(通史的) 서사"[12]야말로 좌우갈등을 넘어서 오늘날 한국사회를 지배하는 권력의 핵심 메커니즘이라는 인식을 보여준다. 그에게 이러한 인식은 오늘날 매우 절실한 비판적 과제인데, 왜냐하면 "박정희 정권에 저항하고 광주의 살륙자들[원문 그대로 ── 인용자]과 싸웠던 이른바 진보적 민중주의"[13] 역시 21세기에 접어든 오늘날에 이르기까지 여전히 이러한 "국민적 정체성의 확립"이라는 이념의 테두리에 갇혀 있기 때문이다.

그는 특히 2002년 한일 월드컵 당시 그를 공포에 사로잡히게 했던

---

10 강명관, 『국문학과 민족 그리고 근대』, 46~47쪽.
11 강명관, 「'내재적 발전론' 비판… "국문학사는 존재하지 않는 '서구의 근대' 찾기였다"」, 『교수신문』 2007년 10월 1일 참조.
12 김철, 『'국민'이라는 노예: 한국문학의 기억과 망각』, 삼인, 2005, 9쪽.
13 같은 책, 12쪽.

두 가지 경험을 환기한다. 하나는 시청 앞에 운집한 수십만의 군중과 그들이 내뿜는 열기와 함성에 대한 경험으로, 그는 이 광경에서 "수십만 군중이 하나의 '덩어리'로 꿈틀거리는 모습"을 보았으며, "총칼로 무장한 직접적이고도 물리적인 폭력이 횡행하던 시대에서 느끼지 못했던 공포를 처음으로 느꼈다."[14] 또 하나는 한국의 이른바 '진보적' 지식인 중 한 사람(유홍준)이 붉은 악마의 응원에 대해 썼던 한 신문 칼럼의 충격이다. "오늘의 젊은이들은 개인주의자들이어서 건강하고 성실한 공동체 의식을 발견하기 어렵고, 전쟁이라도 나면 전쟁터로 뛰어갈 젊은이가 몇이나 될까 걱정하는 이도 있다. 그러나 '붉은 악마'는 그들의 핏속에서 여전히 민족과 국가라는 유전적 인자가 자리 잡고 있음을 보여주었다"는 논지의 이 칼럼은 그로 하여금 "핏속에 흐르는 민족과 국가라는 유전자'를 자랑스럽게 떠벌리는 진보주의자들의 권력 쟁취가 전리품을 놓고 다투는 이전투구의 장으로 전락하지 않을 가능성은 얼마나 될 것인가"[15] 회의하게 만든다.

따라서 김철은 "한국 근대성의 핵심을 반제·반봉건의 '주체적 저항사'로 보는 것"[16]을 한국 근대사 및 근대문학사의 기본 구도로 파악하면서, 이러한 관점의 한계를 민족과 국가에 대한 반성적 성찰의 결여에서 찾는다. 다시 말하면 제국주의와 독재에 대한 저항이 지닌 도덕적 정당성에 대한 일방적 강조로 인해 "그 저항이 마침내 도달하고

---

14 같은 책, 11쪽.
15 같은 책, 11~12쪽.
16 같은 책, 23쪽.

자 하는 근대국가의 유례없는 전체주의적·국가주의적 폭력성"[17]이 은
폐된다는 점이야말로 핵심적인 문제라는 것이다. 따라서 종래의 민
족·민중주의적 역사 인식에 담겨 있는 이분법적이고 평면적인 시각,
곧 저항/협력, 아/비아, 민족/반민족, 정통/비정통이 선명하게 대립하
는 시각을 넘어서 "파시즘이라는 새로운 인식론적 모드를 통해 한국
에서의 모더니티를 해명"[18]해야 할 필요성이 제기된다. 그리고 이러한
관점에 따르면 "식민지 이래 **지금까지** 한반도 주민의 근대적 삶을 지배
해온 정치적·사회적·문화적 메커니즘은 바로 그 **강력한 파시즘적 국
가주의 그 자체였다.**"[19]

　　정치학자인 권혁범의 저작은 다소 거친 논의를 포함하고 있지만,
국민국가 비판의 문제의식을 선명하게 드러내준다는 장점을 지니고
있다. '국민으로부터의 탈퇴'라는 도발적인 제목이 붙은 책에 담긴 그
의 국민국가 비판은 크게 세 가지 논점으로 집약된다[20]. 첫째, 국가주
의 및 민족주의에 대한 비판의 필요성이다. 권혁범 역시 김철과 마찬
가지로 그가 학생 시기를 보냈던 유신독재 시절의 기억을 상기시키고,
2002년 한일 월드컵 대회의 집단적인 거리 응원에서 가감 없이 드러
난 '대~한민국'이라는 구호에 대한 불편함을 지적하면서, 21세기에 이
르기까지 한국사회는 획일적인 국가주의, 민족주의에서 벗어나지 못
했다고 주장한다. 더욱이 군사독재에서 벗어난 지금까지 여전히 많은

---

17 김철, 『'국민'이라는 노예: 한국문학의 기억과 망각』, 24쪽.
18 같은 책, 25쪽.
19 같은 책, 26쪽.
20 권혁범, 『국민으로부터의 탈퇴』, 삼인, 2004.

사람들이 '국익'과 '민족'을 우선시하는 풍조가 사라지지 않는 것은 국가주의나 민족주의의 문제가 단순히 정치적 독재에 한정된 문제가 아니라는 것을 잘 보여준다. 따라서 둘째, 국가주의에 대한 비판은 필연적으로 국민 그 자체에 대한 비판으로 확장된다. 그는 단도직입적으로 말한다. "이제 '국민'이라는 집단 주술에서 벗어날 때가 아닌가 묻는다."[21] 왜 국민이 집단 주술인가? 그것은 "일단 '국가의 구성원'으로서 '국민' 의식이 자리 잡을 때 거기서 개성적이고 독자적인 개인의 삶과 자유가 피어나긴 어려워"[22]지기 때문이다. 이는 두 가지 이유 때문에 그렇다. 우선 '국민'이라는 표현은 "국가의 일부로서의 강제성, 국가가 부과하는 정체성과 의무를 정당화하면서 사회 속의 개인을 조직화된 집단의 부속물로서 자동적으로 동원하기 때문이다." 또한 "'국민' 속에는 이미 국가라는 선험적 실체가 규정하는 집단 동질적 주체가 스며들어 있기 때문"에, 그것을 수용하는 순간 "이미 복잡한 개별적 차이, 자유, 인권, 다양성은 한 걸음 뒤로 밀려나기 쉽다. 국민주의는 국가를 삶의 주체로 각인시키며 일정한 규범을 모든 개인에게 강제한다."[23] 따라서 다양한 개인들의 욕구와 권리, 인권이 보장되기 위해서는 국민으로부터 탈퇴해야 한다. 셋째, 국가는 본성상 억압적이고 배타적인 기계이기 때문에 인권보장 및 개인의 해방은 국가에서 벗어남으로써만 가능하다는 관점이다. 국민이 억압적이고 배타적인 성격을 띠는 이유

---

21 같은 책, 10쪽.
22 같은 책, 7쪽.
23 같은 책, 8쪽.

는, 국민이 속하는 국가 자체가 억압적이고 배타적인 기계이기 때문이다[24].

따라서 "'나쁜 국민국가'를 '좋은 국민국가'로, '문제 있는 국민'을 '진정한 국민'으로" 만드는 것, "분단이나 독재가 '정상적인 주권 국민국가'를 방해해왔기 때문에 이제 '우리'는 '국민'으로서 '대한민국'의 자주권을 회복하고 통일국가를 완성하는 방향으로 나가"[25]는 것이 문제가 될 수 없다. 문제는 "이제 한국사회에서 '국민'이 아니라 주민, 시민, 혹은 다양한 정체성을 가진 개인들이 '국가'와 일정한 거리를 두고 긴장관계를 유지하면서 한 사회나 국제적 문제를 모색하고 해결하는"[26] 것이다. 한국의 경우 "근대화는 성공적으로 이룩했지만 보편적 이념으로서의 개인의 해방은 여전히 미완의 과제"이며, "새로운 개인들의 출현 속에서 사회적 의미와 관계망은 재구성될 것이고 그와 함께 탈근대의 전망이 손에 잡힐 것"[27]이다.

3. 국민이라는 괴물?: 국민국가 비판의 논점과 그 난점

이러한 문제의식에서 출발한 이들의 국민국가 비판은 각자 상이한 분과학문에서 상이한 측면에 초점을 맞춰 이루어지고 있지만, 기본적으로 다음과 같은 네 가지 논점을 중심으로 전개된다고 볼 수 있다.

---

24 권혁범, 『국민으로부터의 탈퇴』, 210쪽.
25 같은 책, 10쪽.
26 같은 책, 10쪽.
27 같은 책, 190~191쪽.

1) 예속과 배제의 체계로서 국민국가

이들의 국민국가 비판은 우선 근대 이후의 국민국가를 **예속과 배제의 체계**로 간주한다는 특징을 보여준다. 국민국가에 대한 이러한 성격 규정을 가장 단도직입적으로 드러내는 사람은 권혁범이다. 그는 국가를 다음과 같이 정의한다. "국가란 무엇인가? 그것은 공공재의 창출과 배분을 주도하는 강제 권력으로 기능하면서 법적·제도적 일관성을 위해 '국민'을 하나의 획일적 기준에 정렬시키고, 독점적 폭력의 위협을 통해 사회 구성원들에게 일정한 복종을 강제하는 외생적 메커니즘이다. 따라서 그것은 근본적으로 수많은 개개인의 특성과 사정을 외면할 수밖에 없는 단순한 기계다."[28] 과연 국가라는 것이 이처럼 강제 권력이고, 독점적 폭력의 위협을 통해 복종을 강제하는 외생적 메커니즘이며, "수많은 개개인의 특성과 사정을 외면할 수밖에 없는 단순한 기계"일까? 그것은 너무 환원적인 이해 방식이 아닐까? 다소 과도하다 싶은 이러한 규정은, 개인들 및 시민사회에 대한 상관적인 규정을 통해 완화된다. "그렇기 때문에 근대국가의 민주화 역사에서 국민국가의 형성과 팽창은 시민사회에 의한 끊임없는 견제와 확장을 동시에 불러일으켰다. […] 사회계약의 주체가 없는 거대한 통치기구로서의 국가의 존재는 그 자체가 반인간적·반개인적이다."[29] 따라서 권혁범은 국민국가라는 지배의 장치, 단순한 기계에 대립하거나 그와 맞서는 시민사

---

28 같은 책, 32~33쪽.
29 같은 책, 33쪽.

회 및 그것을 구성하는 개인들을 전제하는 셈이다.

그러나 이 경우 이런 의문이 들 수밖에 없다. 만약 개인들 및 시민사회가 국가의 바깥에 있는 것이고 국가와 맞서는 것이라면, **왜 처음부터 개인들은 국가를 형성했을까?** 국가는 단순히 개인들을 예속시키고 강제하고 획일화하는 기계장치임에도, 왜 굳이 사회계약이라는 번거롭고 모험적인 절차를 거쳐서 국가를 구성했을까? 하지만 권혁범 자신이 언급하듯이 근대국가는 "민주화의 역사"를 지니고 있다. 곧 근대국가에는 인권을 비롯한 기본권의 확립과 시민권의 확장이 역사적으로 기입되어 있다. 어떻게 예속과 강제, 획일화의 기계로서 근대국가, 국민국가 속에 민주화의 역사가 기입될 수 있을까? 그것이 어떻게 논리적으로 가능할까? 그는 "시민사회에 의한 끊임없는 견제와 확장"에 대해 언급한다. 다시 말하면 국가 바깥에 위치한 개인들 및 시민사회가 예속과 강제의 장치로서 국가를 견제한 덕분에 국가는 민주화될 수 있었다는 의미이다. 그러나 그렇다면 굳이 국가를 유지할 필요 없이, 아예 국가에서 벗어나면 어떨까?

이러한 질문에 대해 권혁범은 모호한 입장을 보여준다. 그는 한편으로 서구적 근대국가 자체에서도 벗어나야 한다고 주장한다. "즉 '우리'가 서구적 근대국가의 모습이나 근대적인 정체성을 최종적이고 이상적인 목표로 설정하고 그것을 위해 노력한다면 오히려 그것은 폭력, 차별, 억압을 만들어내는 원인이 될 수 있기 때문이다."[30] 하지만 다른 한편으로는 다음과 같은 위험도 경계한다. "그러나 사실은 지구화가

---

30 권혁범, 『국민으로부터의 탈퇴』, 58쪽.

그 대신 탈국민국가적·친자본적 소비 주체를 '개인'으로서 재생산한다는 비판이 가능하다. 또한 그 과정에서 중심부의 이익 재생산에 유리한 '서구적' 주체를 전 세계에 확산시킨다는 비판도 일리가 있다."[31] 여기에서 권혁범은 지구화가 보여주는 또 다른 가능성에 기대는 편을 택한다.

지구화는 단순히 자본 간 혹은 자본-노동 간의 싸움뿐만 아니라 국가 간의 관계를 융합함으로써 비국민국가적·다중적 정체성을 확장하는 과정이기도 하다. 다문화에 대한 노출과 경험을 통해 다양한 타자를 실제적으로 인지함으로써 '차이들의 공존'을 모색할 수 있는 실천적 근거를 제공할 수도 있다. 국제 노동력 이동을 통해 '국민'과 '민족'의 실제적 공간 재배치가 일어나고 운송과 통신수단의 발달로 가치들 사이의 경쟁이 확대되면서 다중적인 국가 횡단적·탈민족적 주체가 생겨날 수도 있다. 그러한 주체들 속에서 '우리'는 '국민' 혹은 '민족'이 아니라 '여성', '동성애자', '생태주의자', '아시아인', '탈국적 코리안', '주변부 노동자' 혹은 '개인' 등으로 다르게 혹은 중층적으로 규정될 수 있다. '우리'를 넘어서 공동체가 생산해내는 사회적 주체로서의 '나' 아닌 좀더 근원적이고 개성적인 '나'로 재탄생할 수도 있다. 그때 질문은 "우리는 누구인가?"에서 "나는 누구인가?"로 바뀌어도 좋을 것이다."[32]

---

31 같은 책, 58~59쪽.
32 같은 책, 59쪽.

권혁범의 입장은 그가 자유방임 자본주의를 긍정하든 긍정하지 않든 간에, 국가 바깥의 원초적 개인들을 가정한다는 점에서 고전적인 자유주의적 개인주의 또는 찰스 테일러(Charles Taylor)가 지칭했던 원자론적 입장에 가깝다고 할 수 있다.[33] 이런 관점에서 국가는 최소화될수록 좋은 것이며, 어떤 의미에서는 아예 사라지는 것이 좋을지 모른다. 하지만 그가 간과하는 것은 1991년 냉전해체 이후 2001년 9.11 이전까지 지구 곳곳에서 벌어진 분쟁으로 인해 360만 명의 인명이 희생당하고 수천 만 명의 이주민이 발생했다는 점이다.[34] 이러한 분쟁의 본질적인 특징은 국가 간 분쟁이라기보다는 국가의 해체에 따른 국가권력의 부재 상황에서 주로 발생했다는 데 있다. 게다가 이들 희생자의 대부분은 여성과 아동 같은 사회적 약자들이었다. 따라서 한 사회의 첨단 엘리트들은 수시로 국경을 넘나들면서 범세계적 노마드로, 세계시민으로 다중적인 동일성을 지니고 살아갈 수 있겠지만, 대다수의 사회적 약자들에게 국가의 해체는 죽음이나 재앙일 수밖에 없다. 이는 비단 현재의 세계화 국면에만 해당하는 것이 아니라, 이미 1차세계대전과 2차세계대전 사이에 수많은 '국가 없는 사람들'이 경험했던 일이기도 하다.

　권혁범과 다소 다른 측면에서 사태를 고찰하기는 하지만, 임지현에게서도 유사한 주장을 엿볼 수 있다. 그에게도 국민국가는 기본적으로 억압과 배제의 장치이며, 서구의 국민국가든 동구의 국민국가든 아

---

33 Charles Taylor, "Atomism", in *Philosophy and the Human Sciences: Philosophical Papers 2*, Cambridge: Cambridge University Press, 1985.

34 참여연대 국제연대위원회, 『세계분쟁과 평화운동』, 아르케, 2004 참조.

니면 다른 어떤 곳의 국민국가든 그것은 변함이 없다.

> 그런데 가령 서유럽이나 미국의 내셔널리즘은 보편주의·인권·인민주권론에 입각했기 때문에 좋은 내셔널리즘이고, 동유럽이나 주변부의 내셔널리즘은 혈통이나 민족 구성 등 객관적인 것에 기초했기 때문에 배타적인 변종 내셔널리즘이라는, 서구중심적 이분법에 대해서는 경계해야 합니다. 서구의 내셔널리즘이 자유주의 및 인권과 결합된 좋은 내셔널리즘이라는 환상은 이미 반유대주의의 존재 자체에 의해서 여지없이 무너졌습니다. [⋯] 서유럽의 내셔널리즘 역시 보편주의, 인권, 시민의 권리 등을 확장하는 그러한 개념일 뿐만 아니라, 동시에 끊임없이 타자를 배제하고 억압하는 전략에 입각해 있었다는 점을 보여주는 것이 아닌가 생각합니다.[35]

임지현은, "뿐만 아니라"라는 표현에서 볼 수 있듯이 국민국가가 긍정적인 측면을 지닌다는 점을 인정하는 듯 보이지만, 그가 이 책 및 다른 글들에서 지속적으로 주장하는 것은 그러한 긍정성은 국민국가 및 내셔널리즘의 부정적인 측면에 의해 상쇄되며, 더욱이 그러한 긍정성도 이제 세계화를 맞이하여 역사적으로 시효 만료되었다는 점이다. 게다가 그는 첫 번째 문단에서 볼 수 있듯이 '보편주의·인권·인민주권론'의 긍정성을 서구 중심주의라는 틀에 따라 미리 기각하고 있다.[36]

---

35 사카이 나오키·임지현, 『오만과 편견』, 102~103쪽.
36 사실 '좋은 내셔널리즘'과 '배타적인 변종 내셔널리즘'을 이분법적으로 설정해놓고 그것을 서구 중심주의라고 비판하는 것은 너무 상투적인 수사법이어서 설득력을 얻기 어렵

2) 추상적 권력관

두 번째 문제점은 이들의 국민국가 비판이 추상적 권력 개념을 함축한다는 점이다. 내가 말하는 추상적 권력 개념은 세 가지 특징을 지니고 있다. 첫째, 이러한 관점은 일종의 **초월적인 권력의 주체**를 가정하고 있다. 명시적으로 권력의 주체라는 표현이 사용되느냐 여부는 중요하지 않다. 문제는 권력이 어떤 대주체의 의지나 욕망에 따라 작동하는 것으로 간주된다는 점이다. 둘째, 이것은 또한 **권력의 동질성**을 가정한다. 내가 다루고 있는 필자들 중 누구도 다수의 권력들이 존재한다거나 권력은 자체 내에 애매성이나 양가성을 포함하고 있다고 생각하지 않는다. 그들에게 권력은, 적어도 근대 이후에는 항상 국민국가의 권력이며, 국민국가의 권력은 그것이 복지 자본주의 국가의 권력이든, 나치즘이나 파시즘의 국가권력이든 아니면 사회주의 국가의 권력이든 또는 주변주 탈식민지 국가의 권력이든 항상 동일하고 동질적인 속성으로, 곧 내부적인 타자들이나 소수자들을 억압하여 획일적인 국민으로 만들고, 대외적인 타자들을 배척하고 그들과 패권을 다투는 힘으로 나타난다. 셋째, **권력의 부정성**이다. 이들에게 권력은 예속시키고 억압하고 강제하고 배제하는 힘일 뿐, 긍정적인 힘으로, 적어도 자연적인 생

다. 임지현의 대담자인 사카이 나오키가 이러한 임지현의 수사법에 대해 다음과 같이 문제제기하는 것은 정당하다. "종종 프랑스 사상의 nation과 독일 사상의 Volk로 대비해서 이야기하지만, 이를 두 가지 국민 사조의 차이로 이해하기보다는 근대국가의 국민이 표현되는 쌍이라고 이해할 수는 없을까요? 즉 보편주의적·인공적인 국민과 특수주의적·자연적인 민족은 발리바르가 말하듯이 모든 국민국가에서 공존하고 있다는 것입니다"(같은 책, 112쪽).

산의 역량으로 이해되지 않는다. 이들에게 권력의 생산성이 존재한다면, 그것은 '국민을 제작'하거나 개인들 내지 국민들의 자발적인 복종을 유도한다는 점에 있다. 권력이 지니는 유일한 생산성, 긍정성은 좀더 잘 포획하고 좀더 잘 규율하고 좀더 잘 복종시킬 수 있는, 지배의 기술적 생산성이다.

임지현의 다음과 같은 언급은 이러한 추상적 권력 개념을 잘 드러내준다. "타자를 복종시키는 수단이라는 점에서 권력의 속성은 변하지 않는다. 단지 타자를 복종시키기 위한 매개들이 역사적으로 변할 뿐이다."[37] 그리고 그는 더 나아가 근대권력의 특징을 다음과 같이 규정한다. "근대권력의 역사적 특징은 그것이 마치 지배를 욕망하지 않는 듯한 외양을 띤다는 데 있다. 그것을 가능케 한 사상적 기제는 국가의 절대적이고 영속적인 권력인 주권이 인민에게 있다는 인민주권론이었다."[38]

또한 임지현은 사카이 나오키와의 대담에서 여러 차례에 걸쳐 '지배의 욕망'이나 '권력의 욕망'이라는 표현을 사용하고 있다. 가령 다음과 같은 표현들이 그렇다. "비단 유대인에 대해서뿐만 아니라 독일인 동성연애자나 정신이상자, 선천적 장애인들을 격리시키고 끝내는 처형했던 나치즘의 역사 또한, 국민국가의 형성과정이 그 경계의 내부에서조차 **근대권력의 욕망**에 맞지 않는 사람들을 끊임없이 배제하고 타자화하는 역사라는 사실을 잘 드러내줍니다."[39] "그리고 그것이야말

---

37 임지현, 「다시, 민족주의는 반역이다」, 186쪽.
38 같은 글, 186쪽.
39 사카이 나오키·임지현, 『오만과 편견』, 46쪽.

로 국민국가의 지배 헤게모니가 아무런 마찰이나 갈등 없이, **지배하고자 하는 욕망**을 드러내지 않으면서, 지배하지 않는 듯한 외향[원문 그대로──인용자]을 갖추면서 지배를 내면화하는 좋은 예라고 생각합니다. 그러니까 어떻게 보면 파시즘이라는 것은 근대를 욕망한 권력이 대중민주주의와는 또 다른 방식으로 근대를 욕망한 길이라고 얘기할 수 있습니다."[40] 이러한 권력에 대한 언급들은 국민국가에 대한 전체주의론적 비판이 추상적 권력관을 전제하고 있음을 잘 보여준다.

3) 복종의 숙명을 짊어진 국민: 주체화 없는 예속화

추상적인 권력 개념은 **주체화 없는 예속화**, 곧 복종의 숙명을 짊어진 국민이라는 관점과 긴밀하게 연결되어 있다. 이러한 관점을 가장 첨예하게 드러내는 사람은 아마도 니시카와 나가오일 것이다. 그는 국민국가의 특징을 다섯 가지로 요약한 뒤[41] "사람은 어떻게 국가로 회수되는가"라는 제목 아래 개인들이 어떻게 국민국가로 포섭되고 예속되는지 신랄하게 지적하고 있다. 그에 따르면 국민국가 내에서 사람들은 문학과 예술, 역사, 가족과 학교, 과학과 학문, 종교, 텔레비전과 신문 및 각종 정보, 스포츠 등을 통해 국가로 회수될 뿐만 아니라 또한 "생활과 노동의 장을 통해 […] 질병과 범죄를 통해, 혹은 그러한 것에 대한 공

---

40 사카이 나오키·임지현, 『오만과 편견』, 334쪽.
41 그것들은 ① 명확한 국경의 존재 ② 국가주권 ③ 국민 개념의 형성과 국민통합 이데올로기의 지배(내셔널리즘) ④ 이러한 정치적·경제적·문화적 공간을 지배하는 국가장치와 제도 ⑤ 국제관계다.

포심을 통해 국가로 회수"[42]된다. 더 나아가 "사람은 반체제운동을 통해 국가로 회수됩니다. 자발적인 반체제운동 자체가 시간이 흐르면 차차 체제화되어 갑니다. 모든 반체제운동은 그것이 국가권력의 탈취를 목적으로 삼는 한, 국가권력을 통해 자기의 주장을 실현하려고 하는 한, 즉 또 하나의 국가를 지향하는 한 마지막에는 체제화되어 국가로 회수됩니다. […] 사람은 여성해방운동과 페미니즘을 통해서조차 국가로 회수됩니다."[43] 그에게는 국민, 또는 국민을 구성하는 개개인들은 삶과 존재 그 자체 속에서 이미 국가에 회수되고 있고 또 회수될 수밖에 없는 운명이다. 이러한 운명은 반체제운동을 통해서도, 여성해방운동 같은 인권운동을 통해서도 벗어날 수 없는 것이다.

그가 다음과 같이 덧붙이는 것은 사실이다. "국민국가는 실로 교묘하게 만들어진 인공적 기계이고 그것의 강제력은 압도적이지만, 우리들은 국가로 회수되는 순간에도 반드시 전면적으로 회수되고 있는 것이 아니라 어떤 위화감과 반발심을 품고 있었던 것은 아닐까요. 그것이 중요한 것이라고 생각합니다."[44] 그러나 만약 모든 삶만이 아니라 반체제운동을 통해서도, 여성해방운동과 페미니즘을 통해서도 국가로 회수될 수밖에 없다면, "위화감과 반발심을 품"는 일은 어떻게 가능할까? 국민국가론 비판이 좀더 설득력을 얻기 위해서는 막연히 탈국민국가의 가능성을 추정하거나 전제하기보다는 그것이 국민국가 내에서 어떻게 가능한 것인지 내재적으로 설명할 수 있어야 하지만, 니

---

42 니시카와 나가오, 『국민이라는 괴물』, 윤대석 옮김, 소명출판, 2001, 306쪽.
43 같은 책, 307~312쪽.
44 같은 책, 314쪽.

시카와 나가오의 저서에서는 그것을 찾아보기가 어렵다. 그것은 국민화를 주체화 없는 예속화의 과정으로, 국민국가에 대한 전적인 예속과 포섭('회수')으로 파악하는 관점에서는 사실 불가능한 설명이다.

이러한 문제점은 임지현에게서도 뚜렷이 드러난다. 그는 알튀세르의 호명론을 통해 국민국가는 예속적인 주체들을 호명하고 생산하는 메커니즘이라는 점을 역설한다.

> 알튀세르를 패러디하면, 민족/국민의 담론은 결국 개별화된 시민사회의 성원들을 국민으로 '호명'하는 근대 국민국가의 담론화 전략인 것이다. 그 전략의 목표는 스스로 자신의 행동을 규율하여 자율적으로 국가의 규칙과 통제에 따르는 국민적 주체를 생산하는 데 있다. […] 일반의지의 이름으로 시민사회의 개개인이 민족/국민으로 호명될 때, 그것은 사실상 '생활세계의 식민화'가 시작되는 순간이며 내면화된 규율과 가치를 통해 합의와 자발적 복종을 유도하는 국가권력의 헤게모니가 작동하는 순간이기도 한 것이다.[45]

국민국가의 예속화 메커니즘의 무서움은 그것이 단순히 강제나 억압으로 작동할 뿐만 아니라 더 나아가 국민 개개인이 스스로, 자발적으로 국민국가의 권력에 복종하도록 유도한다는 것이다. 따라서 각각의 개개인이 자유로우면 자유로울수록, 그가 자발적이면 자발적일수록 그는 더욱더 국민국가의 권력에 속박되며, 국민국가의 권력은 더

---

45 임지현, 「다시, 민족주의는 반역이다」, 191쪽.

욱더 강고해지고 확장된다. 그야말로 악마적인 힘이 아닐 수 없다.

알튀세르의 호명론에 대한 편향적 이해는 차치한다 하더라도,[46] 이러한 주장에 대해서는 다음과 같은 의문을 품지 않을 수 없다. 만약 모든 개개인이 항상 이미 국민국가에 호명되고 포섭되어 있다면, 그 것에 저항하거나 그것으로부터 벗어나는 것은 어떻게 가능한가? 또 는 현재 국민국가들이 위기에 처해 있는 게 사실이라면, 어떻게 국민국 가는 완벽한 통제와 예속화에도 불구하고 그러한 위기에 봉착하게 되었을 까? 특히 자크 아탈리(Jacques Attali)의 주장처럼 "국민국가들은 사태 의 진행과정에 대한 영향력을 상실했으며, 세계화의 힘들에 대해 세계 의 운명 속에서 방향을 정하고 모든 종류의 공포에 맞서 자신을 보호

---

46 임지현은 이 대목에서 알튀세르를 원용하여 국민들의 자발적인 복종론을 정당화하고 있는데, 이는 몇 가지 점에서 알튀세르에 대한 오독이고 그릇된 적용이라는 점을 밝혀두 고 싶다. 첫째, 임지현이 잘못 이해하고 있는 점은 알튀세르의 호명론은 자발적 예속에 대한 설명이나 심지어 정당화가 아니라, 지배자의 관점에서 본, 이데올로기 내부의 관점 에서 본 예속의 메커니즘에 대한 기술(記述)이라는 점이다(이 점에 대한 좀더 자세한 설명 은 진태원, 「라깡과 알뛰쎄르: '또는' 알뛰쎄르의 유령들 I」, 『라깡의 재탄생』, 김상환·홍준기 옮김, 창비, 2002, 391~392쪽 참조). 둘째, 따라서 알튀세르의 이데올로기론은 그가 생각 하는 것과 달리 예속의 불가피성 내지 지배의 전일성이라는 결론을 내리지 않는다. 오히 려 그는 「이데올로기와 이데올로기 국가장치들」의 「부기」에서 이데올로기론은 계급투 쟁의 관점에서, 사회적 적대와 갈등의 관점에서만 이해되고 설명될 수 있다는 점을 명료 하게 지적하고 있다. "우리는 다만 계급들의 관점에서만, 다시 말해 계급투쟁의 관점에 서만 하나의 사회구성체에 존재하는 이데올로기들을 설명할 수 있다. […] 뿐만 아니라 특히 그러한 관점에 입각해서 우리는 AIE들 내에서 구현되고 대립하는 이데올로기들이 어디에서 비롯하는지 이해할 수 있다"(루이 알튀세르, 『재생산에 대하여』, 김웅권 옮김, 동 문선, 2007, 410쪽). 알튀세르는 단일한 이데올로기가 아니라 복수의 이데올로기들에 대 해 말하고 있으며, 이데올로기 국가장치들을 일방적으로 지배 이데올로기들을 전달하 고 주입하는 장치들이 아니라 지배계급의 이데올로기와 피지배계급의 이데올로기가 투 쟁을 벌이는 장소나 쟁점으로 간주한다. 따라서 호명론을 전일적인 지배를 설명하기 위 해 활용하는 경우가 많지만 그것은 알튀세르의 이론적 관점과는 어긋난다는 점을 유념 해야 한다.

할 수 있는 모든 수단을 넘겨주었"으며 이제 "개인주의가 승승장구하고 있다. 누구도, 또는 거의 누구도 다른 이들의 삶을 변화시키는 것이 그 또는 그녀에게 중요성을 지닌다고 더 이상 믿지 않는다. 누구도 또는 거의 누구도 투표가 그 또는 그녀 자신의 삶의 조건 및 따라서 세계의 조건을 의미 있게 변화시킬 수 있으리라고 믿지 않는다"[47]는 사실을 도대체 어떻게 설명할 수 있을까? 임지현의 주장이 좀더 설득력을 얻기 위해서는 우선 이러한 사실들을 어떻게 이해할 수 있을지 설명하는 게 필요해 보인다.

임지현의 경우 이러한 문제를 의도의 순수성을 강조함으로써 회피하려는 경향이 있다. 그는 『대중독재』 2권 말미에 첨부한 「대중독재 테제」에서 자신의 논리가 지닌 위험을 경계하면서, 대중독재 패러다임의 의도는 그것이 아니라고 말한다. "지금까지의 설명이라면, 대중독재가 반대나 저항을 위한 조금의 빈틈도 허용하지 않는, 완벽하고 철저하게 봉합된 정치 기계 혹은 괴물처럼 보일지도 모르겠다. 또 동의와 합의를 일방적으로 강조함으로써 명백한 테러 현상을 무시하도록 조장한다는 의구심을 불러일으킬지도 모르겠다. 그렇다면 그것은 대중독재 패러다임의 **의도와는 거리가 멀다.**"[48] 그러면서 이러한 오해에 대한 해법을 다음과 같이 제안한다. "동의 자체의 다양한 층위에 대한 이해가 전제된다면 그러한 오해도 불식될 것이다. 대중독재에서 발

---

47 Zygmunt Bauman, "Freedom From, In and Through the State: T.H. Marshall's Trinity of Rights Revisited", *Theoria*, no.108, December 2005, p.17.

48 임지현, 「대중독재테제」, 임지현·김용우 편, 『대중독재 2: 정치 종교와 헤게모니』, 휴머니스트, 2005, 612쪽.

견되는 동의는 내면화된 강제, 강제된 동의, 수동적 동의, 타협적 순응, 무의식적 순응 등에 이르기까지 실로 다양한 층위를 보여준다. 또 체제에 포섭된 것처럼 보이는 파시즘의 일상 세계와 동의 구조 속에도 다양한 저항의 지점들이 파편적으로 존재한다."[49]

임지현의 이러한 언급은 그가 자신의 논리가 낳을 수 있는 부정적인 또는 자가당착적인 효과를 의식하고 있음을 나타내준다는 점에서는 얼마간 긍정적인 측면이 존재한다. 하지만 문제는 과연 그가 지금까지 주장해온 전체주의적 국민국가론 또는 대중독재론에서 어떻게 "다양한 저항의 지점들이 파편적으로 존재"한다는 것을 설명할 수 있느냐 하는 점이다. 반대자들의 비판을 의식해 내 이론은 이런 것도 포함할 수 있다고 주장하는 것과 그것을 타당하고 설득력 있게 설명하는 것은 전혀 다른 문제다. 적어도 지금까지 그의 작업은 자신의 의도의 순수성(곧 국민국가론이나 대중독재론은 반대나 저항의 불가능성을 주장하려는 것이 아니라는 것)을 강변하는 데 머물러 있을 뿐, 과연 그것을 어떻게 설명할 수 있을지 논증하지는 못하고 있다. 사실 "대중독재'는 왜곡된 근대화 혹은 전근대의 잔재의 불가피한 산물이라기보다는 근대국가 체제의 성과를 역사적으로 전유한 근대 독재인 것"[50]이며 "근대의 정치적 주체는 기실 개개인의 자율적 의지가 아니라 '통제되고 유도된 대중화' 과정의 산물인 것"[51]이라고 주장한 가운데, 어떻게 다른 식의 설명이 가능하겠는가? 임지현 및 다른 논자들이 국민국가론이 지금까지

---

49 같은 글, 612~613쪽.
50 같은 글, 601쪽.
51 같은 글, 602쪽.

전제해온 인식론적 틀이나 논리구조에서는 반대나 저항의 가능성을 설명하는 것이 (불가능하지 않다면) 지극히 어려울뿐더러, 그러한 틀이나 논리를 전제하는 한 국민국가의 역사에 대한 생산적인 설명을 제시하기도 어려울 것 같다.

4) 자본주의의 역사, 국민국가의 역사 부재

이 점은 **국민국가의 역사에 대한 인식의 부재**, 따라서 **국가 형태의 획일화**의 문제와 직결되어 있다. 에티엔 발리바르는 마르크스의 대중과 계급의 변증법 사상에 관해 고찰하면서 마르크스 및 그 이후 마르크스주의자들의 중요한 한계 중 하나로 "자본주의 자체의 역사를 사고하고 분석하지 못하는 무능력"을 지적한 바 있다.[52] 마르크스와 엥겔스를 비롯한 대부분의 마르크스주의자들에게 자본주의는 근원적으로 **역사적**인 생산양식이다. 곧 그것은 봉건제를 대체하면서 시작한 것이며 또한 언젠가는 종말을 맞을 수밖에 없는 한시적인 생산양식이다. 마르크스에게 부르주아 정치경제학자들의 근본적인 한계 중 하나는 이러한 자본주의의 역사성을 인식하지 못한 채, 자본주의적 제도들 및 범주들이 마치 초역사적인 것인 양 간주한다는 데 있다. 하지만 마르크스는 자본주의의 역사성은 인식했지만, 곧 그것이 한시적인 생산양식이라는 것은 알았지만, **자본주의 그 자체가 역사적으로 끊임없이 변화한다는 점**, 따라서 자본-임노동 관계는 자본주의의 처음부터 끝까지 동일한 것이

---

52 발리바르, 『대중들의 공포』, 304쪽.

아니라, 역사적으로 구별되는 상이한 형태들 속에서 표현된다는 점은 충분히 인식하지 못했다. 요컨대 마르크스주의자들은 18세기 말의 자본주의와 19세기 말의 제국주의적 자본주의, 또 20세기 말의 자본주의는 근본적으로 다르다는 점을 충분히 인식하지 못하고 있다. 따라서 그들에게 "계급투쟁은 '전부 아니면 전무'라는 식으로만 작용한다. 곧 계급투쟁이 자본주의를 파괴하지 않는 한 자본주의는 계속 동일하게 그대로 존속한다."[53]

마찬가지로 전체주의적 국민국가론자들에게 공통적인 문제점 역시 국민국가의 역사에 대한 인식의 부재를 꼽을 수 있다. 이들에게 18세기 말 프랑스혁명 이래 태동한 국민국가는 계속 국민국가였을 뿐 아무런 내재적인 형태 변화나 구조 변화도 겪지 않는다. 국민국가는 내부의 소수자들에 대한 억압과 외부의 타자들에 대한 배제라는 두 가지 기본적인 특징으로 규정되며, 18세기 말의 국민국가든 20세기 중엽의 국민국가든 아니면 20세기 말~21세기 초의 국민국가든 간에, 그것이 소멸하지 않는 한 국민국가는 늘 억압과 배제의 권력 메커니즘으로 존속할 수밖에 없다. 가령 임지현은 근대 국민국가의 형성과정이 "내부자들에 대한 무차별적인 억압 과정"[54]이었음을 지적한다. 따라서 프랑스혁명이나 나치즘이 모두 동일한 억압과 배제의 메커니즘을 보여주는 것은 자연스러운 일이다.[55] 더 나아가 대개 민주주의의 확대의 징표이자 근거로 간주되는 보통선거권과 여성참정권 획득 역시 그가 보

---

53 같은 책, 319쪽. 번역은 약간 수정.
54 사카이 나오키·임지현, 『오만과 편견』, 47쪽.
55 같은 책, 47~48쪽 참조.

기에는 국민국가의 지배 헤게모니의 강화를 나타내는 징표일 뿐이다. "보통선거권과 여성참정권 획득으로 프롤레타리아트와 여성이 '국민' 속에 편입되었을 때, 국민국가의 지배 헤게모니는 사실상 더 강화되는 경향이 있다. 이 점에서 정치적 민주화는 근대권력의 정당화 또는 합리화 가정이기도 했다. 그것은 국민국가에 포박된 근대 민주주의의 역설이라 하겠다."[56] 국민국가라는 틀 속에서 이루어지는 한 정치적 민주화는 근대권력을 정당화하고 합리화하는 기능을 수행하며, 따라서 국민국가의 지배력을 더욱 강화하는 결과를 낳는다.

그리하여 그는 '대중독재' 내지 '국민독재'라는 개념을 통해 국민국가의 동일한 본성과 토대를 파악하려고 시도한다. 그것의 핵심 기준은 자발적 동원이라는 점에서 찾을 수 있다.[57] 이러한 관점에서 본다면 파시즘이나 나치즘과 서유럽의 민주주의 국가들 사이에는 별다른 차이가 존재하지 않는다.

> [파시즘이나 나치즘, 스탈린주의, 군사독재 같은 —— 인용자] '대중독재'와 [서유럽의 —— 인용자] '대중민주주의'는 그 형식적 차별성에도 불구하고, 둘 사이의 간격은 그리 크지 않습니다. 양자는 대중의 자발적 동원 또는 근대 국민국가의 틀 속에 대중을 포섭한다는 목표를 공유하면서도, 단지 그들이 놓인 역사적 조건의 차이 때문에 달랐을 뿐입니다. […] 양자는 모두 권력의 지배욕망을 감추고 대중의 의지와

---

56 임지현, 「다시, 민족주의는 반역이다」, 191쪽.
57 사카이 나오키·임지현, 『오만과 편견』, 135~136쪽 참조.

욕망에 충실한 외양을 띠고 있습니다. 그것은 기본적으로 대중의 욕망을 만들어내고 유도하는 근대적 기제가 있었기에 가능합니다.[58]

한편 사카이 나오키는 1930년대 이래 근대 국민국가가 전환을 겪었음을 지적하고 있지만, '총력전 체제'라는 명칭을 통해 이러한 전환을 획일화한다.

총력전 체제란 합중국의 뉴딜 정책, 일본의 만주국 건설, 소련에서 시행된 일련의 5개년 계획, 독일의 강제적 균질화 등을 모두 시야에 넣은, 새롭고도 광범위한 사회 편제를 가리킵니다. 총력전체제의 특징 중 하나는 자본주의가 산출한 계급 분리나, 차별받는 주변집단을 국민국가에 최대한 통합시켜, 국가 전체가 그것을 전쟁을 수행하기 위한 자산으로 가장 유효하게 이용하려고 하는 체제라는 점입니다. […] 이런 제도가 총력전이 끝난 1945년 이후 현재까지 계속되는데요, 그러다가 1980년대에 세계적으로 커다란 전환이 일어납니다. 다시 말해 총력전 체제를 재검토하는 과정에서 대학의 독립법인화나 사회복지와 관련된 신자유주의의 주장이 맹위를 떨치고 있지 않습니까? […] 하지만 총력전 체제의 유제는 지금도 강력하게 남아 있습니다. 예를 들어 국민건강보험이라는 사고방식, 그리고 국민교육이라는 사고방식 말입니다.[59]

---

58 같은 책, 186쪽.
59 같은 책, 332~334쪽.

사카이 나오키의 주장은 자본주의의 역사, 국민국가의 역사에 대한 나름대로의 관점을 피력한 것이라고 말할 수 있다. 하지만 문제는 '총력전 체제'라는 표현에서 알 수 있듯이, 그에게 이러한 복지정책 또는 생명정치의 과정은 국민국가에 대한 포섭의 과정이고 각각의 개인들이 국민으로서 국민국가의 규범을 좀더 내면화하고 국민국가에 좀더 강하게 의존하게 되는 과정으로만 나타난다는 점이다. 따라서 '총력전 체제'로서의 사회정책, 생명정치는 천황제 아래의 일본이나 나치즘 체제의 독일, 스탈린 치하의 소련, 루스벨트 시절의 미국 등을 가릴 것 없이 본질상 동일한 것이다. 이것은 인식론적 관점의 문제 이전에 복잡한 역사적 사실들에 대한 과도한 단순화라는 측면에서도 문제가 있는 관점이 아닐 수 없다.[60]

이들의 관점은 **서구 자유주의 국가들의 이데올로기적인 자기 정당화에 대한 비판의 시도**라는 의미를 지니고 있다. 곧 서구 자유주의 국가들은 나치즘이나 파시즘, 또는 스탈린주의와 달리, 그리고 동유럽 국가들이나 주변부의 개발도상국가들과 달리, 자신들은 선진화된 민주주의 국가이며, 개인의 인권과 자유, 평등이 구현되어 있는 국가로 자처하곤 한다. 이들은 바로 이러한 이데올로기적 기만을 비판하기 위해

---

60 반면 볼프강 쉬벨부시는 독일의 나치즘과 이탈리아의 파시즘, 그리고 미국의 뉴딜 정책의 유사성 및 그것이 20세기에 남긴 유산을 꼼꼼하고 통찰력 있게 분석하고 있다. 하지만 그는 임지현이나 사카이 나오키와 달리 "공통성의 영역을 찾는 일은 동일성을 주장하는 것이 아니"며 "비교하는 것은 동일시하는 것이 아니"(볼프강 쉬벨부시, 『뉴딜, 세 편의 드라마』, 차문석 옮김, 지식의 풍경, 2009, 40~41쪽)라는 점을 명시적으로 지적하고 있다. 더 나아가 그는 파시즘이나 나치즘을 악마화하지 말아야 한다고 경고하면서 "1930년대에 이들 양 체제의 대중적 인기는 억압성이 아니라 평등성에 기인했던 바가 더 컸다는 사실"(34쪽)을 지적한다.

서유럽 국가들 역시 대중들의 국민화 및 자발적 동원에 의존해 있고, 그에 기반하여 개인들을 억압하고 또 배제한다는 점에서는 다른 전체주의 국가들과 차이가 없다고 주장한다. 하지만 이러한 비판은 결국 모든 민주주의는 지배자의 정당화 외피에 불과하며, 민주주의에 대한 대중들의 참여와 헌신은 결국 지배권력을 더욱 강화하고 견고화한다는 결과를 낳을 수밖에 없지 않을까? 그리고 서유럽 자유주의 국가들의 이데올로기적 기만이나 가상을 비판하고 분쇄하기 위해 굳이 모든 국민국가는 결국 '대중독재', '국민독재'일 뿐이라는, 곧 전체주의 국가들일 뿐이라는 극단적인 논법이 필요한 것일까? 그러한 극단적이고 얼마간 단순화된 논법에 의존하지 않고도 서유럽 국가들(및 근대 국민국가 일반)의 내적 모순과 문제점들을 해명하는 길은 없는 것일까?[61]

4. 국민국가의 내재적 비판을 위하여

결국 국민국가에 대한 이들의 대안은 국가 없는 개인, 국가 없는 사회가 가능하며, 또 그것이 바람직하다는 것으로 집약된다. 권혁범이 국가 바깥에 있는 개인들을 전제하고, "개인의 해방"을 "인간의 보편적

---

61 에티엔 발리바르는 2차세계대전 이후 프랑스와 같은 소위 '복지국가' 또는 발리바르 자신의 표현을 빌리자면 '국민사회국가'(État national-social)와 파시즘을 동일시하는 것을 경계하고 있다. "지난 50여 년 동안 산업 발달을 이룩했고 의회제를 채택하고 있는 포스트식민주의적인 사회들(프랑스와 같은)이 경험했던 상대적인 사회적 평형상태가 파시즘과 친화성을 지닌다고 주장하려는 것이 이 범주를 사용하는 이유는 결코 아니다. 비록 전자의 사회들에도 불평등과 배제가 존재하고 도덕화하고 정상화하려는 강제들도 존재했다는 것은 분명 사실이긴 하지만 말이다"(에티엔 발리바르, 『정치체에 대한 권리』, 14쪽).

욕구"[62]라고 주장할 때 이러한 사정이 분명히 드러난다. 또한 니시카와 나가오가 사람들의 삶의 거의 모든 영역, 모든 측면이 국가로 회수된다고 주장하면서 "국민국가는 붕괴되어야 할 것, 뛰어 넘어야 할 것이고, 따라서 국민국가에 대해 밝은 미래를 이야기하는 것은 불가능"[63]하다고 말할 때에도 이 점은 명백하다.

임지현의 경우 이런 관점을 뚜렷하게 보여주고 있지는 않지만,[64] 국민국가에 대해 다음과 같은 대안의 가능성을 피력할 때 그의 관점 역시 권혁범과 크게 다르지 않다는 것을 알 수 있다. "국민국가의 경계를 넘어선 관계도 자기 자신의 오류에 열려 있고 따라서 다른 번역의 가능성에 열려 있는 관계를 지향해야 하는 것이 아닌가 하는 생각입니다. 아무래도 솔리대러티(solidarity)보다는 어소시에이션(association)이 더 오해의 소지가 없을 것 같은데요. 글쎄요. 21세기의 연대 형태는, 일종의 형용모순이겠지만, '무정부주의적 연대'가 특정한 해석에 기초한 자기 폐쇄적인 연대를 대체하는 방식이 되지 않을까요?"[65] 하지만 이매뉴얼 월러스틴이 잘 보여준 것처럼, 어소시에이션이라는 것은 19세기에 생시몽이 제창한 이른바 '유토피아적 사회주의'의 기본 관

---

62 권혁범, 『국민으로부터의 탈퇴』, 190쪽.

63 니시카와 나가오, 『국민이라는 괴물』, 315쪽.

64 임지현은 네그리·하트의 제국론과 다중론에 대해 긍정적인 평가를 하면서도("공화주의적 문제의식을 소중히 하면서 국민주권의 주술에서 벗어나려는 시도로서 네그리·하트의 '탈근대적 공화주의'가 주목되는 것도 같은 맥락에서다"[임지현, 「다시, 민족주의는 반역이다」, 191~192쪽]). 그것을 온전히 수용할 수 있을까에 대해서는 유보적인 태도를 보이고 있다. "예컨대 하트와 네그리가 『제국』에서 제시한 '포스트모던 공화주의'의 가능성은 처음부터 봉쇄된 셈입니다. 물론 그것이 얼마나 실현 가능성이 있는가는 별개의 문제라고 생각합니다만[…]"(사카이 나오키·임지현, 『오만과 편견』, 285쪽)

65 같은 책, 435쪽.

념이라는 점에서 결코 새로운 전망이라고 하기 어렵다.[66] 더욱이 가라타니 고진이 지적하듯이 "A[국가사회주의 ── 인용자]의 소멸과 더불어 D[리버테리언 사회주의(어소시에이션)]도 쇠퇴했다"면,[67] 어떻게 21세기 연대 형태가 '무정부주의적 연대' 또는 '어소시에이션'이 될 수 있을지 이해하기 어렵다.[68]

이들의 작업은 민주주의적인 관점에서 민족주의와 국가주의를 비판하고 국민국가의 역사적·내생적 한계들을 비판한다고 말하지만, 이론적으로 본다면 오히려 그것들에 대한 저항과 대안 모색의 가능성을 차단하는 결과를 낳는 것 같다. 국민국가가 괴물처럼 가공할 만한 지배의 장치, 기계로 묘사되면 될수록, 국민국가가 모든 개인들을 포섭해서 정신만이 아니라 신체에도 지배의 흔적을 새겨넣고 그들의 자발적인 복종을 강화한다고 간주하면 할수록, 또한 근대의 세계사 전체가 이러한 의미에서의 국민국가의 확산과 강화의 역사로 간주되면 될수록, 도대체 어떻게 그처럼 악마적인 힘을 가진 국민국가에 저항

---

66 이매뉴얼 월러스틴, 『자유주의 이후』, 강문구 옮김, 당대, 1996, 4장 참조.

67 가라타니 고진, 『세계공화국으로』, 조영일 옮김, 도서출판b, 2008, 19쪽.

68 가라타니 고진은 이 점에 대해 다음과 같이 부연한다. "그러나 이미 서술한 것처럼 국가사회주의가 쇠퇴했을 뿐만 아니라 동시에 리버테리언 사회주의도 쇠퇴하고 말았습니다. 왜 그랬을까요? 리버테리언 사회주의(어소시에이셔니즘)가 단순히 이념적이어서 현실적이지 않았기 때문만은 아닙니다. 거기에 자본, 네이션, 그리고 국가에 대한 인식이 결여되어 있었기 때문입니다. 어소시에이셔니즘은 자본, 네이션, 국가를 거절합니다. 그렇게 하는 것은 좋지만, 왜 그것이 존재하는가를 충분히 사고하고 있지 않습니다. 그렇기 때문에 결국 그것들에 걸려 넘어지게 된 것입니다. 오늘날 가령 리버테리언 사회주의와 같은 종류가 부활한다고 해도 자본, 네이션, 국가에 대한 인식이 없으면 같은 전철을 밟게 될 것입니다"(같은 책, 27쪽). 가라타니 고진 자신이 제안하는 대안에 대한 평가와는 무관하게 이러한 주장은 주목할 만하다.

할 수 있는지, 어떻게 탈국민국가의 길로 접어들 수 있는지 알 길이 없기 때문이다. 이 글에서 다룬 필자들이 모두 '개인의 해방'이나 '무정부주의적 연대', '탈국민화, 비국민화' 같이 막연한 전망에 머물고 있는 것은 우연이 아니다. 이들의 작업은 비판 그 자체만으로도 의미가 있는 게 아닌가, 한 번의 작업에서 모든 것을 바랄 수는 없으며 대안의 모색은 차후의 작업에서 기대해봐도 좋지 않은가라는 반론이 있을지도 모르겠다. 하지만 문제는 민족주의와 국가주의 및 국민국가에 대한 비판이 이들과 같은 문제설정 위에서 전개되는 한, 오히려 그것에 대한 유효한 이론적·실천적 대안을 모색하는 것은 지극히 어렵다는 점에 있다.

서두에 밝힌 것처럼, 이 글은 이 글에서 다룬 필자들을 전적으로 거부하거나 그들의 주장을 모두 배척하기 위한 것이 아니다. 오히려 나 자신은 대상이 된 필자들의 문제의식에 상당 부분 깊이 공감하고 있으며, 특히 민족주의와 국가주의에 대한 비판, 동아시아에서 미국의 헤게모니에 대한 면밀한 분석과 저항, 소수자와 이주자들의 권리에 대한 존중의 필요성 등에 대해서 전적으로 공감한다. 이런 측면에서 이 글은 이를테면 동지적인 비판이라고 해도 좋을 것이다. 하지만 실천적인 문제의식에 공감하는 만큼 이들의 작업에 대한 이론적인 비판과 대안의 모색은 더욱 절실히 요구된다는 것이 또한 나의 생각이다. 이러한 관점에서 마지막으로 국민국가에 대한 내재적 비판을 위해 필요한 세 가지 사항들을 지적해보고 싶다.

1) 이데올로기에서 대중의 존재론적 우위

첫째, 이데올로기에서 대중의 **존재론적 우월성**이라는 관점이 필요하다. 지금까지 살펴본 논자들은 민족주의 및 국민국가를 넓은 의미에서 이데올로기적인 지배와 예속화 메커니즘으로 이해하고 있다. 문제는 그러한 지배와 예속화를 강제에 의한 것으로 이해하든, 아니면 임지현이 특히 강조하는 것처럼 일종의 자발적 예속으로 이해하든 간에,[69] 이러한 관점은 항상 이데올로기를 지배자에 의한 피지배자의 지배와 예속화의 수단 내지 도구로 이해한다. 여기에 전제되어 있는 관점은 피지배계급 내지 대중은 존재론적·인간학적 또는 정치적으로 항상 열등하고 수동적이라는 생각이다. 대중들이 자발적으로 동의한다고 해도, 그것은 결국 대중들은 사태를 정확히 이해하지 못한 가운데 우매하게 지배자의 이데올로기적 기만이나 술책에 말려들어간다는 식의 가치판단을 이미 함축하고 있다. 이 경우 설명이 불가능한 것은 피지배 대중들이 자주 반역을 하고 또 어떤 경우들에는 새로운 역사적 전환 및 민주주의의 진전을 이룩한다는 점이다. 「인권선언」을 통해 인권과 시민권을 근대국가의 이념적 기초로 확립한 프랑스혁명이 그랬고 19세기의 노동운동과 20세기의 여성운동이 그랬으며, 20세기 후반 미국 및 남아프리카공화국의 흑인인권운동이 그랬다. 지배세력에 의한 기만과 조작의 시도들이 존재한다면, 그것은 그 이전에 **대중들의 능동적인 저**

---

69 임지현, 「'대중독재'의 지형도 그리기」, 임지현·김용우 편, 『대중독재 1: 강제와 동의 사이에서』, 휴머니스트, 2005, 19쪽.

항과 반역의 시도들(적어도 그 가능성)이 항상 존재하기 때문이다.

발리바르와 데리다는 각자 최근 저작에서 이 점을 강조한 바 있다. 발리바르는 알튀세르의 이데올로기론에 관한 글에서 "내가 보기에 우리에게 필요한 것은 오히려 '이데올로기'의 기능작용 속에서 특권적인 능동적 역할을 피억압자들 또는 피착취자들에게(적어도 잠재적으로) 부여하는 이유들을 설명하는 것이다."[70] 이것은 다시 말해 지배 이데올로기가 진정으로 지배적인 효과를 산출하기 위해서는 그것은 피지배대중들의 상상계에 뿌리를 두어야 하며 그러한 상상계를 자기 나름대로 구성하고 활용할 수 있어야 한다는 것을 의미한다. 마찬가지로 데리다는 『마르크스의 유령들』에서 유령성, 곧 이데올로기를 모든 사회적 관계가 형성되기 위한 조건으로 제시하면서 동시에 모든 이데올로기, 모든 종교 안에는 대중들의 해방에 대한 열망이 담겨 있음을 지적한다. 그가 '메시아주의 없는 메시아적인 것'이라고 부른 것은 이처럼 계시종교나 이데올로기 일반 안에 존재하는, 그리고 그러한 종교나 이데올로기를 가능하게 해주는 근원적인 해방의 열망, 해방의 경험의 형식을 가리킨다.[71] 이 두 사람이 주장하듯이 이데올로기에서 피지배자 또는 대중의 존재론적 우월성이라는 관점을 택할 경우에만 우리는 국민국가 및 국민주의의 강고한 지배구조를 해명한다는 구실 아래 국민국가 전체를 전체주의로 획일화하는 위험에서 벗어날 수 있다.

---

70 에티엔 발리바르, 「비동시대성: 정치와 이데올로기」, 윤소영 옮김, 『알튀세르와 마르크스주의의 전화』, 이론, 1993, 183~184쪽.
71 데리다, 『마르크스의 유령들』, 322쪽. 이하 참조.

2) 권력에 대한 긍정적이고 생산적인 관점

둘째, 푸코가 강조했듯이 권력을 부정적이고 억압적인 또는 포획적인 관점에서 이해하지 않고 **긍정적이고 생산적인 관점**에서 이해해야 한다. 이 글에서 다룬 필자들의 또 다른 특징은 권력에 대해 추상적이고 부정적인 관점을 전제한다는 점이다. 특히 임지현은 그가 주창하는 대중독재론의 이론적 전거로 푸코를 명시적으로 거론하고 있음에도,[72] 푸코가 여러 차례에 걸쳐 역설한 권력의 긍정성, 생산성, 다양성과 정면으로 대립하는 권력관을 보여준다. 이는 그의 대중독재론이나 국민독재론이 푸코나 알튀세르에 관한 상당히 피상적인 인식에 기반을 두고 있다는 점을 짐작케 해준다.

하지만 푸코는 그의 관점과 달리 규율권력이라는 개념을 처음 도입한 『감시와 처벌』(1975) 및 『성의 역사 1권: 앎의 의지』(1976), 『"사회를 보호해야 한다"』(1997) 같은 저작에서 지속적으로 권력을 부정적이고 억압적인 것으로 인식해서는 안 되며, 긍정적이고 생산적이며 다원적인 것으로 이해할 것을 역설한다. 특히 다음과 같은 푸코의 언급은 임지현식의 권력관을 정면으로 반박하고 있다. "그러니까 개인들을 복종시키고 억압하는 권력이 적용되는, 또 타격을 가하는, 일종의 기본적인 핵이나 최초의 원자, 다수의 불활성 물질 등으로 개인을 생각해서는 안 될 것이다. [···] 권력을 전면적이고 동질적인 지배의 현

---

72 임지현, 「대중독재체제」, 605~606쪽.

상으로 간주하지 말 것이다."[73]

푸코가 권력을 부정적이고 추상적인 것이 아니라 긍정적이고 생산적인 것으로 인식해야 한다고 말했을 때 염두에 둔 것은 권력을 단순히 지배, 그것도 전일적 지배와 동일시하거나 권력에 의해 작동되는 주체화 양식을 철저한 예속화 양식과 동일시하는 것을 피하기 위해서였다. 그는 1982년에 쓴 「주체와 권력」이라는 글에서 그 당시까지 전개된 자신의 작업을 세 가지로 분류하면서 자신의 연구의 일반적 주제는 권력이 아니라 주체라고 말하고 있다. 이는 다른 말로 하면 예속화(assujettissement 또는 sujétion) 양식과 주체화(subjectivation) 양식의 갈등적인 과정에서 산출되고 그러한 과정 속에서 자기를 변형시켜 나가는 주체에 대한 탐구가 자신의 주요한 관심사라는 것이다. 실제로 푸코는 규율권력에 대한 분석, 특히 『감시와 처벌』이나 『비정상인들』에서 근대 규율권력이 어떻게 개인 주체들을 예속적 주체로 생산해내는지 분석한 반면, 생명권력/생명정치 개념이 도입된 이후 말년의 몇몇 글에서는 예속적 주체들, 규율된 주체들이 생산되는 예속화 양식과 구별되는 주체화 양식의 가능성을 모색했다.[74]

우리가 권력을 긍정적이고 생산적인 것으로 인식할 때에만, 권력의 기술에 따라 예속적인 주체가 산출되는 것과 동시에 또는 그 이전에, 권력의 작용 속에는 항상 이미 저항의 가능성이 들어 있다는 것, 또

---

73 Michel Foucault, *Il faut défendre la société": Cours au Collège de France 1977~1978*, Paris: Seuil, 1997, p.27 [미셸 푸코, 『"사회를 보호해야 한다"』, 김상운 옮김, 난장, 2015, 48쪽]. 번역은 약간 수정.

74 이 문제에 관한 좀더 상세한 논의는 이 책에 수록된 7장 「푸코와 민주주의」를 참조.

는 예속적인 주체는 항상 이미 그 예속에 저항할 수 있는 가능성을 품고 있다는 것을 사고할 수 있다. 곧 권력은 본질적으로 관계론적인 것이며, "관계로서의 권력은, 고착된 상태의 권력관계, 곧 지배와 구별되며, 그 자체 안에 항상 저항과 자유의 가능성을 담고 있다. **물론 이러한 저항과 자유 역시 관계론적인 형태를 띠고 있다.** 다시 말해 예속과 지배가 관계들로 이루어져 있는 것처럼, 저항과 자유 역시 관계들로 구성"[75]되는 것이다.

3) 국민국가의 모순들이라는 문제설정

셋째, 국민국가 및 민족주의에 대한 분석에서 **국민국가의 역사**라는 관점을 이해하고 또 채택할 수 있어야 한다. 이는 사소한 지적처럼 들릴 수도 있다. 왜냐하면 국민국가는 이러저러한 역사적 사건들을 통해 전개되어 왔으며, 따라서 국민국가에 대한 분석에서 그러한 역사적 전개과정에 대한 인식은 당연한 전제가 되기 때문이다. 하지만 내가 '국민국가의 역사'라는 표현으로 말하려는 것은 국민국가의 역사를 **내적으로 규정해왔던 모순들**이 무엇이고 그러한 모순들의 전개과정에 의해 국민국가의 역사적 형태들이 어떻게 결정되었는가라는 문제다.

내가 본문에서 다룬 필자들은 모두 국민국가를 일방적인 억압과 배제, 예속의 체계로 이해할 뿐, 이를테면 국민국가가 민주주의를 확

---

75 진태원, 「생명정치의 탄생: 미셸 푸코와 생명권력의 문제」, 『문학과 사회』 제 75집, 2006년 가을호, 235쪽.

장하려는 경향과 지배세력을 중심으로 하는 그것과 반대되는 경향의 모순적인 갈등의 산물로 이해하지 않는다. 이들의 비판과 달리 근대 국민국가는 전체주의적 국가와 동일한 것이 아니며, 국민 모두를 예속시키고 외국인을 비롯한 타자들은 항상 배격하는 억압적이고 패권적인 국가와 동일한 것도 아니다. 역사적으로 국민국가들이 그러한 문제점을 드러냈고 오늘날에도 여전히 드러내고 있다는 점은 부인할 수 없다. 하지만 그에 앞서 근대 국민국가는, 프랑스혁명의 기본 이념이 담긴 「인간과 시민의 권리선언」이 보여주듯이, 개인들의 자유와 평등의 이념에 기반을 두고 있으며, 그러한 이념들은 역사적으로 헌법을 통해, 각종의 사회적 제도와 장치들을 통해 구현되고 확장되어 왔다. 이를 끊임없이 잠식하고 약화시키는 반경향, 곧 시민들의 기본적인 권리들을 축소하거나 박탈하고 억압적이고 치안적인 장치들을 강화하는 경향도 줄곧 동반되어 왔으며, 어떤 의미에서 이러한 반경향들은 국민국가 속에 구조적으로 기입되어 있다고 할 수도 있다. 하지만 적어도 그것은 유일한 경향은 아니었으며, 그것에 대한 완강하고 지속적인 저항과 투쟁을 모면할 수도 없었다. 따라서 이러한 저항과 투쟁이 존재하며, 그것을 통해 성취된 역사적 성과들이 근대 국민국가들의 헌정 자체 속에 기입되어 있다는 사실을 간과해서는 안 된다.[76]

---

76 이 점에 관해서는 Donald Sassoon, *One Hundred Years of Socialism: The West European Left in the Twentieth Century*, New York, NY: The New Press, 1998; 『사회주의 100년 1권』, 강주헌 외 옮김, 황소걸음, 2014 중 6장 이하 참조. 발리바르는 근대 국민국가의 이러한 모순적인 역사적 전개과정을 파악하기 위해 국민국가 대신, 특히 흔히 사용되는 복지국가나 사회국가라는 용어 대신 '국민사회국가'라는 개념을 사용할 것을 제안한다. 이 점에 관해서는 에티엔 발리바르, 『우리, 유럽의 시민들?』, 4장 및 『정치

또한 '국민'은 강제적인 억압권력으로서의, 개인들 하나하나를 남김없이 포획하고 복종시키는 예속권력으로서의 국민국가에 사로잡힌 신민들과 동일한 것도 아니다. 이들이 간과하는 것은 **개인이라는 범주 자체**가 국민국가를 통해 형성되었으며, 오늘날에는 더욱더 국가를 벗어난 개인이라는 것은 성립 불가능하다는 점이다. 따라서 강명관이 말하듯 국민국가가 개인들을 국민으로 '제작'한다는 것은 적절한 말이 아니다. 국민국가는(또는 좀더 정확히 말하면 권력은) 국민이 아니라 개인들 자체를 제작한다(이런 표현을 개인들은 자연적 존재자들이 아니라 인위적 존재자들이라는 의미로 사용한다면).[77] 국민 이전에 독립적인 개인들이 존재한다고, 따라서 국가 외부에, 국가와 독립하여 개인들이 일종의 자연 상태 속에서 성립할 수 있다고 가정하는 것은 개연성이 적은 주장이다. 개인들은 국가에 의해 제작되는 것 또는 형성되는 것 이외에 달리 존재하거나 성립할 수가 없다. 하지만 바로 **그렇기 때문에** 개인들은 철저히 종속적이고 예속적이라고 말하는 것은 잘못이다. 그것은 권력을 (의지와 욕망을 가진) 초월적인 대주체의 권력으로 가정하는 것이며, 권력의 작용을 부정적인 것으로만 파악하는 것이고, 더 나

_____

체에 대한 권리』, 121쪽 이하를 각각 참조하라.

77 내가 알기로 '제작한다'(fabriquer)는 표현은 푸코가 『감시와 처벌』에서 근대 규율권력과 관련하여 처음으로 사용한 것이다. 그리고 푸코는 정확히 '개인들을 국민으로 제작한다'고 하지 않고 "개인을 제작한다"(미셸 푸코, 『감시와 처벌』, 225쪽. 번역은 다소 수정)고 말한다. 그리고 이 경우에만 『감시와 처벌』이 지닌 전복적인 의미가 살아날 수 있다. 하지만 과연 국민국가에 대해 푸코의 표현을 가져다 쓸 수 있는가 하는 점은 논의의 여지가 있다. 푸코는 국민국가가 개인을 제작한다고 말한 것이 아니라 규율권력이 제작한다고 말하기 때문이다. 푸코 자신의 관점에서 본다면 전자는 형용모순에 가까운 표현일 수 있다.

아가 권력의 메커니즘을 한 치의 오차도 없는 완전한, 목적론적 메커니즘으로 이해하는 결과를 낳을 수 있다.

개인들이 국가를 떠나서는 존재할 수 없다는 것, 또는 개인들은 국가를 통해 성립하고 국가를 통해 생존한다는 것은 한편으로는 개인들이 누릴 수 있는 자유와 권리는 국가 또는 정치공동체 안에서, 정치공동체를 통해서만 가능하다는 것을 의미한다.[78] 이를 천부적 자연권으로서의 인권 개념에 대한 비판 및 (일종의) 전도를 통해 처음으로 명확히 지적한 사람은 바로 한나 아렌트였다. 1차세계대전과 2차 세계대전 사이에 유럽 출신의 모든 유대인, 특히 여성 유대인들이 그랬듯이 복잡다단하고 곡절이 많은 삶을 살았던 한나 아렌트는 1920년대에서 1940년대까지의 정세, 특히 유럽에서 파시즘이 출현하던 위기의 시대에 자유주의 나아가 근대정치-이데올로기 전반이 근본적으로 무력했던 이유를 성찰하면서 시민권의 중요성을 역설한다. 아렌트는 특히 이 시기에 발생한 거대한 '무국적'(stateless) 난민들의 비참한 상태를 관찰하면서, 근대 국민국가의 이데올로기적 기초인 인권 이념이 근본적으로 진실이 아니라는 결론을 내린다.[79]

근대적 인권 이념에 따르면 실정적이고 특수한 시민권은 그에 앞서 존재하는 자연적이고 보편적인 인권의 제도화이며, 이러한 인권은 시민의 권리와 정치적 제도에 대해 보편적인 정당성의 원리를 제공해준다. 따라서 인권은 시민권보다 더 광범위하고 또 그로부터 독립적이

---

78 지그문트 바우만은 T. H. 마샬(Marshall)에 대한 재독해를 통해 이 점을 명확히 밝혀주고 있다. Z. Bauman, "Freedom From, In and Through the State" 참조.

79 한나 아렌트, 『전체주의의 기원 1』, 박미애 · 이진우 옮김, 한길사, 2006, 9장 참조.

다. 이 때문에 인권은 국가에 속하지 않은 사람들 역시 권리들을 보장 받을 수 있게 해주는 기초가 될 뿐만 아니라, 그런 사람들이 늘어나는 상황에서 점점 더 중요해진다. 하지만 아렌트가 볼 때 사태는 전혀 그렇지 않았다. 그녀가 볼 때 시민의 권리가 제거되거나 역사적으로 파괴되면 인권 역시 파괴되었다. 왜냐하면 인권이 시민권을 기초하는 것이 아니라, 시민권이 인권을 기초하며, 따라서 국가나 정치공동체가 보장하지 않는 자연적 권리란 존재하지 않기 때문이다. 이런 의미에서 아렌트가 제시하는 '권리들을 가질 권리'는 추상적 인권 개념에 대한 반박이며 그것의 전도라고 할 수 있다.[80]

따라서 개인들이 국가를 떠나서는 생존할 수 없으며 자유를 누릴 수도 없다는 것은 개인의 자유가 근원적으로 제한적이라는 것을 의미하지 않는다. 오히려 그것은 개인들의 존재 그 자체, 그리고 개인들이 향유할 수 있는 권리와 자유는 역사적으로 가변적이고 탄력적이라는 것을 의미한다. 17세기의 개인과 18세기의 개인, 또 오늘날의 개인은 동일한 개인이 아니다. 또 어떤 의미에서 서유럽의 발전된 나라에서 살아가는 개인들과 아프리카 및 다른 저발전 국가들에서 폭력과 기아, 자연재해를 겪으며 간신히 목숨을 부지해가는 사람들은 똑같은 개인, 똑같은 인간이라고 말할 수 없다. 이는 서구 중심주의 내지 유럽 중심주의를 정당화하기 위한 이야기가 아니다. 오히려 그것은 개인들의 존재와 그들이 누리는 자유와 평등이 역사적으로 가변적인 만큼 그러한

---

80 이 문제에 관한 더 자세한 논의는 진태원, 「무정부의적 시민성?」, 『을의 민주주의: 새로운 혁명을 위하여』 참조.

불평등과 그러한 비동일성은 현재와 장래에 얼마든지 해소되거나 적어도 격차를 줄일 수 있다는 것을 뜻한다.

따라서 국민국가의 역사적 한계들을 비판하기 위해 국민국가를 획일적인, 억압적·배제적 권력으로 간주할 필요도 없으며, 개인들이 국가 곧 국민국가를 통해서만 성립하고 실존한다는 것을 예속의 숙명적 필연성으로 받아들일 필요도 없다. 또 국민국가의 위기를 마침내 절대 악으로부터, 악마적인 지배권력으로부터 벗어날 종말론적인 약속의 시간으로 이해할 필요도 없다. 국민국가가 역사적 존재이고 국민 역시 역사적 존재인 한에서, 국민국가와 국민은 전환 가능하며 그것도 내재적인 방식으로 전환 가능하다. 그러한 전환이 반드시 다행스러운 방향으로 이루어질 것이라는 보장은 없지만, 그러한 방향으로 전개되도록 모색하고 노력할 수는 있다.

결국 국민국가의 성격에 대한 좀더 균형 잡힌 인식을 위해서는 국민국가에 대한 비판이라는 이름 아래 국민국가를 전일적이고 전능한 예속적·배제적인 권력 메커니즘으로 간주하는 대신에, **국민국가의 역사**라는 관점에서, 또 그러한 역사를 가능케 하는 국민국가에 고유한 **내재적 갈등과 모순들**이라는 관점에서 국민국가를 파악하려고 시도해야 한다. 더 나아가 이러한 모순과 갈등의 역사를 **피지배자, 대중, 인민의 관점**에서 설명할 수 있어야 한다. 그것이 민주주의적인 관점에서 국민국가의 역사 및 성격을 해명하기 위한 좀더 적절한 방식일 것이다.

5장

어떤 상상의 공동체?
: 민족, 국민 그리고 그 너머

1. 들어가는 말

본론에 들어가기에 앞서 이 글을 쓰게 된 몇 가지 동기를 밝혀두겠다. 우선 나는 그동안 서양어인 네이션이나 내셔널리즘, 또는 네이션 스테이트[1]가 때로는 민족이나 민족주의, 민족국가로 또 때로는 국민이나 (드물긴 하지만) 국민주의, 국민국가 등으로 특별한 원칙 없이 번역되거나 아니면 그냥 발음에 따라 표기되는 경향을 꽤 불편하게 생각해왔다. 이것은 대개 네이션이나 내셔널리즘 등이 갖는 **원래의 다의성**을 근거로 하여 정당화되곤 한다. 더욱이 민족, 민족주의, 민족국가 등의 번역을 선호하는 이들이나 19세기 말 네이션이 처음 소개된 이후[2] 일제

---

1 이 글이 부분적으로는 nation과 nationalism, ethnicity, ethnie 등과 같은 서양 개념들의 번역의 문제를 다루고 있기 때문에, 당분간 이 개념들은 발음만 옮겨서 표기하도록 하겠다.

2 이 문제에 관해서는 특히 권보드래, 「근대 초기 '민족' 개념의 변화」, 『민족문학사연구』

시대 및 독재시대를 거치면서 이 용어가 사용된 용법을 근거로 하여 우리말의 '민족' 개념이 갖는 특수성(심지어 세계사적인)을 강조하는 이들은 때로는 민족을 국민의 상위 개념(더 포괄적이거나 규범적으로 더 우월하다는 의미에서)으로 간주하기도 한다.

하지만 필자는 이러한 경향이 우리말의 국민과 민족을 네이션 개념에 대한 서로 경쟁하는 번역어로 간주하거나 또는 동일한 지시체를 지칭하는 두 개의 상이하고 때로는 배타적인 용어로 간주하는 데서 비롯한 게 아닌가라는 의문을 품고 있다. 이러한 혼용(더 나아가 '혼동')은 이해할 만한 이유에서 비롯한 것이기는 하지만[3], 이제는 불편할 뿐만 아니라 개념적으로도 부정확하고 현실에 대한 설명력도 떨어진다는 것이 내 생각이다. 근대 네이션은 우리말의 용법을 고려해보건대 '민족'이라는 말로 번역되거나 표현되기는 어려우며, 우리말의 '민족'은 서양어의 에스니시티나 에스니(ethnie)에 더 가까운 말이다. 그리고 내가 보기에 근대적 의미의 네이션에 적합한 우리말 표현은 '국민'이다. 단 이것은 민족과 국민을 동일한 실체가 아니라 서로 상이한 지시체로 이해하는 것, 그리고 보통 다소 형식적인 법적 의미로 이해

33, 2007 및 박찬승, 「한국에서의 '민족' 개념의 형성」, 『개념과 소통』 창간호, 2008 참조.

3 그것은 부분적으로는 흔히 말하듯이 매우 유례가 드문 '단일한 민족국가'를 형성하고 있는 우리의 역사적 현실에서 어느 정도 비롯한 것으로 보인다. 그리고 다른 한편으로는 근래에 이르기까지 서양(특히 영미권)에서도 ethnicity나 ethnic group 같은 용어가 부재한 가운데 nation이 ethnicity나 ethnie를 포괄하는 뜻으로 꽤 다의적으로 사용되어온 데도 그 이유가 있는 것 같다. 한 연구에 따르면 ethnicity가 『옥스포드 영어사전』에 처음 등재된 것은 1972년이며, 영어권에서 이 용어는 1953년 사회학자 데이비드 리스먼(David Riesman)이 처음 사용했다고 한다. Thomas Erikson, *Ethnicity and Nationalism*, Pluto Press, 2002(2nd Edition), p.4 참조.

되는 국민이라는 말의 의미를 좀더 심층적으로 이해하는 것을 조건으로 한다.

이 글을 쓰게 된 두 번째 동기는 지난 2008년에 전개된 촛불시위의 경험이다. 이 당시 가장 인상적이었던 장면 중 하나는 시위대들이 즐겨 부르던 「헌법 제1조」라는 짧은 노래였다. "대한민국은 민주 공화국이다. 대한민국의 모든 권력은 국민으로부터 나온다"라는 헌법 조문을 되풀이하는 이 노래는 아마도 주권자로서 또는 제헌권력으로서 국민(또는 '인민')의 위상과 의미가 대중들에게 자각적으로 인식되고 그들의 정치적 기억 속에 기입되게(또는 재기입되게) 된 최초의 계기가 아닌가 생각한다. 이전에도 '국민'은 '민족'과 더불어 (진보와 보수 또는 좌파와 우파 모두에 의해) 정치적으로 자주 호명되었지만, 대중들이 자기 자신을 단순히 피통치자나 수동적인 복종의 대상이 아니라 헌정의 주체로서 자각적으로 호명한 것은 이때가 처음이었던 것 같다. 필자는 이러한 정치적 사건을 이론적으로 좀더 정확히 해석하기 위해서라도 국민에 대한, 곧 근대 네이션에 대한 심층적인 정치적·존재론적 고찰이 이루어져야 할 때가 되었다고 생각한다.

이것은 이 글의 또 다른 저술 동기와 연결된다. 나는 지난 20여 년간 국내에서 이른바 '포스트주의' 내지 '포스트 담론'이라 불리는 사조에 속하는 철학자들과 이론가들의 작업에 관심을 갖고 공부해왔다. 하지만 현실사회주의의 몰락과 거의 비슷한 시기에 국내에 소개된 포스트 담론이 지난 20여 년 동안 국내 학계에서 수행하는 기능에 대해서는 상당히 거리감을 느끼고 있었다. 그것은 내가 보기에 포스트 담론은 넓은 의미의 마르크스주의에서 유래한 것이며 그것과 꽤 생산적인 갈등 관계를 유지하는 것이었던 데 반해,[4] 국내의 포스트 담론은 지난 1980년대 인문사회과학의 화두였던 마르크스주의를 청산하는 담론으로 기능했으며, 자의든 타의든 간에 여러 분야에서 마르크스주의적인 주제들을 약화시키거나 때로는 배제하는 데 기여해왔기 때문이다.[5]

이런 경향이 가장 두드러지게 나타난 분야는 네이션이나 내셔널리즘 문제라고 할 수 있을 것이다. 이른바 '자생적 발전론'을 중심으로 한 독자적인 '민족사'의 구성이 20세기 후반 한국 인문사회과학계의 중심적 화두 중 하나였다면, 포스트 담론의 대두 이후 '민족'이나 '민족주의'에 관한 논의는 말할 것도 없거니와 '민족국가' 내지 국민국가에 관한 논의도 '위기'나 '종말', '소멸'이라는 관념과 결부되어 줄곧 부정적인 평가의 대상이 되었다. 심지어 그것은 다양한 포스트 담론을 원용하는 이들에 의해 괴물로 치부되기도 하고 국민들에게 노예적인 삶을 강요하는 전체주의 내지 파시즘의 대명사로 낙인찍히기도 했다.[6] '포스트 담론'으로 포함시키기에는 너무 조야한 논변과, 자신들이 비판하는 이들 못지않은 극단적인 이분법과 환원주의로 점철된 (말하자면 '민족=국민=근대=전체주의' 식의) 이런 식의 논의가, 하지만 국내에서는 또한 대표적인 포스트 담론으로 통용되는 현실에 대한 불편함과

---

4 이 점을 특히 잘 보여주는 저작으로는 로버트 영, 『포스트식민주의 또는 트리컨티넨탈리즘』, 김택현 옮김, 박종철출판사, 2005; 『백색신화』, 김용규 옮김, 경성대출판부, 2008을 각각 참조. 다만 두 번째 책은 (까다로운 내용 때문이지만) 번역에 다소 아쉬운 점이 없지 않다.

5 이 문제에 관한 필자의 관점은 「진태원과의 대담: 마르크스주의의 전화와 현재적 과제」, 김항·이혜령 엮음, 『인터뷰 한국 인문학 지각변동』, 그린비, 2011 참조.

6 이 문제에 관해서는 이 책 4장 참조.

곤혹스러움이 이 글을 쓰게 된 또 하나의 동기이자 어쩌면 가장 중요한 동기라고 할 수 있다.

자크 데리다가 즐겨 말했듯이, 해체 또는 탈구축(필자는 이것이 데콩스트뤽시옹[déconstruction]이라는 프랑스어의 좀더 정확한 번역이라고 믿는다)은 이런저런 철학자의 작업이기 이전에, 현실 내지 사태 자체가 스스로 수행하는 작용이다. 현실은 항상 —— 범박하게 말하자면 —— 철학자가 작업하기 이전에 스스로 탈구축되고 재구축된다. 따라서 철학자나 이론가가 수행하는 탈구축은 —— 역시 범박하게 말하자면 —— 2차적인 탈구축이다. 현실 내지 사태가 스스로 탈구축되는 것은 그것이 복합적으로 구성된 모순적 구성물이기 때문이다. 하지만 헤겔주의나 마르크스주의적 종말론에 의거하는 이들이 믿었던 (또 이른바 '금융위기'를 계기로 고무되어 다시 한 번 믿고 있는) 것과는 달리 그러한 모순은 전면적으로 지양되지도 않거니와 반드시 행복한 귀결을 낳는 것도 아니다. 현실적인 사태를 구성하는 복합적 모순은 스스로 탈구축되면서 더 강화되기도 하고 전위(轉位)되면서 새로운 모순들을 산출하기도 한다. 2차적 탈구축이 좀더 복잡하고 다면적인, 그리고 미묘한 과제일 수밖에 없는 것은 이 때문이다.

이는 네이션이나 내셔널리즘의 경우도 마찬가지다. 다른 많은 이들과 마찬가지로 필자는 네이션(또는 네이션들의 체계)이 근대를 대표하는 구축물이라고 생각한다. 또 네이션이 오늘날 거대한 전환의 시기에, 탈구축의 시기에 접어들었다고 생각한다. 하지만 현실의 네이션이 수행하는 탈구축은 단순히 네이션의 종말을 뜻하는 것도 아니고 새로운 정치체로의 선형적인 대체를 뜻하는 것도 아니다. 오히려 그것은 지난 수백 년 동안 네이션(또는 네이션들의 체계)의 운동을 규정했던 복합적인 모순의 심화이고 새로운 전위일 것이다. 따라서 현실적인 네이션들의 체계가 수행하는 탈구축의 운동에 대응하는 2차적 탈구축을 위한 과제는 '민족'이나 '민족주의'(또는 국민이나 국민국가)를 그대로 고수하는 것이 아님은 물론이거니와 그것들을 단순히 저주하고 청산하려는 것일 수도 없다. 그러한 탈구축은 무엇보다 네이션의 운동을 규정해온 모순의 성격을 밝히고 그러한 모순의 운동을 굴절시키기 위해 노력하는 데서 시작해야 한다. 만약 탈근대라는 것이 존재한다면, 그것은 이러한 탈구축의 작용을 통해서만 생성될 수 있을 것이다.

2. 네이션을 어떻게 번역할 것인가?

1) 네이션을 '민족'으로 번역하는 경우

이제 본론으로 들어가, 우선 네이션의 번역 문제를 검토해보기로 하자. 최근의 한 연구는 국내에서 네이션이 적어도 해방 이후에는 줄곧 '민족'이라는 말로 번역돼온 사정을 다음과 같이 밝히고 있다. "'민족'이란 단어는 'nation'의 번역어이다. 20세기 한국사에서 '민족'이란 단어만큼 큰 영향력을 발휘한 단어는 없을 것이다. 식민지와 분단의 현실은 '민족의 독립', '민족의 통일'을 20세기 한국의 가장 중요한 과제로 만들었다. nation은 본래 '국민'이라는 말로도 번역되었고, 따라서 '국민'이라는 말이 더 많이 사용될 수도 있었다. 그러나 식민지로 인한 국권의 상실은 한국인들의 '국민'될 자격을 박탈하였고, 남북 분단으로 인한 불완전한 국가의 성립은 한국인들에게 분단국가의 '국민'으로서 만족할 수 없게 만들었다. 따라서 한국인들은 '국민'이라는 단어보다는 '민족'이라는 단어를 더 선호할 수밖에 없었다.[7] 그리고 그는 이후 별다른 정당화의 논거 없이 네이션을 민족이라는 용어로 번역해서 사용하고 있고, 전근대 시기의 '민족'에 대해서는 『고려사』와 『조선왕조실록』에서 그가 찾아낸 '족류'(族類)라는 용어가 적합할 것 같다고 제안하고 있다.[8]

하지만 이러한 역사적 상황에 따른 이유[9] 이외에도 네이션이나 내셔널리즘을 '민족'이나 '민족주의'로 번역해야 하는 논리적인 논거를 제시하는 필자들도 적지 않다. 가령 다음과 같은 주장은 인용할 만한 가치가 있다.

저자로서는 만일 '네이션'을 '국민'으로 번역하면 '네이션'에 함유되어 있는 종족의 문화적 측면(민족)은 소거되고 국가라는 정치공동체의 성원(국민)이라는 측면만이 부각된다는 점에서 문제가 있다고 생각한다. 거듭 강조하거니와, 모든 '네이션'에는 종족의 문화적 논리와 시민

---

7 박찬승, 『민족, 민족주의』, 소화, 2010, 21쪽.

8 같은 책, 50쪽 이하 참조.

9 한국사 연구자들은 간혹 개념 내지 용어의 역사성을 강조하면서 '민족'이라는 말이 네이션에 대한 타당한 번역어라고 옹호하면서도 그러한 역사성을 과거의 역사성으로 한정한다. 다시 말해 역사라는 것은 계속 변화하고, 그에 따라 변화된 역사적 현실을 지칭하는 용어도 새롭게 바뀔 수밖에 없다는 점, 곧 용어의 역사성은 현재 및 미래의 역사성도 함축한다는 점을 다소 간과하는 경향이 있다. 이런 점에서 "한국의 많은 민족 관련 연구자들은 19세기 말에서 20세기 전반에 걸친 시대적 맥락을 매우 중시하면서도 1990년대 이후의 상황을 새로운 시대적 상황으로 주목하지 않는 경향이 있다"는 지적은 경청할 만하다. 박명규, 「네이션과 민족」, 『동방학지』 제147권, 2009, 32쪽, 주석 7.

의 정치적 논리가 공히 존재한다. '민족'이란 번역어도 '국민'에 깃들인 정치적·계약적인 성격이 약하기는 하지만 혈연적·문화적 공동체를 함의하는 '종족'(ethnicity)이란 말이 따로 있으므로 '민족'은 '종족'과 '국민'의 중간적인 의미를 갖는 것으로 사용할 수 있을 것이다.[10]

국내에는 네이션과 내셔널리즘 또는 네이션 스테이트에 관한 논의는 많아도 이 용어들의 번역 문제에 대해서는 크게 관심을 기울이지 않고 대략 관례에 따르는 경우가 많은데, 장문석은 자신의 번역 이유에 대해 비교적 분명한 논거들을 제시한다는 점에서 주목할 만하다.

2) 네이션을 '국민'으로 번역하는 경우

하지만 네이션을 '국민'으로 번역하자는 제안도 국내에서 이미 몇 차례 제시된 바 있다. 특히 서양사학자인 최갑수의 제안이 주목할 만한데, 그는 일련의 논문들에서 이런 주장을 비교적 체계적으로 발전시켜왔다. 그는 1995년에 발표된 한 논문에서 네이션이라는 서양 개념은 우리말의 '민족'과 '국민' 두 가지로 옮길 수 있으며, 오히려 후자의 의미를 더 강하게 띠고 있음을 지적한다.[11] 더 나아가 "그것이 우리말에서 주로 '민족'으로 옮겨지고 있음은 우리가 드물게도 '종족적으로'(ethnically) 매우 동질적이며 진정한 의미의 국민을 아직 이룩해내

---

10 장문석, 『민족주의 길들이기』, 지식의풍경, 2006, 10쪽.
11 최갑수, 「서구에서 근대 국민국가의 형성과 민족주의」, 한국사연구회 편, 『근대 국민국가와 민족문제』, 지식산업사, 1995, 15쪽.

지 못한 역사적 경험과 무관하지 않다고 생각한다"[12]고 부연하고 있다.

몇 년 뒤에 발표한 다른 글들에서는 좀더 나아가 네이션 이외에 내셔널리즘이라는 개념 역시 단일한 의미로 이해하기보다는 구별해서 이해하고 번역할 필요가 있다는 견해를 제시한다. 가령 1999년의 「프랑스혁명과 '국민'의 탄생」 첫 번째 각주에서 그는 (프랑스에 한정된 것이기는 하지만) 네이션은 '국민'으로, 내셔널리즘은 '국민주의'로 옮길 것을 제안한다.

> 이희승 선생의 『국어대사전』(민중서관, 1975)에 따르면, 민족이란 "같은 지역에 살고 같은 말을 하며 생활양식, 심리적 습관, 문화, 역사 등을 같이 하는 인간집단. 역사적으로 형성된 것으로서 인간을 생물학적으로 분류한 것임"이며 국민은 "동일한 통치권 밑에 결합되어 국가를 조직한 인민"을 뜻한다. 전자를 문화적 개념이라고 한다면, 후자는 정치적 개념이라고 볼 수 있다. 실제로 'nation'이 이 두 의미를 포괄함이 명백하나, 그 근대적 용례를 확립시킨 본고장인 프랑스에서 적어도 1870년대에 이르기까지는 정치적 개념인 '국민'이 단연 우세했다. … 따라서 본고에서 'nation'은 특별한 경우가 아닌 한 '국민'으로, 'nationalism' 역시 '국민주의'로 옮길 것이다. 하지만 예컨대 독일의

---

12 같은 책, 15쪽. 더 나아가 최갑수는 "'종족적으로'"라는 말에 각주를 달아, 이러한 번역은 영어의 'ethnic group'을 '종족'으로 표현하는 기존 국어사전의 용례에 따른 것이지만, "원래 혈통적 의미를 강하게 갖고 있는 '종족'이 과연 'ethnic group'의 적절한 번역어인지는 의문이다. 그렇다고 '인종'은 더욱 부적절하다. 차라리 '민족'이 어떨는지. 즉 'nation'을 '국민'으로, 'ethnic group'은 '민족'으로 옮기는 것이 적절하지 않을까 감히 제언한다"고 자신의 입장을 좀더 분명하게 제시하고 있다.

민족주의와 같이 프랑스의 '국제주의적' 헤게모니에 대한 국민적 반발로 나타났던 경우는 '국민주의'보다는 '민족주의'로 옮기는 것이 온당하다고 생각한다.[13]

그 뒤 2003년에는 더 나아가 '에스닉 그룹'(ethnic group)의 번역 문제를 새롭게 제기한다.

우리를 곤혹스럽게 하는 것은 "언어, 역사, 신화, 관습, 그리고 아마도 종교를 포함하는 기본적인 삶의 경험으로 말미암아 하나의 공동체에 속하는 인민"을 말하는 'ethnic group'은 어떻게 옮겨야 하느냐 하는 점이다. 사실 이것이야말로 바로 '민족'으로 옮겨야 하는 것이며, 그러기에 '내셔널리즘'의 발원지라고 할 수 있는 독일에서도 nation/ethnic group의 구분법을 Nation/Volk로 유지했던 것이다.[14]

내가 최갑수의 견해를 인용한 것은 대체로 그의 논지와 비슷한 생각을 가지고 있고 또 그의 견해가 설득력이 있다고 보기 때문이기도 하지만, 그와는 약간 다른 관점에서 이 문제를 해명해보고 싶기 때문이다.

그 밖에 주목할 만한 것은 상당수의 인류학자들이 네이션을 '국

---

13 한국 서양사학회 편, 『서양에서의 민족과 민족주의』, 까치글방, 1999, 107쪽. 이러한 주장에 대한 비판으로는 김인중, 「민족주의의 개념」, 『프랑스사 연구』 제 22집, 2010, 309쪽 참조.
14 최갑수, 「내셔널리즘의 기원과 특성」, 『서양사 연구』 제 31집, 2002, 2~3쪽.

민'으로, 그리고 에스니시티나 에스닉 그룹은 각각 '민족성'이나 '민족' 등으로 옮기자고 제안한다는 점이다. 특히 다음과 같은 견해가 주목할 만하다.

> ethnic group, ethnicity는 원래 미국의 다문화, 다민족사회의 맥락에서 소수민족들의 존속이나 부활 현상을 설명하기 위해 1960년대 이후 사용되기 시작한 개념으로, 한 국가 내에 존재하는 민족집단 및 그것들의 역동적 상호작용을 가리키는 것으로 받아들여졌다. 따라서 [nation의 번역어로 쓰이는—인용자] 민족의 개념과 구별하기 위하여 ethnic group(ethnicity)이 종족(종족성)⋯으로 번역되기도 하였다. 그러나 필자는 ethnic group, ethnicity라는 용어가 이제 한 국가 내의 주류 민족 집단(예를 들어 중국의 한족)뿐만 아니라, 국가의 범역을 넘어선 민족현상의 설명에도 적용되고 있다는 점에서 '소수민족'으로 번역되는 것은 부적합하다고 생각한다. 아울러 우리 사회에서 민족에 관한 광범위한 현상들이 '민족'이라는 일상화된 실천적 용어에 의해 설명되고 있는 현상을 감안할 때, '종족'이라는 새로운 개념어를 만든다고 하더라도 실제적 의미가 없다고 생각한다. 따라서 ethnic group, ethnicity를 별도의 용어로 번역하기보다 전자는 민족집단, 소수민족, 민족단위로, 후자는 민족성, 민족 정체성, 민족 특질, 민족관계, 민족현상 등으로 맥락에 따라 개념화되어 서술되는 것이 바람직하다고 생각한다.[15]

---

15 유명기, 「민족과 국민 사이에서: 한국 체류 조선족들의 정체성 인식에 관하여」, 『한국문

인류학자들이 이처럼 에스닉 그룹이나 에스니시티에 관한 번역에 민감한 이유는 원래 서양에서 이 개념들이 생성되고 또 최근에 널리 논의되는 분야가 인류학 분야라는 사실과 무관하지 않다.[16] 반면 한국에서는 그동안 소수민족 문제나 다민족 문제가 그다지 중요한 사회적 현상이 아니기 때문에 다른 분과학문에서는 이 개념들의 용법이나 번역 문제에 대해 크게 주의를 기울이지 않은 것 같다. 하지만 앞의 인류학자들이 지적했듯이 에스니시티나 에스니를 어떻게 번역할 것인가의 문제는 네이션을 어떻게 번역할 것인가의 문제와 긴밀히 연결돼 있으며, 에스니시티나 에스니라는 개념들을 고려해야 민족과 국민, 민족주의와 국민주의 등에 대한 우리의 이해가 좀더 깊어지고 새로워질 수 있다는 것이 필자의 생각이다.

3) 네이션을 '민족'으로 번역하는 것에 대한 반론: 네이션과 에스니

다시 앞의 논의로 돌아가자면, 장문석은 앞서 인용했던 것처럼 네이션이 종족과 국민 사이의 중간적인 의미를 갖는 것이기 때문에 '민족'으로 번역하는 것이 좋다고 주장한다. 하지만 이러한 주장에 대해서는

화인류학』 35권 1호, 2002, 75~76쪽. 또한 이광규, 『신민족주의의 세기』, 서울대학교 출판부, 2006 2장 및 이 책에 대한 서평인 이정덕, 「서구적 개념어의 번역에서 오는 혼란」, 『한국문화인류학』 41권 1호 참조. 시안 존스, 『민족주의와 고고학』, 이준정·한건수 옮김, 사회평론, 2008, 11쪽에 나오는 번역 용어에 관한 설명도 참조하라. 이 책의 원제는 Siân Jones, *The Archeology of Ethnicity*, Routledge, 1997이다.

16 서양 사회과학에서 이 개념의 전개과정에 대해서는 시안 존스, 『민족주의와 고고학』, 2장~4장을 참조.

몇 가지 반론이 제기될 수 있다.

첫 번째 반론은, 과연 우리말의 '민족'이라는 단어가 종족과 국민 사이의 중간적인 의미를 표현해낼 수 있을까라는 점이다. 앞서 인용한 국어사전에 따르면 우리말의 민족은 "같은 지역에 살고 같은 말을 하며 생활양식, 심리적 습관, 문화, 역사 등을 같이 하는 인간집단. 역사적으로 형성된 것으로서 인간을 생물학적으로 분류한 것임"을 뜻한다. 이러한 정의는 실제로 우리가 일상적으로 민족에 대해 갖고 있는 생각을 잘 전달해준다. 우리는 민족이라는 말을 듣게 되면 당연히, 한국의 역사와 전통, 한국어, 의식주를 비롯한 생활양식, 한국인에게 고유하다고 여기는 심리적·정서적 습관을 떠올리며, 한국어를 잘 구사하고 한국의 전통과 문화를 잘 알고 있고 한국의 의식주 생활에 익숙한 사람, 더욱이 검은 머리를 하고 약간 광대뼈가 나온 사람을 그러한 민족의 성원으로 떠올리게 된다. 예컨대 우리가 프랑스 출신으로 한국 남성과 결혼하여 자녀를 낳고 한국에서 20여 년을 살아오면서 방송에도 자주 출연해서 우리에게 아주 낯익은 이다 도시라는 방송인을 한민족의 한 사람이라고 볼 수 있을까? 더욱이 대개의 경우 그는 한국어를 잘 하는 신기한 외국인으로 비쳐질 뿐 한국인으로 여겨지지도 않을 것이다. 실제로 그는 여러 차례에 걸쳐 자신은 20여 년 동안 한국에서 살았고 한국 국적을 갖고 있음에도 한국사람들이 자신을 외국인으로 간주하는 것이 섭섭하다고 토로한 바 있다.

따라서 우리말의 '민족'이라는 단어의 정의와 어법이 이런 상황에서 '민족'이라는 말이 네이션이라는 개념을 제대로 표현해낼 수 있을까? 우리말의 민족이라는 단어는 장문석이 '종족'이라고 번역하는 에스니시티, 또는 좀더 정확히 말하면 '에스니'(ethnie)[17]에 더 가까운 것이 아닐까? 여기서 새로운 쟁점이 나타난다.

이 문제를 다루기 위해 네이션과 에스니에 관한 최근 서양학계의 정의를 검토해보기로 하자. 네이션과 에스니에 관해 비교적 체계적인 정의를 제시한 사람은 영국의 사회학자이자 내셔널리즘에 관한 권위자로 명성을 누리고 있는 앤서니 스미스다. 이른바 '민족상징론'(ethno-culturalism)의 주창자로 분류되는 그의 작업은 한편으로 네이션 및 내셔널리즘에 관한 원초론(primodialism)적 입장과 다른 한편으로 에른스트 겔너, 에릭 홉스봄 또는 베네딕트 앤더슨을 중심으로 한 이른바 근대론(modernism)적 입장을 모두 비판하면서, 전근대적 에스니와 근대적인 네이션 사이의 연속성과 불연속성을 체계적으로 규명하여 국내 학계에서도 상당히 주목을 받고 있다. 앞서 우리가 거론했던 장문석이나 김인중 역시 그의 입장과 저작에 상당히 많이 의존하고 있다.

그에 따르면 전근대적 에스니와 구별되는 근대 네이션은 대략 다섯 가지 특징을 갖고 있는데,[18] 이러한 특징을 종합하여 그는 근대

---

17 에스니라는 단어는 영어에는 존재하지 않는 프랑스어 단어다. 영어에는 최근에 이르기까지 ethnicity나 ethnic group 같은 단어들이나 ethnic이라는 형용사만 존재했을 뿐 단일한 명사가 존재하지 않았다. 이에 따라 아래에서 논의되는 앤서니 스미스(Anthony D. Smith)는 자신의 저작에서 ethnie라는 프랑스어를 수입하여, 그것을 에스닉 공동체의 한 유형을 가리키는 명사로 사용한 바 있다. 이러한 용법이 학계에서 큰 반향을 불러일으킴에 따라 이 단어는 최근 서구학계에서 공용 학술어로 널리 사용되고 있다.

18 Anthony D. Smith, *Nations and Nationalism in a Global Era*, Polity Press, 1995, pp.54~56[앤서니 스미스, 강철구 옮김, 『국제화시대의 민족과 민족주의』, 명경, 1996, 75~76쪽 참조].

네이션을 "공유된 신화와 기억, 대중적 공공문화, 특정한 고토(故土, homeland), 경제적 단일성, 모든 구성원들이 동등한 권리와 의무를 가진 이름 붙여진 인간 집단"이라고 정의한다.[19] 또는 최근에 출간된 책에서는 "고토를 점유하고 있고 공통의 신화와 공유된 역사, 공통의 공공문화와 단일한 경제, 모든 성원을 위한 공통의 권리와 의무를 가진 이름을 지닌 인간 공동체"[20]로 네이션을 정의하고 있다. 그리고 에스니는 "고토와 연결돼 있고 선조와 관련된 공통의 신화, 공유된 기억, 하나 또는 그 이상의 공유된 문화 및 (적어도 엘리트들 사이에서는) 연대의 수단을 소유한 이름을 지닌 인간 공동체"라고 정의한다.[21]

이 두 가지 정의는 상당한 공통점을 지니지만(고토와 연결됨, 공통의 신화, 공유된 문화), 뚜렷한 차이점도 지닌다. 하나는 네이션의 경우 고토를 점유하고 있는 반면 에스니는 고토와 연결돼 있다는 점이다. 이것은 전자의 경우 현재 고토에서 살아가는 집단을 가리키는 반면, 후자는 고토와 떨어져서 살아가는 이주 집단들이나 망명 집단들을 포괄하기 때문이다. 그리고 네이션의 경우 공유된 역사를 가지는 반면 에스니는 공유된 기억만을 가지는데, 이것은 에스니가 서로 분산된 영토에서 흩어져 살아가지만 같은 혈통과 신화 및 문화와 기억을 공유하는 집단을 포괄하는 명칭이기 때문이다. 하지만 가장 중요한 차이점은 네이션의 경우 단일한 경제와 공통의 공공문화, 모든 성원을 위한 공통의 권리와 의무를 가지는 데 반해 에스니는 이러한 것들을 지니지

---

19 *Ibid.*, pp.56~57[같은 책, 76쪽].
20 A. D. Smith, *Nationalism: Theory, Ideology, History*, Polity Press, 2001, p.13.
21 *Ibid.*

않는다는 점이다. 따라서 네이션은 문화적 공동체이면서 동시에 정치적·법적 공동체인 반면, 에스니는 문화적 공동체로 규정되고 있음을 알 수 있다.

이렇게 본다면 우리말의 '민족'이라는 말은 네이션보다는 오히려 에스니라고 부르는 게 더 적절하다고 볼 수 있다. 사실 에스니시티나 에스니 또는 에스닉 그룹 같은 용어는 앞의 인류학자들이 지적한 바 있듯이, 우리말에서 비교적 생소한 '종족성'이나 '종족', '종족 집단' 같은 번역어로 옮기기보다는 내용상으로도 더 적절하고 일상어로도 친숙한 '민족' 관련 어휘들로 옮기는 것이 더 낫다고 본다.

더욱이 에스니시티나 에스니를 '종족성'이나 '종족'으로 옮기거나 아니면 일부 인류학자들이 하듯이 '소수민족' 등으로 번역하는 것은 최근 서양학계에서 이 개념이 이룩한 이론적 진전을 몰이해하게 될 소지도 있다. 앞서 논의한 앤서니 스미스의 이론적 업적 가운데 하나는 에스니시티나 에스닉 그룹의 용법에 담긴 오리엔탈리즘적인 사고나 의고주의적인 사고에서 벗어나 에스니라는 개념을 근대 네이션의 기원 및 구조를 이해하는 핵심 개념으로 부각시켰다는 점이다.[22] 그의 작업 이전까지 서양 학계 및 서구 사회에서 에스니시티나 에스닉 그룹이라는 말은 **타자를 지칭하는 말**이었다. 가령 영국이라면 파키스탄이나 인도 출신의 이주자들, 프랑스라면 북아프리카나 아랍 출신의 이주자

---

22 이 점에 대해서는 Eric Kaufmann & Oliver Zimmer, "'Dominant Ethnicity' and the 'Ethnic-Civic' Dichotomy in the Work of A. D. Smith", *Nations and Nationalism*, vol.10, nos.1~2, 2004; Andreas Wimmer, "Dominant Ethnicity and Dominant Nationhood", in Eric Kaufmann ed., *Rethinking Ethnicity: Majority Groups and Dominant Minorities*, Routledge, 2004 참조.

들 또는 미국이라면 중국이나 일본, 한국의 이민자들이 이 단어의 지시체들이었다. 하지만 앤서니 스미스가 모든 근대 네이션은 에스니라는 역사적·문화적 공동체에 뿌리를 두고 있으며, 또한 대개의 네이션에는 다수의 에스니가 존재한다는 점을 입증한 이후, 에스니시티는 더 이상 타자를 지칭하는 개념으로 한정되지 않게 되었다. 말하자면 영국의 경우 인도인이나 파키스탄인과 다른 본토 영국인들(스코틀랜드인, 웨일스인 및 심지어 잉글랜드인 등)도 일정한 문화적·역사적 공동체라는 의미에서 하나의 에스니이고, 중국의 경우 티베트족이나 만주족 또는 조선족만이 아니라 한족 역시 하나의 에스니이며, 한국의 경우라면 한국인 역시 하나의 에스니인 셈이다. 따라서 문제는 더 이상 본토인 대 이방인(또는 소수민족)을 구별하는 것이 아니라 **동일한 국민 내에 존재하는 다수의 에스니들 사이의 구별**(그 중 어떤 에스니는 다수이자 문화적·정치적으로 지배적일 수 있고, 어떤 에스니들은 소수적일 수 있는)이며, 그것과 네이션 사이의 관계다.

셋째, 민족이나 민족주의, 종족성 같은 용어를 택하는 이들 역시 이른바 '종족적 민족주의'가 지닌 폐해를 지적하며 될 수 있는 한 그것을 억제하고 관리하면서 이른바 '시민적 민족주의'로 나아가야 한다는 견해를 제시한다. 앞에서 인용했던 장문석을 비롯해 많은 필자들이 이런 관점을 보이고 있다. 하지만 이럴 경우 '종족적 민족' 대 '시민적 민족'이라는 이분법이 지닌 위험을 경고하면서도 여전히 그러한 이분법을 고수하게 되며, 더 나아가 원하든 원치 않든 간에 '시민적 민족'이나 '시민적 민족주의' 자체가 함축하는 위험성에 대해서는 맹목적일 수 있다. 다시 말하면 이러한 관점에서는 이른바 '시민적 민족'의 대표적인 사례로 꼽히는 프랑스나 미국이나 호주 같이 이민자들에 기반을 두는 나라에서 오늘날 뜨거운 쟁점이 되고 있는 **배타적 시민권**의 문제를 제대로 고려할 수 없게 된다. 다음과 같은 지적은 귀담아 들을 만하다.

전 지구적 차원에서 볼 때 시민권은 사회적 폐쇄의 지극히 막강한 도구다. 그것은 (국경이 없고 배타적 시민권이 지배하는 세계에서) 전쟁과 내부 갈등, 기근, 일자리 부족이나 환경오염 등을 피해 도피하고 싶어 하는 또는 자녀들이 좀더 많은 기회를 얻게 해주고 싶어 하는 거대 다수의 사람들로부터 번영을 누리면서 평화를 구하는 나라들을 보호한다. 시민권에 대한 접근은 도처에서 제한돼 있으며, 그것이 원칙상 민족성(ethnicity)과 무관하게 사람들에게 개방되어 있다고 하더라도, 시민권으로부터 배제된 이들, 심지어 국가의 영토에서 배제됨으로써 시민권에 지원할 가능성마저 배제당한 이들에게는 작은 위안밖에는 되지 않는다. 이러한 "시민적" 배제 양식은 비범하게 강력한 것이다. 전 지구적 차원에서 볼 때 이것은 아마도, 삶의 기회를 형성하고 도덕적으로 자의적인 대대적 불평등을 유지하는 데서 이른바 민족성에 기반을 둔 어떤 식의 배제보다도 훨씬 더 중요할 것이다. 하지만 이것은 대부분 비가시적으로 남아 있는데, 왜냐하면 우리는 이를 당연하게 여기기 때문이다.[23]

---

23 Rogers Brubaker, "The Manichean Myth: Rethinking the Distinction between "Civic" and "Ethnic" Nationalism", in Hanspeter Kriesi et al. eds., *Nation and National Identity*, Ruëger Verlag, 1999, pp.64~65; Bernard Yack, "The Myth of the Civic Nation", in Ronald Beiner ed., *Theorizing Nationalism*, State University of New York, 1999도 참조.

따라서 에스닉 내셔널리즘보다 시빅 내셔널리즘이 더 개방적이고 더 진보적이라고 보는 견해는 생각하는 것만큼 그렇게 설득력이 없다. 오히려 시민권이나 정치적 신조에 기반을 두는 시빅 내셔널리즘은 공통의 문화나 공통의 혈통에 기반을 두는 에스닉 내셔널리즘과 "다른 식으로"[24] 개방적이거나 배타적이라고 보는 것이 좀더 타당할 것이다.

3. 국민이란 무엇인가?

그런데 내가 보기에 이처럼 시빅 내셔널리즘이 좀더 진보적이고 개방적이라고 보는 생각은, 사실은 네이션과 내셔널리즘(및 에스니시티)에 관한 논의에서 국민이라는 용어 자체가 실제로는 **공백으로 남겨지거나 논외로 취급되는** 것과 논리적으로 연결돼 있는 문제다. 사실 네이션과 내셔널리즘에 관해 논의하고 또 이 개념들에 대해 상이한 번역어를 제안하는 필자들 중에서 국민이라는 말의 의미를 천착하는 사람들은 거의 찾아보기 어렵다. 왜냐하면 국민이라는 단어는 **너무 자명하기** 때문이다. 국민은 한 국가를 구성하는 성원들, 또는 한 국가의 국적을 가진 사람들 전체를 가리키는 게 아닌가? 또는 앞서 인용한 『국어사전』에 따른다면 국민이란 "동일한 통치권 밑에 결합되어 국가를 조직한 인민"이다. 따라서 국민은 새삼스럽게 '무엇인가?'라는 질문의 대상이 될 만한 게 아닌 것 같다.

---

24 Brubaker, Ibid., p.65.

1) 보편적 모순체로서의 국민

따라서 국민의 의미를 살펴보기 위해 먼저 피해야 할 함정은 그것의 의미가 지닌 자명성의 외관이다. 이러한 자명성은 무엇보다 국민을 **법적 관점**에서 이해하는 데서 생겨난다. 곧 국민을 "동일한 통치권 밑에 결합되어 국가를 조직한 인민"으로 정의하거나 아니면 좀더 간단하게 "국가라는 정치공동체의 성원"으로 규정하는 경우가 그것이다. 이 경우 국민이라는 용어는 동어반복에 가까운 것이 될뿐더러 너무나 형식적이어서 아무런 개념적 의미도 갖지 못하게 된다. 가령 고대 그리스의 도시국가에 속한 시민은 이러한 의미의 국민이 아닌가? 또한 조선시대의 백성들은 이런 의미의 국민이 아닌가?

따라서 네이션으로서의 국민에 대해 좀더 적절한, 그리고 좀더 근본적인 개념을 제시하기 위해서는 단순한 법적 관점에서 벗어나 국민의 정치적 존재론을 사고할 필요가 있다. 내셔널리즘에 관한 빼어난 저작을 남긴 한 사회학자의 지적은 우리 논의의 실마리로 삼을 만하다.

주권이 인민 안에 있다는 것과 인민의 여러 계층 간의 근본적인 평등을 인정한다는 것, 그것은 근대적 국민 관념의 본질을 이루면서 동시에 민주주의의 기본 신조이기도 하다. 민주주의는 국민됨(nationality)에 대한 인식과 함께 태어났다. 민주주의와 국민됨은 내재적으로 연결되어 있으며 이러한 연결로부터 떼어놓으면 양자 모두 충분히 이해될 수 없다. 내셔널리즘은 민주주의가 세상에 나타났을 때 취했던 형태였고, 나비가 누에고치 속에 들어 있듯이 국민 개념 속에 들어 있었다. 원래 내셔널리즘은 민주주의로서 발달하였다. 그리고 이러한 본래의 발달조건이 존속된 곳에서 양자 사이의 동일성은 유지되었다. 그러나 내셔널리즘이 다른 조건 속으로 확산되고 국민 개념에서 강조점이 주권자라는 성격에서 인민의 단일성으로 옮겨가면서 그것과 민주주의의 원리 사이의 본래의 등가관계는 상실되었다. 이것의 함의 중 하나는 (마땅히 강조될 만한 것인데) 민주주의는 수출이 되지 않는다는 것이다. 민주주의는 어떤 국민에게는 내재해 있는 성향일 수 있지만, 다른 국민에게는 아주 낯선 것이며, 그래서 후자에서 민주주의를 받아들이거나 발달시킬 수 있는 능력은 정체성의 변화를 요구한다. 주권인민이라는 본래의 (원칙적으로 비-배타적인[non-particularistic]) 국민 개념의 등장은, 명확하게 '인민'의 상징적 지위상승과 정치 엘리트로서의 인민의 새로운 정의를 시사하는 해당 주민의 성격 전환, 다시 말해 구조적 조건의 깊은 변화가 있어야만 비로소 가능했다. 그 이후의 배타적 국민 개념의 등장은 그와 같은 전환을 반드시 겪지는 않았던 조건에 본래의 국민 개념이 적용된 결과였다.[25]

이 인용문의 논점은 크게 세 가지로 분류해볼 수 있다. 첫째는, (16세기 영국에서 최초로 등장한) 본래의 국민 개념의 본질은 인민주권과 인민 내부의 평등을 인정하는 민주주의와 다르지 않다는 것, 따라서 본래의 내셔널리즘은 민주주의로서 발달하였다는 점이다. 둘째, 민주

---

25 Liah Greenfeld, *Nationalism: Five Roads to Modernity*, Harvard University Press, 1992, p.10.

주의는 어떤 국민에게는 내재적 성향이지만 다른 국민에게는 아주 낮선 것이어서 정체성의 변화를 동반할 경우에만 수용될 수 있다는 점이다. 셋째, 배타적 국민 개념의 등장은 이러한 변화가 일어나지 않은 조건에 본래의 국민 개념이 적용된 결과라는 점이다.

내가 그린펠드와 견해를 같이 하는 것은 본래의 국민 개념이 자신의 본질로서 민주주의의 원리를 포함한다는 점이며, 견해를 달리 하는 것은 나머지 두 가지 논점이다. 만일 우리가 이 두 가지 견해를 따른다면, 본래적인 국민(곧 민주주의를 내재적 성향으로 지닌 국민)과 비본래적인 국민이 존재하며, 내셔널리즘이 지닌 배타성은 이 후자의 국민에 고유한 것이라는 견해를 피하기 어려울 것이다. 하지만 이것은 브루베이커가 지적했듯이 이른바 **본래적 국민이라고 할 수 있는 서구의 국가들에게 고유한 배제적 성향**이라는 문제를 제대로 고려하기 어렵게 만든다.[26] 따라서 국민이 지닌 민주주의적 성격과 그것의 배타적 성격을 상이한 국민들(및 문명)에게 각각 지정될 수 있는 상호 분리된 성격으로 보거나 상호 외재적인 성격으로 볼 것이 아니라, 서로 긴밀하게 얽혀 있는, **근대 국민의 모순적인 본질**을 형성하는 것으로 이해해야 한다. 그렇지 않을 경우 왜 이른바 시빅 내셔널리즘의 본향이라고 할 만한 서구 자유주의 국가들이 배타주의적인 성향을 띠는지 제대로 이해할 수 없으며, 더 나아가 왜 근대 국민 형태가 위기에 처하게 됐는지, 또 그것을 넘어서기 위한 가능한 방향은 어떤 것인지 적절히 파악하기가 어려

---

26 이것은 그린펠드의 논의가 다소 형식적인 역사적 유형론에 기초를 두고 있기 때문이 아닌가 생각된다.

울 것이다.

　내가 보기에 이 점을 가장 명쾌하고 깊이 있게 보여준 사람은 에티엔 발리바르다. 그는 지난 20여 년의 작업을 통해 국민국가의 역사를 관통하는 모순적인 경향을 분석하고 그것을 넘어서기 위한 가능한 경로들을 모색해왔다. 발리바르의 논점을 살펴보기 위해서는 프랑스 사회학자인 도미니크 쉬나페르와의 논쟁을 검토해보는 것이 좋다.

　도미니크 쉬나페르는 프랑스의 신공화주의를 대표하는 사회학자로서 국민국가의 위기 시대를 맞아 공화주의적 전통 위에서 국민 개념을 옹호하려고 시도한다.[27] 그녀에 따르면 "시민들의 공동체"로 이해된 국민이라는 개념은 정치적 삶에 대한 개인들의 능동적 참여라는 의미에서의 시민권의 본질적인 토대이며 또한 세계화 시대에 채택할 수 있는 유일하게 현실적인 해법이다. 그녀의 핵심 논거는 두 가지다. 첫째, 근대적 의미의 국민은 특수한 신분이나 위계, 민족적(ethnique) · 문화적 차이에 기초하지 않고 "개인들의 존엄성을 … 그들이 지닌 보편적 인간이자 시민으로서의 자격과 연계한다"[28]는 점 때문에 다른 어떤 정치공동체보다 더 보편적이다. 둘째, 따라서 국민은 다른 어떤 집단보다도 덜 배타적이며 덜 폐쇄적이다. 국민이라는 정치공동체가 모종의 배타성을 지닌다면 그것은 외국인이라는 타자에 대해서 그렇다. 하지만 이러한 배타성은 배척이나 차별을 의미하는 것이 아니라 "식별"(discrimination)이라는 의미를 지닌다. 곧 모든 정체성이 불가피하

27　특히 Dominique Schnapper, *La Communauté des citoyens*, Gallimard, 2003(1994[1]); *Qu'est-ce que l'intégration?*, Gallimard, 2007 참조.

28　D. Schnapper, *La Communauté des citoyens*, p.106.

게 타자들과의 차이를 통해 정의되듯이 국민 역시 자신의 타자로서 외국인을 통해 정의된다는 의미에서 국민은 외국인이라는 타자에 대해 배타적이다. 이런 의미에서 그녀는 민족적이거나 문화적·언어적 실체에 기반을 둔 정치공동체나 '헌정 애국주의'에 근거를 둔 하버마스식의 포스트 국민정치체보다 국민이야말로 여전히 현실적이면서도 민주주의적인 정치공동체의 기초로 간주할 수 있다고 주장한다.[29]

발리바르는 국민국가가 보편주의적인 정치체라는 점을 인정한다. 하지만 문제는 그렇다고 해서 국민국가가 배타성이나 배제성에서 자유로운 것이 아니라, 오히려 **보편주의적이면서 동시에 배제적이라는 점**, 따라서 정치공동체의 보편적 형태가 지닌 모순을 첨예한 형태로 드러낸다는 점에 있다고 주장한다. 어떤 점에서 국민국가는 보편적이면서 배제적인가? 발리바르는 외연적(동화적) 보편주의와 내포적 보편주의라는 두 가지 개념으로 이를 해명한다.

외연적 보편주의(universalisme extensif)라는 개념이 지시하는 것은 국민국가와 식민화 사이의 본질적인 연관성이다. 곧 유럽 국민국가들의 형성과 패권 경쟁은 식민지 경쟁으로 이어졌는데, 식민화에 나선 각각의 국민국가들은 이를 **보편성의 관점**에서 이해했다는 것이다. 다시 말해 이러한 식민화는 단순한 약탈이나 침략의 견지에서가 아니라 선교의 사명 내지 인류 전체의 문명화 사명이라는 관점에서 수행되

---

29 네이션에 대한 쉬나페르의 관점은 프랑스에서 광범위하게 수용되었지만, 동시에 프랑스 안팎에서 상당한 비판을 초래했다. 프랑스 국내에서는 이러한 관점이 다문화적이고 다민족화된 프랑스 사회의 현실을 무시한 관점이라는 비판이 제기되었으며, 프랑스 바깥에서는 프랑스에 고유한 네이션 개념, 곧 정치적 네이션 개념을 과도하게 보편화한다는 비판을 받은 바 있다.

었으며, 더욱이 내면화된 신념에 따라 수행되었다. 하지만 이러한 보편주의적 관점에도 불구하고, 식민화를 통해 비유럽의 피식민지 인구들은 지배자들의 국적에는 포함되었지만, 식민지 본국의 시민들과 동등한 지위를 누리지는 못한다. 따라서 같은 국적을 지닌 시민들이기는 하지만, 동시에 동등한 지위와 권리를 누리지 못하는 비(非)시민들이 생겨나게 된다. 이것이 하나의 모순이다.

이러한 모순은 또 다른 보편주의, 곧 **내포적 보편주의**(universalisme intensif)를 통해 좀더 첨예한 형태를 띠게 된다. 내포적 보편주의는 「인권선언」에서 구현된 것처럼, 모든 사람들이 평등하고 자유롭다는 것, 곧 평등=자유라는 명제를 가리키며, 또한 그것과 내재적으로 연결된 인간=시민 명제, 곧 인간은 무매개적으로 시민이라는 명제를 가리킨다.[30] 내포적 보편주의가 함축하는 모순은 다음과 같은 점이다. 만약 모든 사람이 평등하고 자유롭다면, 또는 적어도 그럴 권리를 지니고 있다면, 그리고 각각의 개인들이 누리는 평등과 자유는 그가 어떤 정치체(대부분 국민국가)의 성원으로 존재하는 한에서만 누릴 수 있다면, 그것은 다음과 같은 결론을 낳는다. "시민권의 배제…는 인간성 또는 인간 규범 **바깥으로의 배제와 달리 해석되고 정당화될 수 없다.**"[31] 다시 말하면 모든 사람은 그가 사람인 한에서 평등과 자유를 누릴 수 있으며 시민으로 존재할 수 있는 권리를 갖고 있지만, 역으로 이러한 권리는 그가 시민으로 존재하는 경우에만, 곧 특정한 정치체, 특정한 국민국

---

30 Etienne Balibar, "La proposition de l'égaliberté", in *La proposition de l'égaliberté*, PUF, 2010[『평등자유명제』, 진태원 옮김, 그린비, 근간].

31 발리바르, 『우리, 유럽의 시민들?』, 131쪽.

가의 성원으로 존재하는 한에서만 실제로 향유되고 행사될 수 있다. 따라서 모든 인간은 **그가 어떤 국가의 국적을 갖고 있지 않는 한에서는,** 곧 그가 이러저러한 국민이 아니고, 따라서 시민으로서의 권리들을 누리지 못하는 한에서는 실제로는(잠재적으로는) **인간성을 박탈당하게 되는 것이다.** 한나 아렌트는 1차세계대전 이후 유럽에서 무수히 생겨난 국적 없는 사람들이 이러한 모순을 실제로 체험하고 구현했음을 보여준 바 있다.[32]

이러한 모순은, 보편적인 시민권의 체계로서 근대 국민국가는 항상 그것과 맞짝을 이루는 배제의 체계를 수반할 수밖에 없다는 점을 함축한다. 그리고 20세기 이후 국민국가가 '국민사회국가'(État national-social)로 전환됨으로써 이러한 모순은 한층 더 강화된다. 왜냐하면 이미 국민국가 체계에서 시민권이란 그것을 갖지 못한 사람들에 비해 커다란 **특권**(권리들에 더하여 누릴 수 있는 자격이자 심지어 신분)이었으며, 따라서 모든 사람이 누려야 할 **기본권**이라는 자신의 본래 의미와 모순되는 것이었지만, 국민사회국가에서는 사회권이 기본권으로 포함됨으로써 시민권을 누리는 본래적 의미의 시민들과 그것에서 배제된 비시민들(소수자들 및 이주노동자들) 사이의 차별은 훨씬 더 강화되기 때문이다.

더욱이 선진 자본주의 국가들을 비롯한 여러 나라들의 정부는 이러한 차별을 폐지하려고 하지 않을 뿐만 아니라 오히려 그것을 더욱더 조장하는 경향이 있다. 왜냐하면 값싼 노동력의 수요는 항상 존재하기

---

32 아렌트, 『전체주의의 기원 1』, 9장 참조.

때문에, 미등록(불법) 이주노동자들에 대한 수입 제한과 고용 금지에도 불구하고, 사실상 미등록 이주노동자들의 (불법) 수입과 고용은 관행적으로 허용되고 있기 때문이다. 더 나아가 이들을 합법화하는 데서 생기는 사회적 비용과 법적·행정적 문제점 때문에 각 국가들은 이들을 계속 불법적인 상태에 놓아두려고 한다. 따라서 한편으로는 이들의 노동으로 노동력 부족 문제를 해결하면서 동시에 불법 행위를 조장하고 그것을 구실로 하여 주민들의 불안과 공포를 조장하고 사회적 치안을 강화하려는 국가의 기만적인 이중적 행태가 전개된다.

정리하자면, 근대적 의미의 국민은 '시민들의 공동체'로서 내포적 보편성과 외연적 보편성을 갖는 정치적 공동체다. 하지만 국민의 이러한 보편성은 배타성과 대립하는 것이 아니라, 바로 그러한 보편성 때문에 또한 그것에 고유한 배타성 내지 배제를 포함하게 된다. 따라서 국민이 함축하는 배타성은 특수한 종류의 국민(가령 동유럽이나 비유럽 지역의)에 고유한 것이라기보다는 처음부터 국민 자체에 배태되어 있는 것이라고 할 수 있다.

2) 국민적 인간: 일상적 국민주의와 국민적 정체성

근대 국민 개념에 고유한 이러한 모순은 내셔널리즘에 대한 새로운 이해를 요구한다. 내셔널리즘은 매우 병리적이거나 퇴행적인, 또는 적어도 후진적인 현상으로 이해되곤 한다(국내에서도 몇 년 전에 벌어진 이른바 '디워 논쟁' 당시 진중권 등의 논객에게서 볼 수 있듯이 이러한 견해는 광범위하게 퍼져 있다). 하지만 영국의 사회심리학자 마이클 빌리그는

『일상적 국민주의』[33]라는 저서에서 그 당시까지 내셔널리즘에 관한 논의에서 제대로 다루어지지 못한 국민의 재생산이라는 문제를 제기함으로써 이러한 관점이 지닌 문제점을 극명하게 드러낸 바 있다.

그의 출발점은 내셔널리즘을 "새로운 국가를 창조하려고 하는 사람들이나 극우파 정치"[34]와 결부시키려는 경향에 대한 비판이다. 이것은 내셔널리즘을 '우리'가 아닌 '그들'의 문제로, 곧 아직 국민국가의 형성을 달성하지 못한(또는 서구와 같은 수준의 자유민주주의를 이룩하지 못한) 제3세계 내지 주변부 국가들에서 볼 수 있는 퇴행적이고 후진적인 현상으로 이해하고, 이미 이러한 과정을 완수하여 잘 제도화된 국민국가를 구성한 서구인들과는 무관한 것으로 치부하는 서구 중심주의에 대한 비판을 뜻한다.

그에 따르면 미국과 프랑스, 영국 등과 같은 나라들은 "계속 실존해야 한다. 일상적으로 이 나라들은 국민들로서, 그리고 그 나라의 시민들은 국민 성원들로서 재생산된다." 그런데 문제는 이러한 재생산의 필요성이 "너무 익숙하고, 너무 연속적"[35]이어서 이러한 재생산을 위해 국민주의가 필요하다는 사실을 사람들이 인식하지 못한다는 점이다. 그가 "일상적 국민주의"라고 부른 것은 이처럼 "서구의 확립된 국민들이 재생산될 수 있게 해주는 이데올로기적 관습"[36]을 가리킨다. 따라서 일상적 국민주의라는 개념은 국민주의를 무언가 비정상적이

---

33 Michael Billig, *Banal Nationalism*, London: Sage, 1995.

34 *Ibid.*, p.5.

35 *Ibid.*, p.6.

36 *Ibid.*, p.7.

고, 어떤 격변이나 사건이 도래했을 때 일어나는 열광적인 현상으로 치부하는 통념을 넘어서, 국민국가가 정상적으로 기능하고 재생산되기 위해 꼭 필요한 상징적·관습적 관행들로 제시하고 있다는 점에서 국민주의를 새롭게 이해할 수 있게 해준다.

이러한 의미에서의 일상적 국민주의는 사실은 **국민적 인간**의 형성과 재생산이라는 문제와 다르지 않다. 여기서 '국민적 인간'이라는 표현은 발리바르에게서 빌려온 것인데, 이것은 국민국가의 핵심 목표가 "다른 모든 정체성을 압도하는 '국민적 정체성'을 구성하는 것이고, 국민적 소속이 다른 모든 소속과 일치하고 그것들을 통합하는 데까지 이르게 하는 일"[37]임을 의미한다. 말하자면 근대 국민국가 내에서 각 개인들은 (자유주의에서 상정하는 것처럼) 국민에 대한 소속 **이전**에 또는 그러한 소속과 **무관하게** 자신의 독자적인 개인성을 갖는 것이 아니라, **국민적 개인으로서의 정체성을 매개로 하여 자신의 개인적 정체성을 얻게 된다.** 국가를 구성하는 각 집단들 및 개인들은 자신들을 이러저러한 집단의 구성원이자 이러저러한 개인들이라고 생각하기에 앞서 자신들이 모두 똑같은 국민이라고 생각하는 것이다. 곧 그들은 국민으로서의 노동자계급이고 국민으로서의 자본가이고 국민으로서의 선생이고 학생이고 가정주부이고 범죄자 등등인 것이다. 그리고 그런 한에서 **모든 국민국가**(프랑스나 미국 같은 '이민자 국가'를 포함하는)**는 정의상 국민주의적**이며, 또한 그 국민국가의 성원들은 자신들이 의식하든 의식하지 못하든 국민주의적이다.

---

37 발리바르, 『우리, 유럽의 시민들?』, 55쪽.

이것은 베네딕트 앤더슨이 자신의 유명한 저서에서 말한 것처럼 국민이 '상상의 공동체'라는 것을 의미한다.[38] 여기서 앤더슨이 말하는 상상은 가상이나 환상을 뜻하는 것이 아니다. 오히려 그것은 국민이 자연적인 공동체(곧 혈통에서 유래하거나 에스니시티를 기반으로 하는)가 아니라 근대에 만들어진 "특수한 종류의 문화적 인공물(cultural artefacts)"임을 뜻한다. 그리고 이러한 문화적 인공물로서의 국민은 인쇄 매체들 덕분에 가능해진 근대에 고유한 시간, 곧 '공허하고 동질적인 시간'을 통해 가능하게 되었다.[39]

하지만 일상적 국민주의라는 관점에서 볼 때 상상의 공동체에 대한 앤더슨의 정의가 지닌 약점은 그것이 **국민적 정체성 형성 및 재생산**의 문제에 대해 거의 논의하지 않는다는 점이다.[40] 반면에 발리바르는 앤더슨과 거의 같은 의미에서 상상의 공동체라는 말을 사용하면서도 이 개념을 국민적 인간의 형성과 재생산 문제와 결부시킨다.

결정적인 논점은 다음과 같은 것이다. 국민은 어떤 점에서 하나의 '공동체'인가? 또는 오히려, 국민이 설립하는 공동체 형태는 어떤 점에서 다른 역사적 공동체들과 종별적으로 구별되는가? 전통적으로 이 통념

---

38 Benedict Anderson, *Imagined Communities: Reflections on the Origin and Spread of Nationalism*, Verso, 2006(3rd Edition), pp.5~6[베네딕트 앤더슨, 『상상의 공동체. 민족주의의 기원과 전파』, 윤형숙 옮김, 나남, 2002, 21쪽 참조].

39 *Ibid.*, p.35[같은 책, 56~57쪽 참조].

40 나중의 저술에서 이 점이 다소 보완되기는 하지만, 여전히 불충분한 상태에 머물러 있다. Benedict Anderson, "Nationalism, Identity, and the Logic of Seriality", in *The Spectre of Comparisons*, Verso, 1998 참조.

과 결부돼왔던 반정립들과는 곧바로 거리를 두겠다. 우선 '현실적' 공동체와 '상상적' 공동체라는 반정립으로부터 거리를 두겠다. **제도들의 기능 작용을 통해 재생산되는 모든 사회적 공동체는 상상적이다.** 다시 말해 이 공동체들은 개인적 실존을 집합적 이야기의 짜임 속에 투사하는 것에, 공통의 **이름**을 인정하는 것에, 기억도 할 수 없는 과거의 흔적으로 체험되는 전통들(이러한 전통들이 근래의 상황 속에서 제작되고 주입된 경우에도)에 의거한다. 하지만 이것은 결국 일정한 조건들 속에서는 **오직 상상적 공동체들만이 현실적 공동체들**이라는 점을 인정하는 것이다.[41]

이러한 의미에서의 '상상'은 앤더슨과 마찬가지로 단순한 공상이나 환상 또는 착각이 아니라 자연적으로 주어져 있지 않은 것을 인공적으로 생산해내는 것을 의미한다. 상상적 공동체로서 국민 공동체의 생산 및 재생산의 핵심 요소는 무엇일까? 발리바르는 그것을 상상적인 것으로서 인민의 생산과 재생산에서 찾는다. 이것은 인민이 자신들을 **국민으로서** (재)인지하고, 인민을 구성하는 각각의 개인들이 바로 이러한 국민에 대한 소속을 매개로 하여 자신들의 **개인적 정체성을** 형성함으로써 가능해진다. 그리고 국민 성원들 사이의 일체감, 동질성은 필연적으로 그러한 동질성의 기원 및 주체에 대한 보충적인 상상계를 수반한다. 이는 우리나라 같이 이른바 '단일민족'의 경우에는 더욱더

---

41 É. Balibar & I. Wallerstein, *Race, nation, classe: Les identités ambiguës*, La Découverte, 1988, p.126[에티엔 발리바르, 「민족형태: 그 역사와 이데올로기」, 『이론』 6호, 1992, 117~118쪽. 번역은 수정].

사실이다. 여기서 **허구적 민족체**(ethnicité fictive)(또는 의제적[擬制的] 민족체)라는 또 다른 개념이 중요한 의미를 지닌다. 이 개념은 국민이 오래된 역사적 기원을 갖고 있고 연속적인 진화과정을 거쳐 온 역사적 **실체** 또는 심지어 (유일한) 역사적 **주체**라는 국민주의에 고유한 상상계를 설명하기 위해 도입된 것이다. 하지만 '상상적'이라는 개념과 마찬가지로 '허구적'이라는 개념이 가상적이라거나 가짜 또는 단순히 공상적이라는 의미를 뜻하지 않는다는 점에 유의해야 한다. 그것은 무엇보다도 "제도적 효과라는 의미, 곧 제작"[42]이라는 의미를 담고 있다(이 때문에, 좀 어려운 말이기는 하지만 '의제적 민족체'라는 번역어가 일리가 있다).

　이런 의미로 이해된 허구적 민족체는 실존하는 어떤 국민이 오래된 민족적 기원을 지니고 있으며(가령 골족의 후손, 단군의 자손 등), 그 국민은 동일한 기원을 공유하면서 오랫동안 세대를 거치면서 희노애락을 함께해온 유구한 역사적 실체(또는 오히려 주체)로서의 민족이라는 것을 표현한다. 이러한 허구적 민족성은 국민국가 내의 집단들(사회 계급이나 이러저러한 에스니들) 및 개인들이 자신들은 이러저러한 사회적 조건의 차이를 초월한 이해관계의 동일성을 지닌 같은 국민이라고 여기게 해주는 상상적 토대의 구실을 한다. 그리고 이러한 표상이나 인식이 단순히 공상적이거나 가상적인 의식에 머물지 않으며, 교육제도나 가족제도 같은 사회적 제도를 통해 체계적으로 훈육되고 각종

---

42 Balibar & Wallerstein, *Race, nation, classe: Les identités ambiguës*, p.130[발리바르, 「민족형태: 그 역사와 이데올로기」, 121쪽].

의례나 절차, 관행 등을 통해 일상적인 삶 속에서 재생산된다. 따라서 국민주의는 그것이 강력하면 강력할수록 이러한 허구적 민족성을 더 강하게 반영하기 마련이며, 상상적인 역사적 실체로서의 '민족'을 자신의 기초로 삼게 된다.

그런데 이러한 질문이 제기될지도 모른다. 왜 여기에서 민족주의 대신 국민주의라는 말을 사용해야 하는가? 그것은 크게 두 가지 이유 때문이다. 첫째, 내셔널리즘을 '민족주의'로 이해할 경우 내셔널리즘을 국민국가의 유기적 이데올로기, 또는 국민국가의 고유한 상상계로 이해하기는 쉽지 않다. 우리말의 민족이라는 의미로 이해된 민족주의라는 말은 서구인들이 흔히 생각하듯이 비서구사회, 특히 덜 민주주의적이고 덜 발전되고 덜 개화된 국가에 고유한 퇴행적 이데올로기로 치부될 수 있기 때문이다. 그리고 이 경우 서구의 이른바 선진국들에 고유한 내셔널리즘, 곧 빌리그가 일상적 국민주의라고 부른 것은 아무런 문제가 없는 자연적인 관행으로 간주될 것이다. 반면 국민주의라는 번역어는 내셔널리즘을 유기적인 국민국가의 이데올로기 내지 상상계로 좀더 포괄적으로 이해할 수 있게 해준다.

둘째, 발리바르가 말하듯이 "모든 사회적 공동체는 상상적"이라면, 이것은 상상계 없는 공동체란 존재하지 않는다는 것을 뜻한다. 그렇다면 상상계 또는 이데올로기를 그 자체로 비난하거나 그것을 초월하자고 주장하는 것은 무의미한 일이다. 문제는 상상계 내지 이데올로기를 좀더 복합적인 체계로 인식하고 그것들 내의 차이를 식별하는 일이다. 이는 내셔널리즘의 경우에도 마찬가지다. 흔히 내셔널리즘을 단일한 이데올로기나 상상계로 이해하는 경향이 있지만, 사실 내셔널리즘은 다층적이고 다면적인 이데올로기다. 가령 프랑스의 예를 든다면, 쉬나페르 등이 대표하는 신공화주의적 국민주의와 극우파 국민전선의 민족주의("프랑스인의 프랑스")는 모두 내셔널리즘의 일종이기는 하지만, 양자가 똑같은 의미나 가치를 지닌다고 보기는 어렵다. 전자가 국민 개념에 내재한 모순에 둔감하긴 해도 민주주의적 시민성에 기초를 두고 있는 반면, 후자는 배타적 인종주의에 기반을 두고 있기 때문이다.

4. 결론을 대신하여

요컨대 우리가 주장하고 싶었던 것은, 이제는 '민족'이라는 개념을 용도폐기할 때가 되었고 대신 '국민'이라는 개념이 그것을 대체해야 한다는 뜻이 아니다.[43] 오히려 필자의 주장은 민족과 국민은 동일한 지시체에 대한 서로 경쟁하는 개념들이 아니라 각각 상이한 지시체를 가진 개념들이라는 것이며, 이 점을 분명히 해야 현재의 논의에서 나타나는 혼란들을 피할 수 있다는 것이다. 또한 민족적 네이션보다는 시민적 네이션이, 민족주의보다는 국민주의가 그 자체로 더 우월하다는 것을 주장하려는 것도 아니다. 근대 국민에는 민족적 요소와 시민

---

43 필자는 2011년 7월 7일 『역사비평』 토론회에서 상당수의 참석자들이 필자의 주장을 이런 식으로 이해하는 것을 보고 놀랐다. 이는 다수의 한국학 연구자들이 일제시대 및 독재시대 이래로 민족='저항적, 비판적인 것', 국민='순응적, 관제적인 것'이라는 구별법을 일종의 (절대적인?) 규범적 가치로 간주하고 있음을 드러내는 징표로 보인다. 이러한 규범성은 이른바 뉴라이트 쪽에서 8·15를 '광복절'이 아닌 '건국절'로 개칭하자고 주장한 것에 대한 반발로 더 강화되는 경향이 있다.

적 요소가 공히 존재하며, 또 국민주의는 그것이 국민주의인 한 모종의 배타성을 띠기 마련이다. 보편적인 정치체로서 근대 국민에 함축된 이러한 배타성이야말로 근대국가의 전개과정을 규정한 핵심 모순이라고 할 수 있다.

따라서 결론을 대신하여 말하고 싶은 것은 두 가지 점이다. 첫째, 국민이 여전히 지배적인 정치공동체로 존재하는 한에서 **국민국가의 모순을 영위하기 위한 실용적 해법**이 필요하다는 점이다. 국민이라는 모순적인 복합체는 그것을 괴물이나 노예적인 것으로 저주한다고 해서 극복될 수 있는 것이 아니다. 오히려 당분간 문제가 되는 것은 한 종류의 국민 공동체보다는 다른 종류의 국민 공동체, 한 종류의 국민주의보다는 다른 종류의 국민주의를 지향하는 것이 될 것이다. 그리고 그때의 판단기준은 그것이 얼마나 근대 국민의 이상, 곧 **민주주의적 시민성의 이상에 더 근접한 것인가** 여부가 될 것이다. 이것은 유럽의 특정한 국민을 모델로 하여 그것을 뒤쫓는 것(가령 독일 대신 프랑스, 에스닉 네이션 대신 시빅 네이션)과는 다른 종류의 과제다.

둘째, 하지만 근대 국민이 역사적 위기에 봉착한 만큼 이러한 실용적 해법은 충분할 수 없고, 그보다 훨씬 더 근본적인 해법을 모색해보아야 한다. 그리고 이러한 근본적인 해법은 민족이나 국민과 다른 또다른 상상적 공동체(이 경우에도 여전히 공동체라는 말을 쓸 수 있다면)에 대한 새로운 상상을 요구할 것이며, 앞서 말한 실용적 해법은 이러한 새로운 상상적 공동체에 대한 모색에 기반을 두어야 할 것이다.

마지막으로 이러한 새로운 상상적 공동체의 사례를 하나 언급해두고 싶다. 우리가 본문에서 여러 차례 논의한 바 있는 에티엔 발리바르는 네덜란드의 정치철학자 헤르만 판 휜스테렌(Herman van Gunsteren)을 따라[44] '운명공동체'(community of fate)라는 이름의 새로운 상상적 공동체를 제시한 바 있다. 여기서 말하는 운명공동체란 "함께 살아가는 것을 '선택하지' 않았지만, 그럼에도 서로 간의 상호의존 관계를 폐지할 수 없는 집단들이 서로 만나게 되는 현실의 공동체"[45]를 가리킨다. 이런 공동체에서는 원주민을 비롯한 **모든 사람들**은 "자신들이 지닌, 과거로부터 물려받은 시민적 정체성을, 적어도 상징적으로라도 재검토해보아야 하며, 다른 모든 이들 ── 곧 어디 출신이든, 선조가 누구든, '적법성'이 어떻든 간에 오늘날 지구의 한쪽에서 동일한 '운명'을 공유하고 있는 이들 ── 과 함께 그런 정체성을 현재 시점에서 재구성해야"[46] 한다.

이러한 종류의 공동체에서는 가령 한국이라는 나라에서 살아가게 된 모든 사람은, 그가 한민족이든 그렇지 않든 간에, 또 그가 한국 국적을 소유하고 있든 그렇지 않든 간에, 그들이 물려받은 정체성의 특권(가령 한국에서 한국인이라는 것은 방글라데시나 파키스탄 출신의 이주노동자에 비하면 엄청난 특권이 아닐 수 없다)을 당연한 것으로 요구할 수 없으며, 같은 운명을 공유하는 이들, 곧 같은 지리적 공간, 같은 정치체에서 살아가는 이들과 함께 동등한 시민의 자격으로 새로운 시민적 정체성을 재발명해야 한다. 따라서 이런 의미의 운명공동체는 이 용어

---

44 Herman van Gunsteren, *A Theory of Citizenship*, Westview Press, 1998[『시민권의 이론』, 장진범 옮김, 그린비, 근간].
45 발리바르, 『우리, 유럽의 시민들?』, 248쪽.
46 같은 책, 258~259쪽.

의 통상적인 용법[47]과는 거의 정반대의 의미를 지닌다. 앞으로 형성될 남·북한 공동체를 우리가 말한 의미에서 운명공동체로 지칭할 수 있다면, 그것은 더 이상 (에스니라는 의미에서) '민족'이라는 배타적 틀로 묶이지 않는, 또 묶이지 않아야 할 운명공동체일 것이다.

너무 공상적인 공동체라고? 그럴지도 모른다. 하지만 이것은 적어도 그 어떤 현실적인 정치체보다 민주주의라는 이름에 걸맞은 상상의 공동체라고 할 수 있다. 그리고 근대 국민의 이상 속에는 이미 이러한 상상의 공동체에 대한 약속이 기입되어 있다.[48] 따라서 그러한 약속이 도래하게 만드는 것, 그것이 오늘날 국민국가의 위기에 직면한 민주주의자들이 상상해봐야 할 과제 중 하나가 아닐까?

---

47 가령 2006년 4월 27일자, 북한 『로동신문』 사설은 남한의 다문화주의 정책을 비난하면서 다음과 같이 민족을 운명공동체로 정의한 바 있다. "민족은 력사적으로 형성된 민족 성원들의 사회생활단위이고 운명공동체이며… 단일성은 세상 어느 민족에게도 없는 우리 민족의 자랑이며 민족의 영원무궁한 발전과 번영을 위한 투쟁에서 필수적인 단합의 정신적 원천[이다]." 박명규, 「네이션과 민족」, 54쪽에서 재인용.

48 이 점에 관해서는 특히 Balibar, *La proposition de l'égaliberté*에 수록된 여러 글 참조.

6장

한반도 평화체제의 (탈)구축을 위하여
: 을의 민주주의의 관점에서

1. 머리말: 촛불시위는 어떤 혁명인가?

우리가 지금 비상한 시기 속에 살고 있다는 것은 대부분의 한국사람들이 공감할 수 있는 점일 것이다. 지난 2016년 가을부터 약 3년여의 기간 동안 한반도, 그리고 남한사회는 한국사의 획기적인 시기가 될 한 시기를 지나고 있다.

우선 헌정사상 최초의 대통령 탄핵이 시민들의 거대한 촛불시위를 기반으로 이루어졌고, 이 촛불시위의 열망 위에서 새로운 정권이 수립되었다. 그리고 2017년 5·18 기념사에서 문재인 대통령은, 새로운 정권은 5·18 광주의 정신을 역사적으로 계승한 촛불시위에 힘입어 탄생할 수 있었고, 문재인 정부는 그 정신의 핵심을 '국민주권'으로 이해한다고 밝힌 바 있다. 하지만 새로운 정권이 수립되자마자 한반도에서는 북한의 핵실험과 미사일 발사로 인해 커다란 군사적·정치적 위기 정세가 조성된 바 있다. 북한의 최고 지도자와 미국의 대통령 사이에서 전개된 살벌한 말의 전쟁은 마치 한반도에서 당장 전쟁이 일어날 것 같은 공포를 불러일으켰다. 이런 험악한 사태가 2018년 초 평창 동계올림픽을 계기로 남한과 북한 사이의 교류 및 정상회담을 통해 놀라운 반전 속에서 판문점선언 및 평양선언으로 탈바꿈되었고, 북한과 미국 사이의 아슬아슬한 외교 전쟁도 우여곡절 끝에 역사적인 최초의 북미정상회담으로 이어졌다.[1] 그 이후 많은 기대를 모았던 2019년 하노이 2차 북미정상회담이 '노딜'로 귀결되면서 비핵화와 평화체제 수립이 쉽지 않은 과제임을 다시 한 번 드러냈지만, 그래도 많은 사람들이 여전히 기대하고 있는 것처럼 촛불시위에서 촉발된 일련의 사태 전개가 한반도의 역사적 비핵화 및 북미수교로, 아울러 평화체제의 수립으로 이어진다면, 이 시기는 실로 역사의 거대한 전환기로 기록될 것이다.

이처럼 수십 년에 한 번 볼까 말까 한 역사적 사건들이 채 3년도 되지 않는 사이에 연이어 전개되고 있지만, 다른 한편으로 과연 우리가 정말 거대한 전환의 시기를 지나고 있을까, 우리가 정말 혁명의 시

---

1 이처럼 평창 동계올림픽이 최근 한반도의 새로운 정세를 촉발하는 계기가 되었다는 점에서 그것을 '평창 임시평화체제'로 지칭하면서 이러한 정세 변화를 분석하는 연구로는 구갑우, 「평창 '임시평화체제'의 형성원인, 과정, 결과: 한국의 트릴레마」, 한양대학교 평화연구소 편, 『평화 가제트』, no.2018-G22, 2018; 「평창 임시 평화체제에서 판문점 선언으로: 북한의 개혁·개방 선언과 제3차 남북정상회담, '연합적 평화'의 길」, 한국사회과학연구소 편, 『동향과 전망』, 103호, 2018를 참조. 그에 따르면 평창 임시평화체제는 "2018년 2월 2일부터 3월 25일까지 유효했다는 점에서 임시적이고, 군사적 분쟁의 중단만을 담고 있다는 점에서 소극적이며, 지속성을 담고 있지 않다는 점에서 체제로 명명하기 어렵지만, 한반도정세의 극적 반전을 적극적으로 평가하기 위해 유엔총회 휴전결의안이 작동하는 기제"를 뜻한다. 구갑우, 「평창 '임시평화체제'의 형성원인, 과정, 결과: 한국의 트릴레마」, 1쪽.

기에 놓여 있을까 하는 의구심을 표시하는 사람들도 적지 않다. 이미 2016년 말~2017년 초의 탄핵 국면을 경과하면서 일부 언론과 정치학자들은 '촛불혁명' 또는 '촛불시민혁명' 같은 표현을 과감하게 사용한 바 있다.[2] 하지만 서동진은 촛불시위가 "신자유주의적인 민주주의 시스템을 공고하게 만드는"[3] 결과를 낳았다고 비난하기도 한다. 곧 한국 사회에서 1987년 자유주의 체제가 확립된 이후 "정치의 유일한 목적은 정권 교체"가 되었고, "사회적 갈등을 해결하기 위한, 재구성하기 위한 어떤 것으로서의 정치는 최종적으로 소멸"한 것으로 보이며, 이는 촛불시위의 경우도 마찬가지라는 것이다. 따라서 촛불시위에서 놀라운 점은 오히려 "연인원 1000만 명에 가까운 사람이 모였는데도 아무 일도 일어나지 않았다는 것"[4]이라는 점이다.

이러한 비판에 대해서는 당연히 이견이 있을 수 있지만,[5] 이러한 문제제기는 촛불시위에 관해 '혁명'이라는 개념 내지 용어를 손쉽게 사용하는 것이 과연 정당한가라는 문제에 관해 성찰적인 계기를 제공해주는 장점도 존재한다. 사실 촛불시위는 연인원 1000만 명이 넘게

---

2 특히 손호철, 『촛불혁명과 2017년 체제』, 서강대학교출판부, 2017 참조. 하지만 손호철은 어떤 의미에서 이것을 혁명으로 규정할 수 있는지 정확한 이론적 근거를 제시하지 않는다.

3 진태원 외, 「기획좌담: 촛불집회」, 인문한국연구소 협의회 편, 『인문저널 창』 2호, 2017, 79쪽.

4 같은 글, 79쪽.

5 필자가 보기에 서동진의 견해는 최근 몇 년간 그의 이론적·정치적 관점의 일관된 표현이다. 곧 그의 관점은 다분히 교조적인 (더욱이 의도적으로 도발적인) 마르크스주의와 다르지 않다(서동진, 『변증법의 낮잠』, 꾸리에, 2015 참조). 다만 여기서 내가 말하는 '교조적'이라는 표현은 반드시 비난의 뜻을 담고 있는 것은 아니다. 그것은 '정통적'이라는 의미, 따라서 자신이 이해하는 마르크스주의의 근본 원리에 충실하고자 하는 태도라는 의미를 지닌다.

참여하는, 역사상 보기 드문 거대한 대중운동의 양상을 보여주었지만, 과연 촛불시위의 결과 어떤 성취를 얻었는가에 대해서는 의문의 여지가 존재한다.

첫째, 국민주권을 표방하는 새로운 정권이 들어섰고, 이 정권은 집권 1년 반이 지난 시점까지 60%에 가까운 지지율을 바탕으로 강력한 사정 드라이브('적폐 청산'이라고 불리는)를 추진하면서 이전 정권들(특히 이명박, 박근혜)과의 차별성을 부각하기 위해 애쓰고 있다.[6] 또한 현 정권은 '을의 눈물을 닦아 주겠습니다'라는 표어 아래 '공공부문 비정규직 제로'나 최저임금 인상, 노동시간 단축 같은 친노동, 친서민적인 정책들을 전개하고 있다(또는 그렇다고 자처하고 있다). 또한 국민의 목소리를 직접 정책에 반영하겠다는 취지 아래 청와대 홈페이지에 '국민청원' 게시판을 마련했으며, 지난 10년 동안 크게 후퇴했던 남북관계의 발전과 한반도의 평화 정착을 위해 노력하고 있다. 하지만 정권 초기에 이전 정권들과의 차별성을 확립하기 위해 노력하고, 특히 반부패라든가 '경제개혁'(물론 이 카멜레온 같은 용어들의 실제 함의의 차이에는 유념해야겠지만) 같은 정책들을 추구하는 것은 이전 모든 정권들에서 나타난 공통점이었다. 따라서 정책의 방향에서 이전 정권들과의 차이가 존재한다고 해도 이것이 과연 주목할 만한 결과를 낳을지는 의문이다. 특히 2018년 봄 국회에서 통과된 최저임금법 개정안은 노동계의 주장을 무시한 개악이라는 비판이 제기되고 있으며, 공공부문 비정규직 철폐의 진행 속도도 매우 더디고 불투명하게 진행되고 있다. 아

---

6 집권 3년 차를 넘긴 현재는 40% 중반의 지지율을 보이고 있다.

울러 2018년 여름 서울 및 수도권을 중심으로 집값이 폭등하면서 현 정권이 과연 주거 불평등 문제를 해결할 의지를 지니고 있는가에 대해 강한 의구심을 자아내고 있다. 이것이 원내 과반 의석에 미치지 못하는 세력관계의 결과 때문인지 아니면 정권의 의지나 능력의 부족 때문인지는 더 지켜볼 필요가 있을 것이다.

둘째, 하지만 경제개혁이나 남북관계에서 앞으로 주목할 만한 진전이 이루어진다고 해도, 이것이 과연 촛불시위를 '혁명'이라고 부를 수 있는 충분한 근거가 될 수 있는가에 대해서는 여전히 의문이 제기될 수 있다. 뒤에서 더 이야기하겠지만, 지금까지의 정책이나 노력은 말하자면 '을을 위한 민주주의'일 수는 있어도 그것이 과연 '을에 의한 민주주의'인지, 또는 '을(자신)의 민주주의'인지 의문이 제기될 수 있기 때문이다. 곧 국민을 위해, 국민 중 약소자들을 위해 올바른 정책을 추진하는 것은 중요한 일이지만, 이처럼 위에서 아래를 위해 추진되는 정책은 민주주의를 위한 필요조건일 수는 있어도 충분조건이라고 하기는 어렵기 때문이다. 그것은 말하자면 **후견적 민주주의**일 수 있고, 현명하고 유덕한 군주가 (어리석은) 아랫사람들을 위해 펼치는 선정(善政)에 더 가까울 수 있는 것이다.[7] 그리고 아래로부터의 광범위한 지지를 받지 못하게 되면, 모처럼 극적인 화해의 국면에 접어든 남북관계 및 북미관계, 더 일반적으로는 한반도 정세에 새로운 파국이 일어날 소지가 다분히 존재할 것이다. 이른바 '남남갈등'이라고 하는 것은 정권의 지지도가 약해지면 언제든지 재연되고 폭발할 수 있는 잠재력을

---

7 물론 이것이 유능한 지도자의 필요성을 부인하는 것은 아니다.

지니고 있기 때문이다.[8]

셋째, 촛불시위가 됐든 아니면 남북관계 및 북미관계의 획기적인 전환이 됐든, 이것이 과연 현 정권 및 그것을 지지하는 세력의 주체적인 노력으로 인해 일어난 결과인지, 아니면 극히 이례적인 우연적 힘들의 작용 속에서 발생한 우발적 결과인지 의문이 제기될 수 있다. 최순실 등의 국정농단이 존재하지 않았다면, 그리고 그 핵심 증거물을 담고 있는 최순실의 태블릿 피시가 입수되지 않았다면, 과연 2016년의 거대한 촛불시위가 가능했을까? 또한 만약 힐러리 클린턴이 미국 대통령이 되었다면 오늘날과 같은 남북관계 및 북미관계의 변화가 가능했을까? 아니 그 이전에 (역설적으로 들릴 수도 있겠지만) 북한의 김정은이나 미국의 트럼프(또는 중국의 시진핑이나 러시아의 푸틴 같이) 같이 민주주의적 절차에 입각한 의견 수렴과 합의를 중시하기보다는 권위주의적인 방식으로 '통 크게 결단하는' 지도자들이 우리나라를 둘러싼 나라들을 통치하지 않았다면, 과연 오늘날과 같은 급격한 사태 전환이 가능했을까 하는 의문도 제기해볼 만하다.

이러한 여건들을 잘 활용하여 남북관계와 북미관계를 진전시키는 데 기여한 것은 문재인 정권의 중요한 능력이고 업적이지만, 다른 한편으로는 매우 우발적인 행운들이 작용했다는 점도 무시할 수 없다. 남북관계 및 북미관계, 아울러 동아시아 전체의 정세에서 이것이 함축하는 것은 한반도 평화체제의 성립이 결국 타자(외적인 타자든 내적인

---

8 남남갈등의 문제에 대해서는 이무철, 「북한문제의 과잉정치화와 극단적 양극화 분석: 갈등전환(Conflict Transformation)의 제도화 모색」, 경남대 극동문제연구소 편, 『한국과 국제정치』 101호, 2018 참조.

타자든)의 이해관계에 따라 좌우될 가능성이 적지 않으며, 따라서 매우 불확실하고 험난한 과정이 될 것이라는 점이다. 그것을 단적으로 보여주는 것이 현재 한반도 평화체제 성립에서 가장 중대한 고비가 되는 비핵화 협상이 오직 북한과 미국 사이의 쟁점으로 남아 있다는 점이다. 그런데 기존의 한·미·일 삼각동맹을 고수하려는 미국 동맹세력들에게 북미정상회담은 '충격과 공포'로 받아들여졌다는 분석이 있다.[9] 1993년에 있었던 이른바 '1차 북핵위기' 및 2002년에 있었던 '2차 북핵위기'가 남북관계 및 한반도 정세의 화해 분위기가 좌초되는 데 중요한 빌미가 되었다는 점을 감안하면 이는 상당히 불안한 측면이라고 할 수 있다. 그리고 하노이 북미 정상회담이 이른바 '노딜'로 귀결된 것은 이러한 불안이 단순한 기우가 아님을 입증해주었다.

이와 관련하여 구갑우 교수가 평창 임시 평화체제가 안고 있는 '삼중 모순'이라고 지적한 것은 주목할 만한 가치가 있다.[10] 그것은 한국이 "한반도 비핵화, 한미동맹의 지속, 한반도 평화체제의 구축이란 정책목표를 동시에 달성할 수 없는" 것을 가리킨다. 평창 임시평화체제가 성립하게 된 동기가 한반도 평화체제를 수립하려는 문재인 정부의 강한 의지였고, 이것이 한미동맹의 잠정적 수정(한미 합동군사훈련의 연기)을 이끌어냈으며, 다시 이것이 북한의 호응(핵실험 및 미사일 발사 실험 중단)과 대화 참여를 이끌어낸 결과 오늘날과 같은 평화체제

---

9 이혜정, 「트럼프 시대의 미국 패권과 북핵」, 성균관대학교 성균중국연구소 편, 『성균 차이나 브리프』 47호, 2018. 또한 일본의 입장에 대해서는 길윤형, 「구조적 위기 위의 한일관계」, 『황해문화』 103호, 2019 참조.
10 구갑우, 「평창 '임시평화체제'의 형성 원인과 전개: 한반도 안보 딜레마와 한국의 '삼중 모순'」, 경남대학교 극동문제연구소 편, 『한국과 국제정치』 101호, 2018.

구축의 전망을 가능케 한 것이다. 문제는 이것이 잠정적이거나 임시적인 선순환에 기반을 두고 있기 때문에 여전히 불안정한 상태에서 다양한 부정적(그리고 상호 충돌 가능성이 높은) 변수들에 노출되어 있다는 점이다. 문재인 정부가 앞으로 독자적으로 한미동맹을 일정 부분 거스르면서, 심지어 해체의 위험을 무릅쓰면서 비핵화 및 평화체제 구축 과정을 이끌어갈 수 있을까, 그때 미국이 이러한 전개과정을 어디까지 용인할 수 있을까, 또한 그 과정에서 남쪽의 보수세력의 반발 및 '대중의 공포'(이는 다시 전통적인 국가안보 담론으로의 회귀를 촉진할 것이다)에 어떻게 대응할 수 있을까 등등이다. 이것의 향방은 문재인 정부가 얼마나 국내에서 정치적 지지를 유지할 수 있는가에 상당 부분 달려 있을 것이며, 이는 다시 현 정부가 촛불시위의 동력을 얼마나 이끌고 갈 수 있을지, 또는 촛불시위의 동력을 얼마나 을의 민주주의의 관점에서 발전시키고 구조화할 수 있을지에 달려 있을 것이다.

2. 을의 민주주의란 무엇인가?

1) 이등 국민으로서의 을

이제 내가 말하는 을의 민주주의가 어떤 것인지 간략하게 소개해보겠다.[11] 우선 최근 몇 년 사이에 우리 사회에서 널리 사용되는 갑과 을에

---

11 이 절은 진태원, 『을의 민주주의』 중 서문의 내용을 부분적으로 수정·확장한 것이다.

관한 담론이 나에게는 흥미롭다. 갑과 을이라는 말은 몇 년 전만 해도 아주 평범한 말이었다. 그것은 주로 계약관계에서 계약의 쌍방을 가리키는 말 이상이 아니었다. 하지만 '갑질', '을의 눈물' 같이 언론에 자주 등장하는 표현들이 말해주듯, 이 용어들은 더는 중립적인 관계의 쌍방을 지칭하는 말이 아니라 지배와 복종, 우월함과 열등함, 모욕과 혐오, 억압과 배제 관계를 나타내는 말이 되었다. 프랜차이즈 본사의 부당한 횡포에 시달리는 가맹점 점주와 역으로 그 점주의 횡포에 신음하는 알바생들, 자본의 억압과 폭력만이 아니라 정규직 노동자들의 차별과 갑질에 고통 받는 비정규직 노동자, 원청업체의 부당한 요구와 전횡의 희생자인 하청업체 및 직원들, 교수에 절대 복종해야 하는 대학원생들, 무차별적인 혐오의 대상인 여성들과 소수자들, 가혹한 경쟁의 틈바구니에서 시달리는 어린 학생들 같이 어느덧 '을'이라는 말은 부당한 억압과 폭력, 차별과 따돌림, 모욕과 배제의 대상이 되는 사람들 일반을 가리키는 말이 되었다. 프랑스 철학자 자크 랑시에르가 적절히 표현한 바에 따르면 을은 '몫 없는 이들'과 다르지 않다.[12] 그리고 '10 : 90', '1 : 99' 같은 표현이 말해주듯, 몫 없는 이들로서 을의 위치에 놓여 있는 이들은 바로 우리 사회의 구성원들 대다수다.

그렇다면 자연스럽게 이런 질문이 제기될 수 있다. 왜 최근 몇 년 사이에 이처럼 갑과 을에 관한 담론이 우리 사회에 널리 퍼지게 되었을까? 경제학자들과 사회학자들은 대개 지난 1997년 IMF 외환위기가 하나의 변곡점이 되었다는 데 동의할 것이다. 외환위기 이후 한국사회

---

12 랑시에르, 『불화: 정치와 철학』 참조.

는 급속히 신자유주의적 질서에 따라 재편되었으며, 그 결과는 한편으로 양극화의 심화로, 다른 한편으로는 '이등 국민'으로서의 을들의 확산으로 나타났기 때문이다.

경제학자인 장하성에 따르면 1990년대 중반까지 상위 10%의 고소득층은 전체 소득의 29%를 차지했는데, 2012년에는 44.9%까지 치솟았으며, 이것은 상위 5%, 상위 1%의 고소득층의 경우도 마찬가지다.[13] 이는 또한 고용불평등의 문제와 깊이 관련되어 있다. 2014년 기준 비정규직 비율은 정부 통계에 따르면 32%이고, 노동계 통계에 따르면 45%이다. 문제는 '정규직 대비 비정규직의 임금 수준이 절반에 불과'하며, '대기업과 중소기업 사이의 임금 격차도 이와 비슷하다는 점'이다. 1980년대 대기업 대비 90%에 해당하던 중소기업 임금 수준은 1990년대에는 70%대로, 2014년에는 60%대로 떨어졌다. 그런데 '2014년 기준 중소기업은 전체 노동자의 81%를 고용하고 있고 대기업은 19%에 불과하다'. 따라서 대기업에 근무하는 일부 정규직 노동자를 제외한 나머지 노동자들은 심각한 소득 불평등과 고용 불평등에 직면해 있다. 실제로 한국은 OECD 국가들 가운데 저임금노동자 비중이 두 번째로 높고, "월 임금이 100만 원 이하인 노동자가 전체 임금노동자 1874만 명의 3분의 1을 넘는다."[14] 결국 한국사회의 신자유주의적 재편이 본격적으로 시작된 외환위기 이후 저임금노동자와 비정규직 노동자가 양산되면서 소득 불평등과 고용 불평등이 심화되었다는

---

13 장하성, 『한국 자본주의』, 헤이북스, 2014; 『왜 분노해야 하는가』, 헤이북스, 2015 참조.
14 장하성, 『왜 분노해야 하는가』, 310쪽.

것이 여러 통계 수치를 통해 입증되는 것이다.

노동운동가 김혜진의 『비정규사회』라는 책은 한국사회에서 을들이 이등 국민의 처지에 놓여 있음을 구체적으로 보여준다.[15] 현장 활동가답게 저자는 지난 20여 년 동안 신자유주의적 재편의 결과 어느 덧 비정규 사회가 되어버린 우리 사회의 구체적인 면모를 드러내준다. "은행에서 비정규직 노동자들을 정규직으로 전환했을 때, 정규직으로 전환된 사람들에게 일어난 가장 큰 변화는 아이를 한 명 더 낳기 시작 했다는 것이다."[16] 왜 그럴까? 비정규직일 때는 출산휴가를 쓰기도 어렵고 직장 보육시설이나 탁아시설을 사용할 수도 없을뿐더러 미래가 불확실하기 때문에 아이를 더 낳기 어렵다가 정규직 일자리를 얻으면 서 이런 여건들이 갖추어지자 아이를 더 낳아 키울 수 있겠다는 생각 이 든 것이다. "이는 배제되었던 권리 안에 다시 편입되는 순간 사회적 으로도 안정된 관계망에 들어선다는 사실을 보여준다."[17]

조금 더 넓혀 말하면, 우리가 흔히 정상적인 삶이라고 생각하는 것 은, 직장을 갖고 가정을 꾸려 아이를 낳고 키워서 훌륭한 사회의 구성 원으로 만든 뒤, 적절한 시점에 은퇴하여 여생을 누리다가 삶을 마감 하는 것이다. 그런데 '비정규적인 사회는 우리가 보통 정상적인 삶이 라고 부르는 이러한 삶을 거의 불가능하게 만든다는 것'을, 저자는 우 리 사회에 편재해 있는 비정규직 노동자들의 예를 통해 매우 구체적이 고 설득력 있게 보여주고 있다. 따라서 저자는 서문에서부터 "비정규

---

15 김혜진, 『비정규사회』, 후마니타스, 2015.
16 같은 책, 170쪽.
17 같은 책, 170쪽.

체제 안에 있는 우리 모두가 피해자들이다"[18]라고 역설한다. 비정규 사회는 단순히 비정규직 노동자들만이 아니라 정규직 노동자들을 포함한 사회 구성원들 대다수가 보통 정상적인 삶이라고 부르는 인간다운 삶을 영위하기 어려운 사회, 실로 그것을 거의 불가능에 가깝게 만드는 사회이기 때문이다. 특히 고령 사회를 지나 초고령화 사회로 접어들고 있지만 OECD 회원국 가운데 노인 빈곤률이 가장 높은 우리 사회에서 이는 더욱 절박하게 체감되는 문제이다.

따라서 저자에 따르면 비정규직이 우리 사회에서 점점 늘어가고 실로 보편적인 고용 형태로 바뀌어가는 것은 단순히 좁은 의미의 일자리 문제, 또는 조금 더 넓게 본다면 사회경제적 문제에 국한된 문제가 아니다. 그것은 모든 사람들의 삶의 불안정성과 관련된 문제이며, 국민 내에서 **구조적인 차별**을 제도화하는 문제이다. "비정규직은 고용 형태만을 의미하지 않는다. 그 고용 형태로 말미암아 삶이 불안정해지고 희망을 잃은 채 불안에 떨며 노동해야 한다는 것을 의미한다. 비정규직이 확대되면서 노동자들은 '권리를 빼앗긴 이등 국민'이 되고 있다."[19]

2) 대한민국은 어떤 나라인가?

따라서 갑과 을에 관한 이러한 담론을 해방 이후 70여 년의 시간이 지

---

18 같은 책, 7쪽.
19 같은 책, 76~77쪽. 강조는 인용자.

난 우리나라 현대사의 중요한 한 가지 증상으로 생각해볼 수 있다. 그것은 대한민국이라는 우리가 살고 있는 국가 또는 정치공동체가 과연 어떤 국가인가라는 질문과 연결된다. 국가란 무엇인가라는 질문은 인류사에서 매우 오래된 질문이며, 다양하고 심지어 서로 상충하는 답변들을 산출해온 질문이다. 따라서 이 소론에서 이 질문에 대한 엄밀하고 체계적인 탐구를 수행할 수는 없기 때문에, 간단하게 세 가지 측면만 지적해두겠다.

우선 국가는 그 구성원들의 공동선 또는 공동의 가치 및 이익을 추구하는 정치공동체라고 말해볼 수 있다. 왕이나 황제를 주권자로 하는 국가이든 아니면 귀족들의 집단적 이익을 추구하는 국가이든 또는 넓은 의미의 민주정 국가이든 간에, 국가라는 정치공동체가 오직 소수의 이익만을 추구하는 경우는 없다. 또는 만약 그런 경우가 있다면 그 국가는 오래 존속할 수 없다. 정치공동체로서의 국가는 늘 그 구성원 전체의 공동의 가치나 이익을 추구해야 하며, 그럴 경우에만 유지되고 존속할 수 있다. 스피노자가 군주정이든 귀족정이든 아니면 민주정이든 간에 "국가의 권리 또는 주권자의 권리는 자연의 권리와 다르지 않으며, 각 개인의 역량이 아니라 마치 하나의 정신에 의해 인도되는 듯한 대중들의 역량(potentia multitudinis)에 의해 규정된다"[20]고 말한 이유가 여기에 있다.

하지만 다른 한편으로 국가는 또한 지배자와 피지배자가 분할되

---

20 Benedictus de Spinoza, *Tractatus Politicus*, 3장 2절, in Carl Gebhardt ed., *Spinoza Opera*, vol.III, Heidelberg: Carl Winter, 1925, pp.284~285.

는, 넓은 의미에서의 계급적 공동체라는 점 역시 부인할 수 없다. 국가는 공동의 가치와 이익을 표방하지만, 그것은 늘 지배하는 계급의 이익에 의해 매개되는(또는 데리다식으로 말하면 '대체 보충되는') 것이라고 보아야 한다. 이는 근대 이후의 자본주의 국가의 경우도 마찬가지다. 잘 알려져 있다시피 마르크스와 엥겔스는 『공산주의당 선언』에서 자본주의 국가를 "부르주아 계급 전체의 공동 업무를 처리하는 하나의 위원회일 뿐"[21]이라고 간주했지만, 우리가 굳이 이러한 규정을 따르지 않는다 하더라도, 우리나라를 비롯한 현대 자본주의 체제의 국가들이 자본가계급(특히 재벌과 같은 대자본가들)의 이익을 보호하고 관철한다는 점을 부인하기 어렵다. 따라서 우리나라 최대 재벌의 명칭을 딴 '삼성공화국'이라는 말이 종종 쓰이거니와, 무엇보다도 '갑질', '을의 눈물' 같은 용어들이 많은 사람들에게 공감을 얻고 사회적으로 널리 쓰이는 현상 자체가 우리나라가 재벌 및 권력자들과 같은 갑의 이익을 옹호하는 계급적 국가의 하나라는 점을 방증해준다.

최근 몇 년 사이에 수많은 대중이 우리나라의 계급적 성격을 사무치게 자각하게 된 계기가 된 것이 세월호 참사였다. 세월호 참사에서 대중들이 경험한 것은 대한민국이라는 국가가 "검은 구멍"[22]이라는 점이었다. 그 이유는 사람들에게 보통 국가는 항상 이미 주어져 있는 가장 단단한 현실이라고 여겨지지만, 세월호 참사에서 대중들이 목도한

---

21 칼 마르크스·프리드리히 엥겔스, 『공산당 선언』, 『칼 마르크스·프리드리히 엥겔스 저작 선집 1권』, 최인호 외 옮김, 박종철 출판사, 1991, 402쪽.

22 진태원, 『을의 민주주의』, 109쪽.

국가는 충격적이게도 "너무나 허망한 어떤 것"이고 "커다란 공백"[23]이었기 때문이다.

국가는 눈앞에서 침몰해가는 배 안에 갇힌 학생들을 구조하는 데 무능력했을 뿐만 아니라, 더 나아가 학생들을 구조하려는 의지도 갖고 있지 않은 것처럼 보였다. '이게 나라냐'하는 탄식이 흘러나왔고, "'가난한 우리'를 위한 국가는 없다, '가난한 나'를 위한 국가는 존재하지 않는다"[24]는 자각이 이루어졌다. 만약 배 안에 갇힌 학생들이 안산 단원고 학생들이 아니라 외국어고나 과학고 또는 강남의 명문고 학생들이었어도 정부가 그렇게 대응했을까라는 의문이 대중들의 공감을 얻었고, '가만히 있으라'는 지시는 복종을 명령하는 환유적 표현으로 간주되어 분노를 자아냈다. "국가는 '그들의 편'"[25]이었던 것이다.

3) 상상의 공동체로서 국가

하지만 국가의 또 다른 특성이 존재한다. 국가는 한편으로 공동의 이익과 가치를 추구하면서도 다른 한편으로는 무엇보다 지배계급의 이익을 관철하는 치안기계이기도 하지만, 국가는 또한 베네딕트 앤더슨의 표현을 빌리면 '상상의 공동체'이기도 하다.[26] 앤더슨 자신도 지적

---

23 진태원, 『을의 민주주의』, 110쪽.
24 같은 책, 110쪽.
25 같은 책, 110쪽.
26 Benedict Anderson, *Imagined Communities: Reflections on the Origin and Spread of Nationalism*[앤더슨, 『상상의 공동체』].

하고 있거니와, 이때의 상상이라는 말을 정확히 이해해야 한다. 국가가 상상의 공동체라는 말은 상상적인 것이 국가를 구성하는 본질적인 요소라는 것을 뜻하며, 따라서 상상적인 것은 그것을 걷어내고 깨뜨려야 비로소 우리가 국가의 실체 내지 진상을 파악할 수 있게 되는 주관적인 공상이나 착각 또는 기만을 의미하지 않는다. 상상적인 것이 존재하지 않는다면 국가 역시 존재하지 않는다.

상상적인 것으로서의 국가의 특성은 '국민국가'라는 개념에서 잘 드러난다. 근대국가는 보통 국민국가라고 한다.[27] 이는 국민이 자연적인 공동체(곧 혈통에서 유래하거나 에스니시티를 기반으로 하는)가 아니라 근대에 만들어진 "특수한 종류의 문화적 인공물(cultural artefacts)"[28]임을 뜻한다. 그리고 앤더슨에 따르면 이러한 문화적 인공물로서의 국민은 인쇄 매체들에 기반을 둔 근대에 고유한 시간, 곧 '공허하고 동질적인 시간'을 통해 가능하게 되었다. 하나의 국민을 이루고 있는 성원들은, 대부분의 경우 서로 아무런 개인적·가족적·사회적 관계를 맺지 않고 있다. 가령 나는 서울 관악구 청룡동의 한 아파트에 살고 있지만, 나는 같은 아파트에 사는 다른 주민들과 극소수를 제외하면 아무런 면식 관계가 없다. 더욱이 같은 청룡동의 다른 아파트 주민들이나 단독주택 주민들과는 더더욱 아무런 관계도 없다. 그러니 같

---

27 '국민'(nation)이라는 말을 '민족'(ethnicity)이라는 말과 혼동하는 경향이 있고 실제로 20세기 중반까지 네이션이라는 단어는 정치공동체로서의 국민이라는 뜻과 혈통 및 문화공동체로서 민족이라는 뜻으로 혼용되어 사용되기도 했지만, 현대 인문사회과학의 논의를 고려한다면 양자를 잘 구별해서 사용할 필요가 있다. 이 문제에 관해서는 특히 이 책 5장 참조.

28 B. Anderson, *Imagined Communities*, p.35[같은 책, 56~57쪽].

은 서울에 살고 있다고 하지만, 내가 구체적인 면식 관계나 친분 관계를 맺고 있는 사람은 극소수에 불과할 수밖에 없다. 한국이 작은 나라라고는 하지만, 한국 전체로 범위를 넓혀보면 더욱더 그렇다.

그럼에도 나는 내가 아무런 관계도 맺지 않은 수많은 이런저런 사람들을 '나와 같은 한국사람'이라고, 더 나아가 때로는 '나와 피를 나눈 한민족'이라고 상상한다. 그리고 나와 개인적으로 매우 가깝거나 어쨌든 이런저런 친분을 지닌 일본 사람, 프랑스 사람 또는 캐나다 사람을 나는 '나와는 다른 공동체에 속한 사람'이라고 구별한다. 나와 아무런 관계도 없는 일본 사람들을 적대시하거나 혐오하는 일도 일어난다. 이것은 일본인들이 우리 한국사람 또는 재일조선인을 비롯한 '한민족'을 대할 때도 일어나는 일이다. 이러한 상상적 동일성, 상상적 일체감이 없다면, 국민과 같은 것은 존재할 수 없다.

따라서 국민주의(nationalism)는 일부 지식인들이 생각하듯이, 서구 유럽 같은 '선진국들'에서는 이미 사라진 것이며 '후진국들'이나 '제3세계 국가들'에서나 나타나는 병리적 현상으로 치부할 수 없다. 국민주의는 국민국가라는 정치공동체가 존재하기 위해서는 필수불가결한 상상적 지주(支柱)다. 영국의 사회심리학자 마이클 빌리그가 『일상적 국민주의』[29]에서 잘 보여주었듯이, 미국, 프랑스, 영국, 독일 등을 비롯한 서구의 이른바 '선진국들' 역시 정치공동체로서 존립하고 재생산되기 위해서는 지속적으로 '국민'이라는 정체성과 일체감을 지속적으로 유지할 수 있어야 한다. 국기나 국가(國歌), 축구 대표팀 같은 것, 역

---

29 Billig, *Banal Nationalism*.

사 교육이나 국가의 영웅들에 대한 기억과 숭배 따위는 모든 국가에서 일상적으로 전개되는 일상적 국민주의의 대표적인 현상들이다. 그렇다면 국민주의를 제3세계 국가들에서나 볼 수 있는 후진적인 이데올로기로 간주하는 것 자체가 지극히 '서구중심적인' 관점이라고 할 수 있다.

우리나라는 국민주의 가운데에서도 민족적 국민주의(ethnic nationalism) ── 우리가 보통 '민족주의'라고 부르는 것은 이것의 줄임말이다 ── 가 강한 나라다. 민족적 국민주의의 특징은 인종적·문화적 정체성으로서의 민족과 정치적 정체성으로서의 국민이 거의 일체를 이룬다는 것이다. 가령 프랑스나 미국 같이 이민자들에 기반을 둔 이민자 국민국가는, 같은 미국 국민 또는 프랑스 국민이라 하더라도 민족적 출신들은 지극히 다양하다. 이 나라들은 수십 개 이상의 상이한 민족 출신들이 모여서 동일한 국민을 형성해서 살아가는 나라들이다. 반면 우리나라는, 최근에는 좀 달라지고 있지만, '단군의 후손'으로서의 한민족이 한국 국민과 거의 동일시되는 나라다. 따라서 광대뼈가 좀 나오고 머리가 검고 무슨 가문의 무슨 후손인 사람들, 어느 지역 어느 출신이라는 것이 금방 밝혀질 수 있는 사람들만이 국민으로 간주되고 또한 국민으로서의 자격을 지니고 있다고 여겨지는 나라가 우리나라다.

이처럼 국민적 정체성이 민족적 정체성과 거의 동일시되는, 말하자면 **국민=민족 등식**이 상식적인 것으로 통용되는 나라일수록, 그러한 동일성이 강조되는 나라일수록 소수자들 및 개인들의 권리가 제대로 보호되거나 존중되기 어렵다. 전근대사회에서 전해진 강고한 가부장제적 질서가 더욱 권위를 부여받게 되고, 개인보다는 가문, 공동체, 국가의 정체성이 더욱 중요성을 얻게 되며, 피부색이 다르고 민족적 출신이 다르고 젠더 정체성이 모호한 이들은 정상적인 국민으로, 또는 시민이자 인간으로 대접받기가 더욱 어려워진다. 갑과 을의 위계 및 차별 구조가 더 강하게 작용하는 것도 이러한 이유 때문이다.

또한 뒤에서 더 논의하겠지만, 다른 나라들에서는 좀처럼 찾아보기 어려운 국민=민족 등식을 매우 자연스러운 집합적 정체성의 형태로 받아들이는 한국의 민족적 국민주의는 한반도 평화체제를 (탈)구축하는 데 질곡으로 작용할 수도 있다. 이 등식은 시민성의 탈국민화를 사고하기 어렵게 만들뿐더러,[30] 민족의 상상적 동일성에 기초를 둔 통일의 지상명령에 소극적이고 적극적인 평화의 실천들을 종속시키는 이데올로기적 근거가 될 수 있기 때문이다.

따라서 국가를 단순히 시민들의 공동선을 추구하는 시민들의 공동체로 간주할 수도 없고, 지배계급의 이익이 전일적으로 관철되는 계급국가로만 사고할 수도 없으며, 그와 더불어 국가에 본질적인 상상적인 것의 측면을 유념해야 한다. 2016년 가을과 겨울에 걸쳐 촛불시위의 뜨거운 함성이 전국을 뒤덮을 때, 그 한편에서는 태극기를 들고 나와 국정농단을 자행한 주범인 전(前)대통령과 그 일당의 무죄를 옹호하는 목소리가 울려 퍼지고 있었다. 탄핵이 이루어진 지 2년이 더 지난 현 시점에서도 독재자와 그 딸을 자신과 동일시하고, 최고 재벌의 이

---

30 시민성의 탈국민화 또는 관(關)국민화(transnationalisation)에 관해서는 에티엔 발리바르, 『우리, 유럽의 시민들? 세계화와 정치의 재발명』 참조.

익에 자신의 이익이 달려 있다고 믿는 사람들, 따라서 자신과 비슷한 을들과 일체감을 느끼고 연대하기보다는 그들을 비난하고 공격하는 이들은 여전히 탄핵 이전의 상태로의 회귀를 도모하고 있다.

　김남주는 「낫」이라는 유명한 시에서 "낫 놓고 ㄱ 자도 모른다고 / 주인이 종을 깔보자 / 종이 주인의 모가지를 베어 버리더라 / 바로 그 낫으로"라고 노래했지만, 사실 종의 낫이 다른 종의 목을 겨누는 일이 비일비재한 것이다.[31] 이것은 주관적 착각이나 기만의 성격을 지니고 있지만, 그에 앞서 국가의 본질적인 상상적 성격에 뿌리를 두고 있다. 따라서 '1 : 99', '20 : 80'이라는 구호들이 가리키는 심각한 양극화의 현실 속에서 국민 대다수를 이루는 을들 사이에 공통의 이해관계가 존재한다고 하더라도, 그것이 반드시 동일한 계급의식으로 나타나지 않으며 공동의 이해관계의 정치적 추구로 이어지지도 않는 것이다. 그리고 이 때문에 을의 민주주의가 문제적인 화두인 것이다.

4) 국민주권을 넘어서

2017년 5·18 광주민주화운동 37주년 기념사에서 문재인 대통령은 "새롭게 출범한 문재인 정부는 광주 민주화운동의 연장선 위에 서 있"다고 강조하면서 "마침내 5월 광주는 지난겨울, 전국을 밝힌 위대한 촛불혁명으로 부활했습니다"라고 말했다. 더 나아가 그는 "촛불은 5·18 광주의 정신 위에서 국민주권의 시대를 열었습니다. 국민이 대

---

31 이 문제에 관해서는 진태원, 「김남주 이후」, 『을의 민주주의』 참조.

한민국의 주인임을 선언했습니다"라는 점을 역설했다.

5·18, '촛불혁명', 국민주권이라는 세 개의 단어를 연결하고 더 나아가 이것들 사이의 등가성을 선언한 기념사의 핵심은 **국민주권**이다. 법적인 측면에서 본다면, 국민주권이라는 단어는 이미 오래 전부터 우리 헌법의 첫머리에 기입되어 있었다. 하지만 다른 한편에서 본다면, "대한민국의 모든 권력은 국민으로부터 나온다"고 선포한 헌법 조문은 오랫동안 유명무실한 조문으로 남아 있던 것이 사실이다. 국민이 주권자라는 것은 **통치자를 선출할 수 있는 권리를 갖고 있다**는 의미로만 제한되어 있었던 반면, 대통령이나 국회의원은 **국민의 대표자가 아니라 국민을 다스리는 통치자들**로 인식되었으며 또 스스로 그렇게 처신해왔기 때문이다. 따라서 촛불이 "국민주권의 시대"를 열었고 "국민이 대한민국의 주인임을 선언"했다는 말은 국민이 단순히 피통치자에 머물지 않고 통치자를 통제하거나 적어도 실질적으로 감시할 수 있는 시대가 되었다는, 그러한 시대가 되어야 한다는 말로 이해할 수 있다.

하지만 이러한 노력이 충분한 성과를 거두기 위해서는 국민주권 또는 인민주권(popular sovereignty)이라는 개념에 대해 좀더 숙고해 볼 필요가 있다. 왜냐하면 국민주권이라는 말은 일종의 **허구**이기 때문이다. 주권의 주체로서 '인민' 내지 '국민'과 같은 것은 실물로 존재하는 어떤 것이 아니며, 그것의 실물 내지 실체가 있다면 그것은 **그 실천적 효과 속에서만 현존**한다. 곧 국민 주권은 국민이 **주권자로서 행위하고 실천하는 한에서만** 실체로서 존재하는 것이다. 더욱이 국민은 동질적인 개인들의 집합이 아니며, 계급들로 분할되고 성과 젠더로 구별되고 지역·출신·학벌 등으로 나뉜다. 특히 우리가 정치공동체 안에 존재하고, 사회적 관계 속에서 살아가는 이상 국민은 지배자와 복종하는 자, 권력을 가진 자와 못 가진 자, 몫을 가진 이들과 몫 없는 이들, 갑과 을로 분할된다.

따라서 **주권자로서의 국민**이라는 범주에는 갑의 위치에 있는 국민과 을의 위치에 있는 국민, 1퍼센트의 국민과 99퍼센트의 국민의 차이가 기입되어 있지 않으며, 오히려 **그것을 감춘다**. 이러한 은폐가 우연적인 사태이거나 단순한 이데올로기적 효과가 아니라, **보편적 평등을 표현하는** 국민주권 개념의 **구조적 특성**에서 기인한다는 점에서 이는 더욱 문제적이다. 더욱이 주권자로서의 국민은 다른 주권자 국민들과 맞서는 범주일 뿐만 아니라, 한국 내에 있는 국민 아닌 이들을 시민 아닌 이들로, 따라서 한나 아렌트에 따르면 (적어도 잠재적으로는) **인간 아닌** 이들로 배제하는 개념이다.[32] 국민이라는 말이 정상성의 기준이 될 때 그것에 미달하는 사람들은 배제와 차별, 무시의 폭력에 시달릴 수밖에 없는 것이다.

물론 우리는 그 역도 생각해볼 수 있다. 현실적으로는 국민 내지 인민이라는 단일한 개념 안에 이처럼 다양한 차이들이 존재하고, 또한 지배와 피지배, 인정과 차별, 포함과 배제의 다양한 관계들이 포함되어 있지만, 그럼에도 이들이 모두 **하나의 이름**으로 불린다는 사실, 공통의 이름으로 호명된다는 사실은, 국민 내지 인민이라는 개념이 **보편성을 표현**하고 있음을 말해주지 않는가? 이것을 허구적 보편성 또는 어느 **정도까지는 기만적인** 보편성이라고 비판할 수 있지만, 따라서 진정

---

32 한나 아렌트의 '인권의 역설'에 관해서는 아렌트, 『전체주의의 기원』 1권, 특히 9장 참조.

한 의미의 보편성이라기보다는 오히려 **보편성을 참칭하는 특수성**(특정한 계급이나 젠더 또는 인종이나 민족 등의 이해관계를 함축하는)의 표현이라고 고발할 수 있지만, 이러한 공통의 이름으로 호명될 가능성이 존재하지 않았다면, 정치적 주체 자체가 존재하지 않는다고 할 수 있기 때문이다. 다른 말로 하면, 그것이 인민이든 국민이든, 아니면 마르크스주의적인 정치의 주체로서 프롤레타리아트든 또는 다중이나 기타 어떤 것이든 간에 정치적 주체라는 것이 존재하기 위해서는 그것은 어떤 공동체의 공통적인 틀 속에서 정치적 주체로 구성/제도화되어야 한다.

따라서 국민 내지 인민이라는 개념의 허구적 성격에도 불구하고 그것을 쉽게 포기하기는 어렵다. 이런 측면에서 을의 민주주의는 국민 내지 인민이라는 범주를 완전히 폐기하거나 무효화하려는 기획이라기보다는 **몫 없는 이들로서의 을**이라는 기초 위에서 국민이나 인민을 개조하려는 기획으로 이해되어야 한다. 자크 랑시에르는 **몫 없는 이들의 몫**, 곧 몫 없는 이들의 정치적 주체들로의 구성이라는 문제를 바로 이러한 관점에서 파악한 바 있다.

> 민주주의의 주체이며, 따라서 정치의 모체가 되는 주체인 인민은 공동체 성원들의 총합이나 인구 중 노동하는 계급도 아니다. 인민은 인구의 부분들에 대한 모든 셈에 관하여 대체 보충적인 부분으로(la partie supplémentaire), 이것은 공동체 전체를 셈해지지 않는 이들의 셈과 동일시할 수 있게 해준다.[33]

국민 전체를 구성하는 각각의 부분, 곧 각각의 계급 내지 집단에 대한 셈을 대체 보충하는 부분으로서의 을들이 국민 전체와 동일시될 수 있을 때, 계급적 국가로서의 대한민국은 시민들의 공동의 이익, 공동의 가치를 추구하는 민주주의적 정치공동체로 재구성될 수 있을 것이다. 이것은 매우 아포리아적인, 그리고 그만큼 매우 복잡하고 까다로운 기획이지만, 해방 이후 70여 년의 시간이 흘러 이제 역사적인 전환점에 도달한 대한민국이라는 정치공동체의 미래를 가늠할 기획이기도 하다. 을을 위한, 을에 의한, 을의 민주주의는 민주주의의 이러한 새로운 발명을 위한 기획으로 이해할 수 있다. 그리고 이러한 기획의 본질적인 요소 중 하나가 한반도 평화체제의 (탈)구축이다.

3. 한반도 분단체제에 관한 담론들

1) 세 가지 담론

이런 관점을 염두에 두고 현재 한반도 분단체제를 둘러싼 담론들을 한번 조망해본다면, 1953년 휴전체제가 성립한 이후 오늘날까지 남한 사회에서 전개되어온 한반도 분단체제를 둘러싼 담론들은 대략 세 가지로 분류해볼 수 있다. 하나는 제일 전통적인 담론이고 여전히 강력한 힘을 지니고 있는 국가안보(national security) 담론이며, 두 번째는

---

33 Rancière, *Aux bords du politique*, p.234[랑시에르, 『정치적인 것의 가장자리에서』, 217쪽]. 랑시에르 테제의 의미에 대해서는, 진태원, 『을의 민주주의』, 371~378쪽 참조.

평화지향적 안보 담론, 세 번째는 평화담론 또는 그 한 가지 변용으로서 평화국가 담론이라고 할 수 있다.[34]

첫째, 국가안보 담론은 휴전체제의 성립 이후 오늘날까지도 지속되고 있는 가장 오래된 형태의 담론이라고 할 수 있다. 이 담론은 국제정치학에서 신현실주의라고 불리는 이론에 근거를 두고 있다.[35] 신현실주의는 국제관계를 기본적으로 무정부주의적 체제로 간주하고 있으며, 이 상태에서 냉전기에는 미국과 소련이라는 두 강대국의 군사력에 기초를 둔 힘의 균형이 국제체제의 구조를 유지하고 있다고 보았다. 강대국의 군사력에 기초를 둔 이 체제에서 개별 국가들이 선택할 수 있는 자율성의 여지는 매우 좁을 수밖에 없으며, 현실적으로는 두 강대국을 중심으로 동맹을 맺어 자신들의 국가안보를 유지하는 것이 최선의 선택이라고 간주한다. 남한이 미국과 동맹을 맺는다면, 북한은 중국 및 소련과 동맹을 체결하는 것이 그 전형적 방식이다. 이 상황에서 남한과 북한은 적대적인 국가 대 국가의 관계로 나타나게 되며, 양자 사이에는 적대 관계 및 흡수통일의 지향만이 존재할 뿐, 상호 이익을 공유하는 제도 같은 것은 존재할 수 없다. 또한 각 국가의 최고 가치가 국가의 보존, 곧 국가의 안보에 있기 때문에 내부의 민주주의는 극히 제약적으로 나타날 수밖에 없다.

냉전체제가 해체된 이후 소련이라는 강대국 중 하나가 소멸한 상태에서 더 이상 신현실주의의 기본 가정이 유지되기 어렵게 되었고,

---

34 이러한 분류는 구갑우, 『비판적 평화연구와 한반도』, 후마니타스, 2007; 『국제관계학 비판』, 후마니타스, 2008에 주로 의존했다.

35 대표적인 것이 케네스 월츠, 『국제정치이론』, 박건영 옮김, 사회평론, 2000.

따라서 여기에 기반을 둔 국가안보 담론도 자신의 이론적 토대를 상실했지만, 국가안보 담론은 여전히 보수파의 주도적인 담론으로 남아 있는 것으로 보인다.

둘째, 냉전체제가 해체되고, 국내적으로는 1987년 이후 민주화 과정이 시작되면서 말하자면 평화지향적 안보 담론이라고 부를 수 있는 새로운 안보 담론이 출현했는데, 이것의 기점이 된 것이 1991년 남한과 북한 사이에 체결된 「남북기본합의서」이며, 그 정점이 2000년 남북정상회담에서 도출된 6·15 남·북 공동선언이라고 말할 수 있다.

「남북기본합의서」는 남한과 북한 사이의 관계가 "나라와 나라 사이의 관계가 아닌 통일을 지향하는 과정에서 잠정적으로 형성되는 특수관계"라는 점을 인정한 가운데, "평화 통일을 성취하기 위한 공동의 노력을 경주할 것을 다짐"할 것을 천명하고 있다. 그리고 남한과 북한이 상대방의 체제를 인정하고 상호 적대와 비방 행위를 중단하면서 "정전상태를 남북 사이의 공고한 평화상태로 전환시키기 위하여 공동으로 노력"할 것, "민족의 존엄과 이익을 위하여 공동으로 노력"할 것 등을 약속했다. 이것은 남한과 북한이 국가안보 담론에 기초한 상호 적대 관계를 청산하고 '평화상태'를 추구하며 민족 공동의 존엄과 이익을 추구하는 새로운 관계를 수립하려는 의지를 표현하였다는 점에서 적지 않은 의의를 지니고 있다. 하지만 이것은 기본적으로 여전히 남한과 북한 관계가 독자적인 주체들 사이의 관계가 아니라 "미국의 대한반도 정책의 종속변수"[36]로 존재한다는 한계를 지니고 있었으며,

---

36 구갑우, 『국제관계학 비판』, 417쪽.

이 때문에 1차 북핵위기가 터지면서 북한과 미국 사이의 갈등이 불거지자 좌초하고 말았다. 더 나아가 기본합의서 체결 당사자였던 노태우 정권이 기본적으로 보수적인 정권이었다는 점, 나아가 보수 진영 내부에서 냉전의 해체에 따른 새로운 대북관계 전환의 필요성과 정당성에 대한 폭넓은 합의를 이끌어내지 못했다는 점도 한계로 지적될 수 있다. 따라서 「남북기본합의서」는 남한과 북한의 적대관계를 청산하고 평화공존의 시기로 나아가려는 노력을 품고 있으나, 여전히 국가안보 담론 및 그에 기반을 둔 동맹관계를 해체하는 데까지 이르지 못했다는 한계를 지니고 있다.

2000년 김대중 정권에서 추진하여 성사된, 역사상 최초의 남북정상회담 및 여기에서 도출된 6·15 공동선언은 많은 연구자들이 인정하듯 남북관계에 획기적인 전환을 가져왔으며, 대략 세 가지 측면에서 그렇다고 볼 수 있다. 첫째, 처음으로 남한과 북한이 상대방을 국가적 실체로 인정했으며, 둘째, 1항에서는 "자주적 통일" 원칙을 확인하고 2항에서는 "남과 북은 나라의 통일을 위한 남측의 연합제안과 북측의 낮은 단계의 연방제안이 서로 공통성이 있다고 인정하고 앞으로 이 방향에서 통일을 지향시켜 나가기로 하였다"고 규정했다. 남한과 북한이 적대적인 관계를 청산하고 각자의 통일 방안 사이에 존재하는 수렴적 요소에 기반하여 통일을 지향하기로 약속한 것이다. 셋째, 또한 6·15 공동선언 이후 남한과 북한 사이에 공동의 제도가 확립되었다는 점이 중요할 것이다. 장관급 회담이 정례화되고 3대 경협사업(금강산 관광, 개성공업지구 건설, 남북의 철도·도로 연결)이 추진되며, 이산가족 상봉을 활성화하는 것 등은 남한과 북한이 서로 교류하고 상호 이익의 폭을 넓혀가는 것을 안정적인 체제로 전환하려는 노력이라고 볼 수 있기 때문이다. 하지만 우리가 알다시피 2007년 노무현 대통령과 김정일 국방위원장 간의 두 번째 남북정상회담 및 10·4 남북공동선언으로 이어졌음에도 불구하고, 6·15공동선언 이후 남북관계가 획기적으로 진전되지는 못했다.

여기에는 여러 가지 한계가 있겠지만 안보 담론이라는 측면에서 본다면, 김대중·노무현 정권의 대북정책을 이끈 담론이 한편으로는 냉전질서 및 신현실주의 이론에 토대를 둔 국가안보 담론에서 탈피하려고 하면서도, 여전히 그 테두리에 머물러 있었기 때문이라 말할 수 있다. 그 테두리 내에 있다고 말할 수 있는 이유는, 한편으로 남한과 북한 사이의 경제적 교류와 문화적 교류, 인도적 차원의 교류 등이 활성화되고 남북 상호 간의 공동의 이익을 추구했지만, 다른 한편 북한은 북한대로 여전히 군사적 열세를 만회하기 위한 비대칭적인 핵전력 개발에 몰두했으며, 노무현 정부는 "21세기 선진 정예 국방을 위한 국방개혁 2020(안)"에서 볼 수 있듯이 매년 국방비를 11% 증액하여 군사력을 질적으로 강화하는 군사 정책을 추진했기 때문이다.[37] 따라서 기능주의적 관점에서 경제·문화·사회적 교류와 협력을 통해 공동의 이익을 발전시키려고 하면서도 군사적 측면에서는 별다른 진전을 보이지 못하고, 오히려 북한의 핵개발의 진전을 가져온 것이 두 번째 담론의 한계다. 또한 본래적 의미의 평화지향적 안보 담론이 추구하는 지역안보 내지는 공동안보 그리고 인간안보에 관한 적극적인 관심을 결

---

37 구갑우, 『비판적 평화연구와 한반도』, 61~62쪽.

여하고 있는 것도 두 번째 시기 안보 담론의 한계로 꼽을 수 있다.

아마 2018년 초 평창 임시평화체제를 기점으로 시작된 남북관계 및 북미관계의 새로운 전개를 세 번째 시기라고 부를 수 있을지 모르겠다. 그것은 앞으로의 역사가 규정해줄 것이다. 어쨌든 4·27 제3차 남북정상회담에서 발표된 「평화와 번영, 통일을 위한 판문점 선언」에서는 이전의 두 차례 남북정상회담보다 더 진일보한 내용들이 담겨 있다는 것이 관련 전문가들의 대체적인 평가인 것으로 보인다.[38] 특히 "남과 북은 한반도의 항구적이며 공고한 평화체제 구축을 위하여 적극 협력해나갈 것이다"라는 3항이 중요하다. 제3항을 통해 최초로 비핵화와 더불어 평화체제 구축이 남북정상회담의 의제로 제기되었기 때문이다. 3항의 ③은 "정전협정"을 "평화협정"으로 전환할 것을 공식적으로 밝혔으며, ①과 ②는 상호 불가침과 아울러 "단계적으로 군축을 실현"해가자는 약속을 최초로 밝히고 있다. 따라서 판문점 선언은 이전 시기의 남북정상회담이나 합의서에서도 나타났던 경제·문화·사회적 교류와 같은 기능주의적 요소와 더불어 새롭게 비핵화 및 항구적 평화체제 구축을 천명했다는 점에서 남북관계에서 전환점을 이루

---

38 판문점 정상회담 및 평양 정상회담, 그리고 싱가포르 북미 정상회담에 대한 평가로는 전재성, 「판문점 선언 이후 새로운 도전들」, 동아시아 연구원 편, 『EAI 논평』, 2018. 5; 고유환, 「2018 남북정상회담과 비핵평화 프로세스」, 한국정치평론학회 편, 『정치와 평론』 22호, 2018; 구갑우, 「평창임시평화체제에서 판문점 선언으로」; 김창희 「한반도 평화 정착과 4.27 판문점 선언」, 한국정치외교사학회 편, 『한국정치외교사논총』 제40집 1호, 2018; 천정환, 「다시, 우리의 소원은 통일―4·27 판문점 선언과 북미회담 전후 통일·평화 담론의 전변」, 『역사비평』 124호, 2018; 황지환, 「한반도 평화체제 논의의 귀환: 미국우선평화 대 병진평화」, 극동문제연구소 편, 『한국과 국제정치』 104호, 2019 등을 참조.

었다고, 또는 적어도 그 가능성을 적극적으로 제시했다고 볼 수 있다.

따라서 이는 한반도 분단체제를 둘러싼 세 번째 담론인 적극적 평화담론에도 상당히 부합하는 요소를 지니고 있다. 남한에서 평화 담론은 2000년대 이후 참여연대 평화군축센터 및 평화네트워크 같은 시민단체를 비롯하여 서울대 통일평화연구원, 한양대 평화연구소 등과 같은 대학 연구기관, 그리고 중견·소장 연구자들을 중심으로 활발하게 전개되어 왔다.[39] 요한 갈퉁을 비롯한 국제적인 평화학의 기조와 일치하게 국내 평화 담론도 두 가지 평화 개념을 기반으로 자신들의 논의를 조직하고 있다. 첫째 소극적 평화(negative peace)는 전쟁이 없는 상태를 가리키는 개념이며, 둘째 적극적 평화(positive peace)는 갈퉁의 입론에 따르면 폭력이 부재한 것, 특히 직접적 폭력 이외에도 구조적 폭력과 문화적 폭력이 부재한 것을 지칭하는 개념이다.[40] 이는 다른 말로 하면 무엇이 평화가 아닌가라는 물음을 무엇이 평화인가라는 물음으로 전환하려는 시도라고 이해할 수 있다. 이렇게 되면 평화를 **전쟁의 타자**로 규정했던 데서 더 나아가 **폭력의 타자**로 규정하게 된다.

그렇지만 '전쟁의 부재'로서 소극적 평화를 문자 그대로의 전쟁이 없는 상태로 이해하는 것은 갈퉁이나 평화학의 관점과도 다르다.[41] 오

---

39 한국의 평화 담론에 관해서는 앞서 언급한 구갑우, 『비판적 평화연구와 한반도』 및 『국제관계학 비판』 이외에 윤홍식 엮음, 『평화복지국가: 분단과 전쟁을 넘어 새로운 복지국가를 상상하다』, 이매진, 2013; 이병천 외 엮음, 『안보개발국가를 넘어 평화복지국가로』, 사회평론 아카데미, 2016 등을 참조.

40 요한 갈퉁, 『평화적 수단에 의한 평화』, 이재봉 외 옮김, 들녘, 2000.

41 이병수, 「한반도 평화실현으로서 적극적 평화」, 한국철학사상연구회 편, 『시대와 철학』 78호, 2017 참조.

히려 소극적 평화를 적극적 평화의 관점에서 다면적으로 규정하려는 노력이 중요하다. 그래서 가령 국제 평화학의 표준적인 교재 중 한 권에서는 소극적 평화의 측면을 '외교, 협상' 이외에도 군비축소와 군비통제, 국제협력, 공동 안보의 차원으로 확장하고 있다.[42] 더 나아가 비도발적 방어나 방어적 방어 같은 개념도 소극적 평화의 주요 측면 중 하나로 간주된다. 소극적 평화가 갈등연구와 관련이 있다면 적극적 평화는 발전연구와 관련이 있다는 갈퉁의 지적에서 알 수 있듯이, 적극적 평화 개념에는 전쟁과 같은 직접적 폭력 이외에 구조적 폭력이나 문화적 폭력에서의 자유라는 의미가 담겨 있기 때문에, 평화의 내용이 훨씬 더 확장된다. 갈퉁은 특히 4가지 인간 욕구에 기반을 두고 적극적 평화 개념을 규정하는 것으로 보인다. 곧 그는 생물학적 욕구인 생존(Survival)의 욕구, 복지(Well-being)의 욕구와 더불어 정신적 욕구인 정체성(Identity)의 욕구와 자유(freedom)의 욕구를 인간의 가장 기본적인 욕구로 이해하고,[43] 이 4가지 욕구의 실현을 방해하거나 좌절시키는 것을 모두 폭력으로 이해하고 있다. 따라서 착취나 억압, 차별 같은 것은 구조적 폭력 속에 포함되며, 문화적 폭력은 "직접적·구조적 폭력을 올바른 것으로서 또는 적어도 잘못된 것은 아닌 것으로서 보이게 하거나 심지어 느껴지게 만"[44]드는 것을 지칭하는 개념으로 규정된다.

---

42 데이비드 P. 버래쉬·찰스 P. 웨벨, 『전쟁과 평화』, 송승종·유재현 옮김, 명인문화사, 2018.

43 갈퉁, 『평화적 수단에 의한 평화』, 398쪽 이하.

44 같은 책, 413쪽.

2) 적극적 평화와 한반도 평화체제론

이렇게 되면 한반도 평화체제라는 것이 생각보다 훨씬 다층적이고 복잡한 문제가 된다. 가령 한반도 평화체제는 소극적 평화라는 측면에서 보더라도, 단순히 군사적 충돌이나 갈등, 긴장 등을 해소하는 것을 넘어, 군비 축소나 군비 통제를 비롯하여 경제적·사회적·문화적 교류와 협력을 제도화하는 것까지 포함할 수 있다. 어떤 의미에서는 지금까지의 남북관계의 쟁점 및 지난 판문점 선언의 조항들이 추구하는 한반도 평화체제라고 하는 것도 모두 사실은 소극적 평화 실현에 국한된 것으로 이해할 수 있다. 반면 적극적 평화라는 관점에서 이해하면, 한반도 평화체제라는 것은 한반도의 전쟁 및 군사적 충돌과 긴장관계의 해소를 넘어서, 구조적 폭력과 문화적 폭력까지 해소하려는 새로운 체제 내지 질서 개념으로 이해할 수 있다.

따라서 가령 백낙청의 분단체제론 같은 것은 단순히 직접적 폭력을 유발하는 분단체제만을 문제 삼는 것이 아니라 분단체제를 구조적 폭력과 문화적 폭력을 함축하는 원천으로서 이해하려는 태도라고 볼 수 있다. 잘 알려져 있다시피 그는 분단체제를 "남북의 국가 간이나 상반된 이념 간의 대립 위주로 인식하기보다 한반도 전역에 걸쳐 작동하는 어떤 복합적인 체제와 그에 따른 다수 민중의 부담이라는 차원 위주"로 이해하고 있고, 따라서 "한반도의 분단구조가 '체제'라고 불릴 만큼의 일정한 자생력과 안정성을 확보했다는 점"[45]을 강조하기 때문

---

45 백낙청, 『한반도식 통일, 현재진행형』, 창비, 2006, 45쪽.

이다. 이런 의미로 이해하면, 분단체제는 하나의 구조적 폭력이자 문화적 폭력으로 이해할 수 있는 것이다. 역으로 그의 관점에서 보면, 한반도 평화체제란 이러한 직접적·구조적·문화적 폭력의 복합체로서 분단체제를 극복하는 것, 따라서 갈퉁식으로 말하면 적극적 평화를 구현하는 것까지 나아가지 않으면 안 되는 것이다. 2018년 7월 강연에서 '촛불혁명'과 관련하여 "최근 남북관계 발전과 북미관계 전환의 물꼬를 튼 촛불혁명은 바로 그런 장래, 곧 '헬조선'의 존속과 확대를 거부한 혁명이며, '낮은 단계의 연합'을 포함하는 한반도의 점진적·단계적·창의적 재통합을 통해서만 완수될 수 있는 혁명이다"[46]라고 주장한 것도 이러한 맥락에서 이해할 수 있다.[47]

그런데 백낙청의 주장에서는 분단체제 및 그것이 표현하는 분단 모순과 관련하여 애매함이 나타난다. 곧 분단모순은 계급모순이나 젠더모순 또는 생태계적 모순 등과 같은 다른 모순들(또는 갈등)과 병렬적인 하나의 모순으로 이해될 수도 있고, 아니면 좀더 급진적으로는 이러한 다른 모순들의 근본적인 원인으로 이해될 수도 있다. 전자의 경우 분단모순은 **적극적 평화의 관점에서 이해된** 한반도 평화체제 구축을 위한 한 가지 쟁점으로 이해할 수 있다. 반면 후자와 같이 이해한다

---

46 백낙청, 「시민참여형 통일운동과 한반도평화」, 한반도평화포럼 강연(2018. 7. 12.) [http://www.koreapeace.co.kr/pds/issue_view.php?notice_seq=9875&start=0&key=title&keyword=&table_gb=issue, 2019.5.25. 검색]

47 요한 갈퉁과 백낙청의 입론을 결합하여 '마음의 분단'을 극복하고 '분단의 아비투스'를 해체하는 것이 한반도 평화체제 구축의 핵심임을 주장하는 박영균의 논의도 분단체제의 극복과 적극적 평화의 형성을 동일한 차원에서 이해하고 있다. 박영균, 「한반도의 분단체제와 평화구축의 전략」, 건국대학교 인문학연구원 편, 『통일인문학』 68호, 2016.

면 분단모순은 한반도 평화체제 구축의 쟁점 전체일뿐더러, 다른 모든 쟁점을 해결하기 위한 근본 쟁점, 이를 테면 **최종 심급을 이루는 것**으로 표상될 수 있다. 그리고 이 경우 분단체제(또는 분단모순)의 궁극적 극복으로 이해된 통일은 다른 모든 모순의 종합적인 해결 내지 적어도 그 해결을 위한 조건으로 나타난다. 반면 전자의 측면에서 이해하면 분단모순의 극복 및 그 형태로서의 통일은 평화체제 구축을 위한 한 가지 조건 내지 결과로 이해될 것이다. 백낙청의 주장은 후자의 이해방식에 더 가까운 것으로 보이는데, 이는 매우 환원주의적인 관점이라는 점에서 문제가 있다.

반면 최장집의 경우는 분단체제의 문제를, 따라서 한반도 평화체제의 구축을 말하자면 소극적 평화의 개념에서 이해하고 있다고 볼 수 있다.[48] 분단 이후 70여 년이 지나면서 남한과 북한은 독립적인 두 개의 국가가 되었으며, 분단이 행사하는 폭력적인 측면이 존재하지만, 두 개의 국가는 그 안에서 나름대로 자율성을 지닌 국가로서 기능하고 있다는 것이 그의 생각이다. 따라서 백낙청과 달리 최장집에게 분단은 구조적·문화적 폭력의 차원을 담고 있다고 할 수는 없다. 또한 통일과 평화는 서로 구별되어야 하고 심지어 분리되어야 하는 쟁점이며, 우리가 추구해야 하는 것은 통일이 아니라 평화 또는 평화공존이다. 이에 따라 그는 분단체제를 넘어서는 평화체제 구축의 문제는 남한과 북한 두 나라가 분단이 주는 장애를 넘어서 좀더 효과적으로 개별 국민

---

48 최장집, 「통일인가 평화공존인가?」, 『정치의 공간』, 후마니타스, 2017; 「우리의 소원은 통일이 아니다」, 『시사인』 588호, 2018. 5. 28.

국가로서 발전할 수 있는 조건을 마련해주는 계기로 삼는 것이 중요하며, 상호 교류와 신뢰 쌓기 및 상호 발전의 과정을 거쳐, 필요하다면 차후에 국가연합이 됐든 연방제가 됐든 **그 이후의 문제**를 논의하는 것이 바람직하다고 본다. 그가 한 번도 갈퉁식의 적극적 평화론을 거론하지 않는 데서 알 수 있듯이, 실증적 사회과학자로서 그의 관점에서는 남북한 각자의 정치적·경제적·사회적 발전을 추구할 수 있는 조건을 마련하는 것이 한반도 평화체제 구축의 쟁점이자 목표라고 이해할 수 있다.

최장집은 백낙청과 달리 평화체제 구축(또는 탈냉전)의 문제와 한국의 국내정치의 문제를 독립적인 쟁점으로 이해하고 있다. 전자는 말하자면 국가의 대외적인 문제, 따라서 일종의 외교 내지 국제정치적 쟁점으로 이해하는 반면, 후자는 국내적인 쟁점으로 파악하는 것으로 보인다. 백낙청의 환원주의적 관점에 비하면 이러한 입장이 지닌 현실주의적 장점이 있지만, 최장집의 관점은, 우리가 다음 절에서 살펴보려고 하는 한반도 평화체제의 (탈)구축의 쟁점으로서 착취와 배제, 리프리젠테이션의 문제들을 고려하는 데는 미흡한 것으로 보인다.

다른 한편 일련의 연구자들은 역시 적극적 평화의 관점에서 '평화국가' 내지 '평화복지국가'라는 개념을 발전시키기 위해 노력하고 있다.[49] 이들은 그동안 한반도 분단체제의 현실과 그 담론에 관한 비판적 성찰을 통해 안보국가 내지 반공(反共) 개발국가를 넘어선 새로운 정치공동체의 상으로 평화국가 내지 평화복지국가 모델을 제시한다. 이

---

49 주 39)에서 언급한 저작들 참조.

모델은 한편으로 그동안 제시되었던 국가안보 담론의 한계를 지적하면서 한반도 평화를 위해 군비축소 및 방어적 군사 개념으로 전환할 것을 요구하고, 또한 동아시아 차원에서 그동안의 냉전적 동맹 체제를 해체할 수 있는 공동안보와 협력안보, 더 나아가 인간안보 개념을 발전시킬 것을 주문하고 있다. 또한 이들은 적극적 평화의 차원에서는 반공 내지 반북한의 억압적 토대 위에서 재벌 중심의 경제발전을 추구했던 개발국가의 한계를 넘어서 평화체제의 토대 위에서 보편적 복지를 실현하려는 전망을 제시하고 있다. 특히 지난 1990년대 이후 한국 사회를 재편한 신자유주의적 개발주의의 한계를 넘어설 필요성을 촉구하고 있다.

4. 을의 민주주의와 평화체제 담론의 (탈)구축

나의 개인적 입장을 밝히라면, 이 세 번째 논자들의 공통적인 관심사와 제일 가까울 것이다. 하지만 내가 제시하는 을의 민주주의의 관점에서 본다면, 이들의 작업은 다소 두루뭉술한 것 같다. 그것은 요한 갈퉁이 말하는 적극적 평화라는 관점이나 또는 그와 비견될 수 있는 관점에서 제시될 수 있는 구조적·문화적 폭력의 문제에 대해 이들 논자들이 다소 막연하거나 일반적인 논지에 그치는 것으로 보이기 때문이다. 나는 윤홍식의 다음과 같은 문제제기가 매우 중요하다고 생각한다. "그렇다면 누가 평화복지국가를 만들어갈 수 있을까? 한반도 평화구축이 그렇듯이 복지국가를 만들어가는 과정 또한 철저하게 정치적인 과제이다. 그렇기 때문에 평화복지국가를 만들어갈 주체가 형성되지 않는다면 평화복지국가는 단지 탁상공론에 불과하다."[50] 그러고 나서 그는 이렇게 말한다.

"서구의 경험을 보면 노동계급이 복지국가의 주체가 될 수 있었던 이유는 노동계급이 당시 자본주의 체제에서 가장 고통 받고 불안정한 계급이었기 때문이다. … 이렇게 본다면 평화복지국가의 주체는 현재 한국사회에서 반세기가 넘게 지속된 분단과 (권위주의적) 개발국가로 인해 가장 고통받는 집단이다. 분단과 신자유주의화로 인해 언론, 출판, 결사, 사상의 자유를 보장받지 못하고, 생계의 위협에 내몰리고 있는 진보적·자유주의적 지식인, 비정규직, 영세 자영업자, 여성, 농민, 청년 등이 그들이다. 이들은 자신들이 직면한 사회적 위험을 완화하기 위해 평화복지국가의 주체가 되어야 하는 당위성과 필요성이 존재한다. 그러나 문제는 이들은 권위주의에 대항했던 민주화 투쟁을 제외하고는 자신들이 당면한 사회적 위험, 즉 생활의 문제를 해결하기 위해 함께 싸워온 연대의 역사적 경험이 전무하다는 것이다. 평화복지국가를 만들어가는 과정은 바로 이들이 현실 생활문제에 대해 타협하고 연대해 반북 개발국가와 맞서는 연대의 경험을 만들어가는 역사적 과정이 될 것이다."[51]

어떻게 보면 이 인용문에는 내가 하고 싶었던 거의 모든 내용이

---

50 윤홍식, 「한국 복지국가에서 한반도 평화체제 바라보기」, 『안보개발국가를 넘어 평화복지국가로』, 133쪽.
51 같은 글, 134쪽.

담겨 있다고 해도 과언이 아니다. 하지만 조금 더 쟁점을 첨예화하기 위해, 을의 민주주의의 관점에서 한반도 평화체제를 (탈)구축하기 위해 제기되어야 하는 세 가지 일반적인 쟁점을 다음과 같이 제시해보고 싶다.[52]

1) 착취

첫 번째는 착취라는 쟁점이다. 알다시피 착취라는 개념은 마르크스주의와 분리될 수 없는 개념이며, 따라서 그만큼 매우 무거운 역사적 부담(곧 사회주의체제의 붕괴)과 더불어 이론적인 약점도 지닌 개념이다. 하지만 신자유주의적 세계화 이후 우리가 현실에서 나날이 경험하고 있는 현상들을 착취라는 개념보다 더 잘 설명해주는 것은 없는 것으로 보인다. 더욱이 기존의 남북관계 및 앞으로 예상되는 평화체제 구축 이후의 남북관계에서도 착취라는 문제가 더 심각한 쟁점으로 제기될 가능성이 높다. 예컨대 개성공단은 남북경협의 대표적인 사례로 간주되었지만, 과연 그것이 정의로운 경협이었는가에 대해서는 의문의 소지가 있다. 개성공단은 남한과 북한 모두에게 이익이 되는 사업으로 간주될 수도 있지만, 다른 한편으로 북한 노동자들을 저임금 착취해온 사업이라고 볼 수도 있지 않을까?

　더욱이 앞으로 북한이 개방되고 남한을 비롯한 여러 나라의 자본

---

52 착취, 배제, 리프리젠테이션이라는 세 가지 개념이 담고 있는 이론적 쟁점에 관해서는 이 책 10장 참조.

주의 기업들이 북한에 진출하게 되면, 아마도 합법적인 착취를 비롯하여 다양한 형태의 초과착취가 나타날 확률이 적지 않을 것이다. 또한 자본주의적 관계의 심화와 더불어 계급적 불평등도 심화될 것이라는 점은 쉽게 예상할 수 있다. 북한이 **근면하고 솜씨 좋은 저임금** 북한노동자들을 최대의 자산으로 삼아 단기간에 중국이나 베트남과 같은 고도의 경제성장을 추구할 것이라는 점은 명약관화한 사실이다. 그런데 이처럼 근면하고 솜씨 좋은 저임금 노동자들을 활용하여 경제발전을 이룩하는 것은, 마르크스(주의)의 관점에 따르면 바로 착취 과정이 아닌가? 그리고 순조로운 경제발전(착취과정)이 이루어질 경우 생겨나게 될 필연적인 불평등의 심화는 계급투쟁의 다른 이름이 아닌가? 이런 문제들이 누이 좋고 매부 좋은 '경협'이라는 이름으로 또는 북한의 번영과 남한의 성장 동력이라는 이름으로 미화되거나 은폐될 가능성은 없는가? 이러한 문제들은 한반도 평화체제 구축의 쟁점으로 표상/재현되고 있는가?

2) 배제

또 다른 중요한 쟁점은 배제다. 자본주의의 역사에서 경제적 착취가 경제만의 문제로 국한된 적은 없다. 그것은 항상 정치적 지배와 더불어 인간적 소외 또는 예속적 인간의 생산 및 재생산과 배제라는 문제를 수반했다. 이 때문에 루이 알튀세르는 말년의 몇몇 글에서 착취에 대한 회계적 관점에서 벗어나, 착취를 "한편으로는 노동과정의 냉혹한 제약들(시간, 강도, 파편화)과 분업의, 그리고 노동조직의 규율의 냉혹한 제약들 속에서만, 다른 한편으로는 노동력의 재생산조건(소비, 주거, 가족, 교육, 보건, 여성문제 등) 속에서" 사고할 것을 요구한 바 있다. 그런데 착취를 이렇게 이해하면, 착취는 그것을 가능하게 하는 또 다른 착취 내지 수탈을 전제하고 있음이 드러난다. 그래서 예컨대 낸시 프레이저(Nancy Fraser)는 "자본이 **수탈하는** 이들의 예속(subjection)이, 자본이 **착취하는** 이들의 자유를 위한 숨겨진 가능성의 조건"[53]이라고 주장한 바 있다. 여기에서 "착취하는 이들의 자유"란 마르크스가 말했던 노동자들의 이중의 자유를 의미한다. 곧 노동자들이 자신들의 노동력을 판매할 수 있기 위해서는 신분적 예속에서 자유로워야 하며 또한 생산수단의 소유에서도 자유로워야 한다. 그런데 이렇게 자유로운 노동자는 그냥 존재하는 것이 아니라, 그 자체가 생산되고 재생산되어야 한다. 곧 생명체로서 탄생해야 하고 양육되어 노동할 수 있는 능력을 갖춘 존재로 성장해야 하며, 또한 성인이 되어서도 그의 삶의 재생산을 위해 필요한 여러 가지 노동을 맡아서 수행해주는 누군가가 존재해야 하는 것이다. 하지만 이 후자의 생산노동과 재생산노동은 잉여가치를 생산하는 노동, 따라서 생산적 노동이 아니기 때문에 자본주의적 축적의 회로 바깥에 존재한다. 또한 선진국 또는 중심부 자본주의 노동자들 및 그의 가족들이 생필품을 싼 값에 구입해서 생계를 유지하기 위해서는 주변부 국가들의 자본주의적 회로 안팎에서 저임금과 초과노동의 강제에 예속되어 있다는 다른 존재들이 있어야 한다. 이 때문

---

53 Nancy Fraser, "Roepke Lecture in Economic Geography: From Exploitation to Expropriation", *Economic Geography*, vol.94, no.1, 2018, p.4.

에 프레이저는 착취와 구별되는 수탈(expropriation)이라는 개념을 사용한다.

그렇다면 다름 아닌 한반도 평화체제의 구축과정 속에서 남한 노동자들의 착취를 위해 북한의 노동자들이 수탈되는 일, 역으로 북한 노동자들과의 저임금 경쟁 속에서 남한 노동자들이 초과착취에 시달리는 일, 또는 북한 여성들이 남북한 남성 노동자들의 착취과정 속에서, 그러한 착취의 전제 조건으로서 더욱 수탈되는 일은 없을까? 단연코 그런 일들이 일어날 것이라고 예상할 수 있다. 지금 거의 누구도 이 문제를 한반도 평화체제 구축의 쟁점으로 **표상하지도 재현하지도 또한 대표하지도 않기 때문에**(북한 노동자들 및 수탈되는 북한 사람들이 자신들의 착취와 배제에 대한 저항을 재현하고 표상하고 대표하는 일은 언제 가능하게 될까?), 더욱더 노골적이면서 또한 은밀하게(다시 말하면 **문제되지 않는 것으로서**) 이루어질 것이다.

여기서 더 나아가 푸코는 『감시와 처벌』을 비롯한 여러 저술에서 자본주의 구조 자체, 곧 노동력이나 생산력이라는 개념과 생산과정 자체가 규율권력의 작용을 전제하고 있음을 보여준 바 있다.[54] 더욱이 푸코는 규율권력은 다른 한편으로 보면 예속적 주체화(assujettissement)의 메커니즘이라는 점을 강조한다. 사실 푸코는 규율권력의 특징 중 하나를 "여백"이나 "잔여"를 만들어내는 데서 찾는다. 곧 규율권력은 단순히 사회 또는 자본주의 체계의 기능을 위해, 그것의 재생산을 위해 필요한 **기능적 요소들을 재생산할 뿐만 아니라**, 동시에 그것에서 **주변**

---

54 이 문제에 관해서는 이 책 8장 참조.

화되고 배제된 이들을 함께 생산해낸다. 오늘날 한국사회에서 을이나 을의 을이라고 분류될 수 있는 많은 이들이 바로 이러한 잔여 또는 잔여 중의 잔여에 해당할 것이다. 그렇다면 현재 모색되고 있는 한반도 평화체제는 혹시 **새로운 종류의** 을들 또는 을의 을들을 양산하는 체제가 될 수 있지 않을까? 이러한 문제는 평화체제 구축의 쟁점으로 표상/재현되고 있는가?

3) 리프리젠테이션

마지막으로 리프리젠테이션(representation)이라는 쟁점을 제기해보자. 리프리젠테이션은 정체성의 (탈)구축의 문제와 관련되어 있다. 낸시 프레이저는 지난 20여 년 동안 자신이 수행해왔던 정의의 두 가지 차원, 곧 재분배와 인정을 넘어서 세 번째 차원을 고려하는 게 중요하다고 지적한 바 있다.[55] 그것은 곧 정체성의 차원인데, 여기에서 정체성이란 일차적으로 사회정치적인 정체성을 가리키며, 이는 국민적 정체성이나 계급적 정체성, 인종적 정체성 또는 여성적 정체성 등으로 나타난다. 이것을 리프리젠테이션이라는 문제로 제시하면서 프레이저는 이때의 리프리젠테이션을 "틀 짜기"(framing)의 문제로 개념화한다. 곧 다양한 종류의 정체성들은 자연적으로 주어져 있는 것이 아니라 구성과 변형, 재구성의 산물이며, 이 작용을 수행하는 것이 바로 틀짜기로서의 리프리젠테이션이다.

---

55 낸시 프레이저, 『지구화 시대의 정의』, 김원식 옮김, 그린비, 2009.

아울러 이 글에서 representation이라는 영어 단어를, 이 단어의 일반적인 번역어들인 표상이나 재현 또는 대표 같은 용어들로 번역해서 사용하지 않고 소리 나는 대로 표기해서 사용하는 이유는, 리프리젠테이션 개념에서 중요한 것이 표상, 재현, 대표 및 그 이상의 복합적 의미들(가령 '상연'이라는 의미) 사이의 분리할 수 없는 연관망이기 때문이다. 가령 데리다는, 재현으로서의 리프리젠테이션 이전에 이미 객관적 실재가 그 자체로 현존해 있고, 언어적 표상이나 미학적 재현은 자신에 선행하는 이러한 실재를 정신적으로 또는 예술적으로 다시-제시하는 것(re-present)이라고 이해하는 것을 현존의 형이상학 또는 로고스 중심주의라고 부른 바 있다. 하지만 소쉬르의 구조언어학적 통찰 이후, 더욱이 데리다 자신이 말하는 넓은 의미의 기록(écriture) 개념 이후 현존의 형이상학은 더 이상 유지할 수 없는 개념이 되었다. 실재의 현존은 사실은 (언어 및 기록에 의한) 재현 작용에 의해 성립하며 그것에 의존한다.

이러한 통찰은 정치·사회적인 대표의 문제와 긴밀하게 결부되어 있다. 근원적인 의미에서 이해한다면 대표로서의 리프리젠테이션 이전에 이미 성립해 있는 정치적 주체 내지 행위자는 존재하지 않는다. 그러한 주체나 행위자는 리프리젠테이션에 의해 구성되고 변형되며 재구성됨으로써만 실존하고 행위할 수 있다.[56] 가령 오랫동안 여성들

---

56 이 점에 관해서는 특히 Sofia Näsström, "Representative Democracy as Tautology", *European Journal of Political Theory*, vol.5, no.3, 2006; Nadia Urbinati/Mark Warren, "The Concept of Representation in Democratic Theory", *Annual Review of Political Science*, no.11, 2008; Lisa Disch, "The 'Constructivist Turn' in Democratic Representation", *Constellations*, vol.22, no.4, 2015 등을 참조.

은 정치적으로는 존재하지 않는 존재자들이었다. 그들은 아내로서 어머니로서만 존재해왔을 뿐 공적인 행위자들로 재현되지도 표상되지도 않았으며 대표되지도 않았던 것이다. 또한 한국에서 19세 이하의 시민들은 오늘날에도 여전히 정치적으로 존재하지 않는 이들인데, 이는 그들이 정치적 행위자들로 재현되지도 표상되지도 대표되지도 못하기 때문이다.

한반도 평화체제의 (탈)구축에서 리프리젠테이션의 문제가 긴요한 이유는, 앞에서 제기된 착취의 문제나 배제의 문제에서 그 **문제의 당사자들의 범위**를 설정하는 것이 바로 리프리젠테이션이기 때문이다. 가령 **한국사람들과 관련된** 착취나 배제의 문제는 갈퉁이 말하는 의미에서 구조적 폭력이나 문화적 폭력의 문제로 쉽게 인정될 수 있다. 하지만 **한국사람들이 아닌 사람들**이 관련된 착취나 배제의 문제는 그것이 한국의 국경 내에서 이루어지는 것이라 해도 전자와 동일한 구조적 폭력의 문제로 인정되지 않는다. 따라서 이처럼 정체성과 관련하여 이미 정해진 경계나 척도를 문제 삼지 않은 가운데 착취 및 배제의 문제를 다루는 것은, 그러한 범위 바깥에 놓인 이들에 대한 폭력 내지 부정의의 문제를 구조적으로 배제할 수 있다. 정의의 문제를 설정하는 방식 자체가 또 다른 부정의의 원천이 될 수 있는 것이다.

2018년 내내 뜨겁게 전개된 미투운동에서도 그 당사자들은 늘 **한국 여성들**이었다. 우리나라에 있는 외국인 여성들, 또는 이주 여성들이 한국 여성들에 비해 성적 폭력 및 차별과 무시에서 더 자유롭다고 할 수는 없을 것이다. 오히려 언어 사용 능력이 뒤떨어지고 고용 안정성이 취약하며 사회적 자본이 부족한 외국인 여성이나 이주 여성들이 훨

씬 더 많은 폭력과 차별의 위험에 노출되어 있다고 보는 것이 더 개연
적일 것이다. 일례로 1990년대 이후 베트남 여성들은 우리나라 농촌
총각들의 결혼 대상으로 대대적으로 '수입'되었다. 당시 길거리 곳곳
에서 볼 수 있었던 "베트남, 절대 도망가지 않습니다. 국제결혼 전문",
"천생연분 결혼정보. 베트남 처녀와 결혼하세요. 초혼, 재혼, 장애인 상
담 환영. 후불제" 같은 국제결혼 안내 현수막들은 우리가 베트남 사람
들(또는 그들과 비견되는 다른 이방인들)을 어떻게 간주하고 있는지 적
나라하게 보여준다.[57]

하지만 이 문제는 주목의 대상이 되지 못하고 있다. 남한과 북한의
교류가 증가하고 북한에 대한 남한 기업들의 투자가 증가할수록 현재
한국사회 내에서 외국인들이나 소수자들이 겪는 문제들이 고스란히
북한 사람들과 관련하여 나타날 수 있다.

그렇다면 이런 문제들을 제기해볼 수 있다. 북한 사람들은 남한 사
람들과 같은 국민인가? 곧 남한 사람들과 함께 공동의 주권을 구성하
고 동일한 법률과 제도에 따라 재현되고 표상되고 대표되는 법적·정
치적·사회적 주체들인가? 아니면 그들은 같은 국민은 아니지만 같은
민족인가? **같은 국민은 아닌데 같은 민족**이라는 것은 정치적으로 어떤
의미를 지니는가? 그들은 당장은 같은 국민은 아니지만 잠재적인 국
민으로 존재하는가? 그리고 이는 국민보다 더 **근원적**이고 더 **본래적인
민족**이라는 정체성을 공유한다는 사실에 기반을 두는 것인가? 이것은

---

57 이 점에 관해서는 김남일, 「스토리텔링 아시아: 그래도 하노이는 옳았다」, 『황해문화』
103호, 2019년 여름호 참조.

우리가 앞서 제기했던 민족적 국민주의의 표현, 곧 민족=국민 등식의 또 다른 재현이자 표상이 아닌가? 그리고 만약 그렇다면 다른 민족적 국민주의들과 마찬가지로 한민족의 민족적 국민주의가 외부적으로는 배타적이고 내부적으로는 억압적으로 작용하는 것, 그것도 이번에는 남한만이 아니라 북한까지 포함하는 더 넓은 의미에서 작용하는 것을 어떻게 제어할 수 있는가?[58] 가령 한편으로는 같은 민족의 정체성을 강조하면서 다른 한편으로는 남한 주민과 북한 주민 사이에 불가피하게 생겨날 수 있는 정체성의 내적 위계화, 말하자면 1등 한민족과 2등 한민족 사이의 차별은 어떻게 제어할 수 있는가? 그렇다면, 국민보다 더 근원적이고 본래적인 민족의 공통성을 강조하는 것, 그리고 여기에 기반을 둔 통일을 추구하는 것, 그것이야말로 한반도 평화체제의 목적이자 완성이라고 강조하는 것은, 천정환이 적절하게 지적하듯이, 사실은 "두 개의 '헬조선'이 합쳐서 더 크고 나쁜 헬"[59]이 되는 것, 곧 남한의 헬조선에 북한의 또 다른 헬조선을 가중시키는 결과를 낳을 수도 있지 않을까?

5. 결론을 대신하여

내가 지금까지 특별한 설명이 없이 여러 차례 사용해왔던 '한반도 평

---

58 따라서 이는 한국의 다문화주의의 문제점과 연동하고 있다. 이 문제에 관해서는 진시원, 「한국 다문화주의 담론의 문제점에 관한 고찰」, 부산대학교 인문학연구소 편, 『코기토』 69호, 2011.

59 천정환, 「다시, 우리의 소원은 통일? : 4·27 판문점 선언과 북미회담 전후 통일·평화 담론의 전변」, 369쪽.

화체제의 (탈)구축'이라는 표현에 대해 마지막으로 간략하게 해명하면서 이 글을 마무리하도록 하겠다. 내가 '구축'도 아니고 '탈구축'(deconstruction)도 아닌 (탈)구축이라는 표현을 이 글의 제목으로 삼고 또 여러 차례 사용해온 것은, 무엇보다도 현재 활발하게 진행되고 있는 한반도 평화체제 구축의 시도 및 그에 관한 논의들이 평화라는 말의 다면적인 함의를 충실히 담아낼 수 있는 것이 되려면, 그것은 단지 법적·제도적 구축의 차원에 머물러서는 안 되고 좀더 나아가 **탈구축적인 구축**의 성격을 띠어야 한다는 점을 강조하고 싶었기 때문이다. 탈구축적인 구축은 한마디로 말하면 을의 민주주의의 관점에 입각한 구축을 가리킨다. 곧 한반도의 약소자들, 을들에게 평화를 가져올 수 있는, 그들을 착취하고 억압하고 차별하고 (리프리젠테이션에서) 배제해온 다양한 종류의 폭력들의 완화와 변형 또는 종식을 가져올 수 있는 구축이야말로 을의 민주주의의 관점에 입각한 평화체제의 구축이라고 할 수 있다는 뜻이다.

그리고 이러한 구축은 필연적으로 탈구축적인 성격을 띨 수밖에 없는데, 왜냐하면 그것은, 데리다식으로 말하자면, 구축되어 있는 법적·제도적 질서들을 무한한 정의[60]의 이름으로 계속해서 탈구축하고 재구축할 것을 요구하기 때문이다. 그러니 지금이야말로 아직 구성되지 않은 한반도 평화체제를 탈구축해야 할 적기가 아닌가?

---

60 주지하다시피 데리다에게 정의란 "타자들의 독특성"을 뜻한다. 이 타자들은 필연적으로 약소자들, 곧 을들일 것이다.

3부

마르크스주의의 (탈)구축

7장

푸코와 민주주의
: 바깥의 정치, 신자유주의, 대항품행

1. 푸코와 민주주의?

푸코와 민주주의. 얼핏 보기에는 아무 문제가 없는 것처럼 보이는 이 제목은 상당한 긴장을 내포하고 있다. 푸코를 좋아하고 푸코의 저작에 영향을 받은 사람들이나 푸코를 별로 읽지 않고 또 푸코와 거리를 두는 사람들에게도 이 질문은 꽤나 낯설게 느껴질 수밖에 없다. 다음과 같이 질문해보자. 푸코는 좌파인가?(또는 푸코는 비판적이고 급진적인 사상가인가?) 이 질문에 대해서 부정할 사람은 그리 많지 않을 것이다. "푸코는 마르크스주의자인가?"라는 질문에 대해서는 아마 대부분의 사람들이 부정적인 반응을 보이겠지만, "푸코는 좌파인가?"라는 질문에 대해서는 대부분의 사람들이 고개를 끄덕일 것이다.[1] 그렇다면 "푸

---

1 물론 푸코가 일종의 사이비 좌파라는 비판은 진작부터 제기된 바 있으며, 신자유주의의 계보를 추적하고 있고, 이에 따라 최근 많은 푸코 연구자들의 주목을 받고 있는 1970년대 말의 강의록에서도 자유주의적 관점을 벗어나지 못하고 있다는 비판도 제기되곤 한다.

코는 민주주의자인가?"라는 질문에 대해서는 어떨까? 이 질문에 대해서는 아마도 상당히 많은 사람들이 고개를 갸우뚱하면서 대답을 망설일 것 같다.

이러한 망설임 속에는 다양한 태도가 함축돼 있다. 우선 여기에는 질문 자체에 대한 못마땅함이 있을 수 있다. 푸코와 민주주의라니, 왜 푸코가 민주주의와 결부되어야 하지? 푸코가 대통령이나 국회의원 같은 권력자들을 뽑는 선거놀음에 불과한 민주주의와 무슨 관계가 있는가? 이것은 푸코를 길들여보려는 술수 아닌가? 다른 한편으로는 반대의 경우도 생각해볼 수 있다. 푸코는 급진적이고 비판적인 사상가이기는 하지만 그는 정치와 관련하여 구성적이고 적극적인 제안을 할 수 있는 이론적 자원은 결여하고 있다는 생각이 그것이다. 주로 하버마스 계열의 비판가들이 제기하는 이런 비판에 따르면 푸코는 경험적 통찰은 보여주지만 규범적으로는 한계가 있으며, 더 나아가 후기의 윤리적 실천에 관한 논의에도 불구하고 집단적 실천으로서의 정치와 관련해서는 그다지 해줄 수 있는 이야기가 없다.[2] 따라서 푸코와 민주주의라

더욱이 최근에는 이 강의록들을 푸코가 신자유주의의 관점에서 작성했다는 비판도 이루어진 바 있다. Michael C. Behrent & Daniel Zamora eds., *Foucault and Neoliberalism*, Polity Press, 2016 참조.

2 Nancy Fraser, "Foucault on Modern Power: Empirical Insights and Normative Confusions", *Praxis International* vol.1, no.3, 1981; Jürgen Habermas, *Der philosophische Diskurs der Moderne*, Suhrkamp, 1985. 등 참조. 이러한 비판에 대한 반비판 역시 숱하게 제기된 바 있다. 특히 주목할 만한 논의로는 Tom Keenan, "The 'Paradox' of Knowledge and Power: Reading Foucault on a Bias", *Political Theory*, vol.15, no.1, 1987; David Campbell, "Why Fight: Humanitarianism, Principles, and Post-structuralism", *Millennium-Journal of International Studies*, vol.27, no.3, 1998; Ben Golder, "Foucault and the Unfinished Human of Rights", *Law, Culture and the*

는 두 개의 항은 기름과 물처럼 서로 겉돌 수밖에 없다는 것이다.

　이 두 가지 극단적인 태도가 아니라 하더라도 이 글의 제목에 대해서는 여전히 회의적인 의문의 태도가 남게 된다. 어쨌든 푸코는 민주주의에 관해 거의 언급하지 않았고 또 스스로 민주주의자라고 자처한 적도 없는 것 아닌가? 『감시와 처벌』이나 『성의 역사 1권: 앎의 의지』에서 보듯이 푸코는 자연권 개념이나 사회계약에 준거한 적이 없으며, 오히려 그것들을 표상적인 허구들로 간주하지 않았는가?

2. 푸코와 바깥의 정치

그렇다면 왜 이런 제목의 발표를 시도하게 된 것일까? 여기에는 몇 가지 이유가 있다. 그것은 우선 내가 "바깥의 정치"[3]라고 부르고자 하는 어떤 이론적·정치적 지향에 담긴 애매성(심지어 양가성)에 대하여 내가 평소에 느끼는 의문에서 기인한다. 내가 바깥의 정치라는 용어로 규정한 지시체는 마르크스주의의 몰락 이후에 나타난 다양한 철학적·이론적 사조들이다. 여기에는 알랭 바디우와 자크 랑시에르, 조르조 아감벤과 슬라보예 지젝, 안토니오 네그리 같이, 현대 사상계에서 가장 주목받는다는 점을 제외하면 서로 별로 공통점이 없는 다양한 사

Humanities, vol.6, no.3, 2010; Amy Allen, "Foucault and the Politics of Our Selves", History of the Human Sciences, vol.24, no.4, 2011 등을 참조.

3 "바깥의 정치"(politique du dehors)라는 이 표현은 프랑스의 철학자 브뤼노 카르젠티(Bruno Karsenti)가 푸코 사상을 지칭하기 위해 처음으로 제시한 것이다. Bruno Karsenti, "La politique du dehors. Une lecture des cours de Foucault au Collège de France(1977~1979)", Multitudes, no.22, 2005 참조.

상가들이 포함되어 있다. 따라서 이러한 명칭의 실효성에 대해 의문이 제기될 법도 한데, 나로서는 이들을 한데 묶을 수 있는 적어도 한 가지 이론적 공통점은 존재한다고 생각한다. 그것은 이들 모두 **각자 나름의 방식으로 해방의 정치를 추구하며, 이러한 정치를 제도적인 정치 바깥에서 찾고 있다는 점**이다. 이때의 제도적인 정치는 특히, 넓은 의미에서(곧 우리나라에서 수구적인 이데올로기로 유통되는 것보다는 넓은 의미에서) 자유민주주의를 가리킨다. 이들은 현대 정치의 대표적인 모델로 간주되는 자유민주주의 정치체가 이상적 정치체라기보다는 오히려 **진정한 의미의 민주주의를 억압하거나 배제하는 지배의 체제**라고 간주한다. 따라서 인민의 권력으로서 민주주의를 실현하기 위해서는 자유민주주의 체제 **바깥에 존재하는 진정한 정치의 장소**를 발견하고 그것에 근거하여 그 체제를 넘어설 수 있는 길을 모색하는 것이 필요하다고 본다.

앞에서 언급한 현대 사상가들이 광범위하게 공유하고 있는 이러한 바깥의 정치는 이중적인 유산을 공유하는 것으로 보인다. 하나는 마르크스주의가 남긴 유산이다. 마르크스주의는 두 가지 측면에서 현대적인 바깥의 정치의 기원이라고 할 수 있다. 첫째는 자유민주주의 또는 부르주아 민주주의의 허구성과 기만성에 대한 비판 모델을 제시했다는 점이다. 특히 초기 마르크스 저작에서 발견되는 이러한 관점에 따르면 민주주의가 주장하는 시민들의 평등과 자유는 부르주아지의 계급적 이익 추구를 은폐하는 형식적이고 기만적인 수사에 불과하다. 둘째는 경제적 착취에 근거를 둔 계급투쟁을 진정한 정치의 쟁점으로 파악한다는 점이다. 마르크스주의에서 법과 정치는 경제적 생산관계에 기반을 둔 상부구조이며, 부르주아 국가는 자본가계급의 계급적 이익을 보장하고 실현하기 위한 도구일 뿐이다. 따라서 제도적인 정치의 영역은 진정한 정치의 장소와 무관한 허상에 불과하다. 바깥의 정치를 추구하는 현대 사상가들은 이러한 고전적 의미의 마르크스주의적 주장을 받아들이지는 않지만, 내가 보기에 바깥의 정치에 관한 이 두 가지 논점은 고스란히 계승하고 있다.

다른 하나는 푸코가 남긴 유산이다. 앞서 언급했듯이 푸코는 마르크스주의자로 보기는 어렵고, 오히려 마르크스주의적인 관점을 넘어서는 이론적·실천적 경로를 개척하기 위해 노력했다. 그에게 주목할 만한 것은 이러한 작업, 특히 1970년대 이후의 작업에서 마르크스주의와 비견될 만한 자신의 고유한 '역사유물론'(물론 푸코 자신은 이러한 용어를 사용한 적이 없다)을 만들어내려고 시도했다는 점이다. 이것은 두 가지 의미에서 그렇다.

첫째, 푸코는 마르크스주의와 마찬가지로 자유주의자들의 자기표상에 기초하여 근대사회의 형성과정을 분석하지 않고 오히려 그러한 자기 표상의 **기저** 내지 **바깥**에 있는 역사적 전개과정을 탐색하려고 했다. 푸코가 보기에는 자유주의적인 자기 표상 바깥에 있는 이러한 역사적 과정이야말로 '실제의' 역사적 전개과정을 좀더 정확히 설명해줄 수 있으며, 자유주의적인 자기 표상의 한계 내지 '허구성'을 드러내주고, 더 나아가 왜 그러한 자기 표상이 생겨나게 되었는지 **그 이유까지** 제시해줄 수 있는 것이었다. 하지만 푸코는 마르크스주의와 달리 이러한 역사적 전개과정을 생산력과 생산관계의 모순적 과정 또는 경제적 착취관계의 형성 및 전개과정으로 파악하지 않고, 오히려 **권력**

관계(처음에는 규율권력이라 부르고, 유고작으로 출간된 강의록에서는 생명관리권력 및 통치성이라고 부른)의 전개과정으로 제시했다. 더욱이 푸코는 변증법적 방법을 통해 이 과정을 분석하지 않고 니체에서 영감을 얻은 계보학이라는 독특한 방법론을 채택하고 있다. 따라서 푸코는 자유주의적 자기 표상의 바깥에 놓인 진정한 정치의 장소를 추구하되 비마르크스주의적인 방식으로 그러한 작업을 수행했다는 점에서, 바깥의 정치를 모색하는 현대 사상가들의 한 전범을 제시해주었다고 말할수 있다.

둘째, 푸코는 이러한 권력관계의 전개과정에 대한 분석을 통해 예속화(assujettissement)와 주체화(subjectivation)라는 문제를 진정한 정치의 쟁점으로 제기한다. 이것은 고전 마르크스주의와 현대 사상을 가르는 핵심적인 문제 중 하나라고 할 수 있다. 사실 고전 마르크스주의에도 예속화와 관련된 문제제기는 이미 존재했다. 마르크스의 『자본』 1권에서 제시된 물신숭배 분석이 그 단초가 되며, 죄르지 루카치는 『역사와 계급의식』, 특히 「사물화와 프롤레타리아 의식」에서 마르크스의 물신숭배론과 막스 베버의 합리화이론을 종합한 사물화(Verdinglichung) 개념을 바탕으로 부르주아 사회에 고유한 인간학적 소외 상태를 분석한 바 있다.[4] 그리고 주지하다시피 프랑크푸르트학파 1세대의 학자들(호르크하이머, 아도르노, 마르쿠제 등)은 이러한 루카치의 분석을 현대 산업사회의 소외된 생활양식에 대한 분석으로 확대했다. 하지만 고전 마르크스주의에서 예속화의 문제는 자본주의적 상품

---

4 게오르그 루카치, 『역사와 계급의식』, 박정호·조만영 옮김, 거름, 1987 참조.

관계의 보편화가 산출하는 의식과 표상, 인성(人性)의 소외와 왜곡 현상이라는 관점에서 분석되었다.

　반면 푸코는 예속화의 메커니즘을 경제적 착취관계나 상품관계에서 찾지 않고, 대신 규율권력이나 통치성의 측면에서 설명하고 있으며, 더 나아가 권력론의 기반 위에서 예속화의 메커니즘에서 벗어날 수 있는 주체화 양식의 문제를 제기하고 있다. 푸코가 보기에 고전적인 해방의 문제설정(마르크스주의 및 성해방투쟁, 반(反)식민해방투쟁 등을 포함하는)은 계급지배나 성적 지배 또는 식민지배를 통해 억압된 **보편적 인간 본성**을 가정하고 있다는 점에서 문제가 있을 뿐만 아니라 **해방 이후** 주체들 사이의 자유로운 관계 형성이라는 문제에 대해 제대로 해명하지 못한다는 점에서도 문제를 안고 있다.[5] 이 문제를 해명하기 위해서는 권력에 관한 새로운 관점이 필요할 뿐만 아니라, 주체화에 관한 독자적인 문제설정이 요구된다.

　이러한 푸코의 문제제기는, 푸코를 명시적으로 원용하든 원용하지 않든 간에(또 푸코를 옹호하든 비판하든 간에) 현대 사상가들에 의해 폭넓게 공유되고 있는 것으로 보인다. 가령 랑시에르는 주체화의 문제를 자신의 민주주의론의 주요 요소로 제시하고 있으며,[6] 발리바르 역시 알튀세르와 스피노자, 푸코의 논의에 기반하여 정치적 주체화의 과

---

5 여기에 관해서는 특히 Foucault, "L'éthique du souci de soi comme pratique de la liberté", in *Dits et écrits*, vol. II, 1984 참조.

6 Jacques Rancière, *La mésentente*, Galilée, 1995[랑시에르, 『불화: 정치와 철학』]; Jacques Rancière, *Aux bords du politique*, Gallimard, 1998[랑시에르, 『정치적인 것의 가장자리에서』] 참조.

제를 현대 민주주의의 핵심 과제로 제기하고 있다.[7] 또한 아감벤은 푸코의 장치(dispositif)라는 개념을 원용하여 독창적인 방식으로 주체화의 문제를 탐색하고 있다.[8] 지젝은 라캉의 정신분석학과 헤겔 철학에 기반을 두고 알튀세르와 푸코를 비판적으로 독해하면서 역시 (무의식적) 주체의 문제를 현대 사상의 근본 과제로 제시한 바 있다.[9] 또한 네그리와 하트는 다중이라는 새로운 정치적 주체에 기반을 둔 정치학을 추구하고 있다.[10] 따라서 푸코는 현대 사상가들, 특히 바깥의 정치를 추구하는 사상가들의 주요한 이론적 원천이라고 할 수 있다.

그런데 내가 이러한 바깥의 정치에 대해 어떤 애매성 내지 양가성을 느낀다면 이는 다음과 같은 이유 때문이다. 바깥의 정치가 자유민주주의 제도 바깥에서 진정한 정치의 장소를 발견하는 것은 충분히 수긍할 수 있는 점이다. 그것은 현대 자유민주주의 정치체들이 보편적인 인권과 시민권에 기반을 둔 민주주의 정체로 자처하고 있음에도 실제로는 사회적 불평등의 심화, 인권과 시민권의 축소, 인종 갈등과 민족 갈등, 이주자 문제 등과 같은 많은 문제점을 노출하고 있기 때문이다. 더욱이 이것이 단순히 상황적인 어려움에서 비롯한 일시적인 문제가

---

7 물론 발리바르는 바깥의 정치를 추구하는 사상가로 간주될 수 없다. 발리바르의 정치철학적 입장에 관해서는 진태원, 「최장집과 에티엔 발리바르: 민주주의의 민주화의 두 방향」, 『을의 민주주의』 참조. 또한 Balibar, *Nous, citoyens d'Europe?*(발리바르, 『우리, 유럽의 시민들?』); *Droit de cité*, (발리바르, 『정치체에 대한 권리』); *La Proposition de l'égaliberté*, PUF, 2010을 각각 참조.

8 조르조 아감벤, 「장치란 무엇인가?」, 아감벤·양창렬 지음, 『장치란 무엇인가? 장치학을 위한 서론』, 난장, 2010 참조.

9 Zizek, *The Sublime Object of Ideology*; *The Ticklish Subject* 참조.

10 네그리·하트, 『제국』; 『다중』 참조.

아니라 **자유민주주의 정치체들의 구조 내지 토대에서 비롯한 근본적인 문제점**이라면, 그 제도 바깥에서 정치의 장소를 발견하는 것은 불가피한 것으로 보인다.

또한 고전적인 마르크스주의적인 주장과 달리 이러한 자유민주주의 정치체의 한계가 단순히 경제적 착취에 기반을 둔 계급투쟁에서만 기인하는 것이 아니라(이것은 물론 이러한 착취 및 계급투쟁의 존재를 부인하는 것은 아니다), 인종주의나 민족주의를 비롯한 이데올로기적 갈등, 성적 불평등 같은 또 다른 모순, 또 다른 적대 관계에서도 비롯한다면, 그리고 마르크스주의가 이러한 복수의 모순이나 적대를 설명하고 그 문제들을 해결하는 데 근원적으로 무기력했다면, 마르크스주의 이론과 다른 관점에서 자유민주주의 정치체의 한계를 분석하고 그 바깥에서 대안적인 정치의 장소를 찾는 것은 납득할 만한 일이라고 할 수 있다.

그러나 동시대의 바깥의 정치는 두 가지 점에서 난점을 드러낸다. 우선 그들이 지배적인 정치체와 진정한 정치의 장소 사이의 **근원적 양립 불가능성**을 가정하는 까닭에, 예속화에서 주체화로의 이행이라는 문제에 대해서는 적절하게 해명하기 어렵다는 점이다. 특히 이들이 자유민주주의 정치체를 **지배**의 정치체로 간주하고, 그것도 (본래적인 파시즘이 아니라면 적어도) **유사 파시즘적인** 정치체로 간주하는 한에서(랑시에르의 '치안'이나 아감벤의 '호모 사케르' 같은 개념들이 이를 대표적으로 보여준다) 이러한 어려움은 더 가중될 수밖에 없다.[11] 만약 자유민주

---

11 랑시에르 독자들 중에는 과연 랑시에르가 말하는 '치안', 곧 police라는 개념이 "지배의

주의적 정치체들이 보편적인 인권과 시민권에 기반을 둔 정치체가 아니라 오히려 예속화의 메커니즘, 자유에 기반을 두고 있는 것처럼 보이기 때문에 더욱더 저항하기 어려운 그러한 예속화의 메커니즘에 근거한 것이라면, 따라서 그 속에서 살아가는 '주체들'이 이미 예속화의 메커니즘에 포섭되어 있다면, 어떻게 이러한 정치체를 변혁할 수 있는가? 그리고 그러한 예속화 메커니즘과 다른 자유로운 주체화에 기반을 둔 진정한 민주주의적 정치체는 어떻게 형성될 수 있는가? 또 반대로 만약 (지젝이나 네그리가 각자 상이한 이론적 기반 위에서 주장하듯) 진정한 주체는 이러한 예속화의 메커니즘에 포섭되지 않는 중핵을 지니고 있다면, 왜 진정한 주체들에게 애초에 이러한 예속화의 메커니즘 속에서 살아가는 일이 일어났는가라는 의문이 제기된다.[12]

정치체" 내지 "유사파시즘적인 정치체"로 간주될 수 있는가라는 반론을 제기할 사람이 있을 것이다(가령 다른 맥락에서 새뮤얼 체임버스라는 미국의 정치학자가 이런 반론을 제기한 바 있다. Samuel A. Chambers, "Police", in *The Lessons of Rancière*, Oxford University Press, 2013[『랑시에르의 교훈』, 김성준 옮김, 그린비, 2019] 참조). 이 반론은 한편으로 일리가 있는 반론이라고 할 수 있다. 왜냐하면 랑시에르는 자신이 사용하는 police 개념은 "경멸적이지 않은 '중립적' 의미"(랑시에르, 『불화』, 62쪽)를 지니고 있다고 언급하고 있으며, "더 좋은 치안과 덜 좋은 치안이 존재한다"(같은 책, 64쪽)고 말하고 있기 때문이다. 하지만 다른 한편으로 본다면, 뒤에서 지적하듯이 랑시에르 자신이 police라는 개념을 통해 정치체의 역사를 제시하거나 구성하지 못한 만큼, 어떤 의미에서 더 나은 폴리스와 덜 나은 폴리스가 존재하는지 충분히 해명하기 어렵다. 필자가 보기에 이는, 정치와 치안이 전적으로 이질적인 논리를 따르지만, 또한 역설적이게도 서로 분리할 수 없게 얽혀 있다고 간주하는 랑시에르의 정치철학의 근본적 수수께끼 중 하나와 긴밀하게 연결돼 있다. 따라서 이러한 수수께끼가 랑시에르 자신에 의해 충분히 해명되지 못하는 한, 이런저런 보충적인 언급에도 불구하고 랑시에르의 police 개념은 유사파시즘적인 정치체, 또는 과두제적 정치체라는 규정과 다른 함의를 갖기는 어렵다.

12 이러한 측면에서 지젝과 네그리에 대한 비판적 고찰로는 진태원, 「스피노자와 알튀세르에서 이데올로기의 문제: 상상계라는 쟁점」; 「대중의 정치란 무엇인가?」, 『을의 민주주의』 각각 참조.

더 심각하게 제기되는 문제는 이런 것이다. 바깥의 정치는 그 의도와 달리 역설적으로 **제도적인 민주주의 정치가 지배의 체제로 기능하는 것을 이론적·실천적으로 정당화하는 결과**를 낳는 것은 아닌가? 다시 말해 바깥의 정치에서 주장하듯이 제도적인 정치는 **본성상 지배의 체제**라면, 그리고 진정한 민주주의 정치는 그 바깥에서 추구될 수밖에 없는 것이라면, 제도적인 정치 자체를 내부에서 개조하는 일은 헛수고에 불과하거나 사소한 문제일 수밖에 없다. 하지만 이 경우 제도적인 정치 내부에서 어떠한 퇴락이나 퇴행이 일어나더라도 그것을 비판하거나 제어하는 것 또는 그것을 개혁하는 것은 어렵게 된다. **제도적인 정치는 원래 그런 것이기 때문이다.** 그리고 그 폐해의 결과는 그 체제 내부에서 살아가는 것밖에 달리 대안이 없는 사람들이 고스란히 짊어지게 된다. 따라서 과연 동시대의 여러 이론가들처럼 제도적인 민주주의 정치와 바깥의 정치 사이의 근원적 양립 불가능성을 전제해야 하는 것인지, 이러한 전제는 오히려 정치적 주체화의 가능성을 약화시키고 민주주의 정치를 추구하는 데 장애가 되는 것은 아닌지 질문해볼 수 있다.

　또 하나의 문제점은 바깥의 정치를 추구하는 사상가들에게서 나타나는 **역사성의 부재**라고 할 수 있다. 역사성이라는 말은 두 가지로 이해될 수 있다. 그것은 현재의 지배적인 정치체가 초역사적이거나 영원한 정치체가 아니라 역사적 한계를 지닌, 따라서 언젠가는 극복되고 대체될 수밖에 없는 역사적 체제라는 것을 의미한다. 역사성의 이런 측면은 바깥의 정치의 이론가들이 폭넓게 공유하고 있는 점이다. 하지만 다른 한편으로 역사성의 또 다른 의미는 지배적인 정치체가 이러한 역사적 한계 내에서도 끊임없이 변화한다는 것, 그것은 역사적으로 상이한 형태들을 통해 존재한다는 것을 의미한다. 에티엔 발리바르는 마르크스 및 그 이후 마르크스주의자들의 중요한 한계 중 하나로 "자본주의 자체의 역사를 사고하고 분석하지 못하는 무능력"[13]을 지적한 바 있다. 이것은 마르크스주의자들이 18세기 말의 자본주의와 19세기 말의 제국주의적 자본주의, 또 20세기 말의 자본주의가 근본적으로 다르다는 점을 충분히 인식하지 못하고 있으며, 따라서 그들에게 "계급투쟁은 '전부 아니면 전무'라는 식으로만 작용한다는 것을 뜻한다. 곧 계급투쟁이 자본주의를 파괴하지 않는 한 자본주의는 계속 동일하게 그대로 존속한다"[14]는 것을 의미한다.

이것은 바깥의 정치의 이론가들에 대해서도 똑같이 지적할 수 있다. 지배적인 정치체를 자유민주주의라고 부르든 치안이라고 부르든 부르주아 민주주의라고 부르든 아니면 생명관리권력 체제라고 부르든 간에, 그들은 이러한 지배적인 **정치체의 역사**를 분석하는 데 무능력하다.[15] 가령 랑시에르는 『불화』와 같은 탁월한 저작들에서 민주주의에 관해 새롭게 사고할 수 있는 길을 열어주었음에도 그가 치안이라고 부르는, 제도적인 정치체의 **역사**를 제시하지는 못했다. 심지어 지젝 같은 경우는 이러한 정치체의 역사 같은 문제설정을 전혀 찾아볼 수 없다.[16] 그리고 이러한 무능력은 정치를 **제로섬의 문제**로 인식하는 결과

---

13 발리바르, 『대중들의 공포』, 304쪽.
14 같은 책, 319쪽. 번역은 수정.
15 역사성에 대한 이러한 몰이해는 국민국가를 노예의 정치체로 간주하는 국내 및 일본의 지식인들에게서는 더욱 극단적으로 나타난다. 이 점에 대해서는 이 책 4장 참조.
16 이런 의미에서 지젝은 이론가라기보다 비평가라고 부르는 게 더 적합할 것 같다.

를 낳는다. 자본주의 생산양식이든 자유민주주의 체제이든 **체계 전체를 변혁하는 정치가 아니라면 그것은 정치가 아닌 것이다.** 더욱이 지젝의 말장난에 따르면 체계를 개혁하거나 개조하려는 시도는 오히려 기존 체계를 견딜 만한 것으로 만들기 때문에, 차라리 아무것도 하지 않는 것이 훨씬 더 변혁적인 태도, 진정한 정치에 부합하는 태도가 된다.

이러한 점에서 본다면, 푸코는 동시대의 바깥의 정치론의 선구적인 사상가라고 할 수 있으면서도 다른 이론가들과 구별되는 주목할 만한 장점을 지니고 있다. 그것은 우선 우리가 관계론적 권력론이라고 부르고자 하는 푸코의 특유한 권력론에서 비롯한다. 푸코는 권력을 억압과 부정, 금지의 관점에서 이해하지 않고 긍정과 생산의 힘이라는 관점에서 이해한다. 이러한 관점은 권력의 '실제' 메커니즘을 좀더 구체적이고 섬세하게 이해하게 해줄뿐더러, 권력을 지배와 동일시하고 따라서 권력과 자유, 권력과 저항, 권력과 해방을 **외재적인 대립관계로** 환원하는 동시대 바깥의 정치론의 난점에서 벗어날 수 있는 이론적 준거가 될 수 있다. 실제로 푸코는 『감시와 처벌』 및 『성의 역사 1권: 앎의 의지』에서 권력의 예속화 메커니즘에 대해 분석한 이후 1980년대 초의 작업에서는 주체화의 양식을 집중적으로 다루고 있다.

그런데 중요한 것은 이러한 권력의 분석론과 주체화 양식론을 서로 대립하는 것으로, 서로 외재적인 것으로 인식하지 않는 일이다. 내가 보기에는 오히려 푸코의 주체화 양식에 대한 분석은 그가 관계론적인 권력론을 택하고 있기 때문에 가능한 것이며, 또 그렇게 파악할 때에만 주체화 양식론이 지닌 강점이 좀더 정확히 인식될 수 있다. 왜냐하면 관계론적 권력론이야말로 예속화와 주체화를 내재적인 복합적

관계 속에서 이해할 수 있는 길을 제시해주기 때문이다.[17]

　푸코의 또 다른 강점은 역사를 새롭게 분석할 수 있는 능력이다. 푸코는 다른 철학자들과 달리 역사가들이 구성해놓은 역사를 소비하는 수동적 입장에서 벗어나 스스로 직접 역사적 사료를 분석하여 근대성의 역사를 새로운 시각에서 재구성했다. '광기의 역사', '감옥의 역사', '성의 역사' 같이 그의 저작에서 역사의 문제가 전면에 등장하는 것은 우연이 아니다. 푸코가 재구성한 이러한 역사는 우리에게 익숙한 시대구분이나 분류법의 한계를 드러내주면서 역사를 새롭게 파악할 수 있는 길을 제공해준다. 가령 '광기'라는 것이 자연적인 질병이 아니라 역사적으로 구성된 지식과 권력의 복합체라는 것을 보여주고, 감옥이라는 제도의 성립과 전개과정을 통해 근대권력의 역사를 재구성하는 것은 오직 푸코만이 할 수 있는 작업이었다. 더욱이 이렇게 재구성된 역사는 기원의 우연성과 불연속성으로 이루어져 있다는 점에서 가장 반(反)목적론적 역사라고 할 수 있다. 이 때문에 푸코는 현대 사상가들 중에서도 목적론이나 종말론과 가장 거리가 멀고 권력이나 정치의 문제를 제로섬의 방식으로 환원하는 데 가장 면역력이 큰 인물 중 한 사람이라고 할 수 있다.

　이러한 푸코 사상의 특성을 고려해볼 때 푸코는 우리에게 민주주

---

17 사토 요시유키의 『권력과 저항』은 푸코, 들뢰즈, 데리다, 알튀세르 같이 이른바 '(포스트)구조주의'를 대표하는 네 명의 철학자를 다루는 흥미로운 책인데, 네 명의 사상가들에 대한 이해나 분석이 균등하지 않다. 데리다나 알튀세르에 관해서는 정확한 분석과 독창적인 문제제기 능력을 보여주는 반면, 푸코와 들뢰즈의 경우는 평범한 개론서의 수준을 넘지 못하고 있다. 특히 푸코에 관해서는 권력론과 주체화론 사이에 외재적인 대립 관계를 설정하는 등 상당히 문제가 있는 관점을 드러내고 있다.

의를 새롭게 고찰할 수 있는 길을 열어줄 수 있지 않을까? 푸코 자신
이 자유민주주의의 계보학, 제도적인 민주주의 정치의 역사를 직접 구
성한 적은 없지만, 그러한 역사를 사고하는 데 도움을 줄 수 있지 않을
까? 제도적인 민주주의 정치 바깥에 위치하여 자유민주주의 체제의
한계를 드러내면서도 그것을 종말론적인 방식으로 극복하려고 하지
않고, 그 내부에서 그것에 저항하고 변혁할 수 있는 길을 보여줄 수 있
지 않을까? 특히 예속화와 주체화의 문제와 관련하여 푸코의 사상은
우리에게 의미 있는 실마리를 제공해주지 않을까? 이것이 푸코와 민
주주의라는 이 글의 제목에 담긴 암묵적인 질문들이다.

하지만 이 글에서는 여기서 제기된 문제들을 온전히 다룰 수는 없
으며, 다만 우리가 민주주의를 새롭게 사고하는 데 기여할 수 있는 푸
코 사상의 몇 가지 이론적 요소를 지적하는 데 그치기로 하겠다. 그 요
소들은 다음과 같다.

1) 관계론적 권력론
2) 예속화와 주체화: 신자유주의적 통치성
3) 삶의 양식으로서 민주주의: 대항품행, 권리들을 가질 권리, 파
   레지아

내가 보기에 이 요소들은 '바깥의 정치'로서의 푸코의 사상이 제
도적인 민주주의 정치와 어떤 관계를 맺을 수 있는가, 또는 제도적인
민주주의 정치를 개조하는 데 어떻게 기여할 수 있는가에 관해 한 가
지 실마리를 던져줄 것 같다.

3. 관계론적 권력론

푸코는 『감시와 처벌』, 『성의 역사 1권: 앎의 의지』, 『"사회를 보호해야 한다"』 등에서 몇 차례에 걸쳐 권력 분석에서 일종의 관계론적 전회를 제안하고 있다. 특히 다음 구절은 이를 매우 잘 보여준다.

> 권력을 관계의 원초적 항들로부터 출발해서 연구할 게 아니라, 관계야 말로 자신이 향하고 있는 요소들을 규정하는 것인 한에서, 관계 자체로부터 출발해서 연구해야 한다. 이상적 주체들에게 그들이 스스로 예속될(assujettir) 수 있도록 그들 자신으로부터 혹은 그들의 권력으로부터 양도할 수 있었던 것은 무엇인가를 묻기보다는, 어떻게 예속관계들(relations d'assujettissement)이 주체들을 만들(fabriquer) 수 있는지 탐구해야 한다. 마찬가지로, 모든 권력 형태들이 그 결과로서 또는 그 전개로서 파생되어 나올 유일한 형태나 중심점을 찾기보다는 우선 이 형태들이 지닌 다양성, 차이, 종별성, 가역성을 부각시켜야 한다. 따라서 이것들을 서로 교차하고 서로에게 준거하고 서로 수렴하거나 반대로 서로 대립하고 서로를 소멸시키는 경향을 지닌 세력관계들로 연구해야 한다. 마지막으로 법에 대해 권력의 발현으로서 특권을 부여하기보다는 권력이 작동시키는 상이한 강제의 기술들을 표시해두는 것이 좋다.[18]

---

18 푸코, 『"사회를 보호해야 한다"』, 315쪽. 번역은 수정. 푸코의 저작에서 인용할 때 국역본이 있을 경우에는 국역본 쪽수를 중심으로 했으며, 함께 병기할 필요가 있다고 생각할 때에는 원문 페이지를 달아두었다.

여기서 푸코는 네 가지 측면에서 자신의 연구방법론으로서 관계론을 정식화하고 있다.

1) 관계항들에 대한 관계의 우위

이러한 원칙으로 푸코가 강조하려고 하는 바는 권력이나 정치에 대한 분석에서 독립적인 개인이나 주체를 출발점으로 간주하는 입장 및 또한 그것에 전제되어 있는 방법론적 개체론에서 벗어나야 한다는 점이다. "그러니까 개인들을 복종시키고 억압하는 권력이 적용되는, 또 타격을 가하는, 일종의 기본적인 핵이나 최초의 원자, 다수의 불활성 물질 등으로 개인을 생각해서는 안 될 것이다."[19] 이는 푸코가 그것과 정반대되는 입장, 곧 방법론적 전체론을 옹호하는 것으로 간주되어서는 안 된다. 만약 그런 입장을 취하고 있다면, 푸코는 권력의 중심을 가정하거나 권력을 동질적인 전체로 이해했을 것이다. 그러나 푸코는 이러한 관점을 정면으로 배격한다. "권력을 전면적이고 동질적인 지배의 현상으로 간주하지 말 것이다."[20] 따라서 푸코의 입장은 오히려 "권력은 망 속에서 기능"한다는 것, "이 망 속에서는 개인들이 끊임없이 순환하고 있을 뿐만 아니라, 항상 권력을 감수하면서 또한 그 권력을 행사하는 위치에 있다"는 것, "다시 말하면, 권력은 개인들을 통과해갈 뿐 그들 중 누구에게도 고착되지 않는다"[21]는 것이라고 할 수 있다.

---

19 푸코, 『"사회를 보호해야 한다"』, 48쪽. 번역은 수정.
20 같은 책, 48쪽.
21 같은 책, 번역은 수정.

2) 사회계약론이 아니라 예속관계

관계론의 두 번째 원칙은 사회계약론을 예속관계에 대한 분석으로 대체하는 것이다. 왜 사회계약론이 문제가 될까? 그것은 **독립된 개인들**이 사회계약론의 기본적인 이론적 전제 조건 중 하나를 이루기 때문이다. 더 나아가 그것은 다수의 개인들의 **자발적인 의지**로부터 어떻게 하나의 국가, **하나의 주권**이 구성되는지 해명하려고 하지만, 이는 권력과 지배의 실질적인 메커니즘을 은폐하고 호도할 뿐이다. 또한 사회계약론은 푸코가 "권력 이론 내의 '경제주의'"라고 부른 것, 곧 "권력이 마치 재산처럼 누군가가 소유할 수 있고, 따라서 법적 행위 또는 인도나 계약의 형식인 권리 개설의 행위에 의해 ──여기서 그것은 별로 중요하지 않다── 전체적이거나 부분적으로 남에게 이양하거나 양도할 수도 있는 하나의 권리"[22]로 간주하는 이론을 함축한다는 점에서 권력의 실질적인 메커니즘을 분석하는 데 장애가 된다.

따라서 "리바이어던 모델", 곧 "인공적으로 만들어져 자동적이며 동시에 통일적이고, 실제의 개인들을 모두 포함하고 모든 시민을 몸체로 가지고 있으면서 그러나 그 정신은 주권인, 그러한 인위적 모델을 제거"하고 그 대신 "지배의 기술과 전술"[23]로부터 권력을 이해해야 한다. 이것은 좀더 일반적으로는 주권 개념에 기초를 둔 법적인 권력 개념 대신 "지배 관계 내지 그 작동장치들"을 부각시키려는 푸코의 이론

---

22 같은 책, 31쪽.
23 같은 책, 53쪽.

적 관점의 표현이다.

3) 중심이 아니라 다양성, 차이, 종별성, 가역성

여기서 푸코가 겨냥하고 있는 것은 국가를 중심으로 삼는 권력이론, 곧 모든 권력의 통일체이자 중심으로서 국가를 분석의 주요 대상으로 삼는 권력이론이다. 자유주의와 마르크스주의를 비롯한 근대의 거의 모든 정치이론은 긍정적인 것으로 보든 부정적인 것으로 보든 항상 국가를 중심으로 권력을 분석해왔지만, 푸코에 따르면 이는 권력의 실제 메커니즘을 분석하는 데서나 저항의 가능성을 사고하는 데서나 부적절한 관점이다. 권력이 어떤 단일한 중심에 따라 구조화되어 있다고 보는 것은 사실은 "오랫동안 정치적 사유를 현혹시킨 법-주권 체계"[24]에서 기인하는 것으로, 권력의 다면적이고 구체적인 작동을 분석하기 어렵게 만든다. 더 나아가 이 관점은 "권력에 대한 커다란 거부의 '한' 장소"[25]를 가정하고 있지만, 이는 결국 억압가설이나 소외론으로 귀착되고 만다.

반대로 푸코에게 권력관계는 "작용영역에 내재하고 조직을 구성하는 다수의 세력관계, 끊임없는 투쟁과 대결을 통해 다수의 세력관계를 변화시키고 강화하며 뒤집는 게임, 그러한 세력관계들이 연쇄나 체계를 형성하게끔 서로에게서 찾아내는 거점, 반대로 그러한 세력관계

---

24 미셸 푸코, 『성의 역사 1권: 앎의 의지』(1976), 이규현 옮김, 나남, 2004, 115쪽. 번역은 약간 수정.
25 같은 책, 115쪽.

들을 서로 분리시키는 괴리나 모순, 끝으로 세력관계들이 효력을 발생하고 국가 기구, 법의 표명, 헤게모니에서 일반적 구상이나 제도적 결정화가 구체화되는 전략"[26]으로 이루어진 것이다. 따라서 푸코가 『감시와 처벌』이나 『성의 역사』 등에서 보여주었듯이 권력의 분석에서는 항상 구체적인 대상에 대해 구체적인 분석이 요구된다.

더 나아가 권력관계는 항상 가역성을 포함한다. 다시 말해 권력이 있는 곳에 바로 저항이 존재하며, "권력관계는 다수의 저항지점에 따라서만 존재할 수 있을 뿐이다."[27] 권력이 다양하고 구체적, 미시적으로 도처에 편재한 것처럼, 저항 역시 권력망의 도처에 현존하며, 따라서 때로는 서로 간에 모순과 갈등을 빚기도 하는 다양한 저항의 형태들이 존재한다.

4) 법에 부여된 특권을 박탈하기

마지막으로 푸코가 제시하는 관계론적 원칙은 법에 대해 부여된 특권을 박탈하고 그 대신 다양한 강제의 기술들을 분석하는 것이다. 왜 법에 부여된 특권을 박탈하는 것이 이처럼 중요한 일이 될까? 그것은 푸코에게 법은 사실은 지금까지의 원칙들에서 비판과 거부의 대상이 되었던 특징들을 집약하는 것이기 때문이다.[28] 곧 법은 초월적인 심급(곧 주권)을 가정함으로써, 관계항들 사이에 넘어설 수 없는 비대칭성을

---

26 같은 책, 112쪽.
27 같은 책, 115쪽.
28 같은 책, 102쪽 이하 참조.

도입하며, 더 나아가 이러한 초월적인 심급을 중심으로 권력을 사고하게 만든다. 그리고 이 때문에 법은 다양하고 상이한 권력의 기술들을 하나의 중심을 갖는 통일체로 환원시키는 결과를 낳는다. 더 나아가 법은 보편성과 필연성의 상징으로서 그 기원의 우연성이나 그 역사적 변화의 가능성을 사고 불가능하게 만든다.

또한 법은 권력을 금기로 간주하게 만든다는 점에서, 곧 권력을 금지하고 부정하고 제한하는 것으로 간주하게 만든다는 점에서 푸코가 항상 강조하는 권력의 생산적 또는 긍정적 성격을 파악하지 못하게 만든다. 이러한 관점에 따르면 법으로서의 권력은 "거의 '부정'(non)의 힘밖에 없"[29]다. 법으로서의 권력은 자신에게 복종하는 주체에게 자신이 금지하는 것은 하지 말고 허가하는 것만을 하도록 강제하는 것 이외에는 아무것도 할 수 없다. 하지만 이는 동시에 무한한 힘이기도 한데, 왜냐하면 법은 바로 그 금지에 의해 산출된 욕망을 통해 자신의 주체들을 무한한 원환 속으로 이끌어 들이기 때문이다. 법으로서의 권력은 금기와 위반의 무한정한 되풀이와 다르지 않다.

4. 갈등적 과정으로서의 민주주의

관계론적 권력론은 푸코가 권력에 대한 법적-주권적 관점에서 벗어나야 한다고 주장할 때 염두에 두고 있는 것이 무엇인지 잘 보여준다. 그 것은 첫째, 권력이나 정치에 대한 분석에서 독립적인 개인이나 주체를

---

29 푸코, 『성의 역사 1권: 앎의 의지』, 106쪽.

출발점으로 간주하는 입장 및 또한 그것에 전제되어 있는 방법론적 개체론에서 벗어나야 한다는 점이다. 둘째, 또한 이것은 권력 분석에서 사회계약론이 아니라 예속관계를 초점에 두어야 함을 의미한다. 셋째, 따라서 푸코는 모든 권력의 통일체이자 중심으로서 국가를 분석의 주요 대상으로 삼는 권력이론에서 벗어나 다수의 세력들 사이의 전략적 관계로서 권력을 사고할 것을 제안한다. 요컨대 중심이 아니라 다양성, 차이, 종별성, 가역성이 중요하다는 것이다. 마지막으로 이것은 법에 부여된 특권을 박탈해야 함을 의미한다. 왜냐하면 법에 중심을 둔 권력론은 법의 초월성과 부정성(곧 권력의 본질을 금지하는 것으로 이해하는)에 기반을 두고 권력을 파악하기 때문이다.

그리고 푸코는 1980년대 초에 가면 이러한 관계론적 권력론의 관점에서 권력과 지배를 구별한다. 권력은 도처에 편재하는 것이고 사람들이 서로 활동을 주고받기 위한 조건을 함축한다면, 지배는 관계의 두 항 사이에 존재하는 비가역적이고 불평등한 상태를 가리키는 개념이다. 따라서 권력은 자유나 해방의 대립말이 아니라 오히려 **자유와 해방이 가능하기 위한 조건**이 되며(그 역도 성립한다), 해방은 어떤 권력의 **지배적 상태**에서 벗어나 "새로운 권력관계를 열어놓"[30]는 것을 의미한다.

내가 보기에는 자유들 사이의 전략적 게임으로서의 권력관계 ——이러한 전략적 게임은 어떤 사람들이 타인들의 품행을 규정하려고 시

---

30 Foucault, "L'éthique du souci de soi comme pratique de la liberté", in *Dits et écrits*, vol. II, Gallimard, 2001, p.1530; 「자유의 실천으로서 자아에의 배려」, 『미셸 푸코의 권력이론』, 정일준 옮김, 새물결, 1994, 103쪽.

도하게 만들며, 여기에 대해 타인들은 자신들의 품행이 규정되지 않게 하려고 하거나 아니면 [처음의] 타인들의 품행을 역으로 규정하려고 시도하게 만듭니다——와, 우리가 보통 권력이라고 부르는 지배 상태를 구별해야 합니다. 그리고 양자 사이에서, 권력 게임과 지배 상태에서 우리는 통치기술을 갖게 됩니다. 통치기술이라는 이 용어는 아주 넓은 의미, 곧 제도를 통치하는 방식만이 아니라 자신의 아내와 아이들을 통치하는 방식도 포함하는 의미를 지닙니다.[31]

따라서 이러한 관계론적 권력론은 민주주의를 법적인 정체(政體)로 규정하는 관점에서 벗어나 민주주의를 **갈등적인 과정**으로서 파악할 수 있게 해준다.

동시대의 사상가들 중에서 민주주의를 과정으로 보아야 한다는 점을 가장 역설한 인물은 에티엔 발리바르다.[32] 그는 스피노자의 정치학에 대한 재독해를 통해 민주주의를 형식적인 법적 정체가 아니라 갈등적인 과정으로, 물질적인 헌정으로 파악해야 한다고 주장해왔다. 민주주의를 갈등적 과정으로 이해한다는 것은, 단지 민주주의가 이익을 추구하는 개인이나 집단들 사이의 갈등을 동력으로 하여 작동한다

---

31 Foucault, "L'éthique du souci de soi comme pratique de la liberté", p.1547; 「자유의 실천으로서 자아에의 배려」, 123~124쪽. 번역은 수정

32 과정으로서의 민주주의의 의미에 대해서는 에티엔 발리바르, 『스피노자와 정치』, 진태원 옮김, 그린비, 2010; Etienne Balibar, "Historical Dilemmas of Democracy and Their Contemporary Relevance for Citizenship", *Rethinking Marxism*, vol.20, no.4, 2008; Etienne Balibar, "Ouverture: L'antinomie de la citoyenneté", in *La Proposition de l'égaliberté* 참조.

는 것만을 뜻하지는 않는다. 그것은 무엇보다 제도로 구현된 모든 민주주의 헌정은 필연적으로 배제를 수반할 수밖에 없다는 점을 의미한다. 고대 민주주의에서 노예가 시민권 헌정에서 배제되었다는 사실은 누구나 인정하는 점이다. 하지만 발리바르에 따르면 **보편적 인권과 시민권에 기초를 둔 근대 민주주의** 역시 자신의 고유한 배제의 메커니즘을 포함하고 있다. 이러한 배제에는 근대 민주주의 초기의 무산계급에 대한 배제나 여성에 대한 배제 등이 존재한다. 발리바르는 이러한 배제들 이외에 국민국가에 고유한 배제라는 쟁점을 제기한다. 그것을 발리바르는 특히 시민권=국적이라는 등식으로 표현한다.[33] 곧 정치적 자격으로서의 시민권을 국적을 소유한 사람들에게만 부여하는 것이 근대 민주주의 헌정, 곧 국민국가의 본질이며, 이것은 「인권선언」에서 천명된 보편적 인권 및 시민권 원리와 모순을 빚는다.

따라서 민주주의의 과제 또는 **민주주의의 민주화**는 기존의 제도적인 틀을 유지하고 개선하는 데 국한될 수는 없으며, 거기에서 한 걸음 더 나아가 지배적인 세력 관계가 억압하고 배제하는 갈등, 곧 사회적 약자들이나 배제된 집단들의 이해관계를 표현할 수 있는 길을 모색해야 한다. "민주주의적 **대표**에서 문제가 되는 것은 단지 의견과 당파의 **다원성**을 보증하고 활성화하는 것(이것은 물론 본질적입니다만)만이 아니라 **사회적 갈등을 대표**하는 것이며, 모종의 세력관계가 강제하는 "억압"으로부터 이러한 갈등을 빼내서 공동선 내지 공동의 정의를 위해

---

33 '시민권=국적' 등식의 의미에 대해서는 에티엔 발리바르, 『우리, 유럽의 시민들? 세계화와 민주주의의 재발명』, 4장; 에티엔 발리바르, 『정치체에 대한 권리』, 131쪽 이하 참조.

활용할 수 있게끔 그것을 분명히 드러내는 것입니다. 이렇게 하기 위해서는 사회적 갈등이 부인되어서는 안 되며 논변과 매개("의사소통행위") 바깥에 놓여서도 안 되는데, 비록 이러한 갈등이 처음에는 대부분 적법한 이해관계들을 인정하기 위해 제도적으로 설정된 틀을 격렬하게 벗어나기 마련이라 하더라도 그렇습니다."[34] 갈등적인 과정으로서의 민주주의라는 생각은 **정상적인 민주주의 제도에서 배제된 사회적 갈등의 정치적 대표**라는 문제를 민주주의의 핵심 문제, 또는 민주주의의 민주화의 핵심 문제로 제기한다.[35]

5. 신자유주의적 예속화 양식

오늘날 민주주의가 크게 후퇴하고 심지어 위기를 맞이하게 된 원인들 중 가장 강력한 힘이 경제적 세계화, 특히 신자유주의적 세계화에 있다는 것은 여러 사람들이 광범위하게 동의하는 견해다.[36] 오늘날 나타

---

34 발리바르, 『정치체에 대한 권리』, 241쪽.

35 이때 정상적인 민주주의 제도에서 배제된 사회적 갈등의 대표적인 예는 소수 집단 내지 비정상인들과 주류 집단 내지 정상인들 사이의 갈등이 되겠지만, 이러한 갈등이 반드시 특정한 소수 집단으로 한정될 필요는 없다. 또는 이렇게도 말할 수 있을 텐데, **특정한 소수 집단과 관련하여 제기되는 배제의 문제에 함축된 보편적인 정치적 쟁점을 파악하는 것이** 중요한 문제다.

36 이 점에 관해서는 가령 데이비드 하비처럼 마르크스주의적 입장을 취하는 저자 이외에도, 데이비드 하비, 『신자유주의』, 최병두 옮김, 한울, 2007, 204쪽 이하; 데이비드 하비, 『신자유주의 세계화의 공간들』, 임동근 외 옮김, 문화과학사, 2010; 콜린 크라우치, 『포스트민주주의』, 이한 옮김, 미지북스, 2008; Wendy Brown, "Neo-liberalism and the End of Liberal Democracy", *Theory & Event*, vol.7, no.1., 2003; 리처드 세넷, 『신자유주의와 인간성의 파괴』, 조용 옮김, 문예출판사, 2002; 리처드 세넷, 『뉴 캐피탈리즘』, 유병선 옮김, 위즈덤하우스, 2009 등 다양한 정치적 입장을 취하는 저자들에게서 이를 확

나는 민주주의의 위기의 양상은 콜린 크라우치가 적절하게 요약했듯이 다음과 같이 표현될 수 있다. "빈부 격차는 커지고 있다. 세금의 재분배 기능은 줄어들었다. 정치가는 한줌도 안 되는 기업가들의 관심사에만 주로 반응하고, 기업가의 특수 이익이 공공정책으로 둔갑한다. 가난한 사람은 점차 정치 과정에서 무슨 일이 벌어지든 상관하지 않게 됐고 심지어 투표도 하지 않게 됐다. 이로써 그들은 민주주의 이전 사회에서 어쩔 수 없이 차지해야 했던 위치, 즉 정치 참여가 배제된 위치로 자발적으로 돌아가고 있다."[37]

민주주의는 그 어원이 말해주듯이 demos + kratia, 곧 "인민의 권력" 내지 "인민의 통치"를 의미한다면, 또는 적어도 다수 대중의 의지의 표현 및 참여가 제도적으로 관철되는 것이 민주주의라고 한다면, 사실 현재 민주주의가 맞이하고 있는 위기의 핵심은 랑시에르가 역설했던 것처럼 민주주의의 과두제로의 전환 또는 "인민 없는 민주주의"라고 할 수 있다.[38] 곧 현대의 대부분의 국가들은 스스로 민주주의를 표방하고 있지만, 그러한 민주주의는 최소 민주주의, 곧 슘페터가 말했듯이 "[그것은] 정치적 결정으로 귀착되는 제도적 체계로서, 개인들은 이 속에서 인민의 투표에 관해 경쟁하는 투쟁 끝에 정치적 결정에 관해 법제화할 수 있는 힘을 획득하게" 되는 정치 형태이며, 따라서 실제로는 과두제에 불과하다. 인민의 권력 내지 통치로서의 민주주의가 이름에 걸맞은 형태를 띠게 된 것은 실질적인 보편 선거가 일반화된 20

인할 수 있다.

37 크라우치, 『포스트민주주의』, 37~38쪽.

38 특히 Rancière, *La haine de la démocratie*, La Fabrique, 2005 참조.

세기 후반부터라고 한다면, 불과 40~50여 년 사이에 민주주의는 과거 처럼 소수가 지배하는 과두제로 후퇴한 셈이다.

따라서 미국의 정치학자 웬디 브라운의 표현을 빌리자면 신자유 주의는 "탈민주화"(de-democratization)의 주요 동력으로 작용하고 있 는 셈이다.[39] 그렇다면 어떻게 신자유주의는 "인민 없는 민주주의"로 서의 과두제를 산출하면서 민주주의를 위기에 빠뜨리고 있는가? 이 질문은 오늘날 민주주의에 관한 사유에서 가장 중요한 질문 중 하나지 만, 바깥의 정치의 사상가들이나 그 반대쪽에 위치한 제도적 민주주의에 관한 사상가들, 특히 프랑크푸르트학파의 비판이론가들에게서는 이러한 문제설정을 찾아보기 어렵다.[40] 신자유주의에 관한 문제제기는 오히려 마르크스주의 정치경제학자들이나 비판적 사회과학자들에 의해 독점 되고 있는 실정이다.

이런 측면에서 보면 푸코의 작업은 주목할 만한 예외라고 할 수 있다. 푸코가 지난 1978~1979년 콜레주 드 프랑스에서 했던 강의를 묶은 『생명관리정치의 탄생』은 신자유주의의 두 가지 이론적 뿌리를 이루는 독일의 "질서 자유주의"(Ordo-Liberalismus) 학파 및 미국 시 카고학파의 주요 이론과 개념들을 분석하면서 신자유주의에 대한 체 계적인 논의를 제시하고 있기 때문이다. 어떤 의미에서 푸코의 강의록 은 지난 30여 년 동안 소수의 푸코 제자들 및 연구자들을 제외하고는

---

39 Brown, "Neo-liberalism and the End of Liberal Democracy" 참조.

40 다만 최장집 교수 등은 모니카 프라사드 등의 논의를 원용하여 신자유주의의 문제를 국 가별 정책의 차이라는 문제로 환원하려고 시도한다. 곧 영국이나 미국, 한국 같은 나라는 신자유주의 정책을 적극 채택하기 때문에 신자유주의가 문제가 되는 반면, 독일 같은 나 라는 신자유주의가 낳는 폐해가 적다는 것이다.

거의 알려지지 못했지만, 신자유주의에 관한 선구적인 분석이라고 할 수 있다. 그리고 그의 분석은 이미 유럽과 영미권의 여러 푸코 제자들 및 푸코 연구자들의 작업들을 통해 광범위하게 원용되고 확장되어 왔다.[41] 푸코는 강의록에서 자유주의와 신자유주의의 차이를 크게 세 가지 측면에서 제시한다.[42]

첫째 푸코에 따르면 양자는 경제활동을 인식하는 관점에서 차이를 보인다. 애덤 스미스로 대표되는 고전자유주의는 "교환"(échange/ exchange)에 초점을 맞추는데, 이때의 교환은 스미스가 인간이 지닌 "교역, 교류, 교환"에의 본성적 경향에 대해 언급했듯이 본성적인 것으로서의 교환이다. 곧 고전 자유주의는 시장을 특수한 국가제도나 사회 부문으로 간주하지 않고 자연적인 체계로 간주했다. 바로 이 때문에 시장은 국가권력을 재해석하고 비판적으로 한정하기 위한 토대로 작용한다. 반면 신자유주의는 교환이 아니라 "경쟁"(concurrence/

---

41 영미권의 이른바 "통치성 학파"(School of Governmentality)나 프랑스의 자크 동즐로 (Jacques Donzelot), 로베르 카스텔(Robert Castel), 크리스티앙 라발(Christian Laval)과 피에르 다르도(Pierre Dardot), 독일의 토마스 렘케(Thomas Lemke) 등이 그 주요한 연구자들이다.

42 물론 이러한 차이를 절대적인 것으로 받아들여서는 안 된다. 푸코는 자유주의와 신자유주의 사이의 차이를 지적하는 한편, 신자유주의적 통치성이 자유주의적 통치성과 연속성을 지니고 있음을 지적한다. 자유주의적 통치성은 통제되어야 할 요소들의 자유 운동을 고무하는 장치들을 생산하고 발전시키는 통치 방식이라는 특징을 지니고 있으며 (*Sécurité, territoire, population: Cours au Collège de France 1977~1978*, Gallimard/ Seuil, 2004[오트르망 옮김, 『안전, 영토, 인구』, 난장, 2011]. 1월 18일 강의 참조), 인구를 구성하는 생명체들의 집합 전체를 통치의 대상으로 삼을 정도로 통치의 범위를 확장하면서도 다른 한편으로는 너무 많은 통치에 대한 끊임없는 의심과 비판의 운동이라는 특징을 지니고 있기 때문이다(Michel Foucault, *Naissance de la biopolitique: Cours au Collège de France 1978~1979*, Gallimard/Seuil, 2004[오트르망 옮김, 『생명관리정치의 탄생』, 난장, 2012]. 1월 17일, 2월 7일 강의 참조).

competition)에 초점을 맞춘다.[43] 신자유주의는 고전적 자유주의와 마찬가지로 "경제적 인간"(homo economicus)의 원리를 정치의 토대로 간주하지만, 교환 대신 경쟁을 경제적 인간학의 근본 원리로 간주한다.

이것은 다른 말로 하면, 고전적인 자유주의에게는 자연적인 것으로서의 교환이 경제의 토대였던 반면, 신자유주의는 그러한 자연적 경향의 존재를 더 이상 믿지 않는다는 것을 의미한다. 그 대신 신자유주의에게 중요한 것은 국가의 독점과 개입에 맞서 "인위적 관계"로서의 경쟁을 보호하고 확장하는 것이다(푸코에 따르면 이는 20세기 전반기의 국가독점자본주의의 폐해에 대한 독일 질서 자유주의자들의 공포에서 유래하는 것이다). 따라서 신자유주의는 시장에 대한 국가 개입의 최소화를 요구하는 것이 아니라, 시장이 작동하기 위한 조건들, 곧 경쟁이 가능하기 위한 조건들을 보호하는 데 개입할 것을 요구한다. "경쟁은 존중해야 할 자연적인 소여가 아니라 통치술의 역사적 목표다."[44]

둘째, 이렇게 경제의 근거가 교환에서 경쟁으로 바뀌고, 경제활동이 자연적인 것에서 인위적인 것으로 재정의되면서, 인간에 대한 상이한 이해 방식이 생겨난다. 우선 신자유주의적인 관점(특히 미국의 시카고학파)에 따를 경우 경제학의 범위가 무한정하게 확장된다. 시카고학파의 경제학자인 게리 베커의 정의를 원용하면서("경제학은 인간 행동을, 목적들과, 양자택일적 용도를 갖는 희소한 수단들 사이의 관계로 연구

43 Foucault, *Naissance de la biopolitique: Cours au Collège de France 1978~1979*; 『생명관리정치의 탄생』, 183쪽.
44 같은 책, 187쪽.

하는 학문이다"[45] 푸코가 말하듯이 이제 결혼과 범죄, 아이 양육 등에 이르기까지 인간이 어떤 목적을 달성하기 위해 수행하는 행동이라면 모두 경제적인 비용 계산의 대상이 되며, 따라서 경제적인 활동으로 평가될 수 있다. 이제 경제는 더 이상 사회의 한 부문이 아니라 사회 전체, 인간 삶의 모든 영역으로 확장된다. 그리고 이렇게 되면서 인간 주체는 "기업가"(l'homme de l'entreprise/entrepreneur)가 되며, 인간의 활동은 "인적 자본"의 관점에서 재정의된다.

가령 노동자가 노동을 통해 얻게 된 임금은 신자유주의의 관점에서는 초기 투자를 통해서 얻게 되는 수입이 되며, 더 나은 수입을 얻기 위한 목적으로 수행하는 모든 활동 역시 투자로 간주된다. 또한 학교나 학원을 다니거나 다이어트를 위해 헬스클럽에 다니는 것, 동호회나 등산, 친목 모임 같은 활동 내지 심지어 국경을 넘어서 이주를 하는 것도 역시 투자의 관점으로 이해된다. 인간들은 각자가 기업가이고 각자가 자신의 판단과 결정에 따라 투자를 한 만큼 또한 각자는 자신의 활동에 대해 스스로 책임을 져야 한다. "경제적 인간은 기업가, 자기 자신의 기업가"인 셈이다.[46]

셋째, 푸코는 신자유주의를 새로운 "통치성"(gouvernementalité) 내지 "통치술"(art de gouvernement)로 이해한다. 여기서 통치성은 좁은 의미, 곧 국가를 다스리거나 경영하는 활동을 가리키는 것이 아니라 "인구를 주요 목표로 설정하고, 정치경제학을 주된 지식의 형태로

---

45 같은 책, 314쪽.
46 같은 책, 319쪽.

삼으며, 안전장치를 주된 기술적 도구로 이용하는 지극히 복잡하지만 아주 특수한 형태의 권력을 행사케 해주는 제도·절차·분석·고찰·계측·전술의 총체"[47]를 뜻한다. 하지만 국가의 통치와 개인의 통치를 결합하는 좀더 포괄적인 의미에서 본다면 통치성은 "품행에 대한 인도"라고 규정할 수 있다.

푸코가 신자유주의를 새로운 통치성으로 규정하면서 말하려고 하는 것은 이것이 아주 역설적인 형태의 통치성이라는 점이다. 왜냐하면 신자유주의는 일종의 "통치 없는 통치", 곧 자신의 주체들에게 여러 전략들 중에서 스스로 선택할 수 있는 자유를 부여하는 통치이기 때문이다. 개인 주체, 개인 기업가들은 다른 사람이나 국가의 간섭 없이 자신의 판단과 결정에 따라 투자하고 벌어들이고 소비하고 생산할 수 있다. 하지만 동시에 그들은 이러한 자유를 부여받고 자신의 판단과 결정에 따라 활동하는 바로 그 이유 때문에 또한 국가에 대해 이러저러한 책임을 물을 수 없다. 가령 질병이나 실업, 빈곤 등의 문제에 관해 개인 기업가들은 그 책임을 다른 이들에게 돌릴 수 없다. 자신이 어떤 병에 걸리고 어떤 직업을 갖거나 잃고 얼마나 부유하거나 가난하든 그것은 모두 개인들의 책임에 달린 일인 것이다.

따라서 신자유주의는 일종의 **반(反)정치적 정치**라고 할 수 있는데, 여기서 반정치적이라는 표현은 정치 제도나 정치의 영역 그 자체를 물질적으로 제거한다는 의미가 아니라, 의미 있는 사회의 변화나 변혁을

---

47 Foucault, *Sécurité, territoire, population: Cours au Collège de France (1977~1978)*, p.163[『안전, 영토, 인구』, 162~163쪽].

사고 불가능하게 만든다는 것, 또는 그것을 위한 조건들 자체가 축소된다는 것을 뜻한다.

6. 삶의 양식으로서 민주주의: 탈예속화와 대항품행[48]

그렇다면 이러한 반정치적 정치에 맞서 **정치의 복원**, 또는 **복지국가의 실현**을 저항의 전략으로 제시할 수 있을까? 푸코에 따르면(또는 푸코 자신이 직접 이러한 논의를 제시한 적은 없으므로, 적어도 그의 통치성의 문제설정에 따르면) 이것은 부분적으로 필요할 수는 있어도 신자유주의적 통치성에 맞서기 위한 정치로는 불충분할 수밖에 없다. 왜냐하면 신자유주의는 단순히 반(反)정치적인 경제 이데올로기나 시장의 지배라기보다는 정치의 새로운 실천이고 정치의 변혁이기 때문이다.

신자유주의는 정치의 종언이 아니라 사회의 권력관계를 재구조화하는 정치의 변혁이다. 우리가 오늘날 목도하고 있는 것은 국가 주권 및 계획 능력의 감소나 환원이 아니라 공식적인 통치기술로부터 비공식적 통치기술로의 전위이자 통치의 무대에서 새로운 행위자들의 등장이다. 이것은 국가성 및 국가와 시민사회 행위자들 사이의 관계에서 근본적인 변화가 일어나고 있음을 지시해준다. ⋯ 다시 말하면 국가와

---

48 푸코는 "삶의 양식"이라는 개념을 다음과 같이 규정한 바 있다. "삶의 양식은 나이와 직업, 사회적 활동이 다른 개인들 사이에서 공유될 수 있습니다. 그것은 제도화된 관계들을 닮지 않은 강렬한 관계를 산출할 수 있습니다. 제가 보기에 삶의 양식은 하나의 문화와 하나의 윤리를 산출할 수 있습니다"(Michel Foucault, *Dits et écrits*, vol.II, Gallimard, 2001, p.984).

사회, 정치와 경제 사이의 차이는 더 이상 토대나 경계선으로 기능하지 않으며, 종별적인 신자유주의적 통치기술의 요소이자 효과로 기능한다.[49]

더 나아가 앞서 지적했듯이 신자유주의가 기업가 개인들을 양산하고 경쟁을 보편적인 삶의 원리로 제도화함으로써 개개인들의 삶에서 광범위한 예속화 효과들을 산출하고 있다면, 일부에서 주장하듯이 (국내에서는 특히 최장집의 일련의 저술에서 이런 입장을 발견할 수 있다) 자유민주주의적인 제도 정치를 복원하거나 강화함으로써 신자유주의적인 통치를 제어할 수 있다고 보는 것은 문제를 너무 과소평가하는 일이다. 그리고 바깥의 정치가 자신의 존재 근거를 얻는 것은 바로 이 점 때문이다.

여기서는 더 이상 이 문제에 관해 길게 논의하는 대신 신자유주의적 통치성에 대한 푸코의 가능한 저항 전략을 세 가지 측면에서 간단히 살펴보겠다. 내가 일차적으로 관심을 갖고 있는 것은 대항품행 (contre-conduite)이라는 푸코의 개념이다.[50] 푸코가 말하는 대항품행이라는 것은 어떤 통치성의 인도에 따라 행위하는 대신, **그러한 통치성이 원하는 것과 다른 식으로 행위하는 것**을 가리킨다. 간단하게 푸코의 한 텍스트를 통해 이것의 의미를 살펴보자.

---

49 Thomas Lemke, "Foucault, Governmentality, and Critique", *Rethinking Marxism*, vol.14, no.3, 2002. pp.58~59.
50 푸코의 『안전, 영토, 인구』 국역본의 제안을 따라 일단 "conduite"를 "품행"이라고 옮기지만, 이 번역어 역시 불만족스럽긴 마찬가지다.

푸코는 「계몽이란 무엇인가?」라는 말년의 글에서 칸트의 「계몽이란 무엇인가?」라는 유명한 텍스트를 검토한 뒤 후반부에서 "능력과 권력 사이의 관계의 역설"이라고 부르는 문제를 검토한다. 푸코가 보기에 18세기 이래 서양 사회는 개인들 상호간의 동시적이고 비례적인 발전이라는 희망을 품어왔다. 그리고 능력의 획득과 자유를 위한 투쟁이야말로 서양사의 영속적인 요소를 이루어왔음을 확인한다. 그러고 나서 푸코는 현대사회에 이르러 능력의 신장과 자율성의 신장 사이의 관계가 예전처럼 간단하지 않게 되었다고 말한 뒤 다음과 같은 질문을 제기한다. "어떻게 능력의 신장이 권력관계의 강화와 분리될 수 있는가?"[51]

푸코가 '능력과 권력 사이의 관계의 역설'이라고 부른 것과 이 후자의 질문 사이에서 푸코 자신은 아무런 구체적인 연관성도 제시하지 않는다. 하지만 푸코의 통치성 분석, 특히 자유주의적–신자유주의적 통치성 분석의 맥락에서 본다면, 양자 사이의 연관성은 다음과 같은 점에서 찾을 수 있다. 우선 능력과 권력 사이의 관계의 역설이 뜻하는 것은, 통치기술이 우리의 자유로운 행위 능력을 최대화하는 것을 자신의 과제로 삼는 반면, 이러한 능력의 최대화는 오직 이러한 통치권력의 인도를 통해서만 수행될 수 있다는 점이다. 따라서 우리의 행위 능력이 최대화된다고 해서 우리가 자율성이라는 말의 본래 의미에서 자율적이거나 자유로운 것은 아니다. 왜냐하면 그러한 최대화는 통치권력의 인도를 통해서만 수행되며, 따라서 우리가 그러한 권력에 의해,

---

51 Foucault, *Dits et écrits*, vol.II, p.1595.

그러한 권력이 원하는 방향대로 통치된다는 것을 전제하기 때문이다.

그렇다면 푸코가 제기하는 질문의 의미가 좀더 명백하게 드러난다. 그것은 우리의 행위 능력의 신장을 어떻게 이러한 통치권력의 강화와 분리할 수 있는가라는 질문이다. 다시 말하면 이러한 통치권력의 인도 아래, 그러한 통치권력이 원하는 대로 통치되는 대신, 그것과 다른 식으로 통치되는 길은 없는가? 또 그러한 다른 식의 통치를 통해 우리 자신의 행위 능력을 신장할 수 있는 길은 없는가? 이것이 바로 대항품행이라는 개념에 담긴 쟁점이다.

그렇다면 대항품행이라는 개념이 과연 정치를 새롭게 사고하는데, 민주주의를 새롭게 사고하는 데 도움을 줄 수 있을까?[52] 여기에서도 상세한 논변 대신 푸코의 짧은 한 텍스트를 가지고 간단하게 나의 논점만 전달해보겠다. 푸코가 1981년 해적 행위에 반대하는 국제위원회 창설 기자회견 석상에서 읽은, 짧지만 매우 인상적인 이 텍스트는 푸코가 어떤 의미에서 민주주의자로 불릴 수 있는지 잘 보여준다.

우리는 우리에게 일어나는 일을 견뎌내는 데서 공통적으로 무언가 어려움을 겪고 있다는 것 이외에는 아무런 말할, 함께 말할 자격도 갖고 있지 않은 사적인 사람들로서 여기에 모여 있습니다.

물론 우리는 왜 어떤 남성들과 여성들이 자기 나라에서 사는 대신 그

---

52 한편 미국의 푸코 연구자인 아널드 데이빗슨(Arnold I. Davidson)은 게이 및 레즈비언 운동과 관련하여 푸코의 대항품행 개념이 갖는 윤리적·정치적 함의를 흥미롭게 분석한 바 있다. Arnold I. Davidson, "In Praise of Counter-Conduct", *History of the Human Sciences*, vol.24, no.4, 2011 참조.

곳을 떠나려 하는 이유에 대해 우리가 별로 해줄 수 있는 게 없다는 명백한 사실을 받아들입니다. 그것은 우리의 능력 바깥의 일입니다.

그렇다면 누가 우리를 [이런 일을 하도록] 임명한 것일까요? 누구도 임명하지 않았습니다. 그리고 바로 이러한 점이 우리의 권리를 형성합니다. 제가 보기에 우리는 제가 믿기로는 이러한 발의를 인도한 세 가지 원칙을 염두에 둘 필요가 있는 것 같습니다….

1) 그것이 누구에 의해 저질러지든, 그리고 그 희생자가 누구이든 간에 모든 권력 남용에 반대하여 분연히 일어나는, 자신의 권리와 의무를 지닌 국제 시민성이 존재합니다. 결국 우리 모두는 **피통치자들**(gouvernés)이며, 이런 점에서 우리는 연대하고 있습니다.

2) 사회의 행복을 책임진다는 미명하에 모든 나라 정부들은 자신들의 결정이 야기한, 그리고 자신들의 태만이 허용한 사람들의 불행을 손익계산으로만 따지는 권력 남용을 저지르고 있습니다. 그들의 책임이 아니라고 결코 말할 수 없는 많은 사람들의 불행을 그 정부들의 눈과 귀가 보고 들을 수 있도록 만드는 것이 이 국제 시민성의 임무입니다. 사람들의 불행은 결코 정치의 침묵하는 잔여물이 되어서는 안 됩니다. 이러한 불행은 권력을 쥐고 있는 이들에 맞서 일어서고 자신을 주장할 수 있는 절대적 권리를 정초합니다.

3) 흔히 사람들이 우리에게 제안하는 과업의 분산, 곧 분노하고 말하는 일은 개인들이 맡고 성찰하고 행동하는 일은 정부가 맡는다는 분산을 거부해야 합니다. … 국제사면위원회, 테르데좀므(Terre des hommes)[국제아동구호단체], 세계의사회는 새로운 권리, 곧 사적 개인들이 국제정치 및 전략의 질서 속에 실제로 개입할 수 있는 권리를

창조해낸 주도적 단체들입니다. 개인들의 의지는 정부가 독점하려고 해온 현실 속에 기입되어야 합니다. 이러한 정부의 독점을 날마다 조금씩 탈취해야 합니다.[53]

이론적인 논문이라기보다는 특정한 정세에서 공적 지식인으로서 개입하면서 발언한, 따라서 어떤 의미에서는 매우 우발적인 이 텍스트는 푸코의 다른 텍스트에서 찾아보기 어려운 흥미로운 논점을 제시해준다.

푸코에게서 정치적 주체는 누구인가? 그것은 마르크스주의에서 말하는 프롤레타리아트나 노동자계급이 아닐뿐더러 고전적인 민주주의의 주체인 인민이나 시민도 아닐 것이다. 또한 네그리와 하트가 말하는 다중도 아닐 것이다. 만약 우리가 푸코에게서 정치적 주체를 찾아야 한다면, 그것은 **피통치자**가 될 것이다. 그런데 푸코가 여기에서 연대의 주체로 제시한 피통치자는 정상적인 의미의 피통치자, 곧 이미 잘 확립되어 있는 자유민주주의 체제 속에서 나름의 권리와 의무를 부여받고 있는 피통치자가 아니다.[54] 일차적으로 그러한 피통치자들은

---

53 이 글은 푸코 생전에는 출간되지 않았다가 푸코 사후인 1984년 6월 30일~7월 1일자 『리베라시옹』에 발표되었다. 이 글의 맥락에 대한 소개 및 분석으로는 David Campbell, "Why Fight: Humanitarianism, Principles, and Post-structuralism", *Millennium-Journal of International Studies*, vol.27, no.3, 1998 참조.[Foucault, "Face aux gouvernement, les droits de l'homme", *Dits et écrits*, vol.II, pp.1526~1527.]

54 이는 물론 이처럼 잘 확립된 자유민주주의 국가들에서 살아가는 사람들이 푸코적인 의미에서의 피통치자 범주에서 배제된다는 뜻은 아니다. 사실 신자유주의적 세계화가 산출한 효과 중 하나는 남과 북, 또는 선진국과 후진국 사이의 경계선이 더 이상 국가들 및 대륙들 사이의 외적 경계선과 일치하지 않는다는 점이다. 이른바 부유한 북쪽 나라들의 대도시에서는 새로운 게토들이 확장되고 있으며, 남쪽의 대도시들에서도 첨단 세계화

국적을 상실한, 따라서 아렌트가 주장했듯이 일체의 정치적 권리도 상실한 채 공해상을 떠도는 베트남 난민, 이른바 보트피플이다. 이들이 아무런 국적도 갖지 않고, 그러한 국적을 통해 보장되는 아무런 시민권도 갖고 있지 않기 때문에, 이들에게는 당시 공산화된 베트남의 새 정부에 대해서만이 아니라 다른 어떤 나라에 대해서도 자신들의 권리를 보장해 달라고 요구할 수 있는 실정법적 권리가 존재하지 않는다. 따라서 푸코는 어떤 실정법적 권리에 따라 이들의 권리를 요구하는 대신, 피통치자들의 이름으로, "우리에게 일어나는 일을 견뎌내는 데서 공통적으로 무언가 어려움을 겪고 있다는 것"만을 유일한 자격으로 지닌 피통치자들의 국제적 시민성의 이름으로 권리를 요구한다. 그리고 푸코에 따르면 "이러한 불행은 권력을 쥐고 있는 이들에 맞서 일어서고 자신을 주장할 수 있는 절대적 권리를 정초"한다. 이것은 한나 아렌트가 말한 "권리들을 가질 권리"의 다른 이름이 아닌가? 또는 랑시에르가 말한 "몫 없는 이들의 몫"에 대한 주장의 또 다른 이름이 아닌가? 그리고 발리바르가 말하는 봉기적 시민성, 평등자유 원리에 기초를 둔 국적을 넘어서는 관(貫)국민적(transnational) 권리의 또 다른 명칭이 아닌가?[55]

의 흐름과 빈곤의 확산이 공존하고 있다. 세계화가 산출하는 경계 문제의 복합적 측면에 대해서는 발리바르, 『우리, 유럽의 시민들?』, 6장 및 7장 참조.

55 탈식민주의 이론가 파르타 차테르지(Partha Chatterjee)는 푸코의 "피통치자"라는 개념에서 영감을 받아 제도적인 정치의 틀 바깥에 위치한 탈식민지 사회 피통치자들의 저항의 정치의 가능성을 탐구한 바 있다. Partha Chatterjee, *The Politics of the Governed: Considerations on Political Society in Most of the World*, Columbia University Press, 2004 참조.

푸코가 아렌트나 랑시에르보다 한 걸음 더 나아간다면, 그것은 이러한 피통치자들의 권리라는 문제를 파레지아(parrhesia), 곧 진실을 말하기라는 윤리적 행위의 문제와 결부시키기 때문이다.[56] 푸코가 말하는 파레지아는 이중적인 조건을 지닌 것이다. 첫째 그것은 자기 자신에게 솔직함을 함축하는 것이며, 둘째는, 나이나 사회적 위계, 서열 등의 차이를 무릅쓰고 상대방에 대해 솔직하게 발언하는 것을 뜻한다. 특히 정치적 맥락에서 본다면 파레지아는 의회에서 자신의 견해를 솔직하게 밝히는 것을 의미한다. 고대 그리스의 민회에서는 법 앞의 평등(isonomia)과 누구나 발언할 수 있는 권리(isegoria)가 보장되어 있지만, 이러한 조건들만으로 파레지아가 자동적으로 이루어지는 것은 아니다. 그것은 (위험을 무릅쓰고) 공개적으로 진실을 말하는 발언자의 윤리적 결단을 함축하며, 자기 자신과 타인, 그리고 세계에 대하여 일정한 입장을 택하는 것을 가리킨다. 따라서 파레지아는 정치적 행위에는 항상 이미 자기 자신과 타인에 대한 윤리적 행위가 함축되어 있음을 보여준다. 이런 의미에서 파레지아는 아마도 발리바르가 말하는 시민다움(civilité)의 푸코식 표현이라고 할 수도 있을 것이다.[57]

---

56 푸코의 파레지아 개념에 관해서는 프레데릭 그로 외, 『미셸 푸코 진실의 용기』, 심세광 외 옮김, 길, 2006; 심세광, 「미셸 푸코의 마지막 강의: 견유주의적 파레시아와 철학적 삶」, 『푸코 이후의 철학과 정치: 2012 그린비 학술 심포지엄 23일 자료집』, 2012, 참조.
57 이 개념의 의미에 대해서는 진태원, 「폭력의 쉬볼렛: 벤야민, 데리다, 발리바르」, 『세계의 문학』 135호, 2010 참조.

7. 결론을 대신하여

오늘날 신자유주의가 민주주의의 약화 및 위기를 낳는 가장 중요한 요인 중 하나라는 점에 대해서는 광범위한 합의가 이루어져 있다. 비단 마르크스주의자들이나 급진 사회과학자들만이 아니라 자유주의적인 이론가들 역시 이 점에 대해서는 대개 동의하고 있다. 그럼에도 마르크스주의자들이나 일부 비판 사회과학자들을 제외한다면 신자유주의에 대한 설득력 있는 분석과 대안의 모색을 수행하는 이론가들은 쉽게 찾아보기 어렵다. 특히 (하버마스 계열의 학자들을 포함한) 자유주의 이론가들에게서 신자유주의 분석을 찾아보기란 좀처럼 쉽지 않다.

내가 생각하기에 푸코의 강점은 신자유주의를 단순한 금융자본의 이데올로기나 경제정책으로 환원하지 않고, 새로운 통치 합리성을 형성하고 새로운 예속적 주체생산 메커니즘을 산출하는 복합적인 통치 양식으로 이해한다는 점에서 찾을 수 있다. 따라서 신자유주의는 훨씬 더 견고하고 뿌리 깊은 새로운 통치 유형이기 때문에 단순히 복지국가를 실현한다거나 금융자본의 활동을 통제하는 것으로 극복될 수 없으며, 그것을 넘어서기 위해서는 새로운 주체화 양식의 발명이 필수적인 과제로 요청된다.

만약 푸코가 좀더 오래 살았다면 신자유주의적 예속화 양식을 변혁할 수 있는 이러한 주체화 양식에 대해 좀더 온전한 이론을 제시할 수 있었을까? 여기에 대해서는 속단하기 어렵다. 푸코는 1979년 『생명관리정치의 탄생』에서 신자유주의의 전개과정에 대해 분석한 뒤, 1984년 그가 사망할 때까지 다시 이 주제로 되돌아오지 않았기 때문이다. 하지만 1990년대 이후 많은 푸코 연구자들이 남긴 신자유주의 통치성에 대한 풍부한 분석을 통해 푸코의 작업이 지닌 강점은 충분히 입증되었다고 생각한다. 신자유주의적 지배 양식 및 예속화 양식에 대한 분석을 넘어 이제 그것을 변혁할 수 있는 새로운 주체화 양식을 사고하는 데에도 푸코의 작업은 의미 있는 기여를 할 수 있을까? 관계론적 권력론, 대항품행, 파레지아 같은 개념들은 아마도 이를 위해 필수 불가결한 이론적 요소일 것이다. 어쨌든 그것이 우리가 이 글에서 보여주고자 한 점이다.

8장

마르크스와 알튀세르 사이의 푸코

1. 머리말

알튀세르는 파리 고등사범학교 시절 푸코의 스승이었을 뿐만 아니라
인간적·제도적·사상적으로 긴밀한 관계(이것이 반드시 우호적이거나
화목한 관계를 의미하지는 않는다)를 맺고 있던 인물이었다. 푸코와 알튀
세르는 라캉, 바르트 또는 레비스트로스와 함께 1960년대 프랑스 사상
계를 풍미했던 '구조주의'의 주요 이론가로 분류되어왔다. 하지만 (뒤
에서 더 자세히 논의하겠지만) 알튀세르, (후기) 푸코 사이에는 막연히
'구조주의'로 묶이는 것보다 더 특수하고 중요한 공통점이 존재하는데,
이는 주체의 문제와 관련되어 있다.[1] 사실 알튀세르와 푸코는 한편에

---

1 알튀세르나 푸코는 자신들을 구조주의자로 분류하는 데 반대했다. 알튀세르는 『자기비
  판의 요소들』에서 자신을 포함한 그의 동료 연구자들(에티엔 발리바르, 피에르 마슈레, 미셸
  페쉬 등)은 구조주의자가 아니라 "스피노자주의자였다"고 밝힌 바 있으며(Louis Althusser,
  "Éléments d'autocritique", in *Solitude de Machiavel et autres textes*, ed. Yves Sintomer,
  PUF, 1998, p.181 강조는 원문), 푸코 역시 자신을 비롯하여 알튀세르, 라캉 모두 엄밀한 의

서는 이데올로기에 의한, 다른 한편에서는 규율권력에 의한 종속적 주체 내지 개인의 생산을 이론화하면서 주목할 만하게도 동일한 개념, 곧 assujettissement이라는 개념, 우리말로는 예속적 주체화 내지 종속적 주체화 정도로 번역될 수 있는 개념을 체계적으로 사용하고 있다.[2]

또한 1968년 5월 운동 이후 대학 개혁과정에서 뱅셴 실험대학의 교과 개혁 책임자로 일했던 푸코가 철학과와 정신분석학과를 구성할 때 주로 의지했던 이들이 알튀세르와 라캉의 제자들(알랭 바디우, 자크 랑시에르, 에티엔 발리바르, 자크 알랭 밀레 등)이었다. 하지만 이는 푸코가 마르크스주의 및 마르크스주의자들에 대해 심한 회의감을 갖게 만든 주요 요인 중 하나였다.[3] 1968년 이후 급진적인 변혁운동을 추구하다가 공안 정국하에서 집중적인 탄압의 대상이 되었던 급진좌파 집단, 특히 "프롤레타리아 좌파"(La Gauche prolétarienne)의 활동가들 중 상당수는 고등사범학교의 알튀세르 제자들이었으며, 68운동에 대한 알튀세르의 유보적인 태도에 실망하여 이후 사르트르와 푸코에게 경도되었다.[4] 이런 관점에서 보면, 알튀세르라는 매개를 고려하지 않고

미의 구조주의자가 아니었다고 말한 바 있다. 푸코, 『푸코의 맑스: 둣치오 뜨롬바도리와의 대담』, 60~61쪽. 이 문제에 관해서는 마지막 부분에서 다시 논의하겠다.

2 이에 관한 논의로는 특히 Warren Montag, "Althusser and Foucault: Apparatuses of Subjection", in *Althusser and His Contemporaries: Philosophy's Perpetual War*, Duke University Press, 2013 및 Pascale Gillot, "Michel Foucault et le marxisme de Louis Althusser", in Jean-François Braunstein et al. eds., *Foucault(s)*, Éditions de la Sorbonne, 2017 참조.

3 이 당시의 상황에 관해서는 디디에 에리봉, 『미셸 푸코』, 박정자 옮김, 그린비, 2011 및 Richard Wolin, *The Wind from the East: French Intellectuals, the Cultural Revolution, and the Legacy of the 1960s*, Princeton University Press, 2010 참조.

4 1960년대 말~70년대 초 프랑스의 급진좌파의 운동 및 그 여파에 대해서는 Michael Scott

푸코와 마르크스(주의)의 관계를 검토한다는 것은 불가능하며, 그렇지 않다고 해도 중요한 쟁점들을 제대로 검토하기 어렵다.

하지만 기묘한 것은 이러한 다면적인 연관성에도 불구하고 양자 사이에 상호 언급이 거의 존재하지 않는다는 점이다. 알튀세르는 『『자본』을 읽자』(1965)에서 당시까지 거의 주목을 받지 못한 채 묻혀 있던 푸코의 『광기의 역사』 및 『임상의학의 탄생』을 "탁월한 저작"이라고 평가하면서 그를 가스통 바슐라르, 장 카바예스, 조르주 캉길렘의 계보를 잇는 사상가의 반열에 위치시키고 있다.[5] 반면 푸코는 『지식의 고고학』에서 불연속의 역사의 한 사례로 『마르크스를 위하여』에 나오는 과학과 이데올로기의 단절 내지 절단을 언급한 것 이외에는 생전에 출간된 저작에서 한 번도 알튀세르나 그의 저작을 거론한 적이 없다.[6] 알튀세르나 그의 제자들(가령 에티엔 발리바르)을 염두에 둔 비판적인 논평과 언급은 주로 1970년대 초 이후(곧 68운동 이후 푸코가 급진좌파 운

Christofferson, *French Intellectuals Against the Left: The Antitotalitarian Moment of the 1970s*, Berghahn Books, 2004 참조.

5 Louis Althusser, "Du Capital à la philosophie de Marx", in *Lire le Capital*, PUF, 1996(3e édition), pp. 20, 44, 46.

6 Michel Foucault, *L'archéologie du savoir*, Gallimard, 1969, p.12; 『지식의 고고학』, 이정우 옮김, 민음사, 1992, 23쪽. 흥미로운 사실 중 하나는 『말과 사물』에서 푸코가 리카도의 정치경제학과 마르크스의 정치경제학 (비판) 사이에는 "어떠한 실질적인 절단 (coupure)"도 존재하지 않는다고 지적한다는 점이다. 그가 보기에 마르크스주의는 "마치 물 속에 존재하는 물고기처럼 19세기 사유 안에 존재하는" 것이다. Michel Foucault, *Les mots et les choses*, Gallimard, 1966, p.274; 『말과 사물』, 이규현 옮김, 민음사, 2012, 364쪽. 번역은 약간 수정. 푸코가 알튀세르의 이름을 거론하고 있지 않지만, 이는 분명 『말과 사물』 이전 해에 출간된 알튀세르의 『마르크스를 위하여』, 『『자본』을 읽자』의 핵심 주장에 대한 반박으로 이해될 수 있다. 푸코 논의에 대한 비판적 고찰로는 Pascale Gillot, "Michel Foucault et le marxisme de Louis Althusser" 참조.

동가들과 교유하면서 권력의 계보학 작업을 수행하기 시작한 이래) 외국 언론이나 학자들과의 인터뷰에서 제시되고 있다.

반면 알튀세르의 제자들은 여러 차례에 걸쳐 푸코에 대해 언급하고 있으며, 특히 1970년대에는 비판적 거리두기를 시도한 바 있다.[7] 역으로 프랑스나 영미권의 푸코주의자들은 알튀세르의 제자였다가 푸코로 전향했거나 아니면 알튀세르와의 거리두기를 위한 이론적 방편으로 푸코를 택한 바 있다. 따라서 어떻게, 어떤 계기들을 통해 알튀세르와 푸코가, 그리고 그의 지적 후계자들이 이론적·정치적 유대 관계에서 갈등과 적대 관계로 이행하게 되었는가 하는 질문이 제기된다.

하지만 다른 한편으로 푸코는 마르크스(주의)나 알튀세르에 대해 거의 언급한 바 없고 스스로 마르크스주의자로 자처하지 않았을 뿐더러, 마르크스주의와 경쟁할 수 있고 더욱이 그것을 극복할 수 있는 독자적인 역사유물론을 구성하는 것을 1970년대 자신의 이론적 작업의 목표 중 하나로 삼았다. "비합리적이지 않고 우파에 기원을 두지 않으

---

7 특히 Dominique Lecourt, *Pour une critique de l'épistémologie: Bachelard, Canguilhem, Foucault*, Paris: Maspero, 1972; 도미니크 르쿠르, 『프랑스 인식론의 계보: 바슐라르, 캉길엠, 푸코』, 박기순 옮김, 새길, 1996; *Dissidence ou révolution*, Maspero, 1979; Michel Pêcheux, *Language, Semantics and Ideology*, St. Martins Press, 1982(프랑스어 원서는 1975); "Remontons de Foucault à Spinoza", in Denise Maldidier ed., *L'inquiétude du discours*, Éditions des Cendres, 1991을 참조. 또한 1980년대 이후 알튀세리엥들의 푸코에 대한 평가로는 Etienne Balibar, "Foucault et Marx: l'enjeu du nominalisme"(1988), in *La crainte des masses*, Éditions Galilée, 1997; 「푸코와 맑스: 유명론이라는 쟁점」, 『대중들의 공포』; "L'anti-Marx de Michel Foucault", in Chrisitian Laval et al. eds., *Marx et Foucault: Lectures, usages et confrontations*, La Découverte, 2015; Pierre Macherey, *Le sujet des normes*, Éditions Amsterdam, 2015 중 3장과 4장을 각각 참조.

면서 마르크스주의적 교조주의로도 환원되지 않는, 분석과 사상의 형태들을 구성하는 것이 어느 정도까지 가능할 것인가의 문제 […] 변증법적 유물론의 교리와 법칙을 넘어서는, 이론적이고 합리적이며 과학적인 연구를 어느 정도까지 수행할 수 있을 것인가의 문제."[8] 또한 1970년대 이후 프랑스에서, 그리고 1980년대 이후에는 영미권(및 기타 다른 지역)에서 푸코 및 그의 작업을 원용하는 연구는 마르크스주의에 대한 대안적인 좌파 이론이라는 맥락에서 수용되어 왔다(대표적인 것이 이른바 '통치성 학파'라고 할 수 있다).[9] 이 때문에 푸코의 "반-마르크스"(anti-Marx)에 대해 말할 수 있으며[10] 또는 적어도 푸코의 "대항-마르크스주의"(contre-Marxisme)를 언급할 수 있다.[11]

그런데 푸코가 반-마르크스(주의) 내지 대항-마르크스주의 연구를 스스로 추구했고 또 그것을 고무하는 데 결정적으로 기여했다면, 이는 무엇보다(유일한 원인은 아니겠지만) 알튀세르의 작업에 대한 이론적 저항 때문이 아닌지 질문해볼 수 있다. 실제로 푸코의 콜레주 드 프랑스 강의록 중 제일 마지막에 출간된(하지만 시기상으로는 제일 앞선 것들에 속하는) 1971~1972년 강의록인 『형법이론과 제도』 및

---

8 푸코, 『푸코의 맑스: 둣치오 뜨롬바도리와의 대담』, 94쪽. 또한 이 책 7장 참조.

9 물론 푸코에 대한 우파적인 수용도 없지는 않다. 푸코와 '신철학자들'과의 관계가 대표적이거니와, 푸코의 조교였던 프랑수아 에발드(François Ewald)는 프랑스 경영자 연합회(MEDEF)의 부회장을 역임하기도 했다.

10 Balibar, "L'anti-Marx de Michel Foucault" 참조.

11 François Ewald et Bernard E. Harcourt, "Situation du cours", in Michel Foucault, *Théories et institutions pénales: Cours au Collège de France, 1971~1972*, Paris: EHESS/Gallimard/Seuil, 2015 참조. 또한 같은 책에 수록된 에티엔 발리바르의 편집자에게 보내는 편지도 참조. Balibar, "Lettre d'Etienne Balibar à l'éditeur du cours".

1972~1973년 강의록인 『처벌사회』[12]는 1970년대 권력의 계보학 연구의 **비판적 출발점**에 알튀세르의 마르크스주의, 특히 「이데올로기와 이데올로기 국가장치들」(1970)에 담긴 이데올로기론이 있음을 잘 보여준다.[13] 그렇다면 푸코와 알튀세르는 ('구조주의'라기보다는) '철학적 구조주의'라는 공동의 문제설정 아래 작업했으면서도,[14] 그 내부에서 이론적으로 갈등했다고, 또는 이단점(point d'hérésie)을 지니고 있었다고 말할 수 있으며,[15] 이는 마르크스의 전유를 쟁점으로 하고 있지만 더 넓게 본다면 예속화(assujetissement)와 주체화(subjectivation)의 관계를 둘러싼 철학적 이단점이라고 할 수 있다. 이런 관점에서 이 글에서는 푸코와 알튀세르 사이에서 제기될 수 있는 몇 가지 쟁점을 살펴보겠다.

---

12 Michel Foucault, *Théories et institutions pénales: Cours au Collège de France, 1971~1972*; *La société punitive: Cours au Collège de France, 1971~1972*, Paris: EHESS/Gallimard/Seuil, 2013 참조.

13 Louis Althusser, "Idéologie et les appareils idéologiques d'État"(1970), in *Sur la reproduction*, PUF, 2011(초판은 1995); 「이데올로기와 이데올로기 국가장치」, 『아미엥에서의 주장』, 김동수 옮김, 솔, 1991.

14 "라캉, 후기 푸코, 또는 알튀세르 등 어떤 위대한 철학적 '구조주의자들'도 …… 주체를 실격시키는 데 그치지 않았다. 그들 모두는 그 반대로 고전 철학에 의해 기초의 위치에 장착된 이러한 맹목적인 노력을 해명하고자 했다. 즉 구성하는 기능에서 구성되는 위치로 주체를 이행시키고자 했다." Etienne Balibar, "L'objet d'Althusser", in Sylvain Lazarus ed., *Politique et philosophie dans l'œuvre de Louis Althusser*, PUF, 1992, p.102; 에티엔 발리바르, 「철학의 대상: 절단과 토픽」, 『알튀세르와 마르크스주의의 전화』, 윤소영 옮김, 이론사, 1993, 213~214쪽. 번역은 약간 수정.

15 푸코의 『말과 사물』에서 유래하는 '이단점'이라는 개념의 철학적 함의에 대해서는 Etienne Balibar, "Foucault's Point of Heresy: 'Quasi-Transcendentals' and the Transdisciplinary Function of the Episteme", *Theory, Culture and Society*, vol.32, nos. 5~6, 2015 참조.

2. 알튀세르의 이데올로기론: 몇 가지 요소들[16]

우선 푸코 작업의 비판적 출발점이라고 할 수 있는 알튀세르의 이데올로기론의 논점을 간략히 살펴보는 것이 이 이론에 대한 푸코의 반작용 및 이를 극복하기 위한 그의 독자적인 계보학 연구의 쟁점을 이해하는 데 도움이 될 것이다.

1) 노동력의 재생산과 이데올로기 국가장치들

「이데올로기와 이데올로기 국가장치들」은 크게 두 부분으로 나뉘어져 있다. 첫 번째 부분은, 토대와 상부구조라는 전통적인 마르크스주의적 장소론(Topik)의 한계를 넘어서기 위해 생산/재생산의 문제설정에 입각하여 생산양식과 이데올로기의 관계를 다시 사고하려고 애쓰고 있다. 두 번째 부분은 『마르크스를 위하여』에 수록된 「마르크스주의와 인간주의」에서 처음 소묘되었던 이데올로기 개념을 체계적으로 발전시키려는 노력을 기울이고 있다. 이 두 부분은 푸코와의 쟁점을 이해하는 데 모두 나름대로 중요성을 지니고 있다.

---

16 2장의 논의는 알튀세르 이데올로기론에 대한 필자의 그동안의 연구에 대한 개괄이라고 이해할 수 있다. 특히 진태원, 「라캉과 알튀세르: '또는' 알튀세르의 유령들 I」, 『라캉의 재탄생』, 김상환·홍준기 엮음, 창비, 2002; 「과잉결정, 이데올로기, 마주침: 알튀세르와 변증법의 문제」, 진태원 엮음, 『알튀세르 효과』, 그린비, 2011; 「스피노자와 알튀세르: 상상계와 이데올로기」, 서동욱·진태원 엮음, 『스피노자의 귀환』, 민음사, 2017을 참조.

■ 노동력의 재생산

알튀세르는 우선 생산력의 재생산이라는 문제와 관련하여 생산수단의 재생산에 대해서는 마르크스가 『자본』 2권에서 상세하게 논의를 전개했기 때문에 자신은 노동력(force de travail)의 재생산에 초점을 맞추겠다고 말한다. 노동력의 재생산은 몇 가지 측면을 지니고 있다. 첫째, 자본주의 사회에서는 노동자들이 임금으로 노동자 자신의 노동력의 생물학적 재생산 및 가족의 삶의 재생산을 수행한다. 하지만 둘째, 노동력의 재생산은 이와 동시에 노동력의 자질(qualification)의 재생산을 요구한다. 그런데 노동력의 자질에는 직업적인 숙련도 이외에도 읽기·쓰기·셈하기와 같은 초보적인 지적 능력과 문학적·과학적 교양과 같은 지식들이 포함되며, 또한 자신이 맡은 과업을 성실히 수행하려는 태도와 회사의 질서 및 상사의 명령을 잘 수행하려는 질서의식, 일반적인 사회성 및 도덕성이 함축되어 있다. 따라서 노동력의 자질의 재생산은 공장 내부에서만 이루어질 수 있는 것이 아니며, 그 바깥에 존재하는 독자적인 체계, 특히 교육체계를 요구한다. 또한 더 일반적으로는 **지배 이데올로기에 대한 복종**이 필요하다.

■ 국가에 대한 재정의

그다음 알튀세르에 따르면 생산관계의 재생산이라는 문제는 "마르크스주의 생산양식 이론의 **결정적인 문제**"[17]인데, 이를 다루기 위해서는 우선 "사회란 무엇인가?"라는 질문, 따라서 국가 일반에 관한 질문

---

17 Althusser, *Sur la reproduction*, p.268[루이 알튀세르, 『아미엥에서의 주장』, 82쪽].

을 전체적으로 검토해야 한다. 알튀세르는 국가를 국가권력과 국가장치의 결합으로 제시하고, 다시 국가장치는 억압적 국가장치(appareil répressif d'État, 이하 ARE)와 이데올로기적 국가장치(appareils idéologiques d'État, 이하 AIE)로 구별한다. "주로 억압에 의해 기능하는" 억압적 국가장치에는 정부, 행정부, 군대, 경찰, 치안유지군, 법원, 감옥 등이 속하고, "주로 이데올로기에 의해 기능하는" 이데올로기 국가장치들에는 "교육, 종교, 가족, 정치, 조합, 문화 장치"가 속한다. 중요한 것은 **억압적 국가장치는 단수**("하나"[un])로 되어 있는 반면, **이데올로기 국가장치들은 복수**로 표현된다는 점이며, 전자가 "공적" 영역에 속하는 제도들로 이루어진 반면 후자는 "사적" 영역에 속하는 제도들로 이루어져 있다는 점이다. 이처럼 사적 영역에 속하는 것들로 간주되는 여러 제도들을 알튀세르가 '국가장치'라고 부르는 이유는 **공적인 것과 사적인 것을 구분하는 부르주아(자유주의) 이데올로기를 넘어서기** 위해서다.

자유주의적인 관점에서 따르면 정치와 권력은 항상 공적인 영역에서만 작동하며, 사적인 영역은 개인들 사이의 관계가 문제되는 영역일 뿐 정치나 권력을 위한 자리는 존재하지 않으며, 또 그래야 마땅하다. "반면 알튀세르가 AIE라는 개념으로 보여주려고 하는 것은 부르주아지의 계급지배는 단지 공적인 영역에서 억압적 국가장치를 장악하고 활용함으로써 안정되게 재생산될 수 없으며, **사적인 영역이라고 불리는 개인들의 생활 공간까지 장악하고 지배해야** 비로소 안정을 이룰 수 있다는 점이다. 따라서 문제는 권력과 무관하다고 생각하는 사적인 영역의 개인들의 삶 속에서 어떻게 계급지배가 관철되고 있고, 더 나아가 개인들의 정체성 자체가 AIE에 의해 형성되는지 설명하는 일이다."[18] 따라서 이데올로기적 국가 "기구"가 아니라 국가 "장치들"이다.

■ 자본주의 사회의 지배적 AIE

또 하나 주목할 점은 봉건제에서는 가족-교회쌍이 지배적인 AIE였으며 자본주의에서는 가족-학교쌍이 이러한 AIE를 대체한다는 점이다. 이는 AIE에 대한 알튀세르의 주장과 연속선상에 있으며, 이를 역사적·제도적 관점에서 구체적으로 분석하기 위한 지침을 제공해준다. 가족은 우리가 인간 사회의 가장 '자연적인' 집단으로, 또한 가장 '사적인' 장소로 간주하는 제도다. 따라서 가족이 국가와 연루되어 있으며 더 나아가 이데올로기의 근본적인 장소라는 생각은 좀처럼 하기 어렵다. 하지만 AIE가 사적인 영역에서 계급지배를 관철하기 위한 장치이며, 따라서 AIE는 우리가 이데올로기의 작용과 가장 무관한 장소라고 간주하는 바로 그곳에서 가장 효과적이고 가장 완강하게 작용할 수 있다는 점을 감안하면, 가족 역시 하나의 이데올로기 장치로 간주될 수 있다. 또한 학교 역시 우리는 보통 가장 이데올로기와 무관한 장소라고 생각하는 경향이 있다. 특히 학교를 '공화국의 성소(聖所)'로 간주하고, 학교를 모든 특수한 이데올로기나 종교, 공동체주의의 오염으로부터 보호하려고 하는 프랑스식 공화주의의 관점을 염두에 둔다면 더욱더 그렇다.[19]

「프로이트와 라캉」이래로 알튀세르는 가족을 인간이 인간으로

---

18 진태원, 「과잉결정, 이데올로기, 마주침」, 89~90쪽.

형성되는 가장 원초적인 장소로 간주하며, 또한 학교는 가족에서 형성된 인간이 한 사람의 자율적인 개인, 한 사람의 국민으로 형성되는 곳으로 간주한다. 우리는 이데올로기는 보통 이미 인간으로 존재하고 이미 자율적인 개인으로 존재하는 사람들에 대해 행사된다고 생각하지만, 반대로 알튀세르는 이데올로기는 본질적으로 인간을 생물학적인 존재로부터 인간적인 존재로 형성하고 또한 자율적인 성인(우리가 근대철학의 핵심 범주를 사용하여 '주체'라고 부르는)으로 형성하는 것이라고 간주한다. 따라서 가족과 학교가 자본주의의 핵심 AIE라는 테제는 알튀세르 이데올로기론의 특성과 함의가 가장 뚜렷하게 표현되는 주장 중 하나다.

2) 이데올로기 이론

'이데올로기' 이론의 핵심 요소는 세 가지로 구별해볼 수 있다.

■ 이데올로기에 대한 재정의

우선 알튀세르는 이데올로기를 상상적 관계 및 그에 대한 représentation으로 정의한다(représentation은 '표상'이나 '재현'이라는 뜻과 더불어 또한 연극적인 의미의 '상연'이라는 뜻도 포함하고 있다).

---

19 몇 년 전 프랑스 사회에서 뜨거운 논쟁의 대상이 됐던 히잡 사건은 이러한 공화주의적 이데올로기의 배경에서 볼 때에만 이해가 될 수 있다. 프랑스 공화주의와 이슬람의 관계에 대해서는 박단, 『프랑스의 문화전쟁: 공화국과 이슬람』, 책세상, 2005 및 양창렬·이기라 엮음, 『공존의 기술: 방리유, 프랑스 공화주의의 그늘』, 그린비, 2007을 각각 참조.

테제 1. 이데올로기는 개인들이 자신들의 현실적인 실존 조건들과 맺고 있는 상상적 관계를 표상/재현/상연한다(représent).[20]

알튀세르는 이를 조금 더 자세하게 다시 제시한다.

"인간들"이 이데올로기 안에서 "서로 표상/재현/상연하는"(se représentent) 것은 인간들의 현실적인 실존조건들, 그들의 현실 세계가 아니며, 이데올로기에서 그들에게 표상/재현/상연되는(représenté) 것은 그들이 이 실존조건들과 맺고 있는 **관계다.**[21]

이러한 정의의 논점은 자본주의 사회, 곧 계급사회에서 개인들은 계급의 한 성원으로서 실존하지만, 이데올로기 안에서 개인들은 자신들을 상상적 관계에 따라 "서로 표상하고 재현하고 상연"한다는 것이다. 이때 개인들은 일차적으로 자신들을 '인간'으로서, 곧 계급적 조건에 앞서 각각의 개인들이 체현하고 있는 또는 각각의 개인들 안에 전제되어 있는 추상적 인간으로서 "서로 표상하고 재현하고 상연"한다. 이러한 상상적 표상/재현/상연은 가상적이기는 하지만, (아무런 실재성이 없다거나 아니면 사회적 관계에 대해 구성적이지 않다는 의미에서) 환상적이거나 공상적인 것은 아니다. 왜냐하면 대부분의 자본주의 사회는 **법적 체계를 통해 모든 사람을 자유롭고 평등한 법적 주체로 규정하**

---

20 Althusser, *Sur la reproduction*, p.296[『아미엥에서의 주장』, 107쪽].
21 *Ibid.*, p.297[같은 책, 109쪽].

고 있으며, 자본주의 사회의 구성 및 제도적·개인적 실천은 이러한 규정을 전제한다. 더 나아가 개인들은 자신들을 또한 '프랑스인', '미국인', '한국인'으로서, 심지어 단군의 자손인 '한민족'으로서 "서로 표상하고 재현하고 상연"할 것이다.[22] 따라서 자본주의 사회에서 각 개인은 계급이라는 현실적인 존재조건에 따라 규정됨에도 불구하고 이데올로기의 차원에서는 이러한 계급적 조건에 선행하는 추상적인 개인 x(및 '한국인', '프랑스인' 등으로)로 나타나며, 또한 물질적 조건 속에서 그렇게 규정되어 있다.

■ 이데올로기의 물질성

이데올로기와 관련하여 알튀세르가 또한 강조하는 것은 이데올로기가 관념이나 의식, 표상이 아니라 물질성을 띠고 있다는 점이다. "이데올로기는 물질적 실존을 갖는다."[23] 이는 첫째, 이데올로기는 자생적인 관념이나 의식이 아니라 이데올로기 국가장치들을 통해 형성되고 재생산된다는 점이다. 둘째, 알튀세르가 파스칼의 유명한 단편 "무릎을 꿇어라. 기도의 말을 읊조려라. 그러면 믿게 될 것이다"를 인용하면서 강조하듯이, 가장 내밀한 생각이나 믿음, 신념 같은 것들이 사람들의 자발적인 선택이나 의지의 결과가 아니라 구체적인 제도 및 그 제도 속에서 실행되는 의례나 관행들의 결과라는 점이다. 기독교적인 신에

---

22 알튀세르 자신은 이데올로기론에서 이 문제를 거의 다루지 않았으며, 대신 1980년대 이후 에티엔 발리바르가 체계적인 논의의 대상으로 삼게 된다. 이 점에 관해서는 에티엔 발리바르, 『우리, 유럽의 시민들? 세계화와 정치의 재발명』에 수록된 「용어해설」 중에서 "국민, 국민형태, 민족주의, 민족체" 참조.

23 Althusser, *Sur la reproduction*, p.298[『아미엥에서의 주장』, 110쪽].

대한 믿음은 미사(또는 예배)라는 의례와 그것에 수반되는 설교, 합창, 기도 등과 같은 관행들(practices)과 분리될 수 없으며, 그것들로부터 생겨난 결과인 것이다. 셋째, 따라서 이데올로기를 기만적인 표상이나 가상, 또는 허위의식으로 간주하는 것, 따라서 의식이나 관념 또는 표상의 차원에서 다루어야 하는 문제라고 이해하는 것이야말로 "이데올로기에 대한 이데올로기적 표상"[24]이다.

■ 호명

마지막으로 잘 알려져 있듯이 알튀세르는 이데올로기의 본질적인 기능을 예속적 주체를 형성하는 것으로 규정하며, 이를 '호명'(interpellation)이라는 개념으로 설명한다. 이데올로기는 개인들을 주체/신민들로 호명한다. 알튀세르의 논문에서 "assujettissement"이라는 단어는 항상 경제적 종속이나 정치적 복종과 구별되는 이데올로기적 예속을 가리키는 의미로 사용되고 있으며, 특히 대주체로서의 신과 모세를 비롯한 인간 주체들 사이의 호명의 거울작용을 논의할 때 체계적으로 사용된다.

　　알튀세르가 『마르크스를 위하여』, 『『자본』을 읽자』에서 해명하려

24　알튀세르, 『아미엥에서의 주장』, 112쪽(강조는 인용자). 사실 알튀세르는 이미 1964년에 저술한 「마르크스주의와 인간주의」(『마르크스를 위하여』에 수록)에서 이데올로기에 대한 이러한 관점에서 벗어나 있으며, 1966년 익명으로 발표된 「문화혁명에 대하여」에서는 한 걸음 더 나아가 이데올로기를 "관념들의 체계(좁은 의미의 이데올로기들)와 태도-행위(습속)"를 모두 포함하는 것으로 정의한 바 있다. Louis Althusser, "Sur la révolution culturelle"(1966), *Décalages*, vol.1, no.1, 2014, p.15.[http://scholar.oxy.edu/cgi/viewcontent.cgi?article=1002&context=decalages, 2018. 5. 20. 접속] 강조는 원문.

고 했던 것은 **사회주의 혁명이 어떻게 가능한가**라는 문제였다. 그는 이를 '과잉결정'(surdétermination)이라는 개념에 입각해 설명하려고 했다. 반면 그가 이데올로기론으로 설명하려고 한 것은 (68운동과 같은 거대한 변혁운동이 일어났음에도) 왜 **사회주의 혁명이 일어나지 않는지**, 자본주의가 어떻게 계급적인 모순과 대중들의 투쟁에도 불구하고 자신을 재생산할 수 있는가 하는 점이었다. 이는 말하자면 혁명이 일어나기 위한 조건들의 과잉결정을 묻는 것이 아니라, 역으로 혁명이 일어나지 못하게 만드는 조건들의 '과소결정'(sousdétermination)에 대해 묻는 것이었다.[25]

따라서 이데올로기에 대한 이론적 작업이 '재생산'의 문제를 중심으로 전개되는 것은 당연한 것이다. 특히 생산력 중에서 노동력의 재생산에서 이데올로기가 수행하는 작용을 해명하는 것이 중요한 과제가 되는데, 알튀세르의 독창성은 이데올로기의 문제를 **노동력의 재생산의 차원에 국한시키지 않고**, 마르크스주의 역사유물론의 기초를 이루는 주요 개념들, 곧 '토대와 상부구조'라는 장소론 및 '국가' 개념 자체를 재개념화하는 데까지 나아갔다는 점이다. 더욱이 그는 상상적 관

---

25 이러한 테제 또는 오히려 가설에 대해서는 다음과 같은 유보사항이 덧붙여져야 한다. 알튀세르가 68운동 이후 본격적으로 이데올로기론에 대한 연구에 몰두한 것은 직접적인 상황 속에서 본다면, 오히려 어떻게 대중들을 이데올로기적으로 반역하게 할 수 있는가, 어떻게 "대중의 이데올로기적 혁명"("Sur la révolution culturelle", *Décalages*, p.6)이 가능한가라는 질문이었다고 볼 수 있다. 그런데 이 질문은 역으로 왜 대중들은 반역하지 않는가, 왜 대중들의 반역은 혁명으로 이행되지 못하는가, 이데올로기의 어떤 특성, 어떤 기능이 대중들을 예속적 주체로 구성하는가라는 보충적인 질문에 의해 과잉 결정될 수밖에 없다. 이 두 질문 사이의 갈등이 알튀세르 이데올로기론의 동력이었다고 할 수 있다.

계, 물질성, 호명 개념을 바탕으로 이데올로기 자체를 새롭게 정의하면서 주체라는 근대철학의 핵심 개념을 탈구축하는 작업을 진행했다. 이에 따라 알튀세르 자신의 의도와는 무관하게, 처음에는 생산양식 또는 토대의 재생산을 가능하게 하는 **기능적 역할**을 부여받은, 따라서 생산양식이라는 경제적 토대에 **존재론적으로** 의존하는 위치에 놓여 있던 상부구조 또는 이데올로기가 마지막에 가서는 경제적 토대 자체를 가능케 하는 (하지만 그 자체 역시 경제적 토대를 전제하는) **구성적 조건**으로서 나타나게 된다.

3. 마르크스(와 알튀세르)를 심화하기, 마르크스(와 알튀세르)를 넘어서기

1) 마르크스를 인용하기, 마르크스를 인용하지 않기

우선 한 가지 지적해두어야 하는 것은 마르크스 및 마르크스주의 고전가들을 인용하는 두 사람 간의 두드러진 차이점이다. 알튀세르는 『마르크스를 위하여』에서부터 「이데올로기와 이데올로기 국가장치들」에 이르기까지 **자신의 이론적 독창성을 거의 주장하지 않는다.** 그는 자신이 주장하는 모든 것은 이미 마르크스와 엥겔스, 레닌 또는 마오 같은 마르크스주의 고전가들의 텍스트에 모두 담겨 있으며, 자신은 다만 "실천적 상태"로 또는 "묘사적 상태"로 존재하는 그 요소들을 좀더 명료하게 가다듬고 체계화할 뿐이라고 말한다. 그리고 이 과정에서 외부에서 약간의 보충적인 요소(프로이트에게 '과잉결정'이라는 개념을, 스피노자에게 '상상'이라는 개념을, 바슐라르에게는 '단절' 내지 '절단'이라는 개념)를 빌려올 뿐이다. 그는 이를 보여주기 위해 마르크스와 엥겔스, 레닌의 매우 사소한 텍스트(대개 편지, 연설문, 서문 같은 매우 주변적인 텍스트)에서 기필코 관련된 인용문을 찾아내서, **자신의 독창성의 흔적을 지우기 위해** 이것들을 빠짐없이 인용한다. 그는 자신의 이론적 작업의 목표를 "마르크스에게 돌아가기"로 제시하며, "프로이트에게 돌아가기"를 자신의 과업으로 내세운 라캉을 찬양한다.[26]

반대로 푸코는 이런저런 인터뷰에서 알튀세르를 거명하지 않은 채, 마르크스주의자들의 고약한 인용 관습을 맹렬하게 비난한다. 푸코가 보기에 마르크스주의자들은 마르크스와 엥겔스, 레닌 또는 스탈린의 저작에 대해 주석을 달고, 또한 그들의 저작을 인용함으로써 자신들의 충성을 표시하는 것밖에 할 줄 모르는 사람들이다.

제가 광기에 대해, 감금에 대해, 그리고 나중에는 의학 및 이 제도들을 지탱하고 있는 정치·경제적 구조에 관심을 갖기 시작했을 때 제가 놀랍게 여긴 것은 전통적인 좌파가 이 문제들에 대해 아무런 중요성도 부여하지 않았다는 점입니다. … 그 이유들 중 하나는 분명 제가 좌파 사상의 전통적인 표시 중 하나를 제시하지 않았다는 사실에서 기인합니다. 저는 각주에 "마르크스가 말했듯이", "엥겔스가 말한 것처럼", "스탈린이 천재적으로 말했듯이"라는 표시를 달지 않던 겁니다.[27]

---

26 그리고 나중에는 라캉이 이 목표의 거대한 중요성을 망각하고 자신의 독자적인 '정신분석의 철학'을 만들어내려 하고 있다고 그를 비난한다. 루이 알튀세르, 「프로이트 박사의 발견」, 『알튀세르와 라캉』, 윤소영 옮김, 공감, 1995 참조.

27 브라질 신문인 *Jornal da Tarde*와의 인터뷰. "Michel Foucault. Les réponses du philosophe", in *Dits et écrits*, vol.I, "Quarto", Gallimard, 2001, p.1675.

이는 교조주의적인 마르크스주의자들에게만 해당되는 비난이 아니다. 그는 1868년 이후 프랑스의 젊은 급진좌파 지식인들에게도 신랄한 비판을 퍼붓는다. 이탈리아 언론인과의 대담에서 그는 이들, 곧 "1968년 이후에 마르크스–레닌주의자나 또는 마오주의자가 된 사람들 […] '반–프랑스 공산당' 마르크스주의 세대"에 속하는 이들을 "초마르크스주의자들"(hyper-Marxistes)[28]이라고 지칭하면서, 이들은 푸코가 튀니지에서 매료되었던 튀니지 학생들의 "도덕적 힘이자 놀라운 실존적 행위"[29] 와 달리 "서로에 대한 저주와 각종 이론들을 쏟아내면서" 분파적인 이론 투쟁만을 일삼는 "대책 없는 담론성"에 매몰되어 있다고 비난한다. "프랑스에서 5월의 경험은, 서로에게 비난을 퍼부으면서 마르크스주의를 작은 교리들로 분해했던 분파적 실천들에 의해 빛을 잃었다는 데 있겠지요."[30]

이 때문에 그는 자신이 "마르크스주의자들이 알아볼 수 없도록 마르크스에 대한 **은밀한 인용**을 하는 것을 선호한다"[31]고 말한다. 그렇다면 푸코는 마르크스를, 그리고 또한 알튀세르를 어떻게 은밀하게 인용한 것일까? 그리고 이를 통해 어떻게 그들을 심화하거나 정정하면서 동시에 어떻게 그들을 넘어서려고 한 것일까?

---

28 푸코, 『푸코의 맑스』, 104~105쪽.

29 같은 책, 131쪽.

30 같은 책, 134, 136쪽.

31 Michel Foucault, Colin Gordon & Paul Patton, "Considerations on Marxism, Phenomenology and Power. Interview with Michel Foucault", *Foucault Studies*, no.14, 2012, p.101.

2) 알튀세르보다 더 마르크스(주의)적인 푸코?

논의를 절약하기 위해 마르크스와 알튀세르와 관련한 푸코 작업의 쟁점을 도식적인 몇 가지 논점으로 제시해보자.

■ '억압적 국가장치/이데올로기적 국가장치' 쌍에서 '국가장치'로, 다시 규율
  장치로

『형법이론과 제도』 및 『처벌 사회』, 그리고 『정신의학의 권력』 같은 1970년대 초반 강의록들 및 『감시와 처벌』 같은 저작에서 가장 눈에 띄는 점은 푸코가 알튀세르와 달리 '억압적 국가장치/이데올로기적 국가장치'라는 용어를 전혀 사용하지 않고 그냥 단순히 '국가장치'(appareil d'État 또는 appareil étatique)라는 용어를 사용한다는 점이다. 이러한 사용법은 몇 가지 함의를 지니고 있다. 첫째, 푸코가 보기에 '폭력'과 '이데올로기' 또는 '강제'와 '동의'의 구별에 따라 국가장치를 구별하는 것은 적절치 않다. 이는 한편으로 권력의 장치가 '억압'을 특성으로 한다는 생각을 전제하는데, 권력의 실제 특성은 억압하는 것이 아니라 생산하고 구성하는 것이기 때문이다. 더욱이 푸코에 따르면 '이데올로기'라는 것은 권력의 특성을 해명하는 데 전혀 어울리지 않는 것이다. 이는 푸코가 이데올로기라는 개념을 알튀세르가 비판하는 바로 그것, 곧 그가 "이데올로기에 대한 이데올로기적 관점"이라고 부른 것으로 이해하고 있음을 함축한다. 사실 이데올로기에 대한 푸코의 언급에서 가장 놀라운 점은 그가 완강하게 이데올로기를 비-알튀세르적인 또는 전(前)-알튀세르적인 방식으로 이해한다는 점이다.[32] 그에게

권력은 이데올로기를 동원해서 기만하고 은폐하고 가상을 심어주는 것이 아니라, 지식을 생산하는 것이며 또한 그것을 전제하는 것이다. 곧 이데올로기적 국가장치가 아니라 '권력-지식' 또는 '지식-권력' 장치가 권력을 해명하는 데 더 적절한 개념 쌍이다.[33]

따라서 푸코는 1972~1973년 강의에서는 "국가장치"라는 개념을 사용하고 있지만, 그 다음 해 강의인 『정신의학의 권력』에서는 "국가장치"라는 개념이 단 두 차례만 등장하며, 그것도 이 개념의 무용성을 주장하기 위해 거론될 뿐이다.[34] 그 대신 푸코는 자신의 고유한 개념인 "권력장치"(dispositif de pouvoir)를 사용하기 시작한다.[35] 『감시와 처

---

32 가령 다음과 같은 진술이 전형적이다. "저는 이데올로기의 수준에서 권력의 효과들을 식별하려고 시도하는 사람 중 하나가 아닙니다. 실로 저는 이데올로기의 문제를 제기하기 이전에, 신체 및 신체에 대한 권력의 효과라는 문제를 탐구하는 것이 더 유물론적인 것이 아닌가 하고 질문하게 됩니다. 왜냐하면 이데올로기를 선호하는 분석에서 제가 거북하게 느끼는 것은 이러한 분석에서는, 고전적인 철학이 그 모델을 제시한 바 있고 권력이 점령한 의식을 부여받고 있는 인간 주체를 가정하고 있기 때문입니다." Michel Foucault, "Pouvoir et corps"(1975), in Dits et écrits, vol.II, "Quarto", p.1624.

33 아마도 푸코가 보기에는 이데올로기라는 낡고 부적절한 관념에 새로운 의미를 부여하려는 알튀세르의 시도가 기묘한 것으로 비쳤을 것이다. 왜냐하면 이데올로기라는 단어는 늘 기만, 조작, 왜곡, 신비화 등의 대명사로 사용되어 왔고 또 여전히 그렇게 이해되기 때문이다. 푸코에게는 이 단어를 고수해야 할 하등의 이유가 없었을 것이다. 이는 마르크스주의자이자 공산주의자였던 알튀세르와 그렇지 않았던 푸코의 또 다른 차이점의 표현이라고 할 수 있다. 하지만 과연 푸코가 이데올로기의 문제에서 벗어날 수 있었는지는 불확실하다. 이 점에 관한 상세한 토론은 Macherey, Le sujet des normes, p.214 이하 참조.

34 "국가장치라는 개념은 사용할 수 없다. 왜냐하면 그것은 이런 직접적이고 미세하며 모세혈관적인 권력들, 신체와 행실, 몸짓, 개인의 시간에 작용하는 권력들을 지시하기에는 너무 광범위하며 추상적이기 때문이다. 국가장치는 이러한 권력의 미시물리학을 해명하지 못한다." Michel Foucault, Le Pouvoir psychiatrique, Cours au Collège de France, 1973~1974, Gallimard/Seuil, 2003, p.17 주석[『정신의학의 권력』, 오트르망 옮김, 난장, 2014, 38쪽 각주 21 번역은 수정].

35 Ibid., p.14, p.34.

벌』에서는 '장치'의 두 가지 표현인 appareil와 dispositif가 같이 혼용
되고 있는데, dispositif가 주로 "규율장치" 내지 "파놉티콘 장치"와 관
련하여 쓰이는 반면, appareil는 주로 '국가장치', '행정장치', '사법장
치', '치안장치' 등과 같이 국가 및 국가제도와 관련하여 사용된다. 푸
코가 점점 더 알튀세르적인 의미의 '국가장치'라는 용어의 무용성을
주장하게 된 이유는 이 개념이 한편으로 권력이 국가라는 어떤 중심에
근거를 두고 있고 거기에서 파생되어 나온다고 생각하도록 만들기 때
문이며, 다른 한편으로는 제도들을 권력의 중심으로 간주하도록 만들
기 때문이다. 반면 푸코가 보기에 권력은 국가나 제도보다 더 하위의
수준에서, 곧 "미시물리학"의 수준에서 작동하는 것이기 때문에, 우리
가 제도로서의 국가장치의 기능적 효용과 실재성을 인정한다고 하더
라도 그것은 매우 제한적인 것에 불과한 것이다.

> 권력을 국가장치 안에 위치해 있는 것으로 적절하게 기술할 수 있다
> 고 생각하지 않습니다. 아마도 심지어 국가장치들이 내적이거나 외적
> 인 투쟁의 쟁점이라고 말하는 것조차 충분히 않을 것입니다. 제가 보
> 기에는 오히려 국가장치는 훨씬 더 심층적인 권력체계의 집중화된 형
> 식, 또는 심지어 그것을 지탱하는 구조입니다. 이것이 실천적으로 의
> 미하는 바는, 국가장치의 통제도 그것의 파괴도 특정한 유형의 권력,
> 국가장치가 그 속에서 기능했던 그 권력을 전화하거나 제거하는 데
> 충분치 않을 수 있다는 점입니다.[36]

---

36 Foucault, *La société punitive*, p.233.

알튀세르의 국가장치에 대한 푸코의 이러한 비판이 정당한 것인가? 여기에 대해서는 이론의 여지가 있을 수 있는데, 이는 4장에서 좀 더 상세히 논의해보겠다.

■ 마르크스의 진정한 계승자 푸코? 『자본』과 규율권력
1972~73년 강의록인 『처벌 사회』가 우리의 주제와 관련하여 흥미로운 점 중 하나는 왜 푸코가 『감시와 처벌』에서 마르크스의 『자본』 1권에 주목하고 있으며, 또한 왜 규율권력에 대한 자신의 연구가 『자본』 1권의 노선 위에 서 있다고 주장하는지 이해할 수 있는 실마리를 제공한다는 점이다. 미국 학자들과의 1978년 인터뷰에서 푸코는 자신의 작업을 마르크스의 『자본』과 연속적인 것으로 위치시킨다. 단 그는 대부분의 마르크스주의자들이 경전처럼 떠받드는 "『자본』 1권"이 아니라 "『자본』 2권"이 자신의 작업의 출발점이며, 자신은 그것을 심화시키는 것에 관심을 두고 있다고 지적한다.

> 저 자신의 경우, 마르크스에서 제가 관심을 갖는 부분, 적어도 제게 영감을 주었다고 제가 말할 수 있는 부분은 『자본』 2권입니다. 곧 첫 번째로는 자본의 발생이 아니라 역사적으로 구체적인 자본주의의 발생에 대한 분석, 두 번째로는 자본주의 발전의 역사적 조건에 대한 분석, 특히 권력구조 및 권력제도의 확립과 발전에 관한 분석과 관련된 모든 것입니다. 따라서 다시 한 번 아주 도식적으로 떠올려보면, 자본의 발생에 관한 첫 번째 책과 자본주의 역사, 계보에 관한 두 번째 책 가운데 2권을 통해, 그리고 가령 제가 규율에 관해 쓴 것에 의해 저의 작

업은 모두 동일하게 마르크스가 쓴 것과 내재적으로 연결되어 있다고 말하겠습니다.[37]

여기서 푸코가 말하는 "『자본』 2권"은 마르크스 생전에 마르크스 자신이 직접 감수한 프랑스어판 『자본』 2권, 따라서 독일어판으로 하면 『자본』 1권의 4편이라는 점을 염두에 둔다면, 푸코의 논점을 더 정확히 이해할 수 있다. 실제로 『감시와 처벌』에 나오는 『자본』에 관한 몇 개의 인용문은 모두 1권 4편에 대한 것이다. 푸코가 인용문에서 자본의 **논리적 발생**을 다루는 1권 앞부분이 아니라 자본주의 생산양식의 **역사적 발생**에 관한 분석의 중요성을 강조하고 자신의 작업이 마르크스의 이 분석 위에 기초를 두고 있다고 말하는 것은 몇 가지 중요한 함의를 지닌다.

우선 푸코가 마르크스의 분석에서 주목하고 또 스스로 더 발전시키는 점은 자본주의 생산양식 또는 경제적 구조가 성립하고 발전하기 위한 **조건**이 규율 기술이었다는 점이다. 이러한 규율 기술은 자본주의적 생산을 조직하고 그것이 효율적으로 작동하게 만들기 위해서는 공장을 군대 조직처럼 만들어야 한다는 사실에서 생겨난다. 푸코는 1976년 브라질에서 했던 「권력의 그물망」이라는 강연에서 이렇게 말한다. "[규율권력이라는] 이 특수한 국지적 권력들은 결코 금지하고 방해하고 '너는 해서는 안 돼'라고 말하는 의고적인 기능을 갖지 않습니다. 이

---

37 Michel Foucault, Colin Gordon & Paul Patton, "Considerations on Marxism, Phenomenology and Power. Interview with Michel Foucault", pp.100~101.

국지적이고 지역적인 권력들의 원초적이고 본질적이고 영속적인 기능은 사실은 어떤 생산물의 생산자들의 유능함과 자질의 생산자들이 되는 것입니다. 가령 마르크스는 군대와 작업장에서 규율의 문제에 대한 탁월한 분석을 수행합니다."[38] 그리고 실제로 푸코는『감시와 처벌』의 각주에서 마르크스의『자본』1권 4편 11장의 한 대목을 인용하면서 이를 언급한다. "기병 1개 중대의 공격력이나 보병 1개 연대의 방어력이 기병 1기와 보병 1명이 각기 발휘하는 공격력과 방어력의 합계와는 본질적으로 다른 것과 마찬가지로, 개별 노동자들의 힘의 기계적 합계는 다수 노동자들이 통합된 동일한 공정에서 동시에 함께 작업하는 경우에 발휘되는 사회적인 잠재력과는 본질적으로 다르다."[39]

푸코가『감시와 처벌』에서 마르크스의『자본』을 (앞서 본 것처럼 고의적으로) 어떻게 매우 암묵적으로, 그리고 피상적으로 인용하는가는 다른 연구자들의 작업 덕분에 이제 잘 알려져 있다.[40] 마르크스가『자본』1권 4편에서 보여주려고 한 것은 전자본주의적 수공업과 구별되는 자본주의적인 생산방식이 지닌 특성이다. 그것은 "결합 노동"(kombinierte Arbeit)이라고 부를 수 있는 것이 지닌 특성인데, 이러한 결합 노동은 자본주의적인 "협업"(Kooperation)과 고대적이거나 중세적인 또는 아시아적인 협업 사이의 차이를 만들어내는 핵심 요

---

38 Foucault, "Les mailles du pouvoir", in *Dits et écrits*, vol.II, p.1006. 강조는 인용자.

39 Karl Marx, *Das Kapital*, I, in *Karl Marx · Friedrich Engels Werke* Bd. 23, Dietz Verlag, 1987, p.345[칼 마르크스,『자본』1-1, 강신준 옮김, 도서출판 길, 2013, 454쪽]; 미셸 푸코,『감시와 처벌』, 258쪽, 주석 65.

40 특히 Rudy M. Leonelli, "Marx lecteur du *Capital*", in Christian Laval et al. eds., *Marx et Foucault: Lectures, usages et confrontations* 참조.

소다. 이전의 협업이 여러 사람들의 힘을 "기계적으로 결합"하는 것인데 반해, "처음부터 자신의 노동력을 자본가에게 판매하는 자유로운 임노동자를 전제"[41]하는 자본주의적 협업은 "아주 많은 수의 노동자가 같은 시간에 같은 공간에서(또는 같은 작업장이라고 해도 좋다) 같은 종류의 상품을 생산하기 위하여 같은 자본가의 지휘 아래에서 일한다"[42]는 특성을 갖는다. 또한 이러한 협업은 노동 과정을 세부적으로 분할하며, 각각의 노동자들에게 세부적으로 분할된 특정한 작업을 부과한다. 이렇게 분해된 작업 과정에서 수많은 노동자들이 자신에게 부과된 특정한 작업을 특정한 도구·기계와 함께 수행하면서도 이러한 세분화된 개별 작업들이 동일한 생산품을 만들어내는 단일한 전체 과정으로 통합될 때 자본주의적 협업이 전개된다. 이러한 협업 방식 및 결합 노동 방식은 각각의 개별적인 생산자들이 따로따로 생산하는 것보다 생산성을 훨씬 더 높여주지만, 이러한 생산성의 증대가 전제하는 것은 노동자들이 이러한 작업 방식에 **순종하는 것**이다. 하지만 노동자들이 작업 방식에 순종하는 것은 자연적으로 이루어지지 않는데, 왜냐하면 세분화된 개별 작업을 노동자들에게 부과하여 그것을 지속적으로 수행하게 만드는 것은 일정한 강제 내지 폭력이며, 인간 및 그 신체의 자율성을 해체하는 일이기 때문이다. 이는 **노동자의 노동력을 노동자 자신, 그의 온전한 신체로부터 강제로 분리하는 일**이기도 하다.

마르크스의 논점을 이해하기 위해서는 푸코 자신이 명시적으로

---

41 Marx, *Das Kapital*, I, p.354[마르크스, 『자본』 1-1, 464쪽].
42 *Ibid.*, p.341[같은 책, 449쪽].

인용하는 『자본』 1권 4편의 11장 「협업」 이외에 4편 전체의 내용을 참조해야 한다. 마르크스에 따르면 "매뉴팩처 분업의 특징을 이루는 것은 [⋯] 부분 노동자가 생산하는 것은 상품이 아니라는 점 바로 그것이다. 부분 노동자의 공동생산물이 되어야만 비로소 그 생산물은 상품으로 전화한다."[43] 마르크스는 시계 공장의 사례를 든다. "1차 가공 작업공, 시계태엽 제조공, 문자판 제조공, 용수철 제조공, 돌구멍과 루비축 제조공, 시계침 제조공, 케이스 제조공, 시계테 제조공, 도금공 [⋯] 톱니바퀴축 제조공, 시계침장치 제조공, 톱니바퀴를 축에 고정시키고 모서리를 연마하는 사람, 추축 제조공 [⋯]"[44] 이처럼 수십 가지 부품들을 분산해서 제조하는 과정을 거쳐 이것들을 조립하는 최종 과정에 이르러서야 시계 생산이 완료된다. 이러한 작업 과정의 성격으로 인해 "똑같은 부분 기능을 수행하는 각각의 노동자 무리는 동질적인 요소들로 구성되어 전체 생산 메커니즘의 한 부속기관이 된다. [⋯] 매뉴팩처는, 일단 도입되고 나면, 자연히 일면적이고 특수한 기능에만 적합한 노동력을 발달시키게 된다."[45] 따라서 "매뉴팩처 분업은 자본가가 장악하고 있는 전체 메커니즘의 단지 구성원에 불과한 사람들에 대한 자본가의 무조건적인 권위를 전제로 한다."[46] 이런 측면에서 볼 때 노동과정에 대한 자본의 지휘 또는 "감시"는 "형태상으로 보면 전제주의적(despotisch)이다."[47]

---

43 Marx, *Das Kapital*, I, p.376[같은 책, 488~489쪽].

44 *Ibid.*, pp.362~363[같은 책, 474쪽].

45 *Ibid.*[같은 책, 479, 482쪽].

46 *Ibid.*[같은 책, 490쪽].

여기에서 더 나아가 대규모 생산기계의 도입과 더불어 본격적인 자본주의적 대공업이 시작되면 각각의 노동자들은 기계장치와 연결되며, 이러한 기계장치의 생산활동에 자신의 작업 활동을 일치시켜야 한다. 더욱이 이제 기계의 도입으로 인해 강한 근력이 요구되지 않기 때문에 성인 남성 노동자들과 다른 미성년 노동자, 여성 노동자들이 대량으로 노동 과정 속에 들어오게 된다. 마르크스는 이를 다음과 같이 표현한다. "매뉴팩처나 수공업에서는 노동자가 도구를 자신의 수단으로 사용하지만 공장에서는 노동자가 기계의 수단으로 사용된다. […] 매뉴팩처에서 노동자들은 하나의 살아 있는 역학적 장치의 손발이 된다. 공장에서는 하나의 죽은 역학적 장치가 노동자들에게서 독립하여 존재하고, 그들은 살아 있는 부속물로 이 역학적 장치에 결합된다."[48]

이러한 과정은 마르크스가 엥겔스의 『영국 노동자계급의 상태』(1844)를 인용하면서 말하고 있듯이, "신경계통을 극도로 피곤하게 만들며 동시에 근육의 다양한 움직임을 억압하고 모든 자유로운 육체적·정신적 활동을 몰수해버린다."[49] 따라서 노동자들이 이러한 작업 과정에 적응하고 이 힘겨운 조건들을 견디도록 만들기 위해서는 강력한 규율이 필수적이다.

노동수단의 획일적인 운동에 노동자가 기술적으로 종속되어 있고 남

<hr />

47 *Ibid*.[같은 책, 461쪽].
48 *Ibid*.[같은 책, 570쪽].
49 *Ibid*.[같은 책, 570쪽].

녀를 불문하고 매우 다양한 연령층의 개인들로 이루어져 있는 노동 단위의 독특한 구성은 군대와 같은 규율을 만들어내고, 이 규율은 공장 체제를 완전한 형태로 발전시켜 앞에서도 얘기한 감독 노동을 발전시키며, 그리하여 노동자들을 육체노동자와 노동감독자로[즉 보통의 산업병사와 산업하사관으로] 완전히 분할한다. [⋯] 공장법전은 다만 대규모 협업이나 공동의 노동수단의 사용과 함께 필요해지는 노동 과정에 대한 사회적 규제의 자본주의적 자화상에 지나지 않는다. 노예 사역자의 채찍 대신 감독자의 징벌 장부가 등장한다. 물론 모든 징벌은 벌금과 임금삭감으로 귀착된다.[50]

이 점을 염두에 두면 푸코가 『감시와 처벌』에서 규율에 대해 다음과 같은 정의를 제시하는 이유가 더 분명히 드러난다. "신체의 활동에 대한 면밀한 통제를 가능케 하고 체력의 지속적인 복종을 확보하며 체력에 순종-효용의 관계를 강제하는 이러한 방법을 '규율'(discipline)이라고 부를 수 있다."[51] 조금 뒤에서 더 정확한 규정을 발견할 수 있다. "규율의 역사적 시기는 신체의 능력 확장이나 신체에 대한 구속의 강화를 지향할 뿐만 아니라 하나의 메커니즘 속에서 신체가 유용하면 할수록 더욱 신체를 복종적인 것으로 만드는, 또는 그 반대로 복종하면 할수록 더욱 유용하게 만드는 관계의 성립을 지향하는, 신체에 대한 새로운 기술이 생겨나는 시기다."[52] 또한 다음과 같은 규정도 마찬가지다. "말하

---

50 Marx, *Das Kapital*, I[같은 책, 572~573쪽].
51 푸코, 『감시와 처벌』, 216쪽.
52 같은 책, 217쪽.

자면 규율은, 신체의 힘을 가장 값싼 비용의 '정치적인 힘'으로 환원시키고, 또한 유용한 힘으로서 극대화시키는 단일화된 기술 과정이다."[53] 따라서 푸코의 규율권력을 단순히 강제나 통제로 이해하는 통속적인 생각과 달리, 규율의 목적은 단순한 통제나 강제가 아니라 신체를 더욱 유용하게 만드는 것이며, 이러한 목적을 위해 신체를 잘 통제하고 복종할 수 있게 하는 기술을 사용하는 것이다.

■ 마르크스와 알튀세르를 넘어서: 생산력 개념과 규율의 기술들

푸코는 여기서 한 걸음 더 나아가 마르크스만이 아니라 알튀세르 자신도 제대로 제기하지 못한 중요한 논점을 제기한다. 그것은 바로 생산력(force productive) 또는 노동력(force de travail)이라는 마르크스주의의 핵심 개념과 관련된 것이다.[54] 역사유물론의 토대를 구성하는 것은 생산양식이며, 생산양식은 생산력과 생산관계의 결합으로 이루어진다. 따라서 자본주의 생산양식은 자본주의적 생산력과 생산관계의 결합으로 이루어진다. 앞에서 본 것처럼 알튀세르는 생산수단과 노동력이 결합된 생산력에서 노동력의 **재생산 조건**에 관해 질문하면서 이데올로기에 대한 자신의 논의를 시작한 바 있다. 그리고 임금이라는 물리적 재생산의 조건 이외에 직업적 자질이나 숙련도, 더 나아가 지식과 도덕의식의 형성을 위해 학교라는 이데올로기적 국가장치가 필

---

53 같은 책, 339쪽.

54 이 점에 관한 좋은 논의는 Ferhat Taylan, "Une histoire "plus profonde" du capitalisme", in Chrisitian Laval et al. eds., *Marx et Foucault: Lectures, usages et confrontations* 참조.

수적이라는 것이 그의 주장이었다.

　반면 푸코는 자본주의 생산양식의 재생산이나 생산력 또는 노동력의 재생산을 묻기 이전에 마르크스주의적인 '노동' 개념의 한계를 지적한다. 푸코는 1973년 브라질 강연인 「진리와 법적 형식」에서 자본주의적 생산과 관련하여 다음과 같이 말한다.

　　저는 우리가 순수하고 단순하게 전통적인 마르크스주의적 분석을 인정할 수 있다고 생각하지 않습니다. 이러한 분석은 노동이 인간의 구체적 본질이며, 이러한 노동을 이윤이나 초과이윤 또는 잉여가치로 전환하는 것은 자본주의 체계라고 가정합니다. 사실은 자본주의 체계는 훨씬 더 깊숙이 우리의 실존에 침투해 있습니다. […] 초과이윤(sur-profit)이 존재하기 위해서는 기저 권력(sous-pouvoir)이 존재해야 합니다. 인간들을 생산장치에 고정시키고 그들을 생산의 행위자, 노동자들로 만드는, 미시적이고 모세혈관 같은 정치권력의 그물망 조직이 인간 실존 그 자체의 수준에서 확립되어야 합니다.[55]

　흥미로운 점은 푸코가 초과이윤을 실현하기 위한 조건으로서의 기저 권력, 미시적인 규율권력의 사례로 "가두기"(séquenstration) 장치라는 개념을 도입하고 있다는 점이다. 푸코가 같은 해 강의인 『처벌사회』에서도 언급하고 있는 이 개념은 푸코에 따를 경우 봉건사회와 근대사회의 차이를 낳는 특징 중 하나다. 곧 봉건사회가 주로 일정한

---

55 Foucault, "La vérité et les formes juridiques", in *Dits et écrits*, vol.I, p.1490.

장소에 소속된 사람들을 대상으로 하여 권력을 행사하고 따라서 장소에 대한 통제가 봉건사회에서 권력이 행사되기 위한 조건이었다면, 근대사회는 장소보다는 시간을 통제하는 것이 핵심적인 중요성을 지니게 된다. 이는 자본주의의 형성 및 발전과 깊이 관련되어 있다. 마르크스가 『자본』 1권의 「이른바 본원적 축적에 관하여」에서 말한 바 있듯이, 역사적으로 자본주의 생산양식이 형성되기 위해서는 생산수단들로부터 분리된 자유로운 노동력(곧 과거에 농민이었다가 인클로저 운동으로 인해 농토를 잃고 도시로 흘러들어와 빈민 노동자들이 된 사람)의 형성이 필수적이었다. 상업 자본이 이들을 임금 노동자들로 고용함으로써 자본주의적인 생산이 시작될 수 있는데, 이들을 고용한다는 것은 다른 말로 하면 자본가가 이들 노동자들로부터 이들의 노동력을 일정한 시간 동안 활용할 수 있도록 구매한다는 것이다.

그런데 푸코는 단순히 자본가가 노동력을 구매한다고 해서 자동적으로 자본주의적 생산이 이루어진다고 보지 않는다. 이를 위해서는 노동자들의 노동을 분할하면서 결합하여 자본주의적인 생산을 조직하는 규율권력의 작용이 필수적인 조건으로 요구된다. 더 나아가 "가두기" 장치는 사람들의 일상적인 삶의 시간 자체를 규율할 필요성이라는 문제를 제기한다.

사람들의 시간이 생산장치에 공급되어야 하고, 생산장치는 삶의 시간, 인간들의 실존의 시간을 활용할 수 있어야 합니다. 이를 위해 그리고 이러한 형식 아래 통제가 행사됩니다. 산업사회가 형성되기 위해서는 두 가지가 필수적이었습니다. 첫째, 개인들의 시간이 시장에 나와 그것을 사고 싶어 하는 사람들에게 공급되고 임금과 교환되어야 합니다. 둘째, 개인들의 시간은 노동 시간으로 전환되어야 합니다. 이 때문에 우리는 일련의 제도들에서 최대한의 시간의 추출이라는 문제 및 이를 위한 기술을 발견하게 됩니다. [⋯] 아침부터 저녁까지, 저녁부터 아침까지 노동자들의 삶의 소진된 시간은 한 제도에 의해 보상 가격을 통해 단번에 구입됩니다.[56]

이러한 시간의 통제는 자본주의적 생산을 위한 고용관계에서만 나타나는 것이 아니다. 그것은 교육시설에서, 교정시설에서, 감옥에서와 같이 사회 도처에서 나타나고 확산된다. 따라서 두 가지 결론이 나오게 된다. 첫째, 마르크스나 알튀세르가 당연한 것으로 전제하는 **생산력 내지 노동력이라는 범주는 당연히 주어지는 것이 아니다**. 그것은 자본가가 노동자로부터 구매해서 활용할 수 있도록 처음부터 주어진 것이 아니라 만들어져야 하는 어떤 것이다. 그리고 이렇게 생산력과 노동력을 형성하기 위해서는 공장 안에서나 공장 밖에서 다양한 형태의 규율 기술들이 실행되어야 한다. 따라서 규율의 기술이 없이는 자본주의적 생산양식 자체가 성립할 수 없으며, 자본주의적인 생산 자체가 이루어질 수 없는 것이다. 이런 의미에서 규율권력은 **자본주의 생산양식이 가능하기 위한 역사적·논리적 조건**이라고 할 수 있다.[57]

---

56 Foucault, "La vérité et les formes juridiques", in *Dits et écrits*, vol.I, p.1484. 이런 측면에서 보면, 푸코가 E. P. 톰슨을 얼마나 읽었으며 또한 그의 분석을 얼마나 변형하거나 확장하고 있는가라는 흥미로운 질문이 떠오른다.

57 하지만 비슷한 시기에 에티엔 발리바르 역시 알튀세르의 문제설정에 입각하여 생산력과 생산관계, 착취와 잉여가치의 역사적·물질적 조건에 대해 엄밀한 연구를 수행했음

둘째, 규율권력은 자본주의 생산양식의 형성과 재생산의 조건이라는 **기능적 목적으로 환원되지 않는다.** 18세기 이후 자본주의가 형성되고 발전되기 위해서는 16세기부터 수도원과 교정 시설, 군대, 학교 등에서 개별적으로 전개되고 사회적으로 확산되어 있던 다양한 형태의 규율 기술이 일반화되어 자본주의적 생산 자체에 적용되어야 했다. 하지만 규율권력 그 자체는 정의상 자본주의 생산장치나 그것의 재생산을 계급적으로 관리하는 자본주의 국가장치에 종속되는 것도 아니고 그것과 동일한 수준에 놓여 있는 것도 아니다. 일반화된 규율의 기술은 국가 기구나 제도의 아래쪽에서 작동하면서 개인들 자체를 제작하는 일을 수행한다. **"규율은 개인을 '제조한다'**(fabrique). **곧 그것은 개인을 권력 행사의 객체와 도구로 간주하는 권력의 특정한 기술이다."**[58] 이것이 뜻하는 바는 규율권력이 수행하는 예속적 주체화의 쟁점은 **자본주의 생산양식의 철폐나 국가권력의 장악 및 국가장치의 해체만으로는 해소되지 않는다는 것이다.**

푸코에게서 규율권력을 비롯한 권력의 문제란 "광기, 의학, 감옥 등등의 문제 속에서 작동하는 권력관계들과 권력의 메커니즘을 설명하는 문제"이며, 이는 "어떠한 이론체계도 ── 역사철학도, 일반적인 사회이론 혹은 정치이론에서도 ── 다루지 못했던 문제"였다. 달리 말하면, 마르크스주의를 비롯하여 보편적인 해방의 정치를 내세우는 정

을 간과할 수 없다. 이런 점에서 보면 푸코의 문제제기는 독창적이기는 하지만 다소 일방적인 것이라 할 수 있다. 에티엔 발리바르, 「잉여가치와 사회계급」, 『역사유물론 연구』, 이해민 옮김, 푸른산, 1989 참조.

58 미셸 푸코, 『감시와 처벌』, 269쪽. 번역은 약간 수정했으며, 강조는 인용자가 덧붙인 것이다.

치 및 이론이 외면하고 주변화했던 문제였으며, 푸코가 마르크스주의에 대해 크게 실망했던 이유 중 하나는 이런 문제들의 중요성을 전혀 이해하지 못했기 때문이었다.

4. 비판적 고찰

1) 국가장치의 문제

이제 결론 삼아 푸코의 분석 및 문제제기에 대해 몇 가지 비판적인 논평을 제시해보고 싶다. 알튀세르의 국가장치 개념에 대해 푸코가 충분히 고려하지 못하는 점은, 왜 알튀세르가 국가장치라는 단일한 개념을 사용하지 않고 억압적 국가장치(ARE)와 이데올로기적 국가장치(AIE)로 구분했는가 하는 점이다. 푸코는 이런 질문을 제기하지 않고 '국가장치'라는 단일한 용어를 사용하면서 이 개념이 권력의 복수성을 제대로 사유하게 해주지 못할뿐더러 제도나 국가장치의 수준보다 훨씬 더 심층적인 곳에서 작동하는 미시물리학적인 권력의 작동방식을 이해하고 그것을 전화하거나 제거하는 데도 쓸모가 없다고 비판한다. 하지만 알튀세르가 ARE와 AIE를 구별한 핵심 이유는 푸코가 국가장치라는 개념을 비판하면서 제기하는 이유들과 상당 부분 일치한다.

앞에서 말했듯이 알튀세르는 자유주의적–부르주아적 관점에서 볼 때 '공적 영역'에 속하는 제도들로 구성된 ARE의 작동만으로는 자본주의 생산양식이 왜 자신을 재생산할 수 있는지, 부르주아 계급의 지배가 왜 굳건하게 관철되는지 설명하는 데 불충분하다고 보았다. 그것을 넘어서 정치권력의 작용이나 계급적인 지배와 무관하다고 여겨지는 이른바 '사적 영역'에서도 **국가장치로 여겨지지 않는**(또한 법적·제도적으로 속하지도 않는) **국가장치들**을 통해 예속적 주체화의 권력이 관철되어야 계급적 지배는 (상대적으로) 공고히 유지가 될 수 있는 것이다. 이것을 설명하는 것이 바로 AIE 개념의 역할이다. 따라서 ARE와 AIE 구별의 첫 번째 논점은 푸코와 마찬가지로 권력의 본질은 법적인 금지나 허가 또는 부정이나 인정에 있지 않으며, 권력은 공적 영역과 사적 영역의 법적 구별을 가로질러 작동한다는 점이다.

두 번째 논점은, 따라서 권력은 사람들이 흔히 권력의 영역이라고 생각하는 국가제도 내지 공적 영역을 넘어서 그것보다 심층적인 영역에서 미시적으로 작동한다는 점이다. 푸코는 이를 규율권력이라고 불렀지만, 알튀세르는 그것을 AIE를 통해 작동하는 이데올로기라고 불렀다. 따라서 알튀세르는 권력의 문제 및 지배의 문제가 결코 국가의 차원, 곧 ARE의 차원에서 설명될 수 있다고 생각하지 않았다. 이는 실천적으로도 매우 중대한 문제인데, 왜냐하면 알튀세르가 보기에 AIE 및 그것을 기반으로 하는 이데올로기적 지배의 문제는 사회주의 혁명의 성패를 좌우하는 것이었기 때문이다. 알튀세르는 「이데올로기와 이데올로기 국가장치들」 논문 속에 포함되지는 않았지만, 『재생산에 대하여』에 포함된 한 대목에서 레닌의 문제를 다음과 같이 요약한다.

그[레닌]의 끈질긴 본질적 고심은 무엇보다도 프롤레타리아 국가의 이데올로기적 국가장치에 관련되었다. … 억압장치를 파괴하는 것만으로는 충분치 않다. 이데올로기적 국가장치들 또한 파괴하고 대체해야 한다. 새로운 이데올로기적 국가장치들을 긴급히 정착시켜야 한다. 그렇지 않으면 레닌이 옳았듯이, 혁명의 미래 자체가 문제된다. 왜냐 하면 옛 이데올로기 국가장치들 […]은 교체하는 데 지극히 오래 걸리 고 힘들기 때문이다. … 각각의 새로운 이데올로기 국가장치들 속에 새로운 혁명적 정책을 적용하기 위해, 요컨대 모든 소비에트 시민들의 활동과 의식 속에 새로운 국가 이데올로기인 프롤레타리아 이데올로 기를 주입하기 위해 능력 있고 혁명적으로 충성스러운 조직원들을 양 성해야 한다.[59]

알튀세르는 중국의 문화혁명에서 더 거대한 규모로 제기되는 정 치적·이론적 쟁점도 바로 레닌의 이 문제의식과 연결되어 있다고 보 았다. "중국공산당은 중국에서 사회주의를 강화하고 발전시키기 위 해, 그 장래를 공고히 하고 모든 퇴보의 위험에 맞서 사회주의를 지속 가능하게 보존하기 위해서는 **정치적** 혁명과 **경제적** 혁명에 대해 제3의 혁명, 곧 **대중의 이데올로기적 혁명**을 추가하는 것이 필요하다고 선언 한다. 이러한 대중의 이데올로기적 혁명을 중국 공산당은 프롤레타리 아 문화혁명이라고 부른다."[60] 이러한 문제설정은 푸코가 규율기술이 수행하는 예속적 주체화는 자본주의적 생산양식의 조건을 이루기 때 문에, 프롤레타리아 계급이 국가권력을 장악한다고 해서 또는 사회주 의 생산관계 및 소유관계를 확립한다고 해서 해결될 수 있는 문제가

---

59 루이 알튀세르, 『재생산에 대하여』, 김웅권 옮김, 동문선, 2007, 152~153쪽.
60 Althusser, "Sur la révolution culturelle", p.6.

아니라고 보았던 것과 일맥상통하는 것이라고 볼 수 있다. 다만 알튀세르는 푸코와 달리 국가권력의 민주주의적 통제, 생산관계 및 소유관계의 사회주의적 재편이 이데올로기적 예속화의 문제(푸코에게는 규율권력의 문제)를 해결하는 데 **충분하지는 않지만**, 그것을 민주주의적으로 또한 변혁적으로 해결하기 위한 **필요조건**이라고 보는 셈이다.[61] 하지만 알튀세르의 고심은 이 문제를 "새로운 국가 이데올로기인 프롤레타리아 이데올로기"의 문제로 제기할 수밖에 없다는 점, 곧 본질적으로 예속적 주체화를 수행하는 이데올로기의 작용을 이번에는 **모순적이게도** 해방적 주체화를 위해 작동시켜야 한다는 점이었으며, 이러한 차이를 어떻게 개념화하고 실천할 수 있는가라는 점이었다.[62]

2) 예속적 주체화의 문제

따라서 첫 번째 쟁점은 '예속적 주체화'의 문제와 직결되어 있다. 푸코는 한 대담에서 알튀세르와 라캉, 그리고 푸코 자신은 '구조주의자'가 아니며, 만약 자신들을 '구조주의자'로 분류할 수 있다면, 그것의 핵심 논점은 데카르트 이래로 (또는 더 정확히 말하면 칸트 이래로) 근대철학의 핵심 원리로 작용해온 주체 개념, 곧 주권적 주체 내지 구성적 주체 개념을 문제 삼고 비판했다는 점이라고 지적한 바 있다.

---

61 다른 식으로 말해 거시권력과 미시권력 사이에 기능적 환원관계가 성립하지 않는다면, 미시적 규율권력의 작용이 거시적 권력관계의 변화나 생산관계의 변화로 인해 소멸되지 않듯이 규율권력에서의 변화나 개혁이 후자의 변화나 개조를 산출하는 것은 아니다.
62 더 자세한 논의는, 진태원, 「과잉결정, 이데올로기, 마주침」 참조.

알튀세르와 라캉, 그리고 나 자신은 구조주의자가 아닙니다. 그렇지만, 지난 15년간 "구조주의자"라고 불려온 우리들 사이에는 공통적인 것이 하나 있기는 합니다. 이 핵심적인 수렴 지점이 무엇이었을까요? 그것은 데카르트로부터 우리 시대까지 프랑스 철학에서 결코 단념하지 않았던 위대하고 근본적인 기본 원리인, 주체의 문제에 이의를 제기했다는 점입니다. […] 이러한 분석들 모두가 1960년대에는 어느 정도 "구조주의"라는 용어로 요약되었습니다. 그러나 엄격한 의미에서 구조주의 혹은 구조주의적 방법은, 훨씬 더 근본적인 것, 즉 주체의 문제를 재평가하는 것에 대한 확인이자 그러한 문제제기의 기반으로서 작동했을 뿐입니다.[63]

이는 데리다도 한 대담에서 지적했던 점이고,[64] 앞에서 본 것처럼 발리바르 역시 "철학적 구조주의"라는 이름으로 알튀세르와 라캉, 푸코를 묶으면서 동의했던 점이다.[65] 그런데 알튀세르가 이를 쇄신된 이데올로기 개념, 특히 호명 개념을 통해 해명하려고 했다면, 푸코는 이러한 예속적 주체화의 문제를 규율권력의 문제로 사고하고자 했다. 푸코가 여러 차례 강조하다시피 규율권력은 정신이나 관념, 표상에 작

---

63 푸코, 『푸코의 맑스』, 60~61쪽.

64 "이 세 담론(라캉, 알튀세르, 푸코)과 그들이 특권화하는 사상가들(프로이트, 마르크스, 니체)에서 주체는 재해석되고 복원되고 재기입될 수 있으며, 분명 "일소되지"는 않습니다." Derrida, "Manger bien ou le calcu du sujet", p.45.

65 이런 점에서 보면, 미국학계의 현대 프랑스 철학 수용의 맥락에서 탄생한 '구조주의-후기구조주의' 분류법이 우리나라에서 자명한 진리처럼 통용되는 것은 문제적이다. 이러한 분류법의 발생과 용법, 그 난점에 대한 검토는 독자적으로 다뤄볼 만한 주제다. 포스트 담론의 국내 수용에 관해서는 이 책의 1장 참조.

용하거나 그것을 동원하는 권력이 아니라 **오로지 신체들에 대해** 작용하는 권력이다. 더욱이 푸코가 규율권력의 복수성과 국지성, 미시성을 강조하면서 염두에 둔 점은 규율권력에 따라 이루어지는 예속적 주체화의 작용이 국가(장치)를 통해서 작동하지도 않을뿐더러 국가(장치)나 계급권력 또는 계급지배 같은 마르크스주의적인 관점이 해명하려고 하는 예속적 주체화보다 훨씬 다양하면서 훨씬 더 심층적인 곳에 뿌리를 둔 예속화의 문제를 설명할 수 있다는 점이었다.

아마도 푸코가 보기에 알튀세르가 이데올로기적 국가장치 그리고 이데올로기적 호명 같은 개념을 통해 해명하려고 했던 예속화의 문제는 **단면적일뿐더러** 어떤 의미에서는 **도착적인** 것이었을 수 있다. 이것이 단면적인 이유는, 자본주의적인 계급지배를 정당화하고 그것을 재생산하는 예속적 주체화에만 초점을 맞추고 있기 때문이다. 더욱이 이것이 도착적일 수도 있는 이유는, 알튀세르가 이데올로기적 호명 개념을 통해 해명하려고 했던 예속적 주체화는 사실은, 계급지배에 대한 종속이라는 점을 제외한다면 **지극히 정상적인 주체들**을 만들어내는 작용으로 비칠 수도 있기 때문이다. 따라서 호명에 의한 예속적 주체화를 예속화의 핵심으로 이해한다면, 이것은 오히려 그것보다 심층적인 차원에서 또는 그 바깥에서 비가시적으로 진행되는 더 심각하고 근본적인 예속화를 **배제하거나 몰인식하게 만드는 결과를** 낳을 수도 있다. 반면 푸코는 규율권력 개념을 통해 성적 예속화, 광인들의 정신의학적 예속화, 학생들의 규범적 예속화와 같이, 계급지배로 환원되지 않는 다양한 형태의 예속화 작용을 설명하려고 시도한다. 이러한 예속화는 경제적으로 기능적인 예속화를 넘어서 그러한 예속화에서 배제된 더 근원적인 예속화 작용들을 포함하고 있다.[66] 사실 푸코는 규율권력의 특징 중 하나를 "여백"(marges)이나 "잔여"(résidus)를 만들어내는 데서 찾는다. 곧 규율화된 군대의 출현 이후 비로소 탈영병이라는 존재가 생겼으며, 학교규율이 "정신박약"을 출현시켰고, "비행자"(非行者, délinquants)를 만들어내는 것은 경찰의 규율이다. 그리고 "정신병자"(malade mental)는 "잔여 중의 잔여, 모든 규율의 잔여이며, 한 사회에서 발견될 수 있는 학교, 군대, 경찰 등의 모든 규율에 동화 불가능한 자"[67]라고 할 수 있다.

하지만 알튀세르는 푸코의 규율권력이 흥미롭고 독창적이기도 하지만, 인간에게 **고유한 상상적인 차원**을 배제하는 경향이 있다고 느꼈을 것이다. 이는 푸코의 인간은 기본적으로 신체적인 인간이라는 것을 뜻한다. 푸코적인 개인들은 정신이나 의식만이 아니라 욕망이나 상상, 사랑과 미움 같은 것을 지니고 있지 않은 존재자들이다. 『감시와 처벌』의 유명한 한 문장에서 말하듯 정신은 "신체의 감옥"인 것이다. 따라서 권력은 신체가 더 효율적이고 유능해지도록 규범에 따라 조련하고 길들이는 기술이지, 설득하거나 위협하고 가상을 부여하거나 욕망을 자극하는 작용을 하지 않는다. 하지만 스피노자주의자이자 프로이트주의자로서 알튀세르는 인간의 상상적인 차원을 배제하고서는 인간의 실존 및 행동 방식만이 아니라 정치적 지배의 작동방식을 설명할 수 없다고 느꼈으며, 더 나아가 정치적 행위 자체가 불가능하다고 생각했

---

66 이 점에서 보면 푸코의 대표적인 콜레주 드 프랑스 강의록은 『비정상인들』이다.
67 Foucault, *Pouvoir psychiatrique*, p.56[『정신의학의 권력』, 92쪽] 번역은 약간 수정.

다. 스피노자적인 의미에서 상상계로서의 이데올로기[68]는 개인들만이 아니라 계급을 비롯한 집단이 집단으로서 형성되고 행위하기 위한 근본 조건인 것이다.

더 나아가 마르크스주의자로서 알튀세르에게 푸코의 권력론의 맹점은 (계급) **권력의 비대칭성**이라는 문제를 심각하게 사고하지 않는 것으로 비쳤을 것이다. 푸코는 권력을 소유 대상으로 간주하는 관점에 비판하면서 "권력은 결코 일정한 수의 사람들에 의해 일정한 관점에서 완전히 통제되지 않는다"고, "권력의 중심에는 전쟁 같은 관계가 존재"하며, 따라서 "권력은 전적으로 한쪽 편에 놓여 있지 않다"고 말한다. 나중에 푸코가 "경합"(agon)이라고 부른 관계, 곧 대등한 위치에 있는 행위자들 사이의 전략적 갈등관계가 푸코가 권력관계를 이해하는 기본적인 관점이었다. 하지만 이는 부르주아지와 프롤레타리아트가 **존재론적으로 상이한 계급**이라는 것을 망각하는 것이다. 이는 두 계급의 역사적 형성과정 자체가 상이하며, 권력관계에서도 불평등할뿐더러 각자가 수행하는 계급투쟁의 목표와 방식도 상이하기 때문이다. 곧 프롤레타리아 계급은 새로운 지배계급이 되는 것을 추구하지 않을 뿐더러, 계급 관계 자체의 철폐를 존재의 근거로 삼는 계급인 셈이다. 그리고 이러한 비대칭성을 상정하지 않고서는, 나중에 푸코 자신이 구별했다시피, 권력과 지배를 구별할 방법도 없으며, 피지배자들, 예속적인 사람들 사이의 연대나 접합도 사고하기 어려울 것이다.

---

68 진태원, 「스피노자와 알튀세르: 상상계와 이데올로기」 참조.

3) 잔여

그런데 아마 이러한 비판적 토론에는 몇 가지 잔여들이 남게 될 것이다. 알튀세르가 자신의 이데올로기론에서 명시적으로 비정상적인 존재자들에 관해, 그들의 예속 및 배제양식에 대해 분석한 적이 없다고 해도, 알튀세르는 『미래는 오래 지속된다』에서 바로 광인의 이름으로 이를테면 **호명될 권리**에 대해 주장하지 않았는가? 그것도 푸코의 이름으로.

> 범죄를 저질렀다고 기소되어 면소 판결의 혜택을 입지 않은 자는, 물론 중죄재판소에 공개 출두해야 하는 힘든 시련을 겪어야 했다. 그러나 … [그는] 무엇보다도 자기 인생에 대해, 자기가 저지른 살인과 자신의 앞날에 대해, **자기 이름으로 그리고 직접 자기 자신이 공개적으로** 자신을 <u>스스로</u> 설명하고 해명할 수 있는 더할 나위 없이 소중한 권리와 특권을 갖게 되는 것이다. … 그런데 유감스럽게도 면소 판결의 혜택을 입은 살인자의 경우는 그렇지가 않다. … 바로 이런 이유 때문에, 그리고 지금까지 각자가 나를 대신해 말할 수 있었고 또 사법적 소송 절차가 내게 모든 공개적인 해명을 금지했기 때문에, 여기서 내가 공개적으로 나 자신을 해명하기로 작정한 것이다.[69]

나는 푸코가 '저자'라는 아주 근대적인 개념에 대해 비판을 하고 나서,

---

69 루이 알튀세르, 『미래는 오래 지속된다』, 권은미 옮김, 이매진, 2008, 52쪽.

마치 내가 어두운 감방의 자리로 돌아간 것처럼 푸코 역시 감옥에 갇힌 자들을 위한 투쟁 활동 속으로 사라져버린 것이 마음에 들었다. 나는 푸코의 깊은 겸허함을 좋아했다. … 지극히 개인적인 이 책을 독자들 손에 맡기는 지금 역시, 역설적인 방법을 통하는 것이기는 하지만 **익명성 속으로 결정적으로 들어가기 위한 것이다.** 즉 이제는 면소 판결의 묘석 아래 머무는 것이 아니라 나에 대해 알 수 있는 모든 사실들을 출판함으로써 말이다.[70]

다른 한편으로 푸코의 권력론에 상상적인 것이 존재하지 않는다고 해도, 푸코는 상상적인 것에 준거하지 않고서도 가능성 내지 잠재성의 차원을 권력 개념에 도입한 것은 아닌가? 푸코는 「주체와 권력」(1982)에서 권력을 "행위에 대한 행위"(action sur action)로, **"가능한 행위들에 대한 행위들의 집합"**[71]으로 재정의함으로써, 권력관계를 어떤 피동적인 사물을 대상으로 하는 도구적 기술관계와 구별되는 **일정한 능동성** 또는 행위 능력을 지니고 있는 행위자들 사이의 관계로 규정할 수 있게 되었다. 이로부터 권력과 지배를 개념적으로 구별할 수 있는 여지가 존재하게 되는데, 이에 따르면 권력은 "자유들 사이의 전략적 게임"[72]을 의미하게 되며, 지배는 관계의 두 항 사이에 존재하는 비가역적이고 불평등한 상태를 가리키게 된다. 아울러 푸코가 "완전히 다

---

70 같은 책, 278~279쪽. 문제에 관한 더 상세한 논의는 『미래는 오래 지속된다』 한국어판 서문으로 작성된 필자의 「이것은 하나의 자서전인가」를 참조하라.

71 Foucault, "Pouvoir et le sujet", in *Dits et écrits*, vol.II, "Quarto", pp.1055~1056.

72 Foucault, "L'éthique du souci de soi comme pratique de la liberté", in *Dits et écrits*, vol.II, "Quarto", p.1547; 「자유의 실천으로서 자아에의 배려」, 124쪽..

른 목표와 쟁점을 지닌 봉기와 혁명의 절차에서도 품행상의 봉기, 품행상의 반란이라는 차원이 늘 존재했다는 것"[73], 곧 대항품행(contre-conduite)이 **모든 봉기와 혁명의 조건**이라는 것을 제시한 것도 바로 이러한 토대 위에서였다.[74]

　따라서 이러한 대차대조, 비판적 상호 토론은 여전히 계속 진행되어야 할 것이다.

---

73 푸코, 『안전, 영토, 인구』, 314쪽.
74 푸코 권력론의 이러한 쟁점들에 대해서는 진태원, 「규율권력, 통치, 주체화: 미셸 푸코와 에로스의 문제」, 『가톨릭철학』 제29호, 2017, 참조.

9장

(탈)현대 이후, 마르크스주의 이후
: 데리다, 코젤렉, 차크라바르티, 그리고 그 너머

1. 객관적 불확실성, 주관적 불확실성

우리가 살고 있는 시기가 매우 특이한 시기라는 느끼는 것은 나 혼자만이 아닐 것이다. 이는 우리 시대의 주요 사상가들의 평가에서도 확인할 수 있다. 영국의 사회학자 지그문트 바우만은 우리가 살고 있는 시대를 '인터레그넘'(interregnum)의 시대로 특징지었다. 특히 국민국가를 중심으로 한 질서가 쇠퇴하고 있는데, 우리 시대는 아직 그것을 대신할 만한 체제나 질서를 발견하지 못했다는 것이다.[1] 에티엔 발리바르도 비슷한 맥락에서 우리가 살고 있는 시기를 "매우 흥미로운 시기"로 규정한 바 있는데, 이는 이 시기에는 우리가 현상들을 측정하거나 평가하기 위해 의존하는 주요 지표 내지 틀이 급속하게 변화되기 때문이다. 우리가 변화하는 현상들을 측정하기 위해서는 그 현상들과

---

1 인터레그넘에 관한 좀더 상세한 논의는 진태원, 『을의 민주주의』 중 9장 참조.

독립적인 불변적(적어도 상대적으로라도) 척도들이 필요한데, 우리 시대는 이러한 척도들 자체가 순식간에 변모되는 시기라는 것이다.[2]

　이 글의 제목에 두 차례에 걸쳐 사용된 '이후'라는 말 역시 확실성의 표시(우리가 마르크스주의에서 벗어났다, 현대에서 벗어났다는 것을 지시하는)라기보다는 불확실성의 의미로 이해되어야 한다. 두 개의 '이후'의 중첩은 더욱 커다란 확실성을 강조하는 것이 아니라 오히려 가중된 불확실성의 표시인 셈이다. 그런데 이후의 논의에서 더 명백해지겠지만, 한 가지 주목해두어야 할 것은 이러한 불확실성은 **객관적이면서 동시에 주관적**이라는 점이다. 한편으로 그것은 우리가 살고 있는 이 시대가 전환의 시대이며 따라서 **그 자체 객관적으로 불확실성의 성격을 지니고 있음**을 가리킨다. 이러한 불확실성을 가장 강조한 이들 중 한 사람이 이매뉴얼 월러스틴이다. 그는 여러 저작에서 우리 시대를 1750년대에서 1950년대에 이르는, 또는 세계사적 사건들로 표현하자면, 1789년에서 1989년에 이르는 대략 200여 년의 현대세계의 순환이 종료된 세계로 특징지은 바 있다.[3] 그는 1989년 이후의 시기, 곧

---

2 Etienne Balibar, "Démocratisations", *Vacarme*, no.76, 2016 참조.

3 월러스틴은 1983년 출간된 『역사적 자본주의』에서 우리 시대의 세계사적 분기는 자본주의냐 사회주의냐 사이의 갈림길이 아니라, 계급이 지배하는 사회냐 비교적 계급이 없는 사회로의 이행이냐 하는 갈림길에 놓여 있다는 의견을 피력한 바 있다. 이매뉴얼 월러스틴, 나종일·백영경 옮김, 『역사적 자본주의/자본주의 문명』, 창작과비평, 1993, 113쪽. 자본주의 세계체계의 종언 및 그 대안에 대한 모색은 1990년대 이후의 저작에서 더 본격적이고 활발하게 이루어진 바 있다. Immanuel Wallerstein, *Unthinking Social Science: The Limits of Nineteenth-Century Paradigms*, Temple University Press, 1991; 『사회과학으로부터의 탈피』, 성백용 옮김, 창작과비평사, 1994; *After Liberalism*, New Press, 1995; 『자유주의 이후』; 『우리가 아는 세계의 종언』, 백승욱 옮김, 창비, 2001; 이강국, 「위기·이행·대안: 이매뉴얼 월러스틴과의 대담」, 『창작과비평』 167호, 2015년 봄호를 각각

현존 사회주의체제가 붕괴한 이후의 시기를 자유주의의 승리라고 간주하기보다는[4] 오히려 근대 자본주의 세계체계의 중심적 이데올로기로서 자유주의가 종말에 임박했음을 알리는 시기라고 간주하면서, 앞으로 대략 2025년~2050년까지의 세계는 '혼돈'(chaos) 내지 '불확실성'(uncertainty), '혼란'(confused) 등으로 특징지을 수 있는 시대가 될 것이라고 예측한 바 있다.[5] 월러스틴의 관점을 모두 받아들이지 않는다 하더라도 우리 시대가 객관적으로 불확실성의 시대라는 점은 오늘날 충분히 공유되고 있는 생각일 것이다.

더 나아가 내가 이러한 불확실성의 주관적 측면을 강조하는 것은, 이러한 불확실성의 향방은 주체적인 개입을 통해 규정될 것이라고 보기 때문이다. 사실 우리가 사는 세계의 지배적인 계급들이나 집단들은 이 세계의 불확실성을 최소화하면서 그것을 기존의 방식대로, 곧 자신들의 지배를 유지하는 한에서 통제하려고 시도한다. 월러스틴이 통찰한 바와 같이 근대성 또는 현대성의 특징 중 하나를 "변화의 '정상화'"[6]

참조.

4 이러한 관점을 대표하는 저작으로는 프랜시스 후쿠야마, 『역사의 종말』, 이상훈 옮김, 한마음, 1992 참조. 하지만 후쿠야마의 저작만이 이러한 관점을 표현한 것은 아니다. 넓은 의미에서 본다면 자유주의를 넘어설 수 없는 정치적·규범적 지평으로 간주하는 이들(여기에는 최장집 같은 이들은 물론이거니와 하버마스 같은 이들도 포함된다)도 이러한 관점을 지지한다고 볼 수 있다. 이런 측면에서 하버마스에 대한 비판적 고찰로는 에티엔 발리바르, 진태원 옮김, 「민주주의적 시민권인가 인민주권인가? 유럽에서의 헌법 논쟁에 대한 성찰」, 『정치체에 대한 권리』 참조.

5 가령 Immanuel Wallerstein, *Unthinking Social Science: The Limits of Nineteenth-Century Paradigms*, p.23 이하[『사회과학으로부터의 탈피』, 35쪽 이하]; *After Liberalism*, New Press, 1995, p.vi 이하[『자유주의 이후』 6쪽 이하]; 『우리가 아는 세계의 종언』 중 「서문: 불확실성과 창조성」 참조.

6 Wallerstein, *After Liberalism*, p.102[『자유주의 이후』, 111쪽]. 강조는 인용자.

로 꼽을 수 있다면, 절대적 의미의 혼돈이나 불확실성이라기보다는 경향적인 또는 통제된 불확실성이 문제가 되는 것이며, 따라서 이러한 불확실성에 대한 주체적인 개입은 그러한 불확실성에 대한 통제 자체를 불확실하게 만들기 위한 개입, 요컨대 불확실성에 대한 불확실성을 가중하는 개입이어야 할 것이다. 학자들에게 그것은 무엇보다도 우리가 그동안 당연한 것으로 또는 명백한 것으로 간주해왔던 우리의 지적 범주들이나 이론들에 대한 탈구축(deconstruction) 작업을 지속해야 한다는 것을 의미한다. 그것은 이미 우리 외부에서 진행되고 있는 다양한 방식의 탈구축 작업에 능동적으로 대응하기 위한 조건이다.

그런데 2018년 현재의 우리에게 '현대 이후, 마르크스주의 이후'[7]라는 물음은 조금 더 복잡하고 꼬인 물음이다. 왜냐하면 우리는 이미 20~30년 전에 이러한 '이후'의 문제에 직면한 적이 있기 때문이다. 특히 우리에게 그것은 여러 가지 방식의 '포스트' 담론들(포스트모더니즘, 포스트마르크스주의, 포스트식민주의, 포스트구조주의 등)의 형식으로 제기된 바 있다.[8] 그 당시에 이러한 '포스트' 담론들은 '현대 이후, 마르크스주의 이후'라는 **질문에 대한 답변**으로 간주되었다. 하지만 오늘

---

7 이 글의 제목에서 알 수 있거니와 우리는 이 글에서 modernity라는 영어(또는 그에 상응하는 서양어들)의 번역어로 '근대성' 대신 '현대성'이라는 용어를 사용한다. modernity가 한편으로 역사적 시대를 가리키면서 동시에 다른 한편으로 '지금 시대'를 가리키며 더 나아가 역사적 시기들을 분류하고 시간성을 측정하기 위한 기준으로서의 메타적 시간성을 표현한다는 점을 감안하면, modernity는 '근대성'으로도 '현대성'으로도 번역될 수 있다. 이 글에서는 특정한 역사적 시기를 가리키는 측면보다는 '지금 시대' 및 '메타적 시간성'을 지칭하는 측면에 더 주목한다는 점에서 주로 '현대성'이라는 용어를 사용하겠다. 아울러 필요할 경우에는 '근(현)대' 같은 표현을 병용하겠다.

8 1980년대 말~1990년대 초 이후 포스트 담론의 국내 수용에서 나타난 문제점 및 그 한 가지 양상으로서 '비판적 사유의 미국화'에 대한 고찰로는 이 책의 1장 및 2장 참조.

날의 시점에서 보면 '포스트' 담론들은 이미 지나가 버린 것, 유행이 끝난 것으로 나타난다. 불과 20여 년 사이에 이후의 질문에 대한 일반적인 답변으로 간주되었던 것이 그 자체가 '이후의 대상'이 된 것이다. 따라서 '포스트' 담론은 사실 자본주의 또는 신자유주의의 이데올로기에 불과하다는 고발이 옳았을지 모른다. 하지만 성급하게 결론을 내리기전에 비판적인 인문사회과학도라면 마땅히 이런 질문을 먼저 제기해봐야 할 것이다. 과연 '포스트' 담론들이 '현대 이후, 마르크스주의 이후'라는 질문에 대한 포괄적인 답변이라고 자처한 적이 있는가? 단적으로 말하면, 그것이 자기 자신을 현대 이후, 마르크스주의 이후의 **새로운 시대**(보통 '탈현대'[postmodernity]라 불리는)에 대한 담론이라고 내세운 적이 있는가? 거대서사의 종말을 주장한 리오타르 자신만 해도 '포스트모던'을 새로운 시대 개념이 아니라 '태도'로 이해해야 한다고 주장하지 않았는가?[9] 더욱이 들뢰즈나 데리다, 푸코 또는 라캉 같이 흔히 포스트구조주의자라고 불리는 사상가들은 '포스트모더니즘'이나 '포스트' 담론들을 전혀 거론하지 않는다. 에르네스토 라클라우나 샹탈 무페의 경우도 1980년대 서유럽 사회에 적합한 새로운 '사회주의 전략'을 위한 이론적 틀로서 포스트마르크스주의를 제창한 것이지 새로운 시대 개념을 제시한 것은 아니었다. 오히려 (역설적으로 들릴 수 있겠지만) 포스트모더니즘을 '후기 자본주의의 문화적 논리'로 규정함으로써, 포스트 담론을 일종의 **역사적 시대** 범주로 규정한 것은 프레

---

9 가령 리오타르, 『포스트모던적 조건』; 「질문에 대한 답변: 포스트모던이란 무엇인가?」, 『지식인의 무덤』을 각각 참조.

드릭 제임슨이었다.[10] 사실 대개의 마르크스주의자들 및 현대성 담론의 옹호자들은 포스트 담론을 마르크스주의(및 현대성)를 **대체하려는 담론**이자 **새로운 시대에 대한 담론**으로 이해했다. 그리고 사회주의체제의 몰락 이후 새로 전개된 역사적 현실이 신자유주의적 세계화였기 때문에, 새로운 시대에 대한 담론으로서 '포스트' 담론은 자본주의 및 신자유주의에 대한 정당화 담론으로 간주되었다. 그렇다면 '포스트' 담론들이 20여 년 사이에 '이후'의 문제에 대한 포괄적인 답변에서 그 자체가 '이후의 대상'이 된 것은, 그 담론 자체의 객관적 특성 때문에 생겨난 결과라기보다는 그 담론들을 그렇게 위치시킨 어떤 문제틀, 특히 1980년대 이후 영어권 (좌파) 학계의 문제틀의 효과라고 보는 것이 옳을 것이다. 사실 포스트 담론들이라는 것 자체가 영어권 학계의 발명품이라고 할 수 있다.[11] 그리고 지난 20~30년 동안 국내의 포스트 담론에 관한 수용 및 논쟁은 미국학계의 문제틀을 그대로 전제한 가운데 이루어진 것이었다. 이런 의미에서 포스트 담론은 사실 (모방된) 상상의 산물이다.

　　돌이켜보면, 역사적 근대 이후의 우리에게 학문 내지 인식이란 주체적인 것이었던 적이 있을까 싶을 정도로 늘 외부 세력의 영향에 좌우되어 왔다. 식민지 시기에 일본의 영향이 압도적이었다면, 해방 이후에는 한편으로 그것을 극복하려는 노력 자체(민족사관 또는 내재적

10　Fredric Jameson, "Postmodernism, or the Cultural Logic of Late Capitalism"[「포스트모더니즘―후기자본주의의 문화논리」].

11　1970년대 이후 미국학계에서 "프랑스 이론의 발명"에 관한 지성사적 고찰로는 퀴세, 『루이 비통이 된 푸코? 위기의 미국 대학, 프랑스 이론을 발명하다』 참조.

발전론이나 민족문학)에서도 우리가 알지 못하는 사이에 외부의 규범과 척도가 보편적인 틀로서 작용했고 다른 한편으로는 그러한 노력이 성숙하고 내재적인 비판과 교정의 기회를 갖기도 전에 다시 한 번 외부로부터 밀어닥친 거대한 흐름(세계사적인 사회적 격변이면서 인식론적 변동의 흐름)에 속절없이 새로운 연구들로 대체되어왔다. 이는 시대적인 변화에 부응하는 주체적 대응이라기보다는 외부의 변화에 대한 수동적인 적응이라고 표현하는 것이 더 적절할 것이다.[12] 따라서 우리가 객관적 불확실성의 시대에 살고 있다는 것, 곧 사회적 구조나 규범 및 학문적인 제도와 인식론적 틀이 전반적인 변화의 상황에 놓여 있다는 것은 어쩌면 하나의 기회일 수도 있을 것이다.

이런 관점에서 나는 이 글에서 (탈)현대 및 마르크스주의와 관련하여 이후를 말한다는 것이 어떤 것인지, 그것이 왜 그처럼 복잡하고 어려운 과제인지 살펴보기로 하겠다.

2. (탈)현대성과 마르크스주의를 상대화하기: 유사초월론

우선 내가 이 글에서 중심적으로 제기하려는 논점을 밝히면서 출발해

---

12 이런 의미에서 다음과 같은 지적은 여전히 경청할 필요가 있다. "서구인의 눈에 포스트모더니즘은 권력과 지배에 봉사하는 도구적 이성으로 타락한 서구적 이성이 한계에 이르렀음을 보여주는 역할을 했다. 그러나 우리에게 포스트 사조들이 문제가 되는 것은 그러한 반성으로 수용되기보다는 기존 논의를 대체할 체계로서, 곧 80년대 말의 세계적 변화와 기존 이론들의 급격한 퇴조로 생겨난 공백을 차지할 대안으로 받아들여졌다는 점이다. 그러므로 포스트모던 이론들의 유입으로 해서 80년대는 90년대와는 전혀 소통이 불가능한 또 다른 하나의 단층으로 변질될 가능성이 커졌다." 김용규, 「근대와 탈근대의 사이에서」, 『오늘의 문예비평』 31호, 1998, 128쪽.

보자. 나는 그것을 (탈)현대성과 마르크스주의를 상대화하기라는 문구로 집약하고 싶다. 내가 말하는 상대화하기라는 말의 의미를 조금 더 분명히 해두는 것이 좋겠다. 이것은 단순히 마르크스주의와 현대성을 이제 지나간 어떤 것, 낡고 폐기되어야 할 어떤 것으로 간주한다는 것을 의미하지 않는다. 나의 관점은 오히려 정반대다. 마르크스주의에 준거하지도 않고 또한 그것에 대해 논의하지도 않는 많은 사람들과 달리 나는 여전히 우리가 마르크스주의에 준거해야 하며, 또한 그 이론의 여러 측면들을 토론하고 비판하고 개조해야 한다고 믿는다. 하지만 이러한 준거 및 이론화는 **동시에** 마르크스주의와의 거리두기를 요구하는 것이다. 따라서 그것은 데리다가 '마르크스를 (비판적으로) 상속하기'라고 부른 것과 가까운 과제를 요구한다. "마르크스 없이는 없다, 마르크스 없이는 어떤 장래도 없다. 마르크스의 기억, 마르크스의 유산 없이는, 어쨌든 어떤 마르크스, 그의 천재/정령(génie), 적어도 그의 정신들 중 하나에 대한 기억과 상속 없이는 어떠한 장래도 없다. 왜냐하면 우리의 가설 또는 오히려 우리가 택한 입장은 다음과 같은 것이기 때문이다. 곧 **하나 이상의/더 이상 하나가 아닌(plus d'un) 정신이 존재하며, 하나 이상의/더 이상 하나가 아닌 정신이 존재해야 한다.**"[13]

마찬가지로 나의 관점은 현대성을 지나간 시대로 간주하거나 극복의 대상으로 삼는 것과도 다르다. 왜냐하면 현대성은 우리가 **그것 바깥**에 서서 그것이 과거가 되었음을 확인할 수 있는 어떤 것, 우리가 현재의 관점에서 이미 지나갔다고 말할 수 있는 **하나의 역사적 시대**

---

13 데리다, 『마르크스의 유령들』, 41쪽. 강조는 데리다.

('고대'나 '중세'처럼)가 아니기 때문이다. 그것은 현대성의 역사적 시간성의 특성을 잘못 이해하는 것이다. 뒤에서 좀더 상론하겠지만, 어떤 의미에서 현대성은 우리가 **그것 내에서만 그것과 거리를 둘 수 있고,** 그것의 역사성을 측정할 수 있는 역사적 시간성 또는 오히려 **메타 시간성이다.**[14] 현대성이 범세계적 현대성 또는 좀더 정확히 말하자면 **범세계적인 관(貫)국민적 현대성**(영어로 표현하자면 global transnational modernity)으로 물질적(또는 '현실적')·상징적·상상적으로 전화된 우리의 동시대적 현대성의 측면에서 보면 더욱더 그렇다.[15] 하지만 동시에 그것은 불변적인 틀로 남아 있는 것이 아니라, 그 자체가 **(탈)현대성으로서의 역사를 지니는 것이다. (탈)현대성이라는 것은 그 자체가 역사를 지니고 있다.** 뒤에서 좀더 논의하겠지만, 이 명제를 지난 20여 년간 국내 진보학계 일각에서 제기해왔던 이른바 '근대 극복의 과제'(백낙청, 하정일 등)와 동일시할 수도 있겠지만, 내가 보기에 이는 명제의 철학적 깊이에는 충분히 이르지 못했다. 또한 이것은 마르크스주의와 현대성을 **여러 가지 중** 하나로 만들고, 따라서 그것을 선택할 것인가 말 것인가 하는 것을 각자의 주관적 입장에 맡겨둔다는 것을 의미하지도 않는다. 나는 데리다가 말했던 것처럼 우리 모두 "마르크스주의의 상

---

14 이 점에 관해서는 특히 Reinhardt Koselleck, *Vergangene Zukunft: Zur Semantik geschichtlichen Zeiten*, Suhrkamp, 1979[『지나간 미래』, 한철 옮김, 문학동네, 1998]; *Zeitschichten: Studien zur Historik*, Suhrkamp, 2000 참조.

15 이 점에 관해서는 무엇보다 Arjun Appadurai, "How Histories Make Geographies: Circulation and Context in a Global Perspective", in *The Future as Cultural Fact: Essays on the Global Condition*, Verso, 2013 및 Peter Osborne, *The Postconceptual Condition: Critical Essays*, Verso, 2018 중 1부를 각각 참조.

속자들"이며, "우리가 원하든 원치 않든 간에, 그리고 우리가 알든 모르든 간에, 무엇보다도 우리 자신의 **존재가 상속**"[16]이라고 생각한다. 따라서 마르크스주의는 우리가 임의로 선택하거나 포기할 수 있는 대상이 아니다.

그렇다면 '(탈)현대 이후, 마르크스주의 이후'라는 물음은 매우 복합적인 물음이라고 할 수 있다. 그것은 단순히 연대기적인 의미에서의 이후가 아니라, 우리가 어떤 것에 근거한다는 의미, 어떤 것을 뒤따른다는 의미, 다시 말해 ('칸트 이후', '헤겔 이후'와 같이) X를 **상징적 기원**으로 설정하고 그것에 근거하여 자신의 위치를 정한다는 의미를 포함하는 이후에 관한 물음이다. 더 나아가 **마르크스주의와 (탈)현대성을 상대화한다**는 뜻에서 '(탈)현대 이후, 마르크스주의 이후'를 묻는 것은 어떻게 그것들에게 상징적 기원의 자리를 부여하면서 동시에 그것들을 역사적으로 변화하는 것으로 만들 수 있는지 묻는 것이다. 이를 설명하기 위해서는 현대 철학자들, 특히 데리다와 푸코에게서 발견할 수 있는 한 가지 개념을 도입하는 것이 필요하다. 그것은 유사초월론(quasi-transcendentalism)이라는 개념이다.

오늘날 널리 인정되는 바와 같이 칸트의 초월론적(transzendental) 철학[17]은 엄밀한 의미에서의 근(현)대성의 철학적 지평을 열어놓

---

16 데리다, 『마르크스의 유령들』, 122~123쪽.

17 'transzendental'(또는 영어로는 'transcendental')이라는 용어의 경우 국내 학계에 합의된 번역어는 존재하지 않으며, 특히 최근 이 용어의 번역을 둘러싼 국내 칸트학계의 논란이 언론을 통해 보도된 바 있다. 이러한 논란 여부와 관계없이 이 글에서는 전통적인 '초월' 개념과의 구별을 위해서, 그리고 칸트의 철학적 독창성을 부각시키기 위해서는 오히려 '초월론적'이라는 번역어가 더 적절한 것 같다는 판단에 따라(이것은 국내 여러

았다고 말할 수 있다. 칸트에게 초월론은 인식 경험의 가능성의 조건, 좀더 정확히 말하면 "인식의 선험적(a priori) 가능성"[18]의 조건을 탐구하는 철학적 탐구 양식을 가리킨다. 이러한 초월론적 탐구 절차에 의거하여 칸트는, 주체 이전에, 그리고 주체 바깥에 그 자체로 존재하는 사물들의 질서와 그 근거를 탐구하는 전통적인 철학에 대하여 이른바 '코페르니쿠스적 전회'를 수행하게 된다. 곧 이제 사물들의 질서는 초월론적 주관성에 그 근거를 두게 된다. 현대 철학자들 가운데 칸트의 초월론 철학을 자기 나름대로 재개한 사람이 바로 에드문트 후설이며, 후설 이후의 현대 유럽 철학자들은 한편으로는 칸트-후설 식의 초월론적 문제설정을 계승하면서 다른 한편으로는 그러한 문제설정을 변형하고 또 넘어서기 위해 고투했다. 위르겐 하버마스가 의사소통적 합리성을 통해 초월론적 주관성에 기반을 둔 칸트 및 후설의 철학을 상호주관성의 철학으로 변형한 것이 그 한 가지 사례라면, 푸코나 들뢰즈 또는 데리다 같이 흔히 니체주의 철학자들로 간주되는 현대 프랑스 철학자들 역시 그 나름대로 일종의 초월론 철학을 추구했다고 할 수 있다.[19]

필자들이 채택하는 번역어이기도 하다) 계속 '초월론적'이라는 용어를 사용하겠다. 그리고 'a priori'는 '선험적'이라고 번역하겠다.

18 임마누엘 칸트, 백종현 옮김, 『순수이성비판』, 아카넷, 2006, 132쪽(A56/B80).

19 현대 프랑스 철학을 니체주의 철학으로 (그것도 칸트나 헤겔 철학과 대립하는 비합리주의 철학이라는 의미에서) 간주하는 것은 상당히 경솔한 생각이다. 물론 이는 현대 프랑스 철학에 미친 니체의 영향을 부인하자는 의미는 아니며, 그것을 상대화할 필요가 있다는 뜻이다. 현대 프랑스 철학은 한편으로 헤겔 철학의 영향을 강하게 받았으며(이 점에 관해서는 Judith Butler, *Subjects of Desire: Hegelian Reflections in Twentieth-Century France*, Columbia University Press, 2012[1987] 참조), 또한 다른 한편으로는 하이데거 철학의 영향을 논하지 않고 현대 프랑스 철학의 전개과정을 설명하는 것은 불가능하다(이

하지만 현대 프랑스 철학자들, 특히 이 글에서 주목하는 데리다가 추구한 초월론 철학은 매우 특이한 형태의 것이며, 데리다 자신은 이를 유사초월론이라고 부른 바 있다. 한마디로 말한다면, 칸트 이후의 초월론 철학이 **가능성의 (선험적) 조건**을 탐구하는 것에 비해, 유사초월론은 **가능성의 조건은 동시에 불가능성의 조건**이라는 것을 드러내려고 한다고 규정할 수 있다.[20]

초월론적인 것의 문제는 '유사'(quasi-)라는 말에 의해 변형되어왔으며, 따라서 만약 초월론성이 나에게 중요한 것이라면, 이는 단순히 그 고전적인 의미에서 그런 것이 아니다(비록 고전적 의미의 초월론성이 나에게 여전히 아주 흥미롭지만 말이다). … 나는 지난 30년 동안 규칙적으로, 그리고 아주 상이한 문제들과 관련하여, 가능성의 초월론적 조건은 또한 불가능성의 조건인 것으로 정의해야 할 필연성으로 인도되었다. 이는 내가 무효화할 수 없는 어떤 것이다. 분명 가능성의 기능을 불가능성의 기능으로 정의하는 것, 곧 가능성을 불가능성으로서 정의하는 것은 전통적인 초월론적 관점에서 볼 때 정통적인 입장과 매우 어긋나는 태도이며, 내가 아포리아의 숙명성이라는 문제로 되돌아갈

점에 관해서는 특히 Dominique Janicaud, *Heidegger en France*, tome 1: *récit*, Hachette Littératures, 2001; *Heidegger en France*, tome 2: *entretiens*, Hachette Littératures, 2001 참조). 최근에는 스피노자주의의 관점에서 현대 프랑스 철학의 전개과정을 설명하려는 시도도 이루어진 바 있다. Knox Peden, *Spinoza Contra Phenomenology: French Rationalism from Cavaillès to Deleuze*, Stanford University Press, 2014 참조. 이 문제에 관해서는 별도의 논의가 필요하므로 여기에서는 이 정도의 지적으로 한정하겠다.

20 데리다의 유사초월론에 대한 좀더 자세한 국내의 논의는, 진태원, 「유사초월론: 데리다와 이성의 탈구축」, 『철학논집』 53집, 서강대학교 철학연구소, 2018 참조.

때마다 항상 다시 출현한 것이 바로 이러한 정의다.[21]

이 인용문에서 볼 수 있듯이 '유사'라는 접두어가 붙은 유사초월
론의 핵심은 "가능성의 초월론적 조건은 또한 불가능성의 조건"임을
보여주는 것이다. 이것이 뜻하는 바는 칸트에서 후설에 이르기까지 계
속 유지되어 온 **초월론적인 것**과 **경험적인 것의 위계적이고 비대칭적인
관계**를 탈구축하겠다는 것이다.

간단히 말하면, 칸트 이후의 고전적인 초월론 철학에서는 늘 원
리에 해당하는 초월론적인 것은 불변적이고 초역사적인 것으로 간주
되며, 경험적인 것은 이러한 초월론적인 것에 입각하여 비로소 성립
할 뿐만 아니라, 그것에 의해 측정되고 평가되는 것으로 이해된다. 그
리고 이러한 초월론적인 것을 주관성 내지 주체성의 위치에 놓은 것
이 고유한 의미에서 근(현)대성의 철학이다. 반면 데리다가 유사초월
론을 '가능성의 초월론적 조건은 또한 불가능성의 조건'이라고 규정한
것은, 초월론적인 것은 한편으로 경험적인 것을 가능하게 하는 조건
내지는 원리이지만 동시에 그 자체는 경험적인 것이 없이는 성립할 수
없다는 점을 드러내기 위한 것이다. 데리다는 초기 저작인 『「기하학의
기원」 서론』에서 후설이 기하학의 성립 조건으로 간주한 이념적인 언
어는 "언어적 신체"(Sprachleib) 바깥에서 성립하지 않는다는 점을 보
여주고 있으며, 『그라마톨로지에 관하여』(1967)에서는 로고스 중심주

---

21 Jacques Derrida, "Remarks on *Deconstruction and Pragmatism*", in Chantal
  Mouffe ed., Deconstruction and Pragmatism, London·New York, Routledge, 1996,
  pp.83~84.

의가 특권화하는 음성 언어는 기록(écriture)의 기입을 전제한다는 점을 보여주고 있다. 그런데 이처럼 초월론적인 것이 경험적인 것에 의지할 수밖에 없다면, 이는 정의상 진리 및 의미의 가능 조건인 초월론적인 근거가 **경험적인 것의 우연성**, 곧 **그것의 역사성**에 종속된다는 것을 의미한다. 이런 의미에서 초월론적인 것은 경험적인 것을 성립 가능하게 하고 그것을 규제하는 원리이면서 동시에 그 자체가 경험적인 것의 역사성에 맡겨져 있는 것이라고 할 수 있다. 따라서 초월론적인 것은 한편으로 역사초월적인 것이어야 하지만 동시에 그 자체가 **내재적으로 역사성을 지니는 것, 역사성에 종속되는 것**이 된다.

그렇다면 한편으로 우리가 마르크스주의와 현대성을 쉽게 그 바깥으로, 그 이후로 나갈 수 없는 어떤 것으로, 우리의 존재와 행위, 사고 양식의 구성적 조건인 것으로 긍정하면서도 다른 한편으로 그것들(특히 우리가 지금까지 인식하고 실천하고 수용해온 바와 같은)과 거리를 두고 그것들의 비판적 전화 가능성을 모색하려고 한다면, 요컨대 마르크스주의 **이후**, (탈)현대 **이후**의 시간을 사고하려고 한다면, 유사초월론의 문제설정에 의거해볼 수 있을 것이다.[22]

---

22 이러한 주제와 관련하여 데리다 철학에 의거하는 것은 다양한 방면에서 비판과 의심의 대상이 되기 쉽다. '정통' 마르크스주의자들이나 진보적인 민중운동 계열의 지식인들, 또는 경험적 지식을 중시하는 사회과학자들, 아니면 유럽과 비유럽의 지정학적/식민적 차이가 사상의 차이를 결정한다고 생각하는 급진적인 중남미의 탈식민 이론가들(및 그 지지자들)에 이르기까지 다양한 비판가들을 상상해볼 수 있다. 하지만 내 생각에 데리다 사상은 흔히 알고 있는 것보다 훨씬 급진적이며, 또한 훨씬 심오하고 풍부하다. 이 글은 그의 사상의 풍부함의 단편을 보여주려는 시도라고 할 수도 있다. 아울러 심사위원 C는 내가 데리다와 코젤렉, 차크라바르티 등과 같이 지적 배경이 상이한 이론가들을 한데 논의하게 된 이유에 대한 설명을 요청한 바 있는데, 이 요청에 대해서는 특별히 답변할 만한 것이 없고, 다만 내가 꽤 오래전부터 데리다의 철학, 특히 그의 유사초월론이 역사학

3. 현대성의 역사(들)

이처럼 유사초월론의 관점에서 우리가 상대화라는 말을 이해한다면, 마르크스주의와 현대성을 상대화한다는 것은, 그것들에게 내재적인 역사성을 긍정한다는 것을 의미한다. 지금까지의 논의가 상당히 추상적이고 사변적으로 보였을 것이므로, 몇 가지 이론적 사례들을 통해 내 논점을 조금 더 구체화해보겠다.

1) 코젤렉과 현대의 시간성

우선 현대라는 개념을 생각해보자. 우리는 현대라는 개념을 무언가 불변적인 어떤 내용을 지닌 것으로 또는 적어도 역사적 변화과정 바깥에 놓여 있는 어떤 것으로 이해하곤 한다. 겉으로는 그렇지 않다고 말할 수 있겠지만, 실제로 이 개념이 사용되는 방식을 보면 현대라는 개념은 역사 초월적인 동일한 의미를 지닌 것으로, 따라서 18세기에서 오늘날에 이르기까지 마치 동일한 현대성 같은 것이 존재하는 것처럼 이해되는 경우가 허다하다. 말하자면 현대라는 동일한 실체(주체)가 시간의 흐름 속에서 전개된다고 보는 것이다. 현대라는 것의 내용은 변할지 몰라도 **실체로서의 현대 그 자체**(또는 현대라는 그 개념 자

의 철학적 토대와 관련하여 의미 있는 통찰을 줄 수 있다고 생각해왔다는 점이 한 가지 답변이 될 것이다. 실은 탈구축의 철학과 역사학의 관계에 관해서는 이미 중요한 연구들이 나와 있다. 특히 Robert Young, *White Mythology: Writing History and the West* 참조.

체)는 과거에서 오늘날까지 동일한 불변적인 기체로서 존립하는 셈이다. 이는 마치 한국이라는(또는 한민족이라는) 동일한 역사적 실체가 고조선에서 삼국시대를 거쳐 고려와 조선, 일제 강점기와 해방 후 현재에 이르기까지 변치 않고 존속한다고 보는 것과 같은 사고방식이다.[23] 하지만 현대라는 개념 자체가 상당한 역사적 과정을 거쳐 몇 가지 계기를 통해 성립되었을 뿐더러, 그 표준적인 용법이 확립된 이후에도 오늘날까지 그 개념은 늘 역사적 과정 자체와 연동하여 지속적으로 변해왔다. 현대라는 개념의 역사성을 이해하기 위해서는 우선 라인하르트 코젤렉의 개념사 연구를 살펴보는 것이 좋다. 코젤렉은 그의 대표작 『지나간 미래』에서 현대라는 개념의 형성사를 세심하게 추적한 바 있다.[24] 이 유명한 저작, 그리고 역시 유명한 그의 현대 개념에 대한 분석에 관해 길게 다루기보다 내가 생각하기에 중요한 세 가지 논점만 추려보겠다.

첫째, 코젤렉은 오늘날 사용되는 현대라는 개념(그에 따르면 '새로운 시대'[neue Zeit]와 구별되는 신조어로서 '현대'[Neuzeit]라는 개념은 1870년 이후에 등장했다[25])이 형성되는 데는 대략 1500년에서 1800년까지 300년의 기간 동안 세 가지 계기가 존재했다고 주장한다. 우선 현대는 '문턱'을 의미했으며, 그 다음 '신기원'의 뜻으로 쓰였고, 마지

---

23 역으로 '민족주의'의 전체주의적 성격을 고발하는 이들은 ('국민'도 아니고) '민족'이 19세기에 발명되었다는 식의 역사적 상대주의를 맞세운다. 유사초월론의 관점에서 보면 두 가지 생각은 동전의 양면에 불과하다.

24 Koselleck, *Vergangene Zukunft: Zur Semantik geschichtlichen Zeiten*[『지나간 미래』].

25 *Ibid.*, p.302[같은 책, 336쪽].

막으로 '기간'이라는 개념으로 정착되었다. 문턱이라는 것은 "지난 시대에 비해 오늘날의 시대가 새롭다"는 것을 뜻하며, 라틴어 모데르누스(modernus)의 원래 의미가 여기에 가깝다.[26] '신기원'으로서의 (근)현대는 (근)현대가 이전 시대와 다른 새로운 질적 성격을 지니고 있음을 가리킨다. 17세기 이후 등장한 이러한 관점은 중세와 비교하여 (근)현대의 새로움을 강조하고 있는데, 이때의 새로움은 상대적인 의미의 새로움이다. '새로운 시대'에서 '더 새로운 시대'로, 그리고 '최신의 시대'(Neueste Zeit)[27]라는 용어에 이르면서 비로소 기간으로서의 현대라는 개념이 생겨나게 된다. 프랑스혁명을 경과하면서 널리 쓰이게 된 이 용어를 통해 현대라는 것은 "회고적 기록에 그치지 않으면서 새로운 기간을 열어주는 동시대적 신기원 개념이 되었다."[28]

둘째, 코젤렉은 현대 개념의 형성에서 "역사의 시간화"[29](Verzeitlichung der Geschichte)라고 부르는 것을 강조한다. 역사의 시간화라는 것은 코젤렉의 말을 그대로 인용하자면,

시간의 흐름 덕분에 오늘의 역사가 변하며, 또한 벌어지는 간격과 함께 과거라는 것(Vergangenheit)도 변한다는 뜻이며, 더 정확히 말하자

---

26 모데르누스의 기원에 관한 좀더 상세한 논의는, 한스 로베르트 야우스, 「근대성, 그 문학적 전통과 오늘날의 의식」, 『도전으로서의 문학사』, 장영태 옮김, 문학과 지성사, 1983 참조.

27 Koselleck, *Vergangene Zukunft: Zur Semantik geschichtlichen Zeiten*, p.320[『지나간 미래』, 356쪽].

28 *Ibid.*, p.320[같은 책, 357쪽].

29 *Ibid.*, p.336[같은 책, 374쪽].

면 역사는 그때그때의 진리 속에서 자신을 드러낸다는 뜻이다. 현대는 과거 전체에 세계사적 질을 준다. 그와 함께 그때그때의 역사의 새로움은 새로운 것으로 성찰되면서 진보적으로 전체 역사를 요구했다. 역사를 세계사로 다시 써야 한다는 것은 자명한 것이 되었다.[30]

내가 이해하기로는 코젤렉이 말하고자 하는 바는 이런 것이다. 과거의 역사(물론 서양에서의 역사다)는 본질적으로 "삶에 대한 범례"(Exempla für das Leben)[31]로서의 역사였다. 곧 역사는 사람들이 과거의 성공을 본받을 수 있고 예전의 오류를 피할 수 있게 해주는 방대한 "경험들의 저수조"와 같은 것이었다. 이는 과거와 현재, 그리고 앞으로 도래할 미래에도 시간의 질 자체가 동일하다는 것을 전제한 생각이다. 중세의 역사는 세계의 종말에 대한 기대에 따라 규정된 것이었다. 여기에서는 한편으로 도래할 것으로 예고되면서 계속 지연되는 미래의 종말과 그에 뒤따르는 구원의 지평에 입각하여 현재가 인식된다. 이러한 역사들 속에서 역사적 시간은 자체의 고유한 질을 지니고 있지 않다. 반면 현대라는 개념의 성립과 함께 역사는 독자적인 시간성을 획득하며, 이에 따라 역사를 상이한 시대들로 분류할 수 있는 시간적 지평이 형성된다. 또한 "**열린 미래로의 변화**라는 기본 경험"[32] 위에서 역사적 시간은 가속적인 것으로서 경험된다.

---

30 Koselleck, *Vergangene Zukunft: Zur Semantik geschichtlichen Zeiten*, p.327[『지나간 미래』, 364쪽]. 번역은 약간 수정.

31 *Ibid.*, p.40[같은 책, 45쪽].

32 *Ibid.*, p.337[같은 책, 376쪽]. 강조는 인용자.

이런 의미에서 (근)현대는 역사적 시기들 중 하나(고대, 중세, 근대
…)이기 이전에 역사적 시기구분 자체가 성립 가능하게 되는 초월론적
조건이라고 할 수 있다. 따라서 표준적인 현대성을 **유럽적인 현대성**으
로 상대화하는 작업은 단순치 않다. 현대성 자체가 시기구분 자체, 따
라서 역사적 시간성의 초월론적 근거라면, 현대를 유럽적인 것으로 상
대화하는 것은 다음과 같은 두 가지 중 하나일 것이다. 그것은 한편으
로 초월론적인 것으로서의 현대를 전제한 가운데 그 내부에서 그것을
상대화하는 것이거나 아니면 다른 한편으로 초월론적인 것으로서의
현대 자체를 유럽적인 것으로 거부하고, 그 대신 새로운 초월론, 새로
운 보편을 구성하는 것이거나 할 것이다. 그것은 유럽적인 조건 속에
서 형성된 현대성보다 더 포괄적이거나 더 상위의 역사성의 기준을 설
정하는 것이자 시간성의 새로운 척도를 만들어내는 것이다. 당연히 이
후자의 작업이 훨씬 더 힘들 수밖에 없다.

가령 이런 질문을 해보자. 만약 지금까지의 초월론적인 현대성을
거부하고 새로운 현대성, 가령 동양 또는 동아시아적인 (탈)현대성을
새로운 초월론적 기준으로 설정한다면, 그것은 서구 및 다른 세계들도
포괄할 수 있는 초월론적 보편인가 아니면 동아시아에만 타당한, 따라
서 필연적으로 다른 지역, 다른 문화들에 대해 배타적일 수밖에 없는
보편인가? 만약 전자의 경우라면 그것은 당연히 유럽적이거나 서구적
보편성보다 **더 탁월한 것**이어야 할 텐데, 그것은 탁월성은 어떤 기준에
따라 측정되는가? 또 후자의 경우라면, 그것은 '문명의 충돌'론과 어떻
게 달라질 수 있는가? 복수의 현대성이나 대안적 현대성을 주장하는
이들, 또는 "동아시아는 몇 시인가?"라고 묻는 이들은 과연 어떤 입장

을 지니고 있는가?[33]

이 문제에 관한 한 가지 사례로 김상준의 저작을 살펴보기로 하자.[34] 김상준의 저작은 풍부한 논의와 독창적인 문제제기만으로도 충분히 주목할 만한 가치가 있는 저작이다. 필자 생각에 이 책의 가장 핵심적인 문제제기는 중층근대성의 관점에서 동아시아 유교문명을 재해석해야 한다는 것이다. 그가 말하는 중층근대성은 막스 베버 이래 표준화된 유럽중심적 근대성 개념만이 아니라 그것에 대한 대안으로 제출된 '다중근대성'(아이젠슈타트와 같은 비교역사사회학자들이 제시한)이나 '대안근대성'(폴 길로이 같은 포스트식민주의 문화이론가들이 제안한) 이론의 한계를 극복하기 위한 가설적 개념이다. 그에 따르면 중층근대성은 그리스, 로마, 중근동, 유럽, 인도, 중국과 같은 인류의 고등문명들을 가리키는 '원형근대성'과 17~18세기 이후 시작된 '식민-피식민 근대성', 그리고 20세기 이후의 '지구근대성'의 3가지 층위로 이루어진 "근대성의 역사적 중층 구성"을 가리킨다. 김상준에 따르면 이렇게 볼 경우에만 서구중심적인 근(현)대성 개념들만이 아니라 월러스틴식의 세계체계론의 한계도 극복할 수 있다. 왜냐하면 월러스틴은 16세기 유럽에서 처음으로 근(현)대 자본주의 세계경제가 등장했다

---

33 미야지마 히로시·배항섭 엮음, 『동아시아는 몇 시인가? 동아시아의 새로운 이해를 찾아서』, 너머북스, 2015 참조.

34 이 글이 처음 발표된 학술대회에서 윤해동 교수는 나의 발표문에 대해 김상준이나 수잔 벅모스 같은 최신 연구성과를 참조하지 않는다고 비판적으로 논평한 바 있다. 윤 교수의 논평 덕분에 필자는 김상준의 저작을 처음 읽게 되었음을 감사의 뜻과 함께 밝혀둔다. 하지만 나는 이러한 독서를 통해 내 논지의 한계를 느끼기보다는 오히려 그 타당성을 더욱 실감하게 되었음도 밝혀둔다. 따라서 이하의 세 문단의 논의는 윤 교수의 논평에 대한 답변으로 생각해도 좋다.

고 간주하는데, 이는 근(현)대성의 시간적 범위만이 아니라 공간적 범위 자체도 유럽 중심적으로 축소할 뿐더러 "인류 역사가 크게 변화했던 굴곡점의 시발은 자본주의가 아니라 성속의 통섭 전도라는 계기였다"[35]는 사실을 간과하는 것이고 근(현)대의 역사를 자본주의의 역사로 환원하는 것이기 때문이다.

이러한 이론적 토대에 입각하여 그는 동아시아 유교문명과 조선 후기 유교의 전개과정을 풍부한 논의들을 통해 고찰하고 있는데, 이를 정밀하게 검토하는 일은 필자의 능력을 넘어서는 일이거니와 이 글의 논점에서도 벗어나는 일이기 때문에,[36] 여기에서는 그의 근대성 개념에 관해 두어 가지만 언급해두겠다. 우선 김상준의 중층근대성 개념은 의도와 달리 매우 **목적론적 개념**이라는 점을 지적할 수 있다. 그는 근(현)대성 개념의 시간적 범위를 인류의 초기 고등문명의 전개 시기로까지 확장하고 있으며, "현존하는 모든 근대문명은 이렇듯 근대성의 세 단계의 중층의 누적으로 이루어져 있다는 점에서 형태론적 동형(同型)이다"[37] 같은 표현에서 알 수 있듯이, 모든 고등문명은 예외 없이 이러한 패턴을 보인다고 지적한다. 그가 보기에는 이러한 입론만이 "근대성의 유럽물신주의"를 극복할 수 있는 길이겠지만, 이것은 근(현)대라는 것을 세계사의 구조상 필연적으로 발생할 수밖에 없었던 것으로 본다는 점에서 오히려 근(현)대성에 대하여 더욱 목적론적인 필연성

---

35 김상준, 『맹자의 땀, 성왕의 피: 중층근대와 동아시아 유교문명』, 아카넷, 2016, 74쪽.

36 김상준의 입론에 대한 비판적 고찰로는 민병희, 「『맹자의 땀, 성왕의 피』 서평」, 『역사학보』 214집, 2012 및 이용주, 「서양중심주의의 내파(內波)인가 내화(內化)인가?」, 『오늘의 동양사상』 23호, 2012를 참조.

37 김상준, 『맹자의 땀, 성왕의 피: 중층근대와 동아시아 유교문명』, 43쪽 및 그 외 여러 곳.

을 부여하는 것이라고 할 수 있다. 그리고 이는 근(현)대를 좋은 것, 바람직한 것으로 **규범화하는 것**이기도 하다. 이와 달리 월러스틴이 만물의 상품화를 통한 자본의 끝없는 축적을 본성으로 하는 자본주의적인 근(현)대체계가 필연적으로 성립한 것이 아니라 우연적으로 성립하게 되었다고 간주하면서 "중국, 인도, 아랍 세계와 다른 지역들이 자본주의를 향해 가지 않았다는 사실을 그들이 이 [자본주의적 근대의─인용자] 독소에 훨씬 면역이 되어 있었기 때문이며, 또 그 점이 그들의 역사적 공적이라고 생각한다"[38]고 지적하는데, 내가 보기에는 이것이 근대 또는 현대를 이해하는 더 유연하면서 설득력 있는 시각이다.

더 나아가 내포성의 측면에서도 질문을 제기해볼 수 있다. 그의 근대성 개념이 새로운 것이라고 자처하기 위해서는 이전의 근(현)대성 개념을 단순히 외연적으로 확장할 뿐만 아니라 **내포적으로도 새로운 요소**를 포함하고 있어야 한다. 곧 그의 중층근대성 개념은 질적으로 또는 가치상으로 새로운 요소를 제시할 경우에만 "근대성의 유럽물신주의"를 넘어서는 개념으로 간주될 수 있다. 그런데 나는 그의 책에서 이러한 새로운 내포적 요소를 발견하기 어려웠다. 그가 말하는 '유교적 안티노미'가 과연 근(현)대성을 새롭게 규정하기 위한 요소인지, 또는 '온 나라 양반되기'나 동학 사상이 유럽적 민주주의 개념에 대해 질적 새로움을 부여할 수 있는 것인지 의문이다.[39] 오히려 그가 하는 작업은

---

38 월러스틴, 『우리가 아는 세계의 종언』, 253쪽. 월러스틴의 자본주의 분석에 관한 좋은 연구로는 유재건, 「월러스틴의 세계체제분석과 '자본주의'」, 『코기토』 81호, 부산대학교 인문학연구소, 2017 참조.

39 따라서 "왜 온 나라가 평등한 民이 되려고 하지 않고 양반이 되려고 할 수밖에 없었는가"라는 질문을 던져야 하며, 그럴 경우에만 주자학의 한계를 이해할 수 있다는 민병희

"유교 속에서 **권력 견제의 자유주의적 전통, 그리고 주권의 실체를 민(民)속에서 찾는 인민주권과 민주주의의 싹을 찾**"[40]는 작업, 따라서 서구 근(현)대성의 요소들, 적어도 그 "싹"들이 유교 안에도 존재한다는 것을 확인하는 작업이 아닌가?[41]

나는 이들과는 좀 다른 각도에서 (탈)현대성과 마르크스주의를 상대화하기라는 문제를 제기했으며, 현대성 자체의 역사라는 관점에서 이 문제를 살펴보고 싶었다. 이 문제를 더 다루기 이전에 우선 다시 코젤렉의 논의로 돌아가 보면, 셋째, 코젤렉에 따르면 역사의 시간화가 이루어진 결과 "동시적인 역사들의 비동시성"[42] 또는 "비동시적인 것의 동시성"[43]이라는 특징이 나타나게 되었다.

지리상의 발견과 더불어 공간적으로 아주 상이하면서도 인접해 있는 문화 단계를 관찰할 수 있었고, 이 단계들은 공시적 비교를 통해 통시적으로 정렬되었다. … 이제 경험되기 시작한 세계사는 비교를 통해 정리되었고, 이것은 점점 더 멀어지는 목표를 향한 진보의 모습으로 해석되었다. 몇몇 민족들이나 국가들, 대륙들, 학문들, 신분들이나 계급들이 다른 것들보다 우선한다는 생각에서 진보적 비교는 계속되었

의 지적은 설득력이 있다. 민병희, 「『맹자의 땀, 성왕의 피』 서평」, 400쪽.

40 김상준, 『맹자의 땀, 성왕의 피: 중층근대와 동아시아 유교문명』, 580쪽.

41 이런 의미에서 김상준의 작업이 여러 측면에서 오히려 서양 중심주의(또는 미국식 자유주의)를 내화하고 있다는 이용주의 비평도 새겨볼 만하다. 이용주, 「서양중심주의의 내파(內波)인가 내화(內化)인가?」 참조.

42 Koselleck, *Vergangene Zukunft: Zur Semantik geschichtlicher Zeiten*, p.323[『지나간 미래』, 360쪽].

43 *Ibid.*, p.324[같은 책, 362쪽, 374쪽].

고, 마침내 18세기 이후에는 가속화나 따라잡기, 능가하기가 요구되었다.[44]

바로 이러한 비동시적인 것의 동시성에 의거하여 마르크스 자신도 초기 저작에서 선진적이었던 프랑스나 영국의 기준에 따라 독일의 후진성을 평가한 바 있으며, '혁명', '발전', '진보' 같은 개념들이 통용되기 시작했다. 그리고 코젤렉은 암묵적으로 언급하지만, 제국주의와 세계의 식민지 분할과 더불어 비동시적인 것의 동시성은 (포스트) 식민적 현대성의 가장 기본적인 특성 중 하나로 나타나게 되었다고 할 수 있다. 선진적 모델로서의 유럽 또는 서양과 이를 표준으로 삼아 현대화를 국가 및 문명의 목표로 설정하는 (포스트) 식민적 비서양 사이의 문명적 위계 구조는 이러한 비동시적인 것의 동시성에 근거를 두고 있다.

2) 디페시 차크라바르티와 현대성의 탈식민화

코젤렉의 연구는 오늘날 우리에게 표준화된 현대 및 그것의 고유한 역사적 시간성의 특성을 훌륭하게 밝혀준다. 하지만 그러한 표준적인 현대 및 그 역사적 시간성 자체는 불변적인 것으로 남아 있는 것인가? 곧 이것은 일종의 초월론적인 것으로서 구체적인 경험적 역사서술을 지

---

44 Koselleck, *Vergangene Zukunft: Zur Semantik geschichtlichen Zeiten*, p.323[『지나간 미래』, 360~361쪽].

도하고 개별적인 역사적 시간들을 측정하기 위한 보편적이고 불변적인 원리로 작용하는 것인가? 우리가 앞서 언급했던 유사초월론에 따른다면, 이러한 표준적인 현대 및 그 시간성이라는 것 자체도 역사성을 지닌다고 말해야 하며, 또 내 생각에는 이후의 역사적 경험이 이를 입증해준다.[45] 이 점을 더 분명히 살펴보기 위해서는 인도 출신의 서발턴 역사학자인 디페시 차크라바르티의 『유럽을 지방화하기』에 대한 검토가 필수적이다.[46] 이 책은 오늘날 다른 어떤 포스트식민주의나 서발턴 역사학의 업적보다 이 문제에 관한 정교하고 풍부한 성찰을 담고 있다.[47] 차크라바르티는 이 책의 「2007년판 서문」에서 자신의 논점을 두 가지 테제로 집약한다. 첫 번째 테제는 "유럽은 보편적 모델이 아니며, 유럽은 비유럽의 다른 나라들이 따라 잡아야 할 모델이 아니다".[48] 그리고 두 번째 테제는 "보편주의적 사상은 항상 이미 특수한 역사들에 의해 수정되고 번역된다"

---

45 이는 코젤렉의 연구가 고전적인 의미에서 초월론적인 것의 지평에 머물러 있다는 주장을 반드시 의미하는 것은 아니다. 『지나간 미래』에도 그렇거니와 그의 후기 저작에는 초월론적인 것과 경험적인 것의 대립(또는 위계적 종속)을 넘어 다수의 시간성을 사유할 수 있는 계기들이 포함되어 있는 것으로 보이기 때문이다. 이 문제는 다른 기회에 더 살펴볼 만한 가치가 있다. Reinhart Koselleck, "Zeitschichten", in *Zeitschichten: Studien zur Historik*. 이 문제에 관한 도움이 될 만한 논의로는 특히 Helge Jordheim, "Against Periodization: Koselleck's Theory of Multiple Temporalities", *History and Theory*, no.51, 2012 참조. 반면 이에 대한 비판적 고찰로는 Peter Osborne, *The Postconceptual Condition: Critical Essays*, 1부 참조.
46 차크라바르티, 『유럽을 지방화하기』.
47 수잔 벅모스의 헤겔과 아이티혁명에 관한 연구는 흥미롭기는 해도 이 책의 인식론적 문제제기의 깊이에 견주기 어렵다. 수잔 벅모스, 『헤겔, 아이티, 보편사』, 김성호 옮김, 문학동네, 2012 참조.
48 차크라바르티, 『유럽을 지방화하기』, 16쪽.

첫 번째 테제 자체에는 몇 가지 상이한 논점이 포함되어 있다. 우선 이것은 저자가 역사주의라고 부르는 것, 곧 역사를 발터 벤야민이 명명한 바 '텅 빈 동질적 시간'이라는 보편적 시간성의 틀 안에서 선형적으로 전개되는 진보의 과정으로 이해하는 관점에 반대하여 역사는 '따라잡기'의 과정으로 이해해서는 안 된다고 주장하는 것이다. 유럽 또는 서구는 다른 모든 나라들이 목표로 삼아 모방하고 따라 잡아야 할 보편적 모델, 또는 데리다식으로 말하면 초월론적 기의(signifié transcendantal)가 아니다. 둘째, 저자는 그 이유로 보편적인 것으로 간주되는 유럽적 현대성이라는 것 자체가 "동시에 그 어떤 보편타당성도 주장할 수 없을 만큼 매우 특수한 지적·역사적 전통들에서 나왔다는 것"⁴⁹을 주장한다. 보편성 자체에 이미 특수성들의 흔적이 기입되어 있으며, 특수한 기원들에서 유래한 유럽적 현대성이 보편성으로, 초월론적인 것으로 상승하는 과정은 그러한 흔적을 삭제하거나 은폐하는 과정이었다는 논점이다. 따라서 '유럽을 지방화하기'가 의미하는 것은 일차적으로 유럽적 보편성의 성립과정에 대한 비판적 계보학의 요청이다.

차크라바르티의 진정한 독창성은 두 번째 테제에서 찾아볼 수 있다(이것이 충분히 만족스러운 테제라는 뜻은 아니다). 두 번째 테제는 현대성의 문제를 번역의 문제로 제시한다. 이는 한편으로 순수한 보편성, 순수한 현대성이란 존재하지 않으며, 보편성으로서의 현대성은 **차이들로 번역됨으로써 실존한다는 것**을 의미한다. 하지만 이는 보편성의

---

49 차크라바르티, 『유럽을 지방화하기』, 17쪽.

존재 자체를 거부하는 것이 아니고 복수의 현대성 또는 "이성을 복수화할 것"[50]을 주장하는 것도 아니다.[51] 그는 자신의 기획을 다음과 같이 설명한다.

> 유럽을 지방화하기는 유럽의 사유를 거부하거나 폐기하는 프로젝트가 아니다. 우리 자신의 지적 실존을 크게 빚지고 있는 사유체[유럽적 현대성 ─인용자]와 관련을 맺는 것은 릴라 간디가 적절하게 "포스트식민적인 복수"라고 불렀던 것을 그것에 가하는 문제일 수 없다. 우리가 비서구 민족의 정치적 현대성 경험들을 끝까지 사유하도록 돕는 데 있어서 유럽의 사유는 필요불가결하면서 동시에 부적합한데, 그래서 유럽을 지방화하기는 어떻게 이 사유가 ─이제 모두의 유산이고 우리 모두에게 영향을 미치는 이것이 ─주변들로부터 그리고 주변들을 위해 쇄신될 수 있겠는지를 조사하는 과제가 된다.[52]

여기서 차크라바르티는 유럽적인 현대성을 필수불가결하면서 동시에 부적합한 것으로 규정하고 있다. 필수불가결한 이유는 그것이 더 이상(곧 20세기 후반의) 비서구인들에게 외재적인 어떤 것이 아니라, "모두의 유산이고 우리 모두에게 영향을 미치는" 것이 되었기 때문이다. 경제구조, 사회조직, 법질서, 생활양식, 학문적인 규범과 사고방

---

50 같은 책, 18쪽.
51 이는 복수의 근대성 내지 현대성을 주장하는 것은, 뒤에서 국내외의 논의를 살펴보겠지만, 대개 다수의 근대성을 독단적으로 병치하거나 경험적으로 비교하는 수준에서 문제를 처리하는 데 그치기 때문이다.
52 같은 책, 70쪽.

식에 이르기까지 유럽적인 현대성은 비서구인들의 삶에서 본질적인 구성 요소가 되었다. 이는 우리나라의 경우도 마찬가지라고 할 수 있다. 반면 그것은 동시에 부적합한 것이기도 하다. 유럽적 현대성의 부적합성은 두 가지 이유에서 비롯된다. 첫째, 그것은 비서구사회의 본질적인 구성 요소로 기입되어 왔지만, 항상 동시에 변용과 괴리, 편차를 수반하는 것이었다. 유럽 내지 서구의 자본주의는 인도나 동아시아의 자본주의와 동일하지 않으며, 전자의 민주주의와 후자의 민주주의, 전자의 현대적 생활양식과 후자의 현대적 생활양식 역시 동일하지 않다. 그것은 항상 편차와 변형, 괴리를 낳는다. 이 때문에 그는 "자본주의 현대성의 문제는 더 이상 단순히 역사적 이행의 사회학적 문제로만 (유럽사에서 유명한 '이행 논쟁'처럼) 간주될 수 없으며, 번역의 문제로도 간주될 수 있다"[53]고 덧붙인다. 이것이 차크라바르티가 '번역'이라고 부르는 것의 첫 번째 의미다.

　다른 한편 이러한 번역의 관계는 원본과 모사본의 관계만은 아니다. 또는 번역에는 두 가지 상이한 모델이 존재한다. 한 가지는 보편적인 매개를 통한 번역이다. 그것은 가령 "힌디어의 pani와 영어의 water는 모두 H_2O에 의해 매개될 수 있다"[54]는 말로 표현될 수 있는 것이다. 만약 번역에 이러한 모델만이 존재한다면, 우리가 어떤 역사, 가령 이런저런 국민적인 역사, 지역적인 역사를 사고하기 위해서는 초월론적인 것으로서의 보편사의 매개가 항상 필요할 것이다. 그리고 바

---

53 차크라바르티, 『유럽을 지방화하기』, 72쪽.
54 같은 책, 172쪽.

로 그런 한에서 그 작은 역사들은 초월론적인 보편사에 인식론적으로 종속될 것이며, 역으로 이러한 보편사는 번역 가능성을 위해 항상 불변적인 것으로 존재해야 할 것이다. 하지만 차크라바르티는 두 번째의 번역 모델을 제시한다. 그것은 "보편적인 매개항이 없는", "문화 횡단적이고 범주 횡단적인 번역 모델"[55]이다. 그는 18세기 벵골의 이슬람교도들이 힌두교의 신들을 이슬람 신성의 표현으로 번역한 것의 예를 든다(우리의 경우라면 가령 서양의 god을 '천주(天主)'나 '하느님'으로 옮긴 것이 비슷한 사례가 될 수 있을 것이다). 그는 이러한 번역의 문제를 농민봉기의 문제와 관련시킨다. 라나지트 구하의 서발턴 연구에 나오는 농민봉기에 관한 기록에 따르면 당시 봉기에 나섰던 한 농민은 자기 자신의 행위 능력을 스스로 부정했다. 곧 그는 "내가 반란에 나선 것은 [힌두교 신인―인용자] 타쿠르가 나타나 반란을 일으키라 말했기 때문이다"라고 진술한다. 또한 식민지 기자의 보도에 따르면 농민들은 "카누 마지와 시도 마지[농민봉기 당시의 지도자들―인용자]가 싸우고 있는 것이 아니다. 타쿠르가 몸소 싸울 것이다"[56]라고 말했다고 한다. 이것은 세속적인 시각에서 보면 전(前)현대적인 종교적 관념에 사로잡혀 있는 것이고, 따라서 에릭 홉스봄이 주장했던 것처럼 이러한 농민봉기는 엄밀한 의미에서의 현대적인 정치적 반란이라고 할 수 없는 것이다. 하지만 "종교성은 모든 면에서 훌(hool, 반란)의 중심이었다"고 말하는 구하를 인용하면서 차크라바르티는 이것이야말로 식민지 인

---

55 같은 책, 186쪽.
56 같은 책, 219쪽.

도의 현대성의 고유한 요소였다고 주장한다. 따라서 이것은 보편적이라고 하는 유럽적인 현대성의 언어로 번역될 수 없는, 하지만 인도 식민지의 현대성을 이해하기 위해서는 어떤 식으로든 번역되어야 하는 "서발턴 역사"의 중요한 요소인 셈이다.[57]

따라서 이러한 두 가지 번역 모델의 관점에서 이해하면 보편성이라는 것은 실체적인 어떤 것이 아니라 "자리점유자"(placeholder)로 나타난다.

> 나는 보편들이라는 관념 그 자체에 반대한 게 아니라, 보편이란 것이 대단히 불안정한 형상이며 현대성의 질문들을 통해 사유하려는 우리의 시도에서 필수적인 자리점유자였다는 점을 강조했던 것이다. 우리는 오직 하나의 특수가 보편의 자리를 빼앗았기 때문에, 그리고 자리를 빼앗았을 때, 보편의 윤곽을 얼핏 엿보았다. 하지만 구체적이고 특수한 것은 결코 보편적인 것 그 자체일 수 없다. 왜냐하면 '권리'나 '민주주의' 같은 단어의 음가와 뒤얽힌 것들은 하나의 장소에서 다른 장소로 (거칠게나마) 번역될 수 있지만 번역에 저항하는 요소들을 포함하기도 했던 개념–이미지들이었기 때문이다.[58]

---

57 반면 김상준은 유럽 근(현)대성과 비유럽 근(현)대성의 관계를 전자가 "일종의 화폐 기능을 선점하면서, 지구상의 여타 비유럽문명들에 대한 일종의 지구적 교환 가능성의 매체 역할"(김상준, 『맹자의 땀, 성왕의 피: 중층근대와 동아시아 유교문명』, 41쪽)을 한 것으로 이해한다. 흥미로운 생각이지만, 이러한 화폐의 비유는 번역의 관계와 달리 항상 내부의 표준화를 전제한다는 점에서 난점이 있는 것으로 보인다.

58 Chakrabarty, *Provincializing Europe*, p. xiii[『유럽을 지방화하기』, 18쪽]. 번역은 약간 수정.

이런 의미에서 유럽을 지방화하기라는 차크라바르티의 문제의식의 근저에는 (그가 이것을 명료하게 인식하든 인식하지 못하든 간에) 유럽의 현대성의 전개과정을 통해 비서구 사회들이 변화되었을 뿐만 아니라, 그 과정을 통해 **유럽의 현대성 자체가 변화되었다는** 생각, 곧 **그것 자체가 자신의 역사를 갖고 있다는** 생각이 깔려 있다고 할 수 있다. 현대성이란 유럽적인 기원을 갖고 있고 또한 유럽적인 것을 본질로 삼고 있는 보편적인 역사적 시간성이 다른 나라들로 일방적으로 적용되는 어떤 것이 아니다. 그것은 유럽 바깥으로 확장되면서 유럽적 현대성과 다른 특성을 지니게 되는 것이며, 동시에 유럽적 현대성 자체가 그러한 비유럽적 현대성에 의해 재구성되고 변용되는 어떤 것이다.

실제로 지난 30여 년의 유럽연합의 건설 과정에서 첨예한 논쟁의 주제가 되어온 것은 유럽연합 내부의 이주자들, 더 나아가 이제는 유럽 각 국가들의 고유한 요소들이 된 비유럽 이주자 국민들의 문제였다.[59] 오늘날의 유럽은 백인들(만)의 유럽이 아니라, 과거 그들의 식민지에서 본국으로 이주해온 다양한 인종과 민족, 문화를 지닌 이주자들의 유럽이다. 지난 30년 동안 유럽 정치에서 가장 민감한 쟁점이 되어온 이주자 문제, 그리고 그와 결부된 포퓰리즘의 문제는 사실 지난 세기들(식민주의적이고 제국주의적인)의 유럽을 진정한 유럽적 정체성으로 고수하고 강화하면서 '요새로서의 유럽'을 구축하려는 움직임과 그

---

59 이 점에 관해서는 Sandro Mezzadra, "Citizen and Subject: A Postcolonial Constitution for the European Union", *Situations*, vol.1, no.2, 2006; Katarina Kinnvall, "The Postcolonial has Moved into Europe: Bordering, Security and Ethno-Cultural Belonging", *Journal of Common Market Studies*, vol.54, no.1, 2016 을 각각 참조.

것에 맞서 다문화적인 유럽, 더 나아가 "접경지대"(borderland)로서의 유럽,[60] 곧 그 자체의 특정한 정체성을 고수하기보다 다양한 문명과 문화, 인종과 민족이 넘나들고 교류하고 서로 변용하고 변용되는 **번역의 장으로서의 유럽**으로 구성하려는 움직임 사이의 갈등의 표현이다. 따라서 탈식민주의 문제는 비유럽 국가들 및 사회에만 고유한 현상이 아니라, 유럽연합 자체의 구성적 요소가 되었다고 할 수 있다. 지난 2015년 폭발했던 그리스 채무위기는 오늘날의 유럽연합 내에 중심-주변의 위계 구조가 존재할 뿐만 아니라 그것이 일종의 내부 식민지를 전제로 존속하고 있음을 잘 보여주고 있다.[61]

그렇다면 다음과 같은 질문을 제기해볼 수 있다. 오늘날 동아시아와 유럽 가운데 어느 쪽이 **더 현대적인가**? 첨단 테크놀로지와 산업의 중심지로 부상하고 있는 하이퍼-현대성(hyper-modernity)의 동아시아인가 아니면 19세기와 20세기 초 모더니티의 본산으로서의 유럽인가? 그것은 섣불리 판단하기 어려우며, 앞으로 더욱 어려워질 것이다. 세계체계론의 어법으로 이야기한다면, 중국을 중심으로 한 동아시아가 미국과 더불어 자본주의 세계 경제의 두 개의 중심부를 구성할 것이고, 유럽은 점점 더 중심부에서 밀려나 반주변의 상태로 나아가게 될 것이라는 점, 그리고 그러면 그럴수록 유럽은 더욱더 신자유주의적 요새로 변모할 것이며 유럽 내부의 불평등과 배제, 그리고 폭력의 현

---

60 Etienne Balibar, "Europe comme Borderland", in *Europe, constitution, frontière*, Bords de l'eau, 2004; "Europe: Provincial, Common, Universal", *Annali di scienze religiose, Turnhout*, no.10, 2017을 각각 참조.

61 이 문제에 관한 좋은 논의로는 Ranabir Samaddar, *A Post-Colonial Enquiry into Europe's Debt and Migration Crisis*, Springer, 2016을 참조.

상은 강화될 것이라는 점은 충분히 예측해볼 수 있는 일이다. 그렇다면 동아시아에 사는 우리들로서는 이제 **동아시아의 시대**, 더 나아가 **동양의 시대**가 도래했다고, 지난 200년 남짓한 예외적인 서구 지배의 역사에서 벗어나 다시 한 번 동양이 세계의 주도적인 문명 질서로 군림할 때가 도래했다고 자부심을 느껴야 하는 것일까? 이 점에 관해서는 결론 부분에서 좀더 언급하기로 하자.

차크라바르티의 논의는, 유사초월론의 관점에서 (탈)현대성 이후, 마르크스주의 이후 같이 '이후의 시간성'을 묻고자 하는 우리의 관점에서 보면 여전히 모호성을 지니고 있다. 보편이라는 것을 실체가 아닌 자리점유자라고 규정하는 것은, 한편으로는 유럽적 현대성 또는 더 정확히 말하자면 미국을 포함한다는 의미에서 서구 현대성[62]이라는 것에서 초월론적인 것의 지위를 박탈하는 것을 의미한다. 하지만 다른 한편으로 보면 그러한 자리점유자는 여전히 서구적인 것에, **서구적 현대성에 속하는 것에게만** 배정되어 있다. 곧 보편성은 서구적인 것이며, 비서구적인 것은 기껏해야 그러한 보편성을 변용하거나 굴절하는, 그것의 일관된 관철을 불가능하게 하는 **차이들**로 지칭되는 것으로 보인다. 그렇다면 서구적 현대성은 초월론적인 것의 지위는 상실했으되, 실질적으로는 그것만이 유일하게 자리점유자로 기능하고 있는 셈이다. 유사초월론의 관점에서 말하면, 이는 차크라바르티가 서구적 보편성에 대하여 그 **기원의 특수성**은 밝혔지만 그것 자체를 충분히 **역사화**하지는 못했다는 것을 의미한다. 그런데 이것이 차크라바르티의 잘못

---

62 이 점에 관한 좋은 토론은 강정인, 『서구중심주의를 넘어서』, 아카넷, 2004 중 2장 참조.

인가? 그의 인식론적 한계를 나타내는 것인가? 아니면 그것은 오히려 서구 보편성에 대한 탈식민주의적 비판은 그것을 대체하는 새로운 보편성(가령 중국적 보편성이나 아시아적 보편성 또는 동아시아적 보편성) 또는 **보편성의 자리 점유자들**을 구성하는 것이 아니라 이를테면 차이들의 번역으로서의 보편성 또는 **"차이들의 보편성"**[63]을 지향해야 한다는 생각의 표현인가? 『유럽을 지방화하기』 자체만으로는 분명한 답변을 제시하기 어렵지만, 나는 그의 관점은 후자에 가깝다고 생각한다. 이 점은 결론에서 더 논의해보겠다.[64]

---

63 Etienne Balibar, *Des universels*, Galilée, 2016, p.155.

64 심사위원 A는 "데리다의 또 다른 문제의식은 왜 그토록 유럽이든 아시아든 보편(초월)을 실체화해왔을까의 물음이라 생각됨. 즉 왜 실체적 보편이 성립 불가능함을 그토록 많은 이들이 깨달았음에도 보편을 항시 실체적으로 사유하고야 말까? 그것을 탈구축한 끝에도 새로운 모델에 대한 갈망이 남을까? 등의 물음이 데리다의 유사초월론의 문제의식이 아닐까"라는 질문을 제기하고 있다. 이 질문은 여러 측면에서 답변할 수 있는 질문인데, 두 가지 정도만 지적해두겠다. 첫째, 이 질문은 데리다의 유사초월론을 **보편과 특수의 관계**로 이해하는 것으로 보이며, 이는 (그가 의식하든 의식하지 못하든 간에) 데리다가 옹호하는 것이 일종의 문화적 상대주의라는 함의를 지니고 있다. 둘째, 이는 그가 데리다에게 보편의 문제는 (전통적인 '이데올로기 비판' 또는 '권력 비판'의 문제설정에 의거한) 일종의 가상이나 허구의 문제라고 사고하는 데서 생겨나는 결과로 보인다. 곧 **실제로는 특수한** 어떤 것이 권력이나 지배 또는 억압 같은 것에 입각하여 자신을 부당하게도 보편이라고 참칭하는 것의 허구성과 기만성을 폭로하는 것이 데리다의 유사초월론이라고 이해하는 것이다. 사실 보편의 허구성을 드러내는 것은 니체 이후 현대 유럽 철학, 특히 데리다를 포함한 프랑스 철학의 요소 중 하나이며, 데리다에게 이는 모든 공동체 또는 모든 동일성의 구성에서 역설적으로 **전제되어 있으면서 배제되어 있는** 이질적 타자('구성적 외부')의 계기를 드러내는 것으로 나타난다. 하지만 데리다가 문화상대주의와 다른 것은, 『그라마톨로지에 관하여』의 유명한 레비 스트로스 독해에서 잘 드러나듯이, 각각의 고유한 문화 또는 고유한 문화적 동일성/정체성 같은 것은 존재하지 않으며, 그러한 동일성/정체성 자체가 항상 이미 보편에 의해 매개되거나 보편의 기입을 전제한다고 본다는 점이다. 보편의 매개를 전제하지 않는 고유한 문화적 동일성/정체성은 존재하지 않는다. 더욱이 보편에 관한 데리다의 생각은 여기에서 멈추지 않는다. 너무 자주 오해되곤 하지만 데리다에게 보편은 그 자체로 나쁜 어떤 것, 피하거나 무너뜨려야 하는 어

3) 한국에서의 (탈)현대성 논의

이런 관점에 비춰보면, '압축적 근대성'(compressed modernity)이나 '환원 근대' 같은 개념들은 근(현)대성의 문제를 사고하기 위해 필요하기는 하지만 충분한 문제설정으로 받아들이기 어려워 보인다.[65] 이러한 개념들은 한편으로 한국의 근현대사가 지닌 굴절되고 왜곡된 측면들을 검토하고 비판할 수 있게 해주지만, 동시에 그 저변에는 서구적인 현대성을 보편적인 현대성의 본질로, 더 나아가 초월론적인 준거로

떤 것이 아니다. 가령 『법의 힘』에서 '보편'의 계기를 나타내는 법과 '독특성'(singularity)의 계기를 나타내는 정의는 서로 대립하는 것이 아니며, 전자는 나쁘고 후자는 좋은 것도 아니다. "절대적 타자성의 경험으로서 정의"는 법을 초과하고 또한 법을 정의롭게 만드는 것이지만, 동시에 정의라는 것이 "그 자체로 고립될 경우에는 항상 악이나 최악에 더 가까운 것이 되고" 말기 때문에, 양자의 관계는 "협상해야" 하는 관계다(자크 데리다, 『법의 힘』, 59~60쪽). 더 나아가 데리다는 역사적으로 규정된 메시아주의들로 환원될 수 없는 "메시아적 구조" 또는 메시아적인 것을 "약속의 보편적 구조 및 장래에 대한, 도래에 대한 기대의 보편적 구조, 그리고 이러한 도래에 대한 기대가 정의와 관련되어 있다는 사실"(자크 데리다, 『마르크스의 유령들』, 386쪽)이라고 규정한다. 따라서 데리다가 "보편적이고, 보편화하는 것, 그것이야말로 진정 혁명적인 요구"(「세계화, 평화, 범세계적인 정치」, 제롬 벤데 엮음, 이선희·주재형 옮김, 『가치의 장래』, 문학과지성사, 2008, 215쪽)라고 말하는 것은 자연스러운 귀결인데, 이때의 보편, 진정으로 혁명적인 보편은 "정의로서의 사건을 기대하면서 개방되어 있는" 환대, "자신의 보편성을 돌보며 감시하는" 환대의 보편성이다(데리다, 『마르크스의 유령들』, 324쪽). 따라서 유사초월론의 관점에서 이해하면 데리다에게 보편의 문제는 다수의 보편들 사이의 "협상"(negotiations)의 문제(하지만 각각의 보편들이 **보편**인 만큼, 그것들을 모두 포괄할 수 있는 "메타 보편"은 존재하지 않으며, 이로 인해 아포리아적일 수밖에 없는 문제)이며, 그 역에 해당하는 것은 차이들 사이의 번역 과정의 문제다. 참고로 데리다 논문·인터뷰 모음집의 영역본 제목이 바로 『협상』이다. Jacques Derrida, *Negotiations: Interventions and Interviews, 1971~2001*, ed. & trans., Elisabeth Rottenberg, Stanford University Press, 2001이다.

65 장경섭, 『가족·생애·정치경제: 압축적 근대성의 미시적 기초』, 창비, 2009; 「개발국가, 복지국가, 위험사회: 한국의 개발자유주의와 사회재생산 위기」, 『한국사회정책』, 18집 3호, 2011; 김덕영, 『환원근대』, 길, 2015.

간주하는 관점이 깔려 있기 때문이다. 장경섭이나 김덕영은 한국 현대사회가 지난 40~50여 년 동안 급격한 경제적 발전을 이룩하는 과정에서 그에 상응하는 사회적 합리화 내지 성찰적 근(현)대화(reflexive modernization)를 이룩하는 데 실패했으며, 이것이 복합적 위험사회의 성격을 띠게 만들거나 민주적 정권 교체(김대중, 노무현) 이후에도 여전히 국가와 재벌을 중심으로 하는 이중적 환원 근대에서 벗어나지 못하게 만드는 결과를 낳았다고 주장한다. 그런데 장경섭이 자신의 분석에서 동원하는 '위험사회', '성찰적 근(현)대화' 같은 개념들은 울리히 벡이나 앤서니 기든스 등이 1980년대 말 ~ 1990년대에 고안해낸 것들이며 그의 작업에서는 이 개념들에 대한 이론적·방법론적 검토나 비판은 존재하지 않는다. 또한 김덕영 역시 베버의 근대화 및 합리화 개념, 그리고 짐멜의 사회분화 및 개인화 개념을 현대성을 설명하는 보편적인 이론적 틀로 전제한 가운데 한국사회를 분석하고 있다. 따라서 이들의 분석이 한국사회의 현대화 과정을 분석하는 데 경험적 유용성을 지닐 수 있고 의미 있는 통찰을 제시해줄 수 있다고 해도 그것은 현대성 개념 자체를 개조하거나 탈구축해야 할 이론적·철학적 문제의식에는 미달하는 것이라고 말할 수 있다.[66]

---

66 장경섭의 압축적 근대성에 대한 비판적 고찰로는 홍찬숙, 「압축적 근대성 개념에 대한 비판적 고찰: 독일과 한국의 근대화에서 나타난 '비동시성의 동시성'에 대한 비교를 중심으로」, 이정덕 엮음, 『한국의 압축근대 생활세계: 압축근대성 개념과 압축적 경험』, 지식과 교양, 2017을 참조하고, 김덕영의 환원 근대론에 대한 비판적 고찰로는, 정태석, 「근대에 대한 환원주의적 비판?」, 『내일을 여는 역사』 56호, 2014년 가을호 및 환원 근대 개념을 비판적으로 수용하면서 마음의 사회학에 입각하여 '생존주의 근대성'(survivalist modernity)의 틀에서 한국 현대사를 분석적으로 고찰하는 김홍중, 「생존주의, 사회적 가치, 그리고 죽음의 문제」, 『사회사상과 문화』 20권 4호, 2017 참조.

더 나아가 식민지 근대성에 관한 토론에서도 서구적인 근(현)대성은 표준적이고 보편적인 근(현)대성이라는 생각이 견지되어 왔다. 가령 『한국의 식민지 근대성』의 편집자들은 민족주의 역사서술의 극복을 위한 발판으로 식민지 근(현)대성에 대한 새로운 인식을 촉구하면서도 여전히 "근대성은 기원과 속성상 본질적으로 역사적이고 서유럽적인 현상이다"[67]라고 말하고 있다. 이것은 한국의 근(현)대성을 새롭게 인식하는 데 기여할 수 있을지는 모르지만, 여전히 서구적 근(현)대성(그것도 19세기와 20세기 초의 어떤 근(현)대성)을 불변적인 초월론적 준거로 삼는 것은 아닌가? 마찬가지로 정태헌은 식민지 근대화론 및 식민지 근대성론에 대한 비판적 토론에서 식민지의 왜곡되고 불구적인 근대성을 비판하기 위해 원형 근대와 식민지 근대를 구별하고 있으며, 식민지 근대에서는 자본주의 제도 및 합리성이 도입되는 반면 국민국가 수립이 저지되고 본국인에 비하여 식민지인들이 구조적인 차별과 무시의 대상이 되며 식민지 자본가의 부패가 심화된다는 논거를 통해 식민지 근대의 왜곡된 측면들을 부각시키고 있다.[68] 그러면서도 그는 원형 근(현)대로서의 유럽적 근(현)대성이 항상 "종속적 하위체계로서 식민지적 근대를 기반으로 하고"[69] 있음을 상기시키면서 단순히 원형 근대를 회복하는 것이 문제가 아니라 "식민지 근대화의 지양은 세계사적으로 자본주의 체제의 전환을 촉구하고 근대의 원형 회복

---

67 신기욱·마이클 로빈슨, 『한국의 식민지 근대성』, 도면회 옮김, 삼인, 2006, 49쪽.
68 정태헌, 『한국의 식민지적 근대 성찰: 근대주의 비판과 평화공존의 역사학 모색』, 선인, 2007, 42쪽 이하.
69 같은 책, 52쪽.

차원을 넘어 근대의 지양으로 나아가"는 것임을 피력하고 있지만, 원형 근대와 식민지 근대의 비대칭적 이원 구도에서 이것이 어떻게 가능할 것인가는 막연한 상태로 머물러 있는 것으로 보인다.

　이러한 한계 내지 난점은 지난 20여 년간 국내 학계에서 논의된 '근대 극복'이라는 주제와도 연결되어 있다. 국내 학계에서는 탈식민주의 문제설정의 영향 아래 다양한 형태로 복수의 근대나 대안적 근대에 관한 문제제기가 이루어진 바 있다. 흥미로운 것은 외국 학계에서 다중근대(multiple modernities)의 문제설정이 주로 사회학자를 비롯한 사회과학자들에 의해 제기되었으며, 대륙별, 지역별, 국가별 비교 사회·문화 연구의 형태로 전개된 데 비해,[70] 우리나라에서는 주로 문학 연구자들에 의해 전유되어 왔다는 점이다. 이런 점에서 특히 두드러진 논의를 제출했던 필자들이 하정일과 백낙청인 것으로 보인다.[71] 더욱이 국내에서 복수의 근대나 대안적 근대는 대개 '근(현)대의 극복이라는 과제'와 병치되거나 그 이론적·개념적 수단으로서 제기된

---

70 이는 특히 1980년대부터 제기된 '복수의 근대성'의 주창자가 근대화론의 주요 이론가 중 한 사람인 아이젠슈타트였다는 사실에서 명백히 드러난다. S. N. Eisenstadt, "Multiple Modernities", *Daedalus*, vol.129, no.1, 2000 및 Gerhard Preyer & Michael Sussman eds., *Varieties of Multiple Modernities: New Research Design*, Brill Academic Publisher, 2015를 각각 참조. 이러한 의미의 복수의 근대성에 대한 비판적 고찰로는 특히 Volker H. Schmidt, "Multiple Modernities or Varieties of Modernity?", *Current Sociology*, vol.54, no.1, 2006을 참조.

71 백낙청, 『분단체제 변혁의 공부길』, 창작과비평사, 1994; 『흔들리는 분단체제』, 창작과비평사, 1998; 하정일, 『20세기 한국문학과 근대성의 변증법』, 소명, 2000; 『탈식민의 미학』, 소명, 2008; 『탈근대주의를 넘어: 탈식민의 미학 2』, 역락, 2012; 고명철, 「한국문학의 '복수의 근대성', 아시아적 타자의 새 발견」, 『비평문학』 38호, 2010; 최현식, 「복수의 근대를 향한 탈식민의 도정: 고(故) 하정일 교수의 '탈식민' 담론에 대하여」, 『민족문학사연구』 62권, 2016.

다는 점이 특징이다. 사실 근(현)대의 극복이라는 표현은 1980년대와 1990년대를 경계 짓는 이론적 정식 중 하나다. 곧 근(현)대의 극복이라는 것은 어떤 의미에서는 1980년대 진보 학계의 민중·민족담론을 포스트 담론이 과잉규정한 효과 또는 데리다식으로 말하자면 대체보충한 결과라고 할 수 있다. 1980년대까지 근(현)대 또는 근(현)대성이라는 것은 진정으로 완수하고 성취해야 할 과제였는데, 1990년대 이후 그것은 극복되어야 할 과제로 재규정되고 있기 때문이다.

이런 관점에서 보면 마르크스주의적 관점 또는 민중적인 관점에서 근대 극복 또는 현대 극복의 과제를 내세우는 논자들에게서 주목할 만한 양가성이 나타난다. 하정일의 저작은 이를 아주 뚜렷하게 보여준다.[72] 그는 기존의 민족주의론 및 마르크스주의 이론의 한계를 넘어설 수 있는 가능성을 보여준다는 점에서 '후기 식민론' 또는 탈식민주의론이 중요하지만, 그가 "탈근대론"이라고 부르는 대개의 탈식민주의론은 단수의 근대를 설정한다는 점에서 근본적인 한계가 있으며 '근대 극복'의 관점에서 탈식민주의론을 전개하기 위해서는 복수의 근대론이 필요하다고 주장한다. 하정일이 말하는 복수의 근대란 다음과 같은 것이다.

---

72 내가 보기에 백낙청의 '분단체제론'은 이론적이거나 사상적인 담론이라기보다는 일종의 운동적인 담론이라 할 수 있다. 백낙청 스스로 여러 차례에 걸쳐 사회과학자들에게 '분단모순' 내지 '분단체제'에 관한 더 정치한 이론적 분석의 과제를 제안하면서 자신의 논의를 화두나 문제제기라고 표현하는 것은 이런 사정을 반영하는 것으로 보인다. 백낙청의 분단체제론은 1990년대 이후 우리 진보운동계의 중요한 담론 중 하나라는 의미에서 그 자체로 검토의 대상이 될 만하지만, 이런 점을 감안하여 여기에서는 주로 하정일의 논의를 분석의 대상으로 삼겠다.

근대의 역사는 '순수한' 자본주의화의 과정이 아니었다. 이성'만'이 지배한 시대도 아니었고, 서구 중심주의가 공고했던 역사도 아니었다. 그렇게 보기에는 너무도 많은 예외들, 균열들, 변형들이 곳곳에 새겨져 있으며, 그 결과 실제의 근대는 부르주아, 유럽, 백인, 남성들이 기대했던 것과는 다른 모습——상반된 것은 아니지만——으로 전개되었다. 이렇게 된 것은 근본적으로 타자들의 저항, 즉 부르주아의 타자, 유럽의 타자, 백인의 타자, 남성의 타자, 식민지의 타자, '들'의 저항이 지속적으로 존재했기 때문이다. 이 타자들은 근대와 출발을 함께 했고 근대 속에서 자랐고 지금도 근대를 살고 있다는 점에서 근대의 자식들, 근대의 또 다른 주체들이다. 그런 점에서 근대란 다양한 근대들이 벌인 경쟁의 장이었다고 보아야 한다.[73]

이 문단에서 그는 에드워드 사이드나 호미 바바, 가야트리 스피박 등의 탈식민주의, 다문화주의, 혼종성(hybridity) 논의를 전유하여 자본주의의 전개과정으로서의 근대의 역사는 서구 중심적인 자본의 지배가 전일적으로 관철되었던 역사가 아니라 다양한 타자(들)의 저항이 전개되었된 장이며, 이런 의미에서 복수의 역사였다고 주장한다. 이런 복수의 근대라는 관점에서 보면 마르크스주의적 관점 내지 계급적 관점으로 근대를 이해하는 것 역시 일면적인 것이며, 근대를 단수로 이해하는 것이다. 따라서

---

73 하정일, 『탈식민의 미학』, 19~20쪽.

근대의 복수성과 관련해 무엇보다 중요한 것이 근대가 계급적으로, 민족(인종)적으로, 성적으로 분할되어 있다는 사실이다. 부르주아지에게 근대가 자본의 지배라면 프롤레타리아트에게 근대란 노동해방이며, 제국주의에게 근대가 식민지 지배라면 피식민지 민족에게 근대란 민족해방이다. 이처럼 근대는 다양한 방식으로 분할되고 얽히고 하면서 구성된 '관계들의 총체'라 할 수 있다. 단수의 근대는 이들 중의 한 코드만을 특권화시킨 논리이다.[74]

그런데 다른 한편으로 근대의 극복이라는 문제가 제기되면, 논의의 결이 다소 달라지는 것으로 보인다. 그는 「복수의 근대와 민족문학」이라는 글에서 에드워드 사이드나 호미 바바 등과 같이 그가 탈근대적인 또는 해체론적인 "후기식민" 담론의 이론가들로 간주하는 이들을 비판한다. 곧 사이드가 옹호하는 다문화주의는 "그것이 전 지구적 자본주의시대의 문화 세계화가 기본적으로 문화 '상품'의 세계화임을 간과하고 있다는 점 …'만물의 상품화'라는 자본주의의 작동원리를 경시한, 지나치게 낙관주의적인 구상이라는 혐의"[75]가 있다는 점에서 비판을 받으며, 또한 호미 바바와 관련된 '혼종성' 이론은 "자본주의적 세계체제의 역학관계에 대한 자의식이 부재"하다는 점에서, 또한 그것은 "언제나 중심부 자본주의의 헤게모니 아래에서만 가능한 일"[76]이라는 점에서 비판을 받는다. 요컨대 다문화주의나 혼종성 이론은 "양자

---

74 같은 책, 93쪽.
75 같은 책, 95쪽.
76 같은 책, 98쪽.

공히 문화에 국한된 '텍스트적 정치'이다.[77] 그들에게는 자본주의 근대성에 대한 인식이 없기 때문에 현실적인 실천의 방안이 궁색하기 그지없다. 아마드의 설명처럼, 식민성이든 신식민성이든 결국 자본주의 근대성의 문제로 귀결되기 때문이다. 따라서 자본주의적 세계체제의 극복이라는 전망이 결여된 한 탈식민은 난망한 일이 된다."[78] 그 대신 하정일은 월러스틴의 세계체계론을 "'복수의 근대'의 기본 정신의 부합하는" 이론이라고 상찬하는데, 이는 그가 "자본주의를 극복하려는 총체적 실천 속에서만 문화적 탈식민화도 가능하다고 보기 때문"[79]이다. 요컨대 근대의 극복이라는 화두가 문제되면, '자본주의를 극복하려는 총체적 실천'이 중심적 과제로 부각되며, 문제는 '자본주의 근대성의 문제로 귀결'되는 것으로 나타난다.

하지만 복수의 근대와 관련하여 "무엇보다 중요한 것이 근대가 계급적으로, 민족(인종)적으로, 성적으로 분할되어 있다는 사실"을 강조하는 것과, 이처럼 다른 문제들은 자본주의적 근대성의 문제로 귀결된다고 주장하는 것은 서로 쉽게 양립하기 어려운 주장이 아닌가? 그리고 실로 이는 20세기 후반의 마르크스주의자들을 늘 괴롭혀온 문제가 아니었는가?

---

77 이것은 혼종성 이론에 대한 너무 단편적인 비판이라고 볼 수 있다. 칸클리니의 혼종성 이론에 중심을 둔 좀더 균형 있고 정교한 논의로는 김용규, 『혼종문화론』, 소명, 2013 중 3부를 참조.

78 하정일, 『탈식민의 미학』, 98쪽.

79 같은 책, 99쪽.

4. (탈)현대 이후, 마르크스주의 이후

이러한 질문과 더불어 이제 우리 논의의 마지막 논점을 다룰 수 있게 되었다. 이론적인 측면에서 보면 하정일과 같은 근(현)대 극복론자들이 제출하는 논의는 알튀세르가 제시한 바 있는 '과잉결정'(surdétermination, overdetermination) 개념의 다른 표현이라고 볼 수 있다.[80] 알튀세르는 자본과 임노동 사이의 기본 모순만으로는 사회주의 혁명 또는 공산주의로의 이행의 문제가 설명될 수 없으며, 그러한 기본 모순을 과잉결정하는 다른 모순들, 곧 제국주의와 식민지 모순, 지배계급 내부의 모순, 봉건적 착취체제의 모순 등과 같은 여러 모순들을 고려할 경우에만 혁명과 이행을 올바르게 사고할 수 있으며, 왜 사회주의 혁명이 유럽에서 가장 후진적이었던 러시아에서 일어날 수 있었는지 이해할 수 있다는 것이다. 그러나 과잉결정 개념은 여전히 자본주의의 기본 모순이 역사의 동력이라는 생각을 전제하고 있으며, 더 나아가 (알튀세르 자신은 부인하지만) 최종 심급에서 경제의 결정이라는 것을 가정하고 있다.

그런데 알튀세르 자신은 그 이후 이데올로기 이론을 발전시키면서 과잉결정 이외에 '과소결정'(sousdétermination, underdetermination)이라는 개념을 새롭게 제시한다. 이 개념은 왜 여러 모순들이 결합되었는데도 혁명이나 이행이 일어나지 않는지 설명하기 위해 제시

---

80 루이 알튀세르, 『마르크스를 위하여』, 서관모 옮김, 후마니타스, 2017 참조.

된 것이다.[81] 그리고 사실 과소결정 개념이 제시되어야 이데올로기에 대한 도구적이거나 조작적 관점(대중을 조작하고 그들의 의식을 기만하기 위한 수단으로서의 이데올로기)만이 아니라 기능주의적 관점(자본주의 체계의 재생산 도구로서의 이데올로기)을 넘어 구성적 관점(계급들의 존재와 정체성을 구성하는 것으로서, 또는 젠더 정체성이나 민족, 인종, 국민 정체성을 구성하는 것으로서의 이데올로기)으로 나아갈 수 있다. 이런 측면에서 그의 제자인 에티엔 발리바르가 나중에 경제(또는 계급 관계)와 이데올로기(또는 상징적 관계)의 관계를 토대와 상부구조의 관계가 아니라 "이중의 토대"로 제시한 이유를 이해할 수 있다. 또는 에르네스토 라클라우와 샹탈 무페처럼 여기에서 한 걸음 더 나아가 계급적 모순 내지 경제적 적대를 최종 심급의 위치에 놓인 것으로 간주하지 않고, 정치적 적대, 인종적 적대, 성적 적대, 생태론적 적대 등과 같은 다양한 적대들과 등가적 관계에 있는 것으로 간주함으로써 포스트마르크스주의적인 문제설정으로 나아간 이들도 존재한다.[82]

이러한 이론들을 비롯한 20세기 후반 마르크스주의의 역사를 서술하는 것 또는 그 중 어떤 특정한 이론적 입장을 지지하는 것이 나의 목표는 아니다. 내가 강조하고 싶은 점은 이러한 시도들은 모두 이른바 '정통' 마르크스주의 또는 교조적 마르크스주의의 이론적 핵심인 **최종 심급에서 경제의 결정**(곧 마르크스주의에서 초월론적인 것에 해당하

---

81 알튀세르의 과잉결정 및 과소결정 개념에 대한 더 자세한 논의는, 진태원, 「루이 알튀세르와 68: 혁명의 과소결정?」, 『서강인문논총』 52호, 서강대학교 인문과학연구소, 2018 중 3장 4절 참조.

82 에르네스토 라클라우·샹탈 무페, 『헤게모니와 사회주의 전략: 급진민주주의 정치를 향하여』, 이승원 옮김, 후마니타스, 2012.

는 것)이라는 문제를 각자 해결하기 위한 시도들이라는 점이다. '최종 심급에서 경제의 결정'이라는 것은 간단해 보이지만, 쉽게 벗어나기 어려운 문제다. 왜냐하면 이는 현대세계를 분석하기 위한 이론적 틀을 규정하는 데서나 사회주의(또는 공산주의)로의 이행전략을 설정하는 데서 결정적인 역할을 할 뿐만 아니라, 더 나아가 자본주의 사회에 대한 대안사회를 규정하는 데서도 핵심적인 논거로 작용하기 때문이다. 따라서 누군가가 근대 극복의 문제를 "자본주의를 극복하려는 총체적 실천"의 문제로 제시하거나 "자본주의 근대성의 문제로 귀결"되는 것으로 간주하면, 이는 원하든 원치 않든 최종 심급에서 경제의 결정이라는 관점을 수용하는 것이 된다. 더욱이 이러한 관점을 수용하면 대안사회의 기본 틀도 '전통' 마르크스주의(정통 마르크스주의만이 아니라 이단적 또는 비판적 마르크스주의를 모두 포함한다는 뜻에서)와 달리 사고하기가 쉽지 않게 된다. 하정일은 자신의 저작에서 "사회주의"나 "공산주의"를 말하는 대신 "비자본주의"라는 용어를 여러 차례에 걸쳐 사용한다. 가령 "'복수의 근대'란 비(非)자본주의적 근대 기획들의 총칭(總稱)"[83] 같은 표현이나 "주체적 근대와 비자본주의적 근대의 동시적 성취"[84] 같은 표현이 그것인데, 문제는 이러한 비자본주의를 전통 마르크스주의에서 말하는 사회주의나 공산주의와 다른 식으로 규정할 수 있는 가능성은 희박하다는 점이다. 그리고 이렇게 되면 복수의 근대를 말하면서 근대란 "계급적으로, 민족(인종)적으로, 성적으로

---

83 하정일, 『20세기 한국문학과 근대성의 변증법』, 63쪽.
84 하정일, 『탈식민의 미학』, 112쪽.

분할"된 "관계들의 총체"라고 말하지만, 계급적 모순과 다른 민족(인종)적 모순은 어떻게 해결할 수 있는지, 또는 성적 차이 내지 젠더 적대의 문제과 비자본주의 문제와 어떤 관계에 있는지, 더 나아가 월터 미뇰로(Walter D. Mignolo) 등이 제기한 바 있는 현대성(또는 그들의 용어법을 빌리면 "현대적/식민적 세계체계")에 구성적인 '식민적 차이'[85]와의 관계는 무엇인지 사고하기란 매우 어렵게 된다.

그리고 사실 오늘날 한국에서 스스로 마르크스주의자로 자처하는 대다수의 연구자들 역시 이러한 양가성에 동일하게 노출되어 있는 것으로 보인다. 적·녹·보 연합을 말하고 다양한 적대들 사이의 '절합'(articulation)을 말하지만, 그 중심에는 항상 자본과 임노동 사이의 모순 또는 계급적대가 존재하며, 다른 적대나 모순 또는 갈등은 부차적인 것으로 간주되는 것이다. 이런 의미에서 하정일을 비롯한 복수의 근(현)대론자들이나 마르크스주의 연구자들은 그들이 원하든 원치 않든 간에 알튀세르의 과잉결정론의 틀 안에서 맴돌고 있는 셈이다. 이는 그만큼 신자유주의적 세계화가 산출하는 불평등 및 상품화의 문제가 심각하다는 것을 입증하지만, 이론적으로 본다면 최종심급에서의 결정에서 벗어나는 것, 다수의 적대들 간의 관계를 사고하는 것이 그만큼 쉽지 않은 문제임을 방증하는 것이기도 하다. 하지만 이 문제에 대한 적절한 해법이 제시되지 않는다면, 진정한 의미에서 마르크스주의 이후의 시간은 도래하지 않을 것이다.

간단히 결론을 내리자면, 우리 시대의 특징 중 하나는 지난 200여

---

85 월터 미뇰로, 『로컬 히스토리/글로벌 디자인』, 이성훈 옮김, 에코리브르, 2013 참조.

년 동안 세계를 지배해왔던 서구적 보편성이 쇠퇴하고 있다는 점이다. 그것은 이제 초월론적 준거로서의 지위를 상실해가고 있다. 하지만 그것이 물러난 보편의 자리를 무엇이 차지할 수 있을지, 아니면 그러한 보편의 자리는 이제 어떤 특정한 문명이나 지역이 차지할 수 없는 그러한 자리인지, 또는 그러한 자리 자체가 이제는 더 이상 존재하지 않게 될 것인지는 분명치 않다. 이 때문에 서론에서 언급했다시피 인터레그넘이나 혼란, 혼동 같은 진단이 나오는 것이다. 동아시아의 한 귀퉁이에 살고 있는 우리에게 이러한 보편의 문제는 미국과 경쟁하는 두 번째 패권국가로 부상한 중국이 주도하는 동아시아의 새로운 질서의 문제와 겹쳐 제기된다. 중국 또는 그것이 주도하는 새로운 동아시아 질서는 서구적 보편성과 경쟁하고 그것을 대체할 만한 새로운 보편성을 제시할 수 있을까? 그것은 현대 자본주의에 대한 대안이 될 수 있을까?

아마도 이것이 많은 사람들이 때로는 기대하기도 하고 때로는 의문을 갖고 지켜보기도 하는 물음일 것이다. 나는 이러한 물음에 답변할 만한 능력이 없다.[86] 다만 마지막으로 차크라바르티가 2010년 중국

---

86 이와 관련하여 심사위원 B는 "현대성과 자본주의(또는 '자본주의 이후')라는 주제"에 관한 나의 의견이 조금 더 분명히 제시되었으면 좋겠다는 견해를 제시한 바 있다. 간단하게 언급하자면, 탈구축 또는 유사초월론의 관점에서 현대성과 자본주의 또는 비자본주의의 문제를 다루기 위해서는, 앞에서 '현대성의 역사(들)'이라는 문제를 제기한 것과 마찬가지로, '자본주의의 역사(들)'(그리고 더 나아가 자본주의라는 개념의 역사(들)) 및 그것과 결부된 '(비)자본주의의 역사(들)'이라는 문제를 일차적으로 제기해야 한다. 알튀세르와 월러스틴(및 그밖의 다른 이론가들)은 상이한 이론적 관점과 지적 기반을 지니고 있지만, 내 생각에 두 사람의 중요한 공통의 기여 중 하나는 강한 의미에서 **자본주의(및 그 개념들)의 역사(들)**을 분석하고 이해할 수 있는 관점을 제시해주었다는 점에서 찾을 수 있다. 알튀세르가 구상했던 '구조인과성' 및 '복수의 시간성'(특히 『『자본』을 읽자』)에 관

에서 제기한 한 가지 질문을 여기서 소개해보고 싶다. 그는 21세기에 접어들어 세계의 초강대국으로 부상하기 시작한 중국과 인도를 보면서 자랑스러워하고 또한 앞으로 미국보다 더 강력한 국가가 되어 세계를 주도하기를 바라는 그의 중국 및 인도 친구들에게 다음과 같은 질문을 제기한다.

그런데 당신들이 진정 세계를 실제로 지배하게 될 때, 당신들은 당신들의 지배의 희생자들이 당신들의 지배를 비판할 수 있도록 어떤 비판의 관점들(terms of ciriticism)을 제시해줄 수 있습니까? 다시 말하면 당신들은 당신들의 전통 내부로부터 다른 사람들이 당신들을 비판

한 논의와 월러스틴의 역사적 자본주의 및 자본주의 세계체계론 덕분에 우리는 자본주의의 불균등발전만이 아니라 자본주의의 역사(들)까지도 사고할 수 있게 되었다. 그런데 이들 덕분에 우리가 전통 마르크스주의의 목적론이나 진화주의에서 벗어날 수 있게 되었다는 사실의 이론적·정치적 결과 중 하나는 자본주의에 대한 대안들 역시 근본적으로 불확실해졌다는 점이지만, 여기에 대해서는 사람들이 잘 주목하지 않는 것으로 보인다. 이에 따라 상당수의 마르크스주의자들은 오늘날에도 여전히, 자본주의에 대한 대안 내지 비자본주의가 예전의 사회주의나 공산주의는 아닐지 몰라도, 어쨌든 무언가 진보적인 대안이 될 것이라고 막연히 기대하는 것으로 보인다. 하지만 지난 2007년 금융위기 이후 더 뚜렷해지고 있는 점 중 하나는 자본주의에 대한 대안 내지 비자본주의가 반드시 진보적인 어떤 것이 아니며, 오히려 지배계급의 관점에서 출현하고 구성되는 어떤 것, 따라서 어떤 의미에서는 현존 자본주의보다 더 나쁜 어떤 것이 될 가능성이 높다는 점이다. 예전에 월러스틴은 봉건제에서 자본주의로의 이행에 관한 마르크스주의적 신화(곧 신흥 부르주아 계급이 프롤레타리아 계급을 동원하여 봉건 귀족 계급을 제압하고 새로운 지배계급이 되어 자본주의 사회를 구성했다는 신화)를 비판하면서 자본주의는 사실 봉건제의 위기를 돌파하기 위한 당시 지배계급의 대안이었다는 견해를 제시한 바 있는데, 오늘날 우리의 눈앞에서 전개되는 역사적 상황도 어쩌면 그와 매우 비슷한 것일지도 모른다. 내가 서두에서 우리 시대의 불확실성은 객관적이면서 주관적인 불확실성이라고 말하면서 염두에 두었던 것 중 하나가 이것이다. 따라서 오늘날 문제가 되는 것은 단순히 자본주의에 대한 대안이 아니라, 대안에 대한 대안이라고 할 수 있다.

하기 위해 사용할 수 있도록 어떤 자원들을 생산해낼 수 있습니까?[87]

내 생각에 이는 데리다가 말하는 유사초월론적 보편 또는 탈구축적 보편에 관한 생각과 일맥상통하는 것이며, 더 나아가 발리바르가 말하는 시민다움 또는 시민문명성(civilité, civility)의 정치와도 맥을 같이 하는 것이다.[88] 지금까지 유럽 또는 서구가 현대성을 지배해왔다면 그것은 단순히 경제적 힘, 군사적 위력, 또는 과학기술적 합리성 때문만은 아니다. 그것은 서구가 자신들의 정체성 및 이해관계를 넘어서는 보편성을 구성할 수 있었기 때문인데, 그러한 보편성은 바로 자기비판의 능력, 또는 데리다식으로 말하면 탈구축의 역량으로 측정된다. 그렇다면 강력한 문명이 아니라 또는 그것에 더하여 힘을 덜어내는(프랑

---

87 Dipesh Chakrabarty, "From Civilization to Globalization: the 'West' as a Shifting Signifier in Indian Modernity", *Inter-Asia Cultural Studies*, vol.13, no.1, 2012, p.140.

88 발리바르, 『폭력과 시민다움』. 실로 차크라바르티 역시 이를 (발리바르를 언급하지는 않지만) civility의 견지에서 해명한다.

89 여기에서 심사위원 B의 또 다른 질문에 대해 간략하게 언급해두겠다. 그는 데리다와 발리바르, 차크라바르티가 각자 제시하는 보편에 관한 생각의 동일성과 차이가 무엇인지 질문하면서, 다른 한편으로 이렇게 묻고 있다. "유럽적(서구적) 보편성 자체가 탈구축적 보편성이라면(22쪽), 어떤 탈구축적 보편성은 왜 쇠퇴하고 어떤 탈구축적 보편성은 어떻게 도래하는가 하는 의문이 남는다. 탈구축적 보편성 자체가 단수가 아니라 복수라면, 탈구축적 보편성들 간의 갈등을 상정해야 하고 그 가운데 어떤 것이 탈구축적 보편성의 보편성(의 보편성…)으로서 메타–보편성이 되는가 하는 질문이 남는 것인데, 하지만 이렇게 사고하면 사실상 최종심급론의 틀을 다시 반복하게 되는 딜레마가 있다. 복수의 탈구축적 보편성이 있는 것인가, 그렇다면 탈구축적 보편성들 간의 갈등을 어떻게 풀어나갈 수 있는가, 탈구축적 역량은 어떻게 강화될 수 있는가." 이 질문에 대해 간단히 답변하자면, 우선 "유럽적(서구적) 보편성 자체가 탈구축적 보편성"은 아니라고 답변하겠다. 서구적 보편성을 **보편적인 것**으로 만든 것이 '탈구축의 역량'이었으며, 따라서 이러한 탈구축의 역량이 보편성 여부를 측정하는 일종의 척도 역할을 할 수 있다면, 역으로 이러한 탈구축의 역량을 무력화하고 봉쇄하는 동일성/정체성 중심적인(identitarian) 경향이

스어로 한다면, im-puissant, 영어로 한다면 de-powering) 문명, 따라서 보편을 독점하지 않는 문명(들)을 탈구축하는 것이 아마도 (탈)근대성 이후, 마르크스주의 이후의 방향일 것이다.[89]

서구적 보편성의 이를테면 '제국주의적' 측면을 이루는 것이다. 따라서 탈구축적 보편성은 당연히 다수일 수밖에 없다. 또는 다수의 동일성들/정체성들 내부에서 탈구축적 보편의 작용이 이루어지고 있으며, 그것들은 서로 번역을 요구하는 것들이다. 그러한 탈구축적 보편성들 사이의 관계가 메타-보편성의 구성을 지향하지는 않는다. 그것은 탈구축적 보편성에 대한 정의 및 논리와 어긋나는 것이다. 심사위원 B가 이러한 질문들을 제기하는 이유는, 아마도 그가 암묵적으로 보편을 공동체 또는 집합적인 실재로 간주하고, 또 보편의 문제를 그 외연적 측면에서만 이해하기 때문일 것이다. 그러나 보편의 문제는 공동체 내지 집합체의 측면에서만 제기되는 문제는 아니다. 가령 개인은 오늘날 보편의 문제가 집약되어 있는 장소 중 하나다. 동물적인 것과 기계적인 것 사이의 경계, 젠더적인 경계, 정상과 비정상의 경계, 국민과 비국민의 경계 같은 갈등하는 보편들 사이의 쟁론의 장소가 바로 인간적인 것, 인간이라는 것의 구현으로서 개인 바로 그것이기 때문이다. 데리다, 발리바르, 차크라바르티의 탈구축적 보편 이론을 비교하는 문제는, 한국의 연구자들, 특히 한국학 연구자들과의 대화를 염두에 두고 쓴 이 글의 사변적인 수준에서는 제대로 답변할 수 없는 문제다. 그 답변은 다른 글을 기약해야 할 것이다.

10장

착취, 배제, 리프리젠테이션
: 마르크스주의의 탈구축

1. 머리말

2016년 촛불집회 이후 지난 2년 동안 국내외의 변화의 흐름이 너무 급격하고 숨 가쁘게 전개되고 있어서 우리가 곧잘 망각하게 되지만, 시계를 3~4년 정도 되돌려보면 당시 많은 사람들에게 한국의 정세가 얼마나 비관적이었는지 금방 깨닫게 된다. 2014년 봄 세월호 참사로 인해 수많은 사람들이 슬픔과 고통을 겪었고 박근혜 정권의 무책임과 무능력을 비판했지만, 곧이어 벌어진 지방선거와 국회의원 재·보선에서 야당이 참패했으며, 당시 집권여당인 새누리당은 거칠 것 없이 승승장구했다. 이에 따라 한 정치학자는 앞으로 자유주의 정치세력의 재집권은 사실상 불가능할 것이라는 비관적 전망을 내놓기도 했다.[1] 이

---

1 이광일, 「자유주의 정치세력의 재집권은 가능한가?」, 『황해문화』 85호, 2014년 겨울호 참조.

것은 비단 이 정치학자만이 아니라 거의 대부분의 진보 정치학자 및 언론의 견해이기도 했다. 실제로 2016년 4·13 총선을 앞두고 새누리당 압승을 예견하는 이들이 대부분이었다.

이러한 비관적 전망은, IMF 외환위기 이후 본격화된 한국사회의 신자유주의적인 재편과 관련해볼 때 더욱 뼈저린 것이었다. 왜냐하면 신자유주의적 세계화는 전 세계적인 범위에서 부의 집중과 불평등의 확대, 사회적 안전망의 해체와 비정규직의 확산에 따른 사회적 불안정과 개개인들의 삶의 고통의 심화, 거버넌스 체제의 확산과 그에 대한 반동으로서 포퓰리즘의 부상 같은 현상들을 수반했으며, 따라서 빈곤과 삶의 불안정, 정치적 대표성의 결여에 따른 불만의 증가와 같은 객관적인 사회적 변화의 여건이 축적되었음에도, 좌파 및 진보진영에서 기대하는 대중들의 결집된 정치적 행위가 일어나지 않았기 때문이다. 변혁의 객관적 조건은 존재하는데 주체적 조건은 부재하거나 매우 미약하게 표출되는 이러한 현상이, 길게 보면 지난 20여 년 동안, 짧게 보면 지난 10여 년간의 사회적 흐름이라고 할 수 있다.

이론적으로 본다면 지난 2008년 미국의 서브프라임 사태로 촉발된 금융위기 이후 세계 진보학계의 주목할 만한 움직임은 마르크스주의를 복권하려는 흐름이었다. 올해(2018년)가 마르크스 탄생 200주년이 되는 해이지만, 이미 2009년부터 슬라보예 지젝, 알랭 바디우를 중심으로 한 급진 이론가들이 '공산주의의 이념'the idea of communism이라는 주제로 연속 학술대회를 개최한 바 있으며, 『자본』을 비롯한 마르크스의 주요 저작들에 대한 새로운 번역 및 해설, 연구서들도 활발하게 출간되어왔다.[2] 이러한 학술적 운동이 아직 마르크스 및 마르크스주의에 대한 주목할 만한 새로운 재해석으로 이어지지 않고 있지만, 다양한 학문 분야에서 마르크스(주의)를 다시 논의하려는 움직임은 뚜렷하게 나타나고 있다. 하지만 사람들이 다시 마르크스를 읽고 토론하게 되었다는 것과 마르크스(주의)가 오늘날에도 여전히 의미 있는 이론적·정치적 전망을 제시해주느냐 하는 것은 다소 다른 문제라고 할 수 있다. 곧 마르크스(주의)에 대한 새로운 관심과 토론은 현실적인 변혁운동과 거리를 둔 채 다소 아카데믹한 학문적 논의에 그칠 수 있으며, 실제 그럴 가능성이 높다고 볼 수 있다.

그런데 이는 마르크스주의에게는 매우 기묘한 정황이라고 할 수 있다. 왜냐하면 마르크스주의는 지난 20세기 내내 해방의 이론과 운동의 대명사처럼 작용했기 때문이다. 마르크스주의자를 자처하는 경우는 물론이거니와 스스로 마르크스주의자로 간주하지 않는 사람들에게도 마르크스주의는 특히 자본주의 사회를 변혁하려는 이론과 운동을 대표하는 명칭이었다. 따라서 변혁운동과 연결되지 않은 마르크스주의는 이론 그 자체 내에서 이미 생명력을 상실한 것이다. 오늘날 마르크스주의가 이러한 상황에 놓이게 된 것은 알다시피 지난 1989년 베를린장벽의 붕괴를 신호탄으로 하여 전개된 동유럽 사회주의체제

---

2 최근 국내에 번역된 미하엘 하인리히, 『새로운 자본 읽기』, 김강기명 옮김, 쿠리에, 2016이나 데이비드 하비, 『데이비드 하비의 맑스 『자본』 강의』, 강신준 옮김, 창비, 2011; 『데이비드 하비의 맑스 『자본』 강의 2』, 강신준 옮김, 창비, 2016 참조. 또한 자본주의와 가부장제의 문제를 다루는 마리아 미즈, 『가부장제와 자본주의: 여성, 자연, 식민지와 세계적 규모의 자본축적』, 최재인 옮김, 갈무리, 2014 및 실비아 페데리치, 『캘리번과 마녀: 여성, 신체 그리고 시초축적』, 황성원·김민철 옮김, 갈무리, 2011; 『혁명의 영점: 가사노동, 재생산, 여성주의 투쟁』, 황성원 옮김, 갈무리, 2018(2판); 이은숙, 『페미니즘 자본축적론』, 액티비즘, 2017 등을 각각 참조.

의 해체의 효과라고 할 수 있다. 이러한 해체는 마르크스주의의 물질적 근거를 소멸시켰을 뿐만 아니라, 그 이론적 타당성 및 규범적 적합성에 치명적인 타격을 안겨주었던 것이다.

그렇다면 앞으로 마르크스(주의)가 다시 한 번 변혁운동에 기여할 수 있는 이론적·정치적 효력을 발휘할 수 있을까? 이러한 질문에 대한 답변은 조건적일 수밖에 없는데, 지금까지의 상황을 고려하면 전망이 썩 밝아 보이지는 않는다. 그것은 마르크스(주의)의 이론적 효력이 오늘날 완전히 소실되어 버렸다거나 마르크스가 또 그 이후에는 다른 마르크스주의자들이 제기했던 여러 가지 쟁점들 내지 문제들(가령 가치, 잉여가치, 착취, 계급투쟁, 소외, 프롤레타리아 독재, 공산주의 등)이 더 이상 의미 있는 문제들로 존재하지 않기 때문은 아니다. 오히려 그것은 '현존 사회주의' 체제의 실패를 통해서 뚜렷이 드러난 마르크스주의의 이론적·현실적 한계에도 불구하고, 마르크스주의자들 자신은 이러한 실패 내지 한계들에 대해 성찰하기보다는 마르크스주의에 대한 여러 가지 신화들에 여전히 사로잡혀 있는 것으로 보이기 때문이다.

이러한 관점에서 나는 이 글에서 마르크스(주의)가 의미 있는 이론적·정치적 힘으로 작용하는 것을 가로막는 네 가지 신화를 해체하면서 이러한 해체 이후에 마르크스주의의 재구축을 위해 제기해야 할 세 가지 쟁점을 살펴보려고 한다.

2. 마르크스주의의 네 가지 신화

1) 중심의 신화

우선 마르크스주의는 일종의 '중심의 신화'에 깊이 사로잡혀 있다. 중심의 신화란, 마르크스주의가 변혁 내지 사회운동의 중심에 존재하며, 또 마땅히 중심으로 자리 잡아야 한다는 생각이다. 20세기 후반 (포스트) 마르크스주의의 흐름은 이러한 중심의 신화를 해체하는 방향으로 전개되어 왔다. 1965년 출간된 『마르크스를 위하여』와 『『자본』을 읽자』에서 루이 알튀세르는 저 유명한 '과잉결정'(surdétermination) 개념을 통해 "최종심급의 고독한 순간은 도래하지 않는다"고 선언하면서 자본과 임노동 사이의 모순은 항상 이미 다른 모순들에 의해 과잉결정되어 있다고 주장한 바 있다.[3] 또한 에르네스토 라클라우와 샹탈 무페의 『헤게모니와 사회주의 전략』(1985)은 여기에서 한 걸음 더 나아가 자본과 임노동 사이의 모순은 여러 가지 적대들(가령 성적 적대, 인종 간 적대, 환경 문제를 둘러싼 적대 등) 중 하나일 뿐이며, 모든 사회적 적대들은 등가적이라고 말한 바 있다.[4] 아울러 마르크스주의에 대한 비판이라는 맥락에서 보면, 장-프랑수아 리오타르는 '근대의 거대

---

3 Louis Althusser, *Pour Marx*, [알튀세르, 『마르크스를 위하여』]; Louis Althusser et al., *Lire le Capital*, Paris: PUF, 1996(초판 1965).

4 에르네스토 라클라우·샹탈 무페, 『헤게모니와 사회주의 전략』. 라클라우·무페의 포스트마르크스주의의 강점 및 난점에 관한 좋은 (하지만 이론의 여지가 있는) 논의는 서영표, 「라클라우가 '말한 것'과 '말할 수 없는 것': 포스트마르크스주의의 유물론적 해석」, 『마르크스주의 연구』 13권 1호, 2016 참조.

서사들'에 대한 해체의 맥락에서 이러한 신화를 날카롭게 고발한 바 있다.[5] 따라서 계급적 모순은 다른 모든 사회적 모순을 (최종적으로) 결정하는 모순이 아닐뿐더러, 마르크스주의 역시 더 이상 다른 모든 사회적 모순들을 해명할 수 있는 이론적 중심이 아니라는 점이 여러 가지 방식으로 선언되고 또 경험적으로 입증된 바 있다. 하지만 현존하는 노동운동이나 그 활동가들 및 주변의 마르크스주의자들(특히 경제학자들과 사회학자들)은 여전히 이러한 중심의 신화에 사로잡혀 있는 것으로 보인다.

미국의 금융위기나 유럽의 재정위기 이후 다시 이러한 중심의 신화, 곧 계급 모순의 해결이야말로 다른 모순들을 해결하기 위한 가장 근본적이고 중요한 모순이라는 신화가 소생하고 있지만, 그것은 말 그대로 신화에 머물러 있을 뿐이다. 이를 가장 잘 보여주는 것 중 하나가 금융위기나 재정위기를 맞아 세계 어디에서도 이 위기를 타파하기 위한 대대적인 노동자운동(총파업을 비롯한)이 전개된 적이 없다는 사실이다. 오히려 구조조정이나 합병, 비정규직의 확산 등으로 인해 노동조합의 힘은 더 약화되고, 노동자계급 중 상당수는 이민자에 대한 적대감 속에서 극우 정당의 지지자로 돌아섰다는 사실은 이미 여러 경험적 연구들이 입증한 바 있다.[6] 이 때문에 노동자운동이나 마르크스주

---

5 리오타르, 『포스트모던적 조건』; 『쟁론』을 각각 참조. 이는 물론 리오타르를 비롯한 이들의 주장을 모두 수용한다는 뜻은 아니다.

6 이는 포퓰리즘이 유럽과 남아메리카만이 아니라, 북미 대륙과 아시아 등까지 널리 확산되는 데서 잘 나타난다. 포퓰리즘의 범세계적 확산의 문제에 관해서는 진태원 엮음, 『포퓰리즘과 민주주의』, 소명, 2017; 존 B. 주디스, 『포퓰리즘의 세계화』, 오공훈 옮김, 메디치미디어, 2018을 각각 참조.

의가 사회적 운동들의 중심에서 그 운동들을 이끌어간다는 것은 말 그대로 환상에 불과하며, 그것은 오히려 다른 사회적 운동들과의 연대나 협력을 더욱 어렵게 할 뿐이다.

따라서 노동자운동과 마르크스주의가 실천적·이론적 중심에 존재한다는 신화를 해체하는 일이야말로 오늘날의 세계에서 마르크스주의가 무언가 의미 있는 기여를 하기 위한 중요한 전제가 된다.

2) 대문자 주체의 신화

이러한 중심의 신화는 대문자 주체의 신화와 긴밀하게 연결되어 있다. 대문자 주체의 신화란 프롤레타리아트 내지 노동자계급이 사회변혁의 주체이며 역사의 주체라는 신화를 말한다. 루카치의 『역사와 계급의식』(1923)에서 가장 탁월하게 사변적으로 표현된 이러한 신화는 중심의 신화를 뒷받침하는 철학적 지주의 역할을 하고 있다.[7] 하지만 이것 역시 신화에 불과하다. 프롤레타리아트 내지 노동자계급은 단일한 주체가 아닐뿐더러, 변혁의 보편적 행위자도 아니기 때문이다. 전자처럼 노동자계급을 단일한 주체로 이해하는 것은 노동자계급 내에 존재

---

7 루카치, 『역사와 계급의식』. 주지하다시피 루카치에게 프롤레타리아트는 역사의 객체이면서 동시에 주체라는, 관념론적일뿐더러 종말론적인 역사철학의 관점에서 개념화되고 있으며, 마르크스의 소외 및 물신숭배 개념을 새롭게 개념화한 사물화(Verdinglichung) 개념에 근거하여 '귀속된 계급의식'을 갖춘 (준)선험적 주체로 제시되고 있다. 『역사와 계급의식』은 오늘날까지도 여전히 이론적 잠재력을 지니고 있는데, 이 저작에서 무언가 가치 있는 것을 발굴하기 위해서는 사물화에 대한 논의를 그 관념론적이고 종말론적 관점과 분리시키는 것이 필수적이다.

하는 다양한 분화와 갈등(정규직과 비정규직, 내국인노동자와 이주노동자, 젠더 관계 등)을 고려하지 않거나 그것을 실체의 본질에 영향을 미치지 않는 부수적인 우연적 속성으로 간주하는 관점이다(이는 아주 오래된 아리스토텔레스주의 실체론과 다르지 않다). 또한 후자처럼 보편적 행위자로 간주하는 것은 노동자계급이 부르주아 계급 및 다른 집단들과 더불어 국민주의/민족주의(nationalism), 그리고 인종주의 이데올로기 및 실천에 사로잡혀 있으며, 또한 가부장제의 이데올로기 및 실천에도 포획되어 있다는 점을 간과하고 있다. 더욱이 국민주의/민족주의와 인종주의, 그리고 가부장주의는 단순히 허위의식이나 가상으로서의 이데올로기가 아니라, 고유한 물질적 구조 및 제도에 뿌리를 둔 독자적인 갈등 내지 적대이며, 따라서 계급 적대로 환원될 수 없는 것이다.

노동자계급에 대한 신화의 배경에는 마르크스와 엥겔스가 『공산주의당 선언』에서 노동자계급은 잃을 것도 없고 따라서 환상도 없다고 선언했던 것이 깔려 있다.[8] 이는 자본주의 사회에서 노동자계급은 착취와 수탈의 대상일뿐더러, 그 자신 아무런 생산수단을 보유하지 못하고 있기 때문에, 곧 아무것도 잃을 것이 없기 때문에 환상을 갖고 있지 않다는 뜻이다. 이처럼 아무런 소유도 갖고 있지 않고 아무런 환상도 갖고 있지 않기 때문에, 프롤레타리아트는 자본주의적인 착취 및

---

8 "프롤레타리아들에게는 지켜야 할 자신의 것이라고는 없다. 그들의 지금까지의 모든 사적 안녕과 사적 보장을 파괴해야만 한다." 또한 "노동자들은 조국이 없다. 그들에게 없는 것을 그들로부터 빼앗을 수는 없다." 칼 마르크스·프리드리히 엥겔스, 「공산주의당 선언」, 『칼 맑스·프리드리히 엥겔스 저작 선집 1권』, 박종철출판사, 1991, p.411, p.418.

그것을 정당화하는 이데올로기(와 물신숭배)에 맞서 가장 철저하게 투쟁할 수 있는 계급이라는 것이 대문자 주체의 신화의 핵심이다.

하지만 이미 마르크스 자신이 1848년 혁명의 실패 이후 프롤레타리아트에 대한 이러한 신화가 그릇된 것임을 자각했으며, 이는 그가 이후 죽을 때까지 정치경제학 비판 연구에 몰두하는 계기가 되었다. 또한 마르크스는 『철학의 빈곤』(1847)이나 『루이 보나파르트의 브뤼메르 18일』(1852) 같은 저작에서는 혁명적 노동자계급과 구별되는 '룸펜 프롤레타리아'라는 범주를 도입했고,[9] '즉자계급'과 '대자계급'의 구별을 도입하기도 했다.[10] 더욱이 20세기의 역사는 노동자들이 자본주의 사회의 변혁보다는 자본주의 사회 내에서 안정된 삶을 유지할 수 있는 길을 더 선호했음을 보여주며, 이것이 제2인터내셔널과 제3인터내셔널의 역사적 분열, 또는 공산당과 사회민주당의 분열의 배경이었음은 잘 알려져 있다.[11] 그리고 이러한 분열의 또 다른 배경에 바로

---

9 이 개념은 이미 「공산주의당 선언」에서도 나타난다. 「루이 보나파르트의 브뤼메르 18일」에서 이 개념은 "부랑자, 제대 군인, 전과자, 탈출한 갈레선 노예들, 사기꾼, 노점상, 유랑거지, 소매치기, 요술쟁이, 노름꾼, 뚜쟁이, 포주, 짐꾼… 요컨대 뿔뿔이 흩어져 떠다니는 불확실한 대중"을 지칭하는 것으로 사용되며, 루이 보나파르트는 "룸펜 프롤레타리아트의 수장" 또는 "룸펜 프롤레타리아트의 대표자"로 지칭된다. 칼 마르크스·프리드리히 엥겔스, 「루이 보나파르트의 브뤼메르 18일」, 『칼 맑스·프리드리히 엥겔스 저작 선집 2권』, 박종철출판사, 1992, 339쪽, 390쪽.

10 사실 이 용어들이 그 자체로는 등장하지 않는다. 마르크스는 『철학의 빈곤』에서 다음과 같이 양자를 구별할 뿐이다. "이리하여 이 대중은 자본에 대해서는 이미 하나의 계급이지만 자기 자신에 대해서는 아직 그렇지 않다. 우리가 단지 그 몇몇 국면들만을 지적했던 투쟁 속에서 이 대중은 결합하고 자신을 대자적 계급으로 구성한다." 칼 마르크스·프리드리히 엥겔스, 「철학의 빈곤」, 『칼 맑스·프리드리히 엥겔스 저작 선집 1권』, 295쪽; 「루이 보나파르트의 브뤼메르 18일」에 나타난 구별법은, 같은 책, 382~383쪽을 참조.

11 20세기 유럽 사회민주주의의 역사에 관해서는 특히 셰리 버먼, 『정치가 우선한다: 사회민주주의와 20세기 유럽의 형성』, 김유진 옮김, 후마니타스, 2010 참조.

국민주의 내지 민족주의라는 이데올로기의 영향이 존재한다는 점도 지적되어야 한다. 1차세계대전 당시 유럽의 여러 사회민주당들, 특히 독일의 사회민주당은 제1당이었음에도 군국주의 독일의 전쟁 개시에 저항하지 않고 오히려 전쟁 수행을 위한 재정 지출을 의회에서 승인했으며, 따라서 독일의 많은 노동자들이 다른 나라의 노동자들과의 전쟁에서 희생되는 것을 방조했다.[12] 1차세계대전 당시 이러한 제국주의 전쟁에 노동자계급 및 사회민주당이 말려드는 것을 거부하고 '제국주의 전쟁을 내전으로 전화시킬 것'을 촉구한 대표적 인물이 레닌이었으며, 이것이 러시아혁명으로 이어졌다는 것은 잘 알려진 사실이다. 이처럼 노동자계급 및 사회민주당들이 제국주의 전쟁 속으로 스스로 말려들게 된 것은 이들이 철저하게 국민주의 이데올로기에 사로잡혀 있었기 때문이다. 곧 노동자계급은 자본가계급과 대립하는 계급이기 이전에 독일인이거나 프랑스인, 영국인이라는 점을 스스로 받아들인 것이다.[13]

여기에 더하여 과연 노동자들이 아무것도 가진 것이 없는 존재였는지에 대해서도 의문을 제기할 수 있는데, 사회의 가장 하층에 놓인 노동자들도 여전히 무언가를 갖고 있고 또한 그로 인해 갑으로 군림할 수 있기 때문이다. 노동자들, 특히 **남성 노동자들**이 소유한 것은 다름 아

---

12 제프 일리, 『The Left: 1848~2000. 미완의 기획, 유럽 좌파의 역사』, 유강은 옮김, 2008 중 7장 참조.

13 계급, 인종, 국민의 관계에 관한 고전적인 논의로는 Etienne Balibar/Immanuel Wallerstein, *Race, nation, classe: Les identités ambiguës*, Paris: La Découverte, 1988을 참조. 또한 발리바르, 『우리, 유럽의 시민들? 세계화와 정치의 재발명』 9장(「"유럽에는 아무런 국가도 존재하지 않는다"」)도 참조.

니라 그들의 가족, 특히 여성이었다. 에티엔 발리바르는 공산당이라는 전위당을 중심으로 전개된 역사적 마르크스주의 또는 공산주의는 성적 차이라는 문제가 경제적 착취 내지 계급적 관계라는 문제와 별도의 정치적 쟁점을 이룬다는 사실에 대해 완전히 무지했으며, 이에 따라 당 내에서, 그리고 당을 중심으로 조직된 대중 조직들에서도 성적 배제와 차별을 체계적으로 구현하고 있었다는 점을 지적한 바 있다.

> 결과적으로 '현실의' 공산당들은 [⋯] 특정한 형태의 가부장제와 지적 '가부장제 위에', 그리고 가족의 강화 및 '이성적으로' 남성적인 권위에 대한 여성들의 동의 위에, 또한 활동가들('동지들') 간의 형제애 — 그 수혜자는 '자연히' 남성들이다 — 위에 토대를 두고 있었다. 따라서 공산당에서 여성들은 '기층'에서는 하위주체(subalterne)의 지위로 포함되면서 동시에 '정상'에서는 배제되었다.[14]

다른 식으로 표현한다면, 공산당들은 여성들이라는 을에 대한 지배와 차별(역으로 말하면 남성들을 또 다른 갑으로 구성하고 조직화하는 것)

---

14 Etienne Balibar, "Le genre du parti: Féminisme et communisme"[https://socio13. wordpress.com/2010/10/06/le-genre-du-parti-par-etienne-balibar/, 2018. 10. 25. 접속] 이 글은 발리바르가 2010년 10월 6일 이탈리아 파도바 대학에서 했던 강연 원고이며, 프랑스어 원문은 출판물 형태로는 발표되지 않았다. 다만 이 글은 영역되어 다음과 같은 제목으로 인터넷 학술지에 실려 있으며("The Genre of the Party", *The Viewpoint Magazine*, 2017. 3. 15.[https://www.viewpointmag.com/2017/03/15/the-genre-of-the-party/, 2018. 10. 25. 접속], 우리말로도 번역되어 있다. 「당의 성별/유형」, 서영표 옮김, 『웹진 인-무브』, 2017. 11. 16.[http://en-movement.net/114] 이 글에서는 우리말 번역을 참조하되, 약간의 수정을 했다. 이글은 웹에 올려져 있는 글이기 때문에 프랑스어 원문이나 우리말 번역 모두 쪽수가 없다.

에 근거를 둔 보편적 해방의 조직이었던 셈이다. 이는 유럽 마르크스주의 또는 유럽 공산당들의 역사에서만 나타났던 현상은 아니며, 또한 과거에만 존재했던 현상도 아니다. 우리 사회의 진보적인 운동단체, 진보적인 지식인들에게서도 이러한 현상들은 전형적으로 나타난다. 노동운동 조직이 대개 남성 중심적으로 구성되고 운영되며, 진보 지식인들이 겉으로는 페미니즘을 옹호하면서도 '미투운동'을 폄하하거나 사소한 것으로 치부하는 일은 드문 일이 아니다.

3) 이행의 신화

이 두 가지 신화가 여러 가지 비판에도 불구하고 여전히 잔존할 수 있는 이유는 마르크스주의에는 이행의 신화 같은 것이 존재하기 때문이다. 여기서 이행의 신화란, 사회주의 내지 공산주의로의 이행이 역사의 **목적 내지 운동의 궁극적인 귀착점**이라고 간주하는 사고방식을 가리킨다. 곧 이는 우리가 현재 목도하고 있는 것이 자본주의 생산양식의 모순들이고 바로 이 때문에 자본주의 사회가 심각하게 위기에 처해 있다면, **자본주의에 대한 역사적 대안은 사회주의 내지 공산주의가 유일하기 때문에**, 이러한 모순들 및 위기를 해결할 수 있는 **유일한 해법**은 바로 **사회주의 내지 공산주의로 이행하는 길**이라고 주장하는 신화다. 이는 조야한 형태의 목적론적인 또는 진화론적인 마르크스주의를 표방하는 이들만이 아니라 가장 비판적인 마르크스주의자들도 벗어나지 못했고, 또 오늘날에도 여전히 벗어나지 못하고 있는 신화다.

　가령 예전에 에티엔 발리바르는 마르크스주의는 두 가지 핵심적인 이론적 요소로 구성되어 있다고 주장한 바 있다.[15] 그 중 하나는 자본주의 생산양식에 대한 분석으로서 잉여가치이론이며, 다른 하나는 자본주의에 대한 대안적 사회성으로서 사회주의 내지 공산주의 이론이다. 간단히 말하면, 자본주의 내에는 이미 모순적인 두 가지 사회성이 갈등적으로 존재하고 있는데, 하나는 자본의 축적운동에 고유한 사회성의 경향이고 다른 하나는 노동자계급(따라서 피착취자들 일반)에 고유한 평등하고 자유로운 사회성의 경향이다. 따라서 자본주의의 착취와 지배에 맞서기 위해서는 궁극적으로 자본주의 사회 내에 이미 물질적으로 존재하는 이러한 대안적 사회성을 발전시키는 일이 필수적이다. 문제는 이러한 관점이(과잉결정 및 그것이 함축하는 복잡한 사회적 전체 개념에도 불구하고) 사회를 구성하는 다수의 적대 내지 갈등(가령 성적 적대, 인종적 적대, 지적 차이 등)을 좁은 의미의 계급적 갈등, 곧 자본주의적 착취관계를 둘러싼 적대로 환원한다는 점이며, 따라서 정치적 지배 및 이데올로기적 예속화 문제의 독자성을 충분히 사고하지 못한다는 점이다. 이러한 관점은 발리바르의 『프롤레타리아 독재에 대하여』(1976)에서도 그대로 견지되고 있으며,[16] 그의 스승인 알튀세르 역시 1970년대 말까지 줄곧 이러한 관점을 고수했다. 이를 잘 보여주

---

15 Balibar, *Cinq études du matérialisme historique*; 『역사유물론 연구』. 이 책의 원래 제목은 『역사유물론 5연구』인데, 한국어판에는 3장 부록인 「레닌, 공산주의자, 이민」(Lénine, communistes et l'immigration)과 5장 「마르크스주의 이론사에서 유물론과 관념론」(Matérialisme et idéalisme dans l'histoire de la théorie marxiste)이 번역에서 빠졌다.

16 1980년대 이후 발리바르는 더 이상 이러한 입장을 유지하지 않는다. 단선적인 이행 대신 다수의 역사적 인과성을 사고하려는 그의 시도에 대해서는, 에티엔 발리바르, 『마르크스의 철학』, 배세진 옮김, 오월의 봄, 2018 중 4장 「시간과 진보: 또 다시 역사철학인가?」 참조.

는 것이 최근 출간된 『검은 소: 알튀세르의 상상 인터뷰』(1976)라는 유고다.[17]

내가 다른 글에서 보여준 것처럼 1960~70년대 알튀세르의 이론적 작업은 이런 점에서 볼 때 교훈적이다.[18] 알튀세르가 1965년 『마르크스를 위하여』에서 화두로 삼았던 것은 어떻게 유럽에서 가장 낙후된 나라였던 러시아에서만 사회주의 혁명이 승리할 수 있었는가라는 질문이었다. 이를 해명하기 위해 그는 과잉결정 및 지배소를 갖는 구조, 구조인과성 같은 새로운 개념들을 고안했다. 반면 익명으로 발표한 「문화혁명에 대하여」(1966)에서는 자본주의에서 사회주의로의 이행은 해방의 확실한 보증이 될 수 없으며, 오히려 사회주의의 고유한 특성은 자본주의로 퇴보할 수 있는 위험이 늘 상존한다는 점이라고 주장한다.[19] 따라서 알튀세르에 따르면 중국의 문화혁명의 중요성은 "모든 퇴보의 위험에 맞서 사회주의를 지속 가능하게 보존하기 위해서는 **정치적 혁명**과 **경제적 혁명**에 대해 제3의 혁명, 곧 **대중의 이데올로기적 혁명**을 추가하는 것이 필요하다고 선언"[20]했다는 점에서 찾을 수 있다. 다시 말하면 정치적 권력을 장악하고 생산관계 및 소유관계를 변혁하는 것에 더하여, "대중의 이데올로기적 혁명"이 이루어지지 않는다면 공산주의로의 이행은 이루어질 수 없는 것이다. 이 가운데 특별히 대

---

17 루이 알튀세르, 『검은 소: 알튀세르의 상상 인터뷰』, 배세진 옮김, 생각의 힘, 2018. 이 책의 의미와 한계에 대해서는 한국어판 해제인 「필연적이지만 불가능한 것: 『검은 소』 한국어판에 부쳐」 참조.

18 진태원, 「루이 알튀세르와 68: 혁명의 과소결정?」 참조.

19 Althusser, "Sur la révolution culturelle".

20 Ibid., p.6.

중의 이데올로기적 혁명의 중요성이 강조된다면, 이는 사회주의에서는 공산당이 통치 정당이 되며, 따라서 계급지배의 도구인 국가와 융합될 수 있는 위험이 존재하기 때문이다. 대중의 이데올로기적 혁명이 수행해야 할 과제가 바로 공산당 및 노동조합과 구별되는 대중조직을 통해 "당이 국가와 **자신을 구별하도록** 강제하는"[21] 일이다.

알튀세르의 분석은 (그것이 지닌 난점과 한계에도 불구하고) 사회주의라는 것이 자본주의의 모순들에서 벗어난 해방된 사회가 아니라, 여전히 모순들을 포함하는 사회임을 보여준다는 점에서 중요하다. 알튀세르(와 발리바르)는 여기서 한 걸음 더 나아가 1973년 이후에는 사회주의와 공산주의를 더 엄격하게 구별하면서 전자는 독자적인 생산양식이 아니라 자본주의와 공산주의 사이의 모순적인 이행기라고 주장하게 된다. 아울러 프롤레타리아 독재는 자본주의에서 사회주의로의 짧은 이행기가 아니라 사회주의 그 자체와 동일시된다. 하지만 내가 보기에는 사회주의와 공산주의를 엄격히 구별하려는 이 노력에 대해서도 다음과 같은 질문을 제기해야 마땅하다.

알튀세르가 끝까지 질문하지 않은 것, 또 질문할 수 없었던 것은, 만약 사회주의는 독자적인 생산양식이 아니라 모순적인 이행기이며, 따라서 사회주의는 지속적인 혁명을 통해서만 공산주의로 전진할 수 있다면, 그럼 공산주의는 하나의 생산양식이며, 이행의 최종 목적지인가 하는 점이다. 만약 그렇다면 이러한 공산주의에 대한 관점은 역사철학이

---

21 Ibid., p.17.

나 진화론, 그리고 경제주의에서 벗어나 있는 것인가?[22]

다시 말해 사회주의와 공산주의를 정확히 구별하려는 알튀세르의 노력은 사실 계급사회에서 계급 없는 사회로의 이행을 자본주의에서 사회주의로의 이행에서 자본주의에서 공산주의로의 이행으로 늦추고 장기화한 것에 불과하며, 사회적 모순들과 갈등에서 면역되어 있는 사회로 공산주의를 이해한다는 점에서는 여전히 또 하나의 유토피아적인 사고방식, 또 다른 형태의 목적론적인 역사철학을 포함하는 것이 아닌지 의문이 제기될 수 있는 것이다. 알튀세르가 역사를 "주체도 목적도 없는 과정"이라고 규정했던 것을 염두에 두면 더욱더 그렇다. 그리고 그렇다면 내가 보기에 다음과 같은 또 다른 질문이 자연스럽게 제기된다.

역으로 공산주의 역시 모순에서 자유롭지 않다면[…], 그렇다면 **이행이란 과연 무엇인가**라는 질문이 제기되지 않을 수 없다. 왜냐하면 자본주의 사회 역시 모순적인 계급투쟁이 존재하고 사회주의 또한 그렇다면, 그리고 공산주의 역시 모종의 계급투쟁에서 면제되지 않는다면, 이행이 의미하는 바가 무엇인지 의문스러워지기 때문이다. 이행은 역사적 과정 내에 **항상 이미** 존재하며, 결코 끝이 없는 어떤 것, 따라서 사실은 **역사의 갈등적인 과정 자체와 다르지 않은 것이다.**[23]

---

22 진태원, 「루이 알튀세르와 68: 혁명의 과소결정?」, 432쪽.
23 같은 글, 433쪽.

따라서 역사적 사회주의가 종언을 고한 오늘날의 시점에서 보면, 비슷한 시기 알튀세르가 제시했던 또 다른 고찰이 의미심장하다. 그는 1977년 「마침내 마르크스주의의 위기가!」라는 유명한 강연에서 다음과 같이 말한 바 있다.

> 만약 사람들이 '사회주의로 향하는 여러 길'[곧 프롤레타리아 독재를 통한 길이 아닌 의회를 통한 길 —인용자]이 존재한다는 진술에 만족한다면, 그것은 그들이 현재의 상황을 실제로 사고하지 못하고 있다는 것을 드러내줄 뿐입니다. 이런 진술만으로는 궁극적으로 다음과 같은 질문을 피할 수 없습니다. '다른 길을 통한 사회주의'가 현존하는 사회주의와 동일한 결과에 이르지 않으리라는 보장을 누가 할 수 있는가? 그리고 이 질문은 다음과 같은 또 다른 질문에 좌우됩니다. 소비에트 사회주의는 왜, 어떻게 해서 스탈린에게, 그리고 현재의 정권에 이르게 되었는가?"[24]

알튀세르가 40여 년 전에 했던 질문은 오늘날에도 여전히 유효하며, 어쩌면 더 절실하게 제기되는지도 모른다. 자본주의가 다시 위기에 처해 있고 또한 이 위기에 대한 유일한 해법은 사회주의(내지 공산주의)라고 말하는데, 그런데 이러한 사회주의(또는 공산주의)가 **스탈린주의적 사회주의와 다르지 않으리라는 것을 무엇이 보장해주는가?** 더욱

---

24 Louis Althusser, "Enfin la crise du marxisme!", in Yves Sintomer ed., *Solitude de Machiavel*, Paris: PUF, 1998, p.270; 루이 알튀세르, 「마침내 맑스주의의 위기가!」, 『당 내에 더 이상 지속되어선 안 될 것』, 60쪽.

이 이러한 사회주의가 현재 위기에 처해 있는 **자본주의보다 더 나은 사회가 되리라는 것**을 무엇이 보증해주는가? 마르크스주의자들은 여기에 대해 확실한 답변을 갖고 있는가? 이행의 신화가 문제적인 것은 이것이 오늘날의 사회 질서의 변혁과 관련된 여러 가지 쟁점들, 가령 생태적인 전환 및 성장 내지 발전에 대한 새로운 발상, 가부장제 질서의 변혁, 권력관계의 개조 등의 문제들을 오직 자본주의에서 사회주의 내지 공산주의(그것도 아주 낡은 관념에 입각한)로의 이행이라는 단일한 도식으로 환원한다는 점이다. 오히려 오늘날 우리가 사고해야 할 것은 이처럼 환원주의적으로 이해된 자본주의에 대한 대안이 아니라, 그 대안에 대한 대안(들)일 것이다. 새로운 혁명은 혁명 및 이행이라는 관념에 대한 새로운 사고가 수반되어야 한다.

4) 진정한 민주주의의 신화

마지막으로 거론하고 싶은 또 다른 신화는 진정한 민주주의의 신화다. 현존 사회주의체제가 존재하던 시기는 물론이고 오늘날까지도 여러 마르크스주의자들은 부르주아 민주주의 또는 자유민주주의의 한계를 고발하면서, 그것은 법적·형식적으로만 민주주의일 뿐 사실은 실질적인 민주주의가 아니라고 비판한다. 자유민주주의는 개인적인 자유 및 자신의 지배자를 선택할 형식적인 정치적 자유만 인정할 뿐, 노동자들을 비롯한 피지배계급들이 스스로 통치할 수 있는 권리를 허용하지는 않는다는 것이다. 신자유주의적 세계화가 본격적으로 전개되면서 이러한 비판은 충분한 설득력을 지니고 있다. 실제로 여러 이론가들이 현재의 자유민주주의 체제는 진정한 의미의 민주주의라기보다는 '포스트 민주주의'라고 할 수 있으며, 신자유주의 체제 속에서 대부분의 서민들 또는 을들은 '내적 배제' 상태에 놓여 있음을 지적한 바 있다.[25]

하지만 이는 마르크스주의자들 자신의 주장을 정당화하는 데 필요할지는 몰라도 충분치는 못하다. 이러한 비판을 통해 마르크스주의자들은 자신들이야말로 형식적 민주주의를 넘어서는 진정한 민주주의, 을들에게 형식적 권리 이상의 실질적 권리 및 자유와 평등을 보장해줄 수 있는 분명한 해법을 지니고 있는 것처럼 말하지만, 과연 역사적으로 마르크스주의자들이 부르주아 민주주의 내지 자유민주주의보다 더 많은 민주주의를 구현했는지는 의심스럽기 때문이다. 여기에서도 발리바르의 분석을 원용해볼 수 있는데, 발리바르는 가장 해방적인 운동을 대표하는 정치조직으로서의 공산당들은 자신들이 극복하려고 하는 부르주아적인 정치조직이나 단체들에 비해 덜 민주주의적이었다고 비판한다. "내가 보기에 무엇보다 흥미로운 점은, 자신이 세우고자 하는 사회보다 공산당이 어떤 의미에서는 '덜 민주적'이라는 사실, 심지어 내부 조직원리 면에서는 공산당이 (공산당의 모태 노릇을 한) 자유주의 사회보다 '덜 민주적'이라는 사실에서 비롯한 영속적 긴장이다." 이러한 역설은 원칙적으로 본다면 다음과 같은 공산주의의 내적 논리에서 생겨나는 문제점이다.

---

25 크라우치, 『포스트민주주의』; 랑시에르, 『불화: 정치와 철학』; 진태원, 『을의 민주주의』 참조.

하지만 더 사변적으로 말하자면, 공산주의를 준비하는 운동, 제도들 또는 조직들 내부에서 집합적 해방으로서의 **공산주의를 선취하는 것을** 어떻게 상상해볼 것인가라는 질문을 제기해볼 수 있다. 이는 '공산주의자들' 자신이 공산주의를 사회 전체로 혁명적으로 일반화하기 위해 자신들의 고유한 조직 관계 속에서 공산주의를 자기 설립하는 문제 바로 그것인데, 이렇게 되면 '공산주의 당'이라는 표현은 실제로는 용어모순 또는 대립물의 통일이 된다. 레닌이 '국가가 아닌 국가'에 대해 말했던 것처럼 '당이 아닌 당'에 대해 말할 수 있어야 할 것 같다.[26]

'공산주의 당'이라는 표현이, 공산주의 운동의 내적 논리에서 볼 때 용어모순으로 나타나는 것은 다음과 같은 점 때문이다. 한편으로 공산주의는 **보편적인 해방의 운동**이며, 따라서 가장 평등하고 자유로운 운동이어야 하고, **모든 해방의 운동을 대표**하는 것이어야 한다. 이미 마르크스와 엥겔스가 『공산주의당 선언』에서 말했던 것이 바로 이 점이었다.

공산주의자들은 노동자계급의 직접적인 이해관계 및 목표를 위해 투쟁한다. 하지만 현재의 운동에서 그들은 동시에 운동의 장래를 옹호하며 대표한다. [⋯] 한마디로 말하면, 공산주의자들은 **모든 나라에서 기성 질서 및 정치에 맞서 모든 혁명운동**을 지원한다. [⋯] 공산주의자들은 **모든 나라의 민주주의 당파들의 통합 및 상호 일치**를 위해 도처에서

---

26 Balibar, "Le genre du parti: Féminisme et communisme".

작업한다.[27]

　진정한 의미의 공산주의자들은 공산주의자들만을, 또는 노동자계급만을 조직하고 그들의 이해관계만을 대표하는 이들이 아니라, 더욱이 우리나라의, 우리 정파의, 우리 조직의 이해관계만을 대표하는 이들이 아니라, "모든 혁명운동"을 대표하며, "모든 나라의 민주주의 당파들의 통합 및 상호 일치"를 위해 활동하는 이들이다.

　그런데 다른 한편으로 '공산주의당'(communist party)은 본질적으로 당파적인 것을 가리킨다. 곧 명칭의 어근이 말해주듯이 당은 특정한 세력이나 집단의 이해관계 및 의지를 대표하는 조직이며, 더욱이 공산주의 당 또는 공산당은 전위적인 조직인 만큼 본질적으로 통일성과 그것을 유지하기 위한 규율이 필수적인 조직이다. 따라서 '당'이라는 이념은 "닫힘"(clôture)을 함축하며, 또한 "'분리되고', '동질적인'(또는 동질성이 자율성의 조건이 되는 식의) 정치"[28]를 표상하게 된다. 이처럼 공산주의 당(또는 어떤 진보적인 정파나 집단)이 다른 세력이나 집단, 다른 이해관계에 맞서 특정한 세력이나 집단의 이해관계를 위한 배타적인(또는 순수하고 헌신적인) 조직으로 구성되면, 대외적인 것은 물론이거니와 대내적으로도 위계적이고 비민주적인 경향에 빠져드는 것을 피할 수 없을 것이다. 과거 사회주의 국가들이 관료제적이고 위계적인 경향을 띤 정치체제들이었던 것이나 운동권 조직들 역시 집행

---

27 맑스·엥겔스, 「공산주의당 선언」, 『칼 맑스·프리드리히 엥겔스 저작 선집 1권』, 431~433. 강조는 인용자.

28 Balibar, "Le genre du parti: Féminisme et communisme".

부 및 남성 중심의 관료제적 형태를 띠는 것은 우연이 아니다. 그렇다면 마르크스주의 및 그것에 근거를 둔 현실 운동 조직이 배제적인 민주주의의 경향을 띠는 것은 단지 상황의 압력 때문만이 아니라 그 내적인 논리의 표현이라고 할 수 있다.

3. 세 가지 쟁점: 착취, 배제, 리프리젠테이션

지금까지 검토한 마르크스주의의 네 가지 신화는 자본주의적 현실에 대한 좀더 설득력 있는 분석을 가로막는 이론적 장애물임과 동시에 변화된, 그리고 변화해가는 현실에 대한 효과적인 대응도 어렵게 만드는 실천적 장애물이라고 할 수 있다. 많은 마르크스주의자들이 이것들이 신화라는 것을 알고 있음에도 여전히 (명시적으로든 암묵적으로든) 이러한 신화들에 의존하는 것은, 미국의 페미니즘 철학자 린다 제릴리 (Linda M. G. Zerilli)의 적절한 표현을 빌리면 마르크스주의의 네 가지 신화가 "위안에 대한 욕망"으로 기능하기 때문이다.[29] 곧 마르크스주의자들에게는 개별적인 현상들에 적용되는 일반 법칙과도 같은 보편적인 이론에 대한 열망이 존재하는데, 이러한 열망에는 **도구적 활동으로서의 정치**에 대한 관점이 뒤따르기 마련이다. 이해관계를 공유하는 일반적 주체(곧 프롤레타리아 계급을 중심으로 하는 피착취계급 일반)[30]

---

29 Linda M. G. Zerilli, *Feminism and the Abyss of Freedom*, Chicago: University of Chicago Press, 2005 중에서 1장 "Feminists Know Not What They Do: Judith Butler's *Gender Trouble* and the Limits of Epistemology" 참조.

30 페미니즘의 경우에는 아마도 무엇보다 생물학적 성기에 의해 **규정되는** '여성' 일반이 될 것이다.

로 하여금 그들이 추구해야 하는 목표가 무엇인지 (때로는 보편사에 대한 목적론적 관점에 입각하여) 지정해주고(이는 대개 주체 내의 다양한 이해관계들을 중재하거나 진정한 목표를 향해 개인들 및 집단들을 선도하는 전위당이 담당해온 역할이다), 더 나아가 그들이 무엇을 해야 할지 설명해주는(또는 명령하는) 것이 바로 보편적 이론에 부여된 지위다. 우리가 이론에 대한 이러한 관점을 유지하는 한에서 이론의 보유자인 (대개 남성인) 지식인이야말로 능동적인 지도자의 지위를 차지하게 되며, 대중들은 지식인이 제시하는 이론에 따라 지정된 목적을 달성하기 위한 도구적 행동을 수행하는, 그 자체가 수동적인 도구로서의 위치에 놓일 수밖에 없다.

그렇다면 마르크스주의의 탈구축이 추구하는 것은 기존의 보편적 이론 대신 새로운 보편적 이론(들)을 제시하는 것에 국한될 수는 없다. 오히려 문제는 대중들의 삶과 운동 바깥에서, 말하자면 아르키메데스의 점과 같은 초월적 위치에 서서 **객관적이고 보편적인 이론**을 제시(하고 그들을 선도)한다는 환상에서 벗어나, 알튀세르가 말한 바 있는 이중적인 장소론(topique)의 관점을 택하는 것이 필요하다.[31] 곧 한편으로 계급관계 및 지배·복종관계, 주체화·예속화의 관계에 대한 구체적인 분석을 추구하면서 동시에 다른 한편으로 이러한 분석을 항상 자신이 분석하는 관계들의 당사자 중 하나의 집단적인(또는 오히려 관개체적[關個體的, transindividual]인) 작업으로 수행해야 한다. 다시 말하면

---

31 Althusser, "Le marxisme aujourd'hui", in *Solitude de Machiavel et autres textes*; 「오늘의 맑스주의」, 서관모 엮음, 『역사적 맑스주의』, 새길, 1993 참조.

이론적 작업은 대중들 자신의 투쟁 및 주체화 활동, 그리고 그 담론적 실천의 일부이며, 그러한 작업에 입각하여 개조되고 변형되어야 하는 것이다.[32]

이러한 관점에서 나는 이하에서 마르크스주의의 네 가지 신화에 대한 해체에 함축되어 있는 세 가지 쟁점을 착취, 배제, 리프리젠테이션(representation)이라는 개념들로 표현해보려고 한다. 내가 제안하는 을의 민주주의의 주요 주제들이기도 한 이 세 가지 쟁점은 기존의 마르크스주의적인 분석에서 충분히 해명되지 못한 대중적 해방운동의 쟁점을 더 명료하게 드러내줄 수 있을 것으로 기대한다.

1) 착취

우선 착취라는 쟁점이 중요하다. 위에서 지적된 네 가지 신화 및 그것이 함축하는 이론적 · 실천적 한계에도 불구하고 마르크스주의와 그것에서 유래하는 담론과 실천이 여전히 영향력을 발휘하는 이유 중 하나는 마르크스의 『자본』을 비롯한 마르크스주의자들의 정치경제학 비판이 자본주의적인 착취라는 문제를 해명하는 데 크게 기여했기 때문이

---

32 넓은 의미의 해방운동에서 이론 또는 비판의 지위라는 문제는 더 상세한 토론이 필요한 문제다. 앞서 언급한 Linda M. G. Zerilli, *Feminism and the Abyss of Freedom* 이외에 Etienne Balibar, "What does Theory Become? The Humanities, Politics and Philosophy(1970~2010): Reflections and Propositions", *Crisis & Critique*, vol.1, no.3, 2014; Penelope Deutscher and Cristina Lafont eds., *Critical Theory in Critical Times: Transforming the Global Political and Economic Order*, New York: Columbia University Press, 2017을 각각 참조.

다. 자본주의에서 착취가 문제된 것이 어제오늘의 일이 아니지만, 신자유주의적 세계화 이후 빈부격차가 더욱 심화되고, 불평등의 심화와 확산이 노동의 불안정성만이 아니라 개개인의 삶의 불안정을 초래하면서 착취의 문제는 다시 한 번 인문사회과학계의 주요 관심사가 되고 있다.[33]

하지만 착취에 대한 마르크스(주의)의 분석이 전적으로 만족스러운 것만은 아니다. 이를 이해하려면 알튀세르가 '착취에 대한 회계적 관점'이라고 부른 것에서 출발하는 게 좋다. 그는 「오늘날의 마르크스주의」(1978)에서 마르크스주의에 고유한 관념론의 요소들(노동자운동 외부에서 '과학'의 수입, '마르크스주의의 세 가지 원천', '헤겔 철학의 전도'로서 마르크스주의, 진화론적 역사주의, 개인들 사이의 투명한 관계로서 공산주의 등)을 거론하면서 『자본』에 끼친 이러한 관념론의 효과로 "잉여가치를 생산된 가치와 가치-임금(valeur-salaire: 생산과정에서 선대된 가변자본)의 차이로서 회계적으로 진술하는"[34] 착취에 대한 회계적 관점을 지적한다. 따라서 착취에 대한 회계적 관점이란, 필요노동(곧 노동력을 재생산하는 데 필요한 가치를 생산하는 노동) 이외의 잉여노동을 통

---

33 기본소득의 문제와 관련해서도 착취의 문제가 중요한 쟁점이 된다. 기본소득의 옹호자인 필리페 판 파레이스는 분석 마르크스주의적인 관점에서 말하자면 마르크스주의 착취 개념을 해체하고 있다. 『모두에게 실질적 자유를: 기본 소득에 관한 철학적 옹호』, 조현진 옮김, 후마니타스, 2015 참조. 곽노완은 마르크스주의적 착취 개념과 기본소득론을 결합시키려는 시도하고 있는데, 사실 마르크스의 착취 개념의 고유성이라는 문제를 부의 원천이라는 문제로 대체하는 데 그치는 것으로 보인다. 곽노완, 「기본소득은 착취인가 정의인가? 판 돈젤라의 기본소득반대론에 대한 반비판과 마르크스주의 기본소득론의 재구성」, 『마르크스주의 연구』 8권 2호, 2011 참조.

34 Althusser, "Le marxisme aujourd'hui", in *Solitude de Machiavel et autres textes*, p.301 [「오늘의 맑스주의」, 『역사적 맑스주의』, 51쪽].

해 생산된 잉여가치를 착취의 본질이라고 이해하는 관점을 뜻한다.

　이러한 회계적 관점 대신 그는 착취를 그 구체적 조건들 및 형태들 속에서 이해해야 한다고 주장한다.

> 착취는 한편으로는 노동과정의 냉혹한 제약들(시간, 강도, 파편화)과 분업의, 그리고 노동조직의 규율의 냉혹한 제약들 속에서만, 다른 한편으로는 노동력의 재생산조건(소비, 주거, 가족, 교육, 보건, 여성 문제 등) 속에서만 사고될 수 있다. 분명 마르크스는 착취를 가치의 단순한 회계적 공제와 혼동하지 않았다. 그는 노동과정 및 노동력 재생산과정 속의 착취형태에 대해 말함과 동시에 잉여가치의 형태들(절대적 잉여가치, 상대적 잉여가치)에 대해서도 말한다. 그러나 그는 **항상 낯선 것으로서 등장하는 장(章)들에서**, 추상적 장들이 아니라 '역사적', '구체적' 장들에서, 주요 서술순서 주변에서 그것에 대해 말한다. 마치 주요 서술순서에 의미를 부여하기 위해서는 그 순서를 깨뜨리고 방해해야만 한다는 듯이!³⁵

　알튀세르가 착취의 "구체적 형태들 및 조건들"이라고 부른 것은 착취가 한편으로 노동과정의 냉혹한 제약들 및 규율의 냉혹한 제약들 속에서만, 다른 한편으로는 노동력의 재생산조건 속에서만 사고될 수 있다는 것을 뜻한다. 그런데 알튀세르는 인용문 뒷부분에서 한 걸

---

35 Althusser, "Le marxisme aujourd'hui", pp.301~302[「오늘의 맑스주의」, 51쪽]. 강조는 인용자.

음 더 나아가 "중심적 서술순서"와 "추상적 장들"(곧 『자본』 1권 서두에 나오는 상품, 화폐, 자본에 관한 장들)을 한편에 놓고, 다른 편에는 주요 서술순서를 깨뜨리고 방해하는, "항상 낯선 것으로서 등장하는 장들", "'역사적', '구체적' 장들"을 다른 한편에 놓는다.[36]

알튀세르의 주장을 이해하려면 『자본』 1권의 서술 순서를 상기해 볼 필요가 있다.[37] 주지하다시피 헤겔의 변증법적 논리를 차용하여 서술된 『자본』 1권, 특히 그 1편과 2편은 각각 「상품과 화폐」, 「화폐에서 자본으로의 전화」라는 제목을 달고 있다. 이 부분에서 마르크스는 상품에서 출발하여 사용가치와 가치, 구체적 노동과 추상적 노동을 분석하고, 상대적 가치형태와 등가형태의 이중성을 드러냄으로써 "일반적 가치형태"로서의 화폐상품을 이끌어낸다. 그리고 "상품이 아니라 화폐가 거래의 목적"으로 나타나는 유통형태(곧 G–W–G′)의 비밀을 G–W–(G + △G)로 밝혀냄으로써, 가치의 원천이 되는 성질을 자신의 사용가치로 지니는 특수한 상품인 노동력 상품이 자본의 가치증식의 원천이 되며, 또한 여기에서 잉여가치의 추출로서 착취가 이루어진다는 점을 보여준다. 그렇다면 착취의 문제는 총 생산된 가치에서 노동력의 재생산에 필요한 가치를 뺀 잉여가치의 문제가 될 것이다. 그런데 마르크스는 3편과 4편, 곧 「절대적 잉여가치의 생산」과 「상대적 잉

---

36 이러한 서술 순서의 이중성의 쟁점은 다음 글에서 더 상세하게 논의된다. Louis Althusser, "Avant-propos du livre de G. Duménil, *Le concept de loi économique dans le Capital*"(1977), in *Solitude de Machiavel et autres textes*; 「제라르 뒤메닐의 저서 "'자본'의 경제법칙 개념"의 서문」, 배세진 옮김, 『웹진 인-무브』 2018. 11. 3.[http://en-movement.net/198, 2018. 11. 28. 접속]

37 Marx, *Das Kapital*, I, in *Karl Marx·Friedrich Engels Werke* Bd. 23[『자본』 1-1].

여가치의 생산」이하(8장 「노동일」이하)에서는 1~2편의 논리적 순서에서 독립하여 자본주의의 현실적 역사의 전개과정을 분석하면서 초기 자본주의에서 이루어진 가혹한 착취의 현실 및 이에 맞선 노동자들의 투쟁과정을 서술하고 있다. 특히 『자본』 1권 말미의 「이른바 본원적 축적」에서는 자본주의의 성립 당시에 나타났던 폭력적인 수탈과정을 생생하게 드러내고 있다.[38]

그런데 여기에서 제기되는 문제는 자본의 논리적 전개과정을 서술하는 데서 나타나는 착취는 말하자면 **정상적인 착취**를 개념화하는 것으로 보이는 반면, 자본주의의 역사적 전개과정에서 나타나는 폭력을 수반하는 착취, 따라서 **초과착취**는 이러한 정상적인 착취에 외재적으로 추가되는 것으로 서술된다는 점이다. 정상적인 경제적 과정에서 나타나는 논리적·개념적인 수준의 착취가 **먼저** 존재하고, 그 다음 계급적 폭력에 의해, 따라서 정치적으로 강제되는 초과착취가 덧붙여지는 것이다. 이렇게 되면 이 후자의 초과착취는, 경제적 과정에서 실현되는 정상적인 착취(말하자면 **실체**로서의 착취)에 대하여 역사적·정치적 현실에 따라 가변적인 강도로 더해질 수도 있고 그렇지 않을 수도 있는 **우연적 성질**처럼 사고될 수밖에 없을 것이다.

착취에 대한 회계적 관점에서 벗어나야 하며, 이를 위해서는 『자본』의 서술 순서의 이중성에 주의해야 한다는 알튀세르의 말은 이러한 괴리를 염두에 둔 것이었다. 이는 이중의 쟁점을 지닌 지적이다. 첫째, 기술적 쟁점이 있다. 만약 회계적 관점에서 착취를 이해하게 되면,

---

38 Marx, *Das Kapital*, I.[『자본』 1-2].

착취를 줄이거나 착취에서 벗어나는 것은 잉여가치 몫을 둘러싼 분배투쟁의 형태를 띠게 된다. 곧 자본이 전유하는 잉여가치의 몫이 클수록 착취가 심한 것이며, 반대로 노동자들에게 분배되는 잉여가치의 몫이 커질수록 착취의 강도는 약해질 것이다. 그렇다면 과연 잉여가치가 어느 정도 분배되어야 정의로운 수준의 착취가 이루어지는가라는 문제가 제기될 것이다. 극단적으로 모든 잉여가치를 실제 생산자인 노동자가 전유한다면 착취는 소멸하는 것인가? 그런데 만약 그렇다면 이는 경제성장률이 제로가 된다는 것 또는 모든 인간 사회에 공통적인 잉여생산의 가능성이 소멸한다는 것을 의미한다.[39] 또한 착취의 본질이 회계적 공제에 있다는 관점을 받아들이면, 자본주의는 과잉착취의 경향을 늘 포함하고 있다고 고발한다고 해도, 이는 자본 운동 자체의 논리에 외재적인 것이지 그 구조 자체 내에 필연적으로 함축되어 있는 것은 아니라는 반론이 가능하다. 그리고 이것이 자본의 논리 자체에 외재적인 경험적 조건의 문제라면, 우리는 복지국가를 통해 아니면 기본소득제의 실현을 통해 이러한 조건을 얼마든지 개선할 수 있다.

따라서 만약 마르크스주의가 이러한 자본주의 체제 내 개선만으로는 착취를 폐지할 수 없다고 주장한다면, 착취를 폐지하는 것이 무엇이며 그것이 어떻게 가능한지 이론적으로 좀더 정확히 보여줄 필요가 있을 것이다. 그런데 이것은 착취에 대한 회계적 관점에 입각해서는, 따라서 『자본』 1권에서 구현된 논리적 서술 순서를 그대로 전제한

---

39 이 점에 관해서는 던컨 폴리, 『『자본』의 이해: 마르크스의 경제이론』, 강경덕 옮김, 유비온, 2015, 71쪽 이하; 류동민, 『시간은 어떻게 돈이 되었는가?』, 휴머니스트, 2018, 92쪽 이하 참조.

가운데서는 제대로 수행될 수 없다는 것이 알튀세르의 관점이다. 그렇다면 비회계적 관점에서 이해된 착취, 곧 **항상 초과착취로**, 따라서 구조적 폭력 및 초과폭력의 형태로 나타날 수밖에 없는 착취가『자본』의 논리적 서술에서 이론화된 착취 개념과 **어떻게 논리적으로 결합될 수 있는지** 설명해야 하는 과제가 제기된다. 착취를 제거하기 위해서는 "어떤 특정한 계급이 잉여를 전유하지 않는 방식으로 생산조직을 근본적으로 바꾸어야 한다"[40]고 주장하거나 아니면 "잉여노동시간의 결과인 잉여생산물을 어디에 얼마나 소비하고 투자하는가를 사회적으로 결정해야 한다는 것, 좀더 일반적으로 말하자면 이는 민주주의의 원칙"[41]이라고 주장할 수도 있다. 하지만 이러한 주장은 사실 정상적인 (경제논리적인) 착취와 초과적인(경제논리에 외재적인) 착취의 논리적 구별을 이미 전제하는 게 아닌지 질문해볼 수 있다.

여기서 더 나아가 에마뉘엘 테레처럼 "착취는 잉여노동량만이 아니라 그 사용과도 연결되어 있다"고 말하면서 착취의 문제는 "정치적 문제"[42]라고 말할 수도 있다. 이러한 주장은 경제와 정치 또는 지배 사이에 내재적 관계가 존재한다고 주장한다는 점에서는 앞의 해법들보다 더 탁월한 통찰을 지니고 있지만, 착취의 문제를 인간학적인 차원 (성적 지배, 인종적 배제 등)과 충분히 결부시키지 못한다는 한계를 여전히 지니고 있다.

---

40 폴리,『『자본』의 이해』, 73쪽, 253쪽 이하 참조.

41 류동민,『시간은 어떻게 돈이 되었는가』, 96쪽.

42 Emmanuel Terray, "Exploitation et domination dans la pensée de Marx", in *Combats avec Méduse*, Paris: Galilée, 2011, p.155, p.157.

2) 배제

착취가 노동과정 및 노동규율의 냉혹한 제약을 포함하고 있으며, 또한 노동력 재생산의 조건 속에서만 사고될 수 있다는 알튀세르의 주장은, 달리 말하면 착취가 권력 및 지배의 문제와 소외 내지 비인간화의 문제(따라서 구조적 폭력과 극단적 폭력의 문제)와 분리될 수 없음을 의미한다.[43] 착취가 문제가 된다면, 이는 착취가 **동시에** 지배의 형식이자 과정이면서 **또한** 예속적 인간들(불구화되고 배제된 인간들)의 생산 과정이기 때문이다. 그런데 우리가 착취 개념을 이렇게 확장하면, 마르크스(주의) 분석에서 제대로 다루지 않았던 쟁점들이 등장하게 된다.

먼저 푸코의 『감시와 처벌』을 생각해볼 수 있다. 푸코에 관한 진부하고 피상적인 통념 중 하나는 권력의 계보학을 반(反)마르크스주의적인 것으로, 따라서 마르크스(주의)와 전혀 무관한 것으로 간주하는 것이다(한마디로 말하면 푸코는 니체주의자라는 것이다). 하지만 푸코는 몇몇 인터뷰에서 『감시와 처벌』에서 자신이 수행한 권력의 계보학은 『자본』의 분석의 연장선상에 있음을 역설한 바 있다. 가령 다음과 같은 언급이 대표적이다.

저 자신의 경우, 마르크스에서 제가 관심을 갖는 부분, 적어도 제게 영

---

43 Etienne Balibar, "Exploitation, aliénation, domination", in Catherine Colliot-Thélène ed., *Que reste-t-il de Marx ?*, Rennes: Presses universitaires de Rennes, 2017; 「착취」, 구준모 옮김, 『웹진 인-무브』, 2018. 3. 13.[http://en-movement.net/139?category=733236, 2018. 11. 28 접속]

감을 주었다고 제가 말할 수 있는 부분은 『자본』 2권입니다. 곧 첫 번째로는 자본의 발생이 아니라 역사적으로 구체적인 자본주의의 발생에 대한 분석, 두 번째로는 자본주의 발전의 역사적 조건에 대한 분석, 특히 권력구조 및 권력제도의 확립과 발전에 관한 분석과 관련된 모든 것입니다. 따라서 다시 한 번 아주 도식적으로 떠올려보면, 자본의 발생에 관한 첫 번째 책과 자본주의 역사, 계보에 관한 두 번째 책 가운데 2권을 통해, 그리고 가령 제가 규율에 관해 쓴 것에 의해 저의 작업은 모두 동일하게 마르크스가 쓴 것과 내재적으로 연결되어 있다고 말하겠습니다.[44]

여기서 푸코가 말하는 "『자본』 2권"은 마르크스 생전에 마르크스의 감수를 거쳐 출판된 프랑스어판 『자본』 2권을 뜻하며, 따라서 독일어판으로 하면 『자본』 1권의 4편 이하를 가리킨다는 점을 감안하면, 알튀세르와 마찬가지로 푸코 역시 자본의 논리적 연역이 전개되는 부분과 자본주의의 역사적 전개과정이 서술되는 부분을 구별하면서, 전자에 대하여 후자에 우위를 두고 있음을 알 수 있다. 하지만 마르크스주의자로서 알튀세르가 이를 착취의 전개과정이라는 관점에서 이해한다면, 푸코 자신은 자본주의의 역사적 전개에 관한 마르크스의 분석을 "권력구조 및 권력제도의 확립과 발전에 관한 분석"으로 읽고 있음을 알 수 있다.

---

44 Foucault, Gordon & Patton, "Considerations on Marxism, Phenomenology and Power, Interview with Michel Foucault", pp.100~101.

마르크스의 분석에서 푸코가 주목하는 것은 자본주의 생산양식이 성립하고 전개하기 위한 조건이 바로 규율의 기술이었다는 점이다.[45] 본래적 의미의 자본주의 생산양식이 구성되기 위해서는 노동의 형식적 포섭을 넘어선 실질적 포섭이 이루어져야 한다. 이는 곧 노동생산성을 높이기 위해 노동자들, 특히 그들의 신체가 자본의 명령에 효과적으로 복종하도록 만드는 것이다. 하지만 노동자들은 순순히 복종하지 않으며, 이를 위해서는 노동자의 노동력을 노동자 자신 및 그의 온전한 신체로부터 분리할 필요가 있다. 푸코에 따르면 이러한 노동의 실질적 포섭을 가능하게 하는 것이 바로 규율 기술이었으며, 마르크스가 1권 4편의 결합노동에 대한 분석 및 기계제 대공업에 대한 분석에서 보여 준 것이 바로 이 점이다.

> 노동수단의 획일적인 운동에 노동자가 기술적으로 종속되어 있고 남녀를 불문하고 매우 다양한 연령층의 개인들로 이루어져 있는 노동 단위의 독특한 구성은 군대와 같은 규율을 만들어내고, 이 규율은 공장 체제를 완전한 형태로 발전시켜 앞에서도 얘기한 감독 노동을 발전시키며, 그리하여 노동자들을 육체노동자와 노동감독자로[즉 보통의 산업병사와 산업하사관으로] 완전히 분할한다. […] 노예 사역자의 채찍 대신 감독자의 징벌 장부가 등장한다. 물론 모든 징벌은 벌금과 임금삭감으로 귀착된다.[46]

---

45 이에 관한 더 상세한 분석은 이 책 8장 참조.
46 Marx, *Das Kapital*, I, p.447[『자본』 I-1, pp.572~573].

따라서 이는 푸코가 『감시와 처벌』에서 규율을 다음과 같이 정의하는 이유를 이해할 수 있게 해준다. "규율의 역사적 시기는 신체의 능력 확장이나 신체에 대한 구속의 강화를 지향할 뿐만 아니라 하나의 메커니즘 속에서 신체가 유용하면 할수록 더욱 신체를 복종적인 것으로 만드는, 또는 그 반대로 복종하면 할수록 더욱 유용하게 만드는 관계의 성립을 지향하는, 신체에 대한 새로운 기술이 생겨나는 시기다."[47]

그런데 마르크스는 규율 기술을 노동생산성을 높이기 위한 또는 다른 관점에서 보면 착취의 강도를 강화하기 위한 보충적인 기술로 간주한 데 반해, 푸코는 규율 개념이 착취 개념에 기능적으로 종속된다고 간주하지 않았다. 오히려 푸코는 착취가 여러 가지 규율의 기술 중 한 가지 사례라고 보았으며, 규율은 공장만이 아니라 학교에서 병원에서, 수도원에서, 군대에서, 감옥에서도 사용되었던 새로운 권력의 일반적 형식이라고 간주했다.

> 규율은 복종되고 훈련된 신체, '순종하는' 신체를 만들어낸다. 규율은 (효용이라는 경제적 관계에서 보았을 때는) 신체의 힘(force)을 증대시키고 (복종이라는 정치적 관계에서 보았을 때는) 동일한 그 힘을 감소시킨다. 간단히 말하면 규율은 신체와 능력/권력(le pouvoir)을 분리시킨다. 그것은 한편으로는 신체를 '적성'(aptitude), '능력'(capacité)으로 만들고 그 힘을 증대시키려 하는 반면, 다른 한편으로는 '에너지'와 그로부터 생길 수 있는 '역량'(puissance)을 역전시켜, 그것들을 엄격한

---

47 Foucault, *Surveiller et punir*, p.162 [『감시와 처벌』, 217쪽]. 강조는 인용자.

복종관계(sujétion)로 만든다. 경제적 착취가 노동력과 노동 생산물을 분리시킨다면, 규율에 의한 강제는 증가되는 적성과 확대되는 지배 사이의 구속관계를 신체를 통해 확립해둔다.[48]

실로 『감시와 처벌』에서 푸코가 보여주려고 했던 것은 규율 기술이 14~15세기 수도원에서 처음 생겨난 이후, 사회의 말단 곳곳에서 적용되고 변형되고 확산되어 18세기 이후에는 근대권력의 지배적인 형식으로 일반화되었다는 점이다. 따라서 푸코가 보기에는 규율이야말로 자본주의 생산양식이 성립하기 위해 전제되어야 하는 노동자의 신체 및 노동력, 그리고 생산력이라는 것 자체를 만들어내는 권력의 기술이었으며, (회계적으로 이해되든 그렇지 않든 간에) **착취 개념에 논리적으로 선행하는 것은 바로 규율권력이었다.**

이 글의 목적은 마르크스주의적 착취 개념과 푸코적인 규율권력론 가운데 어떤 것이 더 논리적으로 우위에 있는가를 따지는 데 있지 않다. 이는 누가 마르크스주의자이고 누가 푸코주의자인지(또는 포스트 담론의 지지자인지) 가리고자 하는 문제나 아니면 푸코가 마르크스(주의)와 과연 양립 가능한지 아닌지 따지는 문제로 귀결되기 쉽다. 전자가 무익한 정체성 투쟁 내지 인정투쟁을 의미한다면, 후자는 마르크스주의 및 착취의 이론적 우위를 가정한 가운데 푸코가 이것으로 포섭될 수 있는지 여부를 묻는 것이다. 이런 질문이 과연 마르크스주의에, 더 나아가 역사에 대한 유물론적 분석을 위해 바람직한 것인지는 의문

---

48 *Ibid.*[같은 책, 217쪽]. 번역은 수정.

이다.[49] 오히려 내가 보기에 중요한 것은 푸코가 규율권력에 대한 분석을 통해, 그리고 이후에는 생명권력 및 통치성 분석을 통해 자본주의적 착취와 지배, 그리고 비인간적 예속 과정에는 경제적 분석 및 계급적 분석으로 환원될 수 없는 독자적인 권력의 메커니즘이 필요했다는 것을 보여주었다는 점이며, 이는 비회계적인 관점에서 착취를 이해하기 위해, 곧 잉여가치의 추출은 **동시에 권력의 형태이자 비인간적 예속화의 형태라는 것을** 이해하기 위해 중요한 통찰이라는 점이다.[50]

더 나아가 푸코의 규율권력 분석이 예속적 주체화(assujettisse-ment)의 메커니즘에 관한 분석이라는 점 역시 중요하다. 특히 푸코는 광인들의 정신의학적 예속화(『광기의 역사』), 학생들의 규범적 예속화(『감시와 처벌』), 성적 예속화(『성의 역사 1권』)와 같이, **계급지배로 환원되지 않는** 다양한 형태의 예속화 작용을 설명하려고 시도한다.

> 이러한 예속화는 경제적으로 기능적인 예속화를 넘어서 그러한 예속화에서 배제된 더 근원적인 예속화 작용들을 수반한다. 사실 푸코는 규율권력의 특징 중 하나를 "여백"(marges)이나 "잔여"(résidus)를 만들어내는 데서 찾는다. 곧 규율화된 군대의 출현 이후 비로소 탈영병

---

49 푸코 자신도 자신의 작업을 일종의 역사유물론에 대한 탐구로 이해한 바 있다.

50 이런 관점에서 보면 아쉬운 것은 미하엘 하인리히나 던컨 폴리는 말할 것도 없거니와 데이비드 하비 역시 푸코의 권력 분석의 함의를 충분히 고려하지 못한다는 점이다. 하비는 영어권에서 푸코를 "자주 맑스와 전혀 대립되는 사상가로 간주되는 것은 모순"이라고 지적하면서 푸코가 "맑스의 논의를 일반화"시켰다는 점을 인정한다. 데이비드 하비, 『데이비드 하비의 맑스 『자본』 강의』, 276쪽. 하지만 그는 마르크스와 푸코의 차이점이 의미하는 바가 무엇인지, 그리고 회계적 관점을 넘어서는 착취에 대한 분석에서 이러한 차이가 지니는 의미가 무엇인지는 제대로 고려하지 않는다.

이라는 존재가 생겼으며, 학교규율이 "정신박약"을 출현시켰고, "비행자"(非行者, délinquants)를 만들어내는 것은 경찰의 규율이다. 그리고 "정신병자"(malade mental)는 "잔여 중의 잔여, 모든 규율의 잔여이며, 한 사회에서 발견될 수 있는 학교, 군대, 경찰 등의 모든 규율에 동화 불가능한 자"라고 할 수 있다.[51]

따라서 규율권력은 단순히 자본주의 체계의 기능을 위해, 그것의 재생산을 위해 필요한 **기능주의적 요소들을 재생산할 뿐만** 아니라, 동시에 그것에서 주변화되고 배제된 이들 —— 앞에서 보았듯이 마르크스 자신이 '사회의 찌꺼기'로서 룸펜 프롤레타리아라는 이름으로밖에 부르지 못했던 이들 —— 을 함께 생산해낸다. 그렇다면 규율권력은 예속적 주체화의 권력일 뿐만 아니라 동시에 배제의 권력이라고 할 수 있으며, 아마도 더 정확히 말하면 **배제를 통한 예속화의 권력**이라고 할 수 있다.

이때의 배제는 절대적 배제(곧 사회 내지 공동체 바깥으로의 추방)라기보다는 '내적 배제'라고 할 수 있다. 내적 배제는 한마디로 말한다면 일정한 부류의 사람들(이들은 사회의 대다수일 수 있다)을 사회 속에서 2등 시민, 2등 국민, 따라서 2등 인간으로 존재하고 살아가도록 강제하는 제도적·실천적·담론적 메커니즘이라고 규정할 수 있다. 최근 우리 사회에 널리 확산되어 있는 용어법을 따르자면, 사람들로 하여금 을로서, 또는 병이나 정과 같이 '을의 을'로서 존재하고 행위하도록 강

---

51 진태원, 이 책 388쪽.

제하는 것이 바로 내적 배제의 메커니즘이다. 오래 전부터 페미니즘 이론가들은 바로 여성들이야말로 이러한 내적 배제의 대상이 되어왔다고 주장해왔으며, 특히 마르크스주의적 페미니즘 이론가들은 마르크스의 착취 개념만으로는 가정 내에서 여성들의 착취라는 문제, 또는 착취 과정에 구조적으로 개입하는 젠더 차별의 문제를 제대로 해명할 수 없다고 비판해왔다.[52]

이런 측면에서 낸시 프레이저의 최근 작업은 주목할 만하다. 그는 하버마스 이후의 비판이론이 오랫동안 자본주의 비판을 소홀히해왔다고 지적하면서, 전통적인 마르크스주의적 관점에 입각한 자본주의 비판을 넘어서는 확장된 자본주의 비판의 필요성을 제기한다.[53] 프레이저는 이를 특히 하나의 'ex-'에서 다른 'ex-'로의 전환이라고 규정한다. 곧 마르크스주의적인 자본주의 비판의 핵심 개념이었던 '착취'(exploitation)에서 '수탈/비전유'(expropriation)으로의 전환이 바로 그것이다. 프레이저가 말하는 '확장된 자본주의관'은 크게 두 가지 요소로 구성되어 있다.

첫째, 이는 마르크스가 유통관계에서는 풀리지 않는 자본의 가치

---

52 마리아 미즈, 『가부장제와 자본주의』 및 실비아 페데리치, 『혁명의 영점』 등을 참조. 또한 아시아 지역의 여성노동에 대한 분석을 바탕으로 마리아 미즈를 비롯한 독일 페미니즘 이론의 난점을 극복하려는 피터 커스터스, 『자본은 여성을 어떻게 이용하는가』, 박소현·장희은 옮김, 그린비, 2015의 작업도 참조하라.

53 Nancy Fraser, "Behind Marx's Hidden Abode: For an Expanded Conception of Capitalism", *New Left Review*, no.181, 2015; "Roepke Lecture in *Economic Geography*: From Exploitation to Expropriation", Economic Geography, vol.94, no.1, 2018; Nancy Fraser & Rahel Jaeggi, *Capitalism: A Conversation in Critical Theory*, London: Polity, 2018을 각각 참조.

증식의 수수께끼를 "생산의 감춰진 장소"에서 밝혀내듯이, 마르크스 (주의)의 착취 개념(곧 알튀세르식으로 말하면 착취에 대한 '회계적인' 관점)만으로는 제대로 드러나지 않는 착취의 조건을 설명하기 위해 착취 개념을 넘어서 수탈/비전유 개념을 제안하는 것이다. 마르크스의 착취 개념은 모두에게 이익이 되는 자유롭고 평등한 교환 관계라는 허상 속에 존재하는, 그러한 관계의 숨겨진 조건으로서의 자본주의적 착취의 냉혹한 현실을 밝혀내고 있지만, 이러한 착취 자체가 또 다른 조건을 지니고 있다는 사실에 대해서는 맹목적으로 남아 있다. 그것은 프레이저의 명쾌한 정식에 따르면, "자본이 '수탈하는/비전유하는' 이들의 예속(subjection)이, 자본이 '착취하는' 이들의 자유를 위한 숨겨진 가능성의 조건"[54]이라는 점이다. 여기에서 "착취하는 이들의 자유"란 마르크스가 『자본』에서 언급했던 노동자들의 이중의 자유를 의미한다. 노동자들이 자신들의 노동력을 판매할 수 있기 위해서는 신분적 예속에서 자유로워야 하며 또한 생산수단의 소유에서도 자유로워야 한다. 그런데 이렇게 자유로운 노동자는 그냥 존재하는 것이 아니라, 그 자체가 생산되고 재생산되어야 한다. 곧 생명체로서 탄생해야 하고 양육되어 노동할 수 있는 능력을 갖춘 존재로 성장해야 하며, 또한 성인이 되어서도 그의 삶의 재생산을 위해 필요한 여러 가지 노동을 맡아서 수행해주는 누군가가 존재해야 하는 것이다. 하지만 이 후자의 생산노동과 재생산노동은 잉여가치를 생산하는 노동, 따라서 생산적 노동이

---

54 Nancy Fraser, "Roepke Lecture in Economic Geography: From Exploitation to Expropriation", *Economic Geography*, 4.

아니기 때문에 자본주의적 축적의 회로 바깥에 존재한다. 또한 중심부 자본주의 노동자들 및 그의 가족들이 생필품을 싼 값에 구입해서 생계를 유지하기 위해서는 주변부 국가들의 자본주의적 회로 안팎에서 저임금과 초과노동의 강제에 예속되어 있는 다른 존재들이 항상 이미 필요하다. 이것이 바로 프레이저가 말하는 착취와 구별되는 수탈/비전유라는 개념이다.

둘째, 이러한 수탈/비전유가 자본주의적 착취의 가능 조건으로 기능하기 위해서는 좁은 의미의 경제적 과정 이전과 이후에 이루어지는 정치적 예속이 필수적이다. 이러한 정치적 예속이 반드시 법적·신분적 예속일 필요는 없다. 그것은 수많은 사람들로 하여금 법적·형식적으로는 자유롭고 평등할 수 있지만, 실제의 삶의 조건 속에서는 2등 시민, 2등 인간으로서 살아가도록 강요하는 예속의 메커니즘을 가리킨다. 프레이저는 특히 인종적 예속을 이러한 정치적 예속의 핵심으로 간주한다. 따라서 프레이저에 따르면, 오늘날 자본주의적 착취와 폭력, 예속의 현실을 사고하기 위해서는 고전 마르크스(주의)의 '착취' 개념만으로는 불충분하며, 이를 '수탈/비전유'라는 개념으로 확장해야 한다. 이것은 푸코식으로 말하자면, 착취가 가능하기 위해서는 독자적인 예속적 주체화의 메커니즘, 곧 내적 배제의 메커니즘이 필요하다는 것을 뜻한다.

배제의 문제와 관련하여 지금까지 거론했던 푸코와 프레이저 그리고 (마르크스주의) 페미니스트들 사이에는 당연히 관점의 차이 및 갈등의 소지가 존재하는데, 내가 생각하기에 이러한 차이 및 갈등을 배타적인 양자택일(또는 삼자택일)의 대상으로 간주하기보다, 말하자면

'이접적인 종합' 또는 생산적인 경합의 문제로 사고하는 것이 더 나을 것 같다.

3) 리프리젠테이션

만약 그렇다면 오늘날 자본주의를 위한 저항 내지 투쟁은 회계적 관점에서 이해된 착취에 맞선 투쟁으로 한정될 수 없을 뿐만 아니라, 또한 계급적 지배의 문제로 국한될 수 없는 훨씬 더 다양하고 복잡한 지배와 소외, 예속화와 배제의 권력에 대한 투쟁을 요구한다. 이런 관점에서 마지막으로 리프리젠테이션의 문제를 제기해볼 수 있다. 아마 착취 및 지배, 소외에 대한 저항과 관련하여 리프리젠테이션이라는 개념이 왜 문제가 되는지 의아하게 생각할 사람이 적지 않을 것이다. 이는 리프리젠테이션이 대개 대의 민주주의적 맥락의 '대표'라는 개념, 특히 의회적 대표라는 개념으로 이해되거나 아니면 미학적 맥락에서 재현으로 또는 인식론적 의미의 표상으로 이해되고 있으며, 더욱이 이 상이한 의미들에 따라 규정된 서로 다른 리프리젠테이션들이 서로 분리된 채로 단독적으로 통용되기 때문이다. 하지만 내가 보기에 리프리젠테이션 개념은 통용되는 용법으로 환원될 수 없는 두 가지 핵심을 지니고 있으며, 이는 착취와 배제, 소외의 문제를 사고하고 그것에 맞서기 위한 투쟁을 고려하는 데도 중요한 시사점을 줄 수 있다.

우선 리프리젠테이션 개념은, 낸시 프레이저의 표현을 빌리면 '틀짜기'(framing)의 위상을 지닌다는 점을 이해하는 것이 중요하다.[55] 프레이저는 지난 20여 년 동안 자신이 수행해왔던 정의의 두 가지 차원,

곧 재분배와 인정을 넘어서 세 번째 차원을 고려하는 게 중요하다고 지적한 바 있다. 그것은 곧 정체성의 차원인데, 이는 리프리젠테이션의 문제와 직결되어 있다. 여기에서 정체성이란 일차적으로 사회정치적인 정체성을 가리키며, 이는 국민적 정체성이나 계급적 정체성, 인종적 정체성 또는 성적 정체성의 문제 등으로 나타난다. 그런데 탈형이상학의 관점에서 볼 때 정체성, 특히 사회정치적 정체성이란 초월적인 기원(신성과 같은)이나 자연적인 본성(혈통이나 문화적 전통 같은)에 기초를 둔 것이 아니라 '상상적이며 구성되는' 것이다. 그리고 프레이저에 따르면 이처럼 정체성들을 형성하고 변형하고 재구성하는 틀의 역할을 하는 것이 바로 리프리젠테이션이다.

프레이저와 약간 다른 맥락에서, 곧 포스트 담론의 맥락에서 문제를 정식화해볼 수도 있다. 특히 자크 데리다의 탈구축 이론에 따르면, 재현이라는 작용에 선행하여 현존하는 사물 그 자체란 존재하지 않는다. 오히려 현존하는 사물은 재현 작용에 의해 성립하며, 그러한 작용에 의존한다. 둘째, 이처럼 재현 이전에 사물의 현존이 미리 존재한다는 생각, 따라서 기원이 존재한다는 생각은 서양 형이상학에 고유한 특성 중 하나이며, 이런 의미에서 서양 형이상학은 현존의 형이상학(métaphysique de la présence)이라고 할 수 있다.[56] 현존의 형이상학

---

55 낸시 프레이저,『지구화 시대의 정의』, 그린비, 2009.

56 현존의 형이상학은 현전(現前)의 형이상학이라고도 하는데, 이는 하이데거 국내 수용 과정에서 하이데거의 Anwesen 개념을 '현전'이라는 번역어로 옮긴 하이데거 연구자들의 영향 때문이다. 하이데거의 Anwesen 개념은 영어로는 presence로, 불어로는 présence로 번역되는데, 하이데거 자신이 사용하지 않은 '현존의 형이상학'이라는 개념을 명시적으로 제시하고 이론화한 사람은 자크 데리다이며, 데리다 사상의 영향력으로 인해 '현존

은 기원 그 자체, 현존 그 자체란 존재하지 않으며, 기원 및 현존은 재현 작용에 의거하여 사후에 성립한다는 사실을 은폐하는 것을 자신의 기능으로 삼고 있다. 이런 관점에 의하면 재현으로서의 리프리젠테이션 이전에 **그 자체로 성립하는**, 따라서 **자연적이거나 불변적인** 계급적 본질이나 성적 본질 또는 인종적이거나 민족적·국민적 본질이 존재한다고 가정하는 것은 전형적인 현존의 형이상학이다. 아울러 현존의 형이상학은 단순히 사실에 대한 그릇된 표상에 머물지 않고, 실천적인 장애로 기능한다. 재현에 앞서 현존하는 사물의 본질, 계급적 본질이나 성적 본질, 인종적이거나 민족적·국민적 정체성을 강조하는 것은, 그것이 본질적이면 본질적일수록 자기를 중심화하고 심지어 절대화하며 다른 본질이나 정체성을 하위의 것으로 포섭하고 종속시키려고 하기 때문이다. 앞에서 말한 중심의 신화, 대문자 주체의 신화, 이행의 신화가 모두 이것과 관련되어 있다. 아울러 그것이 **순수한 본질을 강조하는 만큼**, 계급적 관계이든 성적 관계이든 또는 인종적이거나 국민적 관계이든 간에 그 내부에 있는 이질적인 요소들을 억압하거나 배제하려고 한다. 따라서 이는 용어모순적이게도 배제적 민주주의를 진정한 민주주의로 간주하는 도착적인 결과를 낳게 된다. 그렇다면 재현 작용 이전에 선행하는 순수한 본질은 존재하지 않으며, 재현 작용 또는 재-현 내지 재-현시화(re-presentation) 작용이야말로 실재와 정체성을 생산하고 재생산하고 변용하는 틀 짜기의 작용이라는 점을 이해하는

의 형이상학'이라는 개념이 현대 인문사회과학의 공통 개념이 되었다고 할 수 있다. 내가 보기에는 '현전'보다 '현존'이라는 개념이 더 자연스럽고 가독성이 있다.

것이 핵심적이다.

이러한 측면에서 대표로서의 리프리젠테이션의 문제도 재고찰해볼 수 있다. 지난 20여 년간 특히 영미 정치학계를 중심으로 대표의 문제에 관한 새로운 탐구가 진행되어왔다. 논자에 따라 '대표론적 전회'(representative turn)라고 하거나[57] '구성주의적 전회'(constructivist turn)라고 하는[58] 이러한 재해석 작업의 요점은 정치적 대표에 관한 표준적 설명을 해체하는 것이다. 이들에 따르면 대표라는 것은, 민주주의에 대한 통상적인 생각이 가정하듯, 인민 내지 국민이 직접 참여하는 것이 진정한 의미의 민주주의이므로, 민주주의를 **원래의 민주주의와 다른 것**으로, 다시 말하면 인민 내지 국민이 직접 참여하는 대신 그 대표자들이 간접적으로 수행하는 민주주의로, 따라서 순도가 덜할뿐더러 때로는 민의를 왜곡하거나 변질시키고 소수의 권력자들의 이해관계를 대변하는 것으로 만드는 것이 아니다. 오히려 대표는 "민주주의 본질"[59]로 간주되어야 하는 어떤 것이다. 이는 우선 대표라는 것이, (1) **이미 그 자체로 존재하는 국민 내지 유권자**가 (2) 역시 그 자체가 **이미 보유하고 있는 공통의 이해관계 내지 의지**를 (3) 그 대행자로서의 대표자가 말 그대로 대표/재현하는 것, 곧 가능한 한 있는 그대로 전달하는 것을 의미하는 것이 아니기 때문이다. **대표 이전에는 광범위하게**

---

57 특히 Nadia Urbinati/Mark Warren, "The Concept of Representation in Democratic Theory", *Annual Review of Political Science*, vol.11, 2008.

58 특히 Lisa Disch, "The 'Constructivist Turn' in Democratic Representation", *Constellations*, vol.22, no.4, 2015.

59 Sofia Näsström, "Representative Democracy as Tautology", *European Journal of Political Theory*, vol.5, no.3, 2006, 330.

흩어져 있는 개인들과 집단들이 "자신들의 공통의 의지를 거의 주장하지 못하기" 때문에, 따라서 실제로는 정치적 주체 내지 행위자들로 성립할 수 없기 때문에, 이들이 자신들의 공통의 의지를 갖고 행위하기 위해서는 "대표 제도와 권위 부여 절차"[60]가 필수적인 것이다. 더 나아가 대표는 유권자 내지 국민이 정치에 참여하는 것을 가로막거나 제한하는 것이라기보다 오히려 그러한 참여의 필수적인 조건이 된다. 한 연구자가 적절하게 말하듯이 "대표의 반대말은 참여가 아니라 배제"[61]인 것이다. 가령 20세기 중엽에 이르기까지 여성들은 대표될 수 없었기 때문에 정치적으로는 부재하는 존재자였으며, 자기 자신을 현시하고 재현할 수도 없었다.[62] 오늘날 한국에서 19세 미만의 시민들은 정치적으로 보면 그냥 부재하는 존재자들일 뿐이다. 더욱이 정치적 대표, 따라서 자기 재현 및 현시의 근원적인 전제가 국민적 소속이라는 것을 진지한 문제로 생각하는 한국의 마르크스주의자를 찾아보기는 매우 어렵다.

이런 관점에서 보면 리프리젠테이션의 문제는 단순히 이미 주어져 있는 정치적 틀 내에서 누구를 자신의 지지자로 포섭할 것인가, 어떻게 적대적 정파 및 세력을 약화시키고 우리의 세력을 강화할 것인가, 따라서 결국 어떻게 집권당이 되고 대통령이 될 것인가의 문제로

---

60 Iris Marion Young, *Inclusion and Democracy*, Oxford: Oxford University Press, 2000, p.130 이하.

61 David Plotke, "Representation is Democracy", *Constellations*, vol.4, no.1, 1997.

62 이런 측면에서 보면 '남녀 동수제(parité)'의 문제는 리프리젠테이션의 주제와 관련하여 매우 흥미로운 쟁점을 제기한다. 조앤 W. 스콧, 『성적 차이, 민주주의에 도전하다』, 오미영 외 옮김, 인간사랑, 2009 참조. 나에게 이 점을 일깨워준 문지영 선생께 감사드린다.

국한될 수 없다(이 문제들도 당연히 중요하다). 그것은 누가 과연 **대표될 만한** 존재자인가, 누가 **대표 가능한** 이들의 범주에 속하고 **대표 불가능한**, 또는 대표되지 않아도 무방한 이들의 범주에 속하는가, 그러한 분할은 어떤 기준에 따라 작동하며 그것은 계급적 관계 내지 젠더 관계 또는 인종적이거나 국민적 관계와 어떤 관계를 맺고 있는가, 또한 그것을 어떻게 전환할 수 있는가의 문제와 관련되어 있다.

가령 『불화』에서 랑시에르가 민주주의를 '몫 없는 이들의 몫'이라고 규정했을 때, 그가 말하는 몫이란 재분배적인 차원에서의 평등을 의미하는 것도 소수자 집단의 정체성 및 권리에 대한 인정을 의미하는 것도 아니다. 그것은 이 양자를 물론 포함하지만 여기에서 더 나아가 기존의 틀 짜기 질서, 그가 '감각적인 것의 나눔'이라고 부른 치안의 질서 내지 아르케의 질서에 대한 해체와 전위(轉位)를 함축하는 것이다. 따라서 랑시에르는 정치의 쟁점을 정체화(identification) 대 주체화(subjectivation)의 문제로 규정한 바 있다.[63] 전자가 기존의 치안 질서를 자연적인 것으로 전제한 가운데 그 속에서 각각의 집단과 개인들에게 정체성과 몫을 할당하는 작용을 가리킨다면, 후자는 이러한 치안의 질서를 해체하고 전위하는 작용을 지칭한다. 랑시에르 자신은 양자를 다소 배타적으로 대립시키고 있지만,[64] 어쨌든 중요한 것은 정치의 핵심 쟁점 중 하나는 틀 짜기로서 리프리젠테이션의 문제라는 것, 따라서 주체화의 문제라는 것을 뚜렷하게 보여준다는 점이다.

---

63 랑시에르, 「정치, 동일시, 주체화」, 『정치적인 것의 가장자리에서』 참조.
64 이는 랑시에르의 치안 개념이 기본적으로 탄성이 부족한 개념이라는 것, 곧 치안의 역사성을 사고하지 못하게 만드는 개념이라는 점과 연결되어 있다.

4. 맺음말

지금까지 살펴본 마르크스주의의 네 가지 신화 및 그것의 해체에서 제기될 수 있는 세 가지 쟁점이 마르크스주의의 탈구축과 관련한 유일한 관점이라거나 가장 포괄적인 시각이라고 주장하고 싶은 생각은 없다. 다만 이러한 해체와 재구성이 오늘날 마르크스주의가 좀더 이론적·실천적으로 적합성을 얻기 위해 반드시 필요한 작업 중 하나라는 점은 지적해두고 싶다. 이러한 탈구축 작업을 거치지 않는 한, 마르크스주의는 계속해서 자신의 게토에 머물러 있을 수밖에 없을 것이다.

참고문헌

Agamben, Giorgio, *The Time That Remains*, Stanford University Press, 2001.

_____, *Homo Sacer: Sovereign Power and Bare Life*, Stanford University Press, 1998[『호모 사케르: 주권 권력과 벌거벗은 생명』, 박진우 옮김, 새물결, 2008].

_____, *The Coming Community*, University of Minnesota Press, 1990.

Allen, Amy, "Foucault and the Politics of Our Selves", *History of the Human Sciences*, vol.24, no.4, 2011.

Althusser, Louis, *Les Vaches noires: Interview imaginaire*, PUF, 2017[『검은 소: 알튀세르의 상상 인터뷰』, 배세진 옮김, 생각의 힘, 2018].

_____, "Sur la révolution culturelle"(1966), *Décalages*, vol.1, no.1, 2014[http://scholar.oxy.edu/decalages/vol1/iss1/8/, 2018. 12. 5. 접속].

_____, "Avant-propos du livre de G. Duménil, *Le concept de loi économique dans le Capital*"(1977), in *Solitude de Machiavel et autres textes*, PUF, 1998[「제라르 뒤메닐의 저서 『'자본'의 경제법칙 개념』의 서문」, 배세진 옮김, 『웹진 인-무브』 2018. 11. 3. (http://en-movement.net/198, 2018. 11. 28. 접속)].

_____, "Enfin la crise du marxisme!"(1977), in Yves Sintomer ed., *Solitude de Machiavel*, PUF, 1998[루이 알튀세르, 「마침내 맑스주의의 위기가!」, 이진경 엮음, 『당 내에 더이상 지속되어선 안 될 것』, 새길, 1992].

_____, "Le marxisme aujourd'hui"(1978), in *Solitude de Machiavel et autres textes*, PUF, 1998[「오늘의 맑스주의」, 서관모 엮음, 『역사적 맑스주의』, 새길, 1993].

_____, et al., *Lire le Capital*, Paris: PUF, 1996(초판 1965).

_____, *Pour Marx*, La Découverte, 1996(초판 1965)[루이 알튀세르, 『마르크스를 위

하여』, 서관모 옮김, 후마니타스, 2017].

_____, *XXIIe Congrès*, Maspero, 1977[「22차 당대회」, 이진경 엮음, 『당 내에 더이상 지속되어선 안 될 것』, 새길, 1992].

Anderson, Benedict, *Imagined Communities: Reflections on the Origin and Spread of Nationalism*, Verso, 2006(3rd Edition)[『상상의 공동체: 민족주의의 기원과 전파』, 윤형숙 옮김, 나남, 2002].

Appadurai, Arjun, "How Histories Make Geographies: Circulation and Context in a Global Perspective", in *The Future as Cultural Fact: Essays on the Global Condition*, Verso, 2013.

Arendt, Hannah, *The Origins of Totalitarianism*, Harcourt, 1951[『전체주의의 기원 1』, 박미애·이진우 옮김, 한길사, 2006].

Badiou, Alain, *Logique des mondes*, Seuil, 2006.

_____, *Saint Paul*, PUF, 1997[『사도 바울』, 현성환 옮김, 새물결, 2010].

_____, *L'Ethique*, Hatier, 1993[『윤리학』, 이종영 옮김, 새물결, 2001].

_____, *L'Être et l'événement*, Seuil, 1988.

Balibar, Étienne, "Europe: Provincial, Common, Universal", *Annali di scienze religiose*, Turnhout, no.10, 2017.

_____, "The Genre of the Party", *The Viewpoint Magazine*, 2017. 3. 15.[https://www.viewpointmag.com/2017/03/15/the-genre-of-the-party/, 2018. 10. 25. 접속].

_____, "Exploitation, aliénation, domination", in Catherine Colliot-Thélène ed., *Que reste-t-il de Marx ?*, Rennes: Presses universitaires de Rennes, 2017[「착취」, 구준모 옮김, 『웹진 인-무브』(http://en-movement.net/139?category=733236, 2018. 11. 28 접속)].

_____, "Démocratisations", *Vacarme*, no.76, 2016.

_____, *Des universels*, Galilée, 2016.

_____, "What does Theory Become? The Humanities, Politics and Philosophy(1970-2010): Reflections and Propositions", *Crisis & Critique*, vol.1, no.3, 2014.

_____, *Violence et civilité*, Paris: Galilée, 2010[부분 번역, 『폭력과 시민다움』, 진태원 옮김, 난장, 2012].

_____, *La proposition de l'égaliberté*, PUF, 2010.

_____, "Historical Dilemmas of Democracy and Their Contemporary Relevance for Citizenship", *Rethinking Marxism*, vol.20, no.4, 2008.

_____, "Europe comme Borderland", in *Europe, constitution, frontière*, Bords de l'eau, 2004.

_____, *Droit de cité*, PUF, 2002[『정치체에 대한 권리』, 진태원 옮김, 후마니타스, 2011].

_____, *Nous, citoyens d'Europe?*, La Découverte, 2001[『우리, 유럽의 시민들? 세계화와 민주주의의 재발명』, 진태원 옮김, 후마니타스, 2010].

_____, *La crainte des masses*, Galilée, 1997[『대중들의 공포』, 서관모·최원 옮김, 도서출판b, 2007].

_____, "Les universels", in *La crainte des masses*, Galilée, 1997[『대중들의 공포』, 서관모·최원 옮김, 도서출판b, 2007].

_____, "Ambiguous Universality", *Differencess: A Journal of Feminist Cultural Studies*, vol.7, no.1, 1995.

_____, *Cinq études du matérialisme historique*, François Maspero, 1974[『역사유물론 연구』, 이해민 옮김, 푸른산, 1989].

Balibar, Étienne and Immanuel Wallerstein, *Race, nation, clase: Les identités ambiguës*, La Découverte, 1988.

Benjamin, Andrew ed., *Walter Benjamin and History*, Continuum, 2005.

Benjamin, Walter, *Gesammelte Schriften*. Ed. R. Tiedemann and H. Schweppenhäuser, Suhrkamp, 1972~1989.

Billig, Michael, *Banal Nationalism*, Sage, 1995.

Bosteels, Bruno, *Alain Badiou, une trajectoire polémique*, La Fabrique, 2009.

Brown, Wendy, "Neo-liberalism and the End of Liberal Democracy", *Theory & Event*, vol.7, no.1, 2003.

Butler, Judith. *Subjects of Desire: Hegelian Reflections in Twentieth-Century France*, Columbia University Press, 2012(1987).

Campbell, David, "Why Fight: Humanitarianism, Principles, and Post-structuralism", *Millennium-Journal of International Studies*, vol.27, no.3, 1998.

Castel, Robert, *La montée des incertitudes: Travail, protections, statut de l'individu*, Seuil, 2009.

Chakrabarty, Dipesh, "From Civilization to Globalization: the 'West' as a Shifting Signifier in Indian Modernity", *Inter-Asia Cultural Studies*, vol.13, no.1, 2012.

_____, *Provincializing Europe*, Princeton University Press, 2007(2000)[『유럽을 지방화하기』, 김택현·안준범 옮김, 그린비, 2014].

Chambers, Samuel A., *The Lessons of Rancière*, Oxford University Press, 2013[『랑시에르의 교훈』, 김성준 옮김, 그린비, 2019].

Chatterjee, Partha, *The Politics of the Governed: Considerations on Political Society in Most of the World*, Columbia University Press, 2004.

Cusset, François, *French Theory: How Foucault, Derrida, Deleuze, & Co. Transformed the Intellectual Life of the United States*, University of Minnesota Press, 2008[프랑수아 퀴세, 『루이비통이 된 푸코? 위기의 미국 대학, 프랑스 이론을 발명하다』, 문강형준·박소영·유충현 옮김, 난장, 2012].

Dardot, Pierre and Christian Laval, *La Nouvelle raison du monde: Essai sur la société néolibérale*, La Découverte, 2009.

Dastur, Françoise, "Derrida et la question de la présence: une relecture de *La Voix et le phénomène*", *Revue de métaphysique et de morale*, no.53, 2007.

_____, "Anaximander and Heidegger: Being and justice", in *Interrogating the Tradition, Hermeneutics and the History of Philosophy*, C. E. Scott and J. Sallis eds., State University of New York Press, 2000.

Davidson, Arnold I., "In Praise of Counter-Conduct", *History of the Human Sciences*, vol.24, no.4, 2011.

de Sousa Santos, Boabentura, "Épistémologies du Sud", *Études rurales*, no.187, 2011.

de Vries, Hent, *Religion and Violence: Philosophical Perspectives from Kant to Derrida*, Johns Hopkins University Press, 2002.

Derrida, Jacques and Elisabeth Roudinesco, *De quoi demain...*, Fayard/Galilée, 2001.

Derrida, Jacques and Geoffrey Bennington, *Jacques Derrida*, Seuil, 1990.

Derrida, Jacques and Laurence Sullivan E. ed. *Political Theologies: Public Religions in a Post-Secular World*, Fordham University Press, 2006.

Derrida, Jacques, "The Tragic, the Impossible and Democracy: An Interview with Jacques Derrida"(1999), *International Journal for the Semiotics of Law*, vol.23, no.3, 2010.

_____, "Penser ce qui vient", in René Major ed., *Derrida pour les temps à venir*, Stock, 2007.

_____, *Chaque fois unique, la fin du monde*, Galilée, 2003.

_____, *Voyous*, Galilée, 2003.

_____, *Foi et savoir*, Seuil, 2001.

_____, *Negotiations: Interventions and Interviews, 1971~2001*, ed. & trans., Elisabeth Rottenberg, Stanford University Press, 2001.

_____, *Donner la mort*, Galilée, 1996.

_____, *Le monolinguisme de l'Autre*, Galilée, 1996.

_____, "Remarks on *Deconstruction and Pragmatism*", in Chantal Mouffe ed., *Deconstruction and Pragmatism*, Routledge, 1996.

_____, *Force de loi*, Galilée, 1994[『법의 힘』, 진태원 옮김, 문학과지성사, 2004].

_____, *Spectres de Marx*, Galilée, 1993[『마르크스의 유령들』, 그린비, 2014(수정 2판)].

_____, "'Il faut bien manger' ou le calcul du sujet", *Cahiers confrontation*, no.20, 1989.

_____, *Memoires: For Paul de Man*, Columbia University Press, 1986.

_____, *Marges de la philosophe*, Minuit, 1972.

_____, *De la grammatologie*, Minuit, 1967.

Deuber-Mankobsky, Astrid, "The Image of Happiness We Harbor: The Messianic Power of Weakness in Cohen, Benjamin, Paul", *New German Critique* 105, vol. 35, no. 3, 2008.

Deutscher, Penelope & Cristina Lafont eds., *Critical Theory in Critical Times: Transforming the Global Political and Economic Order*, Columbia University Press, 2017.

Disch, Lisa, "The 'Constructivist Turn' in Democratic Representation", *Constellations*, vol.22, no.4, 2015.

Eisenstadt, S. N. "Multiple Modernities", *Daedalus*, vol.129, no.1, 2000.

Fetcher, Paul and Arthur Bradley eds., *The Politics to Come: Power, Modernity, and the Messianic*, Continuum, 2010.

Foucault, Michel, Colin Gordon and Paul Patton, "Considerations on Marxism, Phenomenology and Power. Interview with Michel Foucault", *Foucault Studies*, no.14, 2012.

Foucault, Michel, *Le Courage de la vérité: Le Gouvernement de soi et des autres II: Cours au Collège de France(1984)*, Gallimard/Seuil, 2009.

_____, *Le Gouvernement de soi et des autres: Cours au Collège de France (1982~1983)*, Gallimard/Seuil, 2008.

_____, *Naissance de la biopolitique: Cours au Collège de France(1978~1979)*, Gallimard/Seuil, 2004[『생명관리정치의 탄생』, 오트르망 옮김, 난장, 2012].

_____, *Sécurité, territoire, population: Cours au Collège de France (1977~1978)*, Gallimard/Seuil, 2004[『안전, 영토, 인구』, 오트르망 옮김, 난장, 2011].

_____, *Pouvoir psychiatrique, Cours au Collège de France, 1973~1974*,

Gallimard/Seuil, 2003 [『정신의학의 권력』, 오트르망 옮김, 난장, 2014].

_____, *Dits et écrits*, vol.I-II, Gallimard, 2001.

_____, "Nietzsche, la généalogie, l'histoire" (1970), in *Dits et écrits*, vol.I, Gallimard, 2001.

_____, "Entretien avec D. Trombadori" (1978), in *Dits et écrits*, vol.II, Gallimard, 2001 [『푸코의 맑스』, 이승철 옮김, 갈무리, 2000].

_____, "Qu'est-ce que les lumières?" (1978), in *Dits et écrits*, vol.II, Gallimard, 2001.

_____, *"Il faut défendre la société": Cours au Collège de France (1977~1978)*, Seuil, 1997 [『"사회를 보호해야 한다"』, 김상운 옮김, 난장, 2015].

_____, *Histoire de la sexualité II, Le souci de soi*, Gallimard, 1984 [『성의 역사 2권: 자기에의 배려』, 문경자·신은영 옮김, 나남, 2004].

_____, "L'éthique du souci de soi comme pratique de la liberté", in *Dits et écrits* II, 1984 [「자유의 실천으로서 자아에의 배려」, 『미셸 푸코의 권력이론』, 정일준 옮김, 새물결, 1994.

_____, "Sujet et pouvoir", in *Dits et écrits*, vol.I, 1983.

_____, *Histoire de la sexualité I, La Volonté de savoir*, Gallimard, 1976 [『성의 역사 1권: 앎의 의지』, 이규현 옮김, 나남, 2004].

_____, *Surveiller et punir*, Gallimard, 1975 [『감시와 처벌』, 오생근 옮김, 나남, 2003].

Fraser, Nancy and Rahel Jaeggi, *Capitalism: A Conversation in Critical Theory*, Polity, 2018.

Fraser, Nancy, "Roepke Lecture in *Economic Geography*: From Exploitation to Expropriation", *Economic Geography*, vol.94, no.1, 2018.

_____, "Behind Marx's Hidden Abode: For an Expanded Conception of Capitalism", *New Left Review*, no.181, 2015.

_____, "Foucault on Modern Power: Empirical Insights and Normative Confusions", *Praxis International* vol.1, no.3, 1981 [「푸코의 권력론에 대한 비판적 고찰: 경험적 통찰과 규범적 혼란」, 정일준, 1994].

Fritsch, Matthias, *The Promise of Memory: History and Politics in Marx, Benjamin, and Derrida*, SUNY, 2005.

Gasché, Rodolphe, *The Tain of the Mirror: Derrida and the Philosophy of Reflection*, Harvard University Press, 1986.

Golder, Ben, "Foucault and the Unfinished Human of Rights", *Law, Culture and the Humanities*, vol.6, no.3, 2010.

Greenberg, Udi D., "Orthodox violence: 'Critique of Violence' and Walter Benjamin's Jewish political theology", *History of European Ideas* 34, 2008.

Habermas, Jürgen, *Der philosophische Diskurs der Moderne*, Suhrkamp, 1985[『현대성의 철학적 담론』, 이진우 옮김, 문예출판사, 1994].

Hamacher, Werner, "'Now': Walter Benjamin on Historical Time", in Andrew Benjamin ed., *Walter Benjamin and History*, Continuum, 2005.

_____, "Guilt History: Benjamin's Sketch 'Capitalism as Religion'", *Diacritics*, vol.32, no.3, 2002.

_____, "Afformative, Strike: Benjamin's 'Critique of Violence'", in Andrew Benjamin, Peter Osborne ed., *Walter Benjamin's Philosophy—Destruction and Experience*, Routledge, 1994.

Haverkamp, Anselm, ed. *Gewalt und Gerechtigkeit: Derrida-Benjamin*, Suhrkamp, 1994.

Heidegger, Martin, *Grundbegriffe*, Vittorio Klostemann, 1991[『근본개념들』, 박찬국·설민 옮김, 길, 2012].

_____, *Zur Sache des Denkens*, Max Niemeyer, 1976[『사유의 사태로』, 문동규·신상희 옮김, 길, 2008].

_____, *Holzwege*, Vittorio Klostermann, 1951[『숲길』, 신상희 옮김, 나남, 2008].

_____, *Sein und Zeit*, Max Niemeyer, 1927[『존재와 시간』, 이기상 옮김, 까치글방, 1998].

Hurst, Andrea, "Derrida's Quasi-Transcendental Thinking", *South Africa Journal of Philosophy*, vol.23, no.3, 2004.

Jameson, Fredric, "Postmodernism, or the Cultural Logic of Late Capitalism"(1984), in *Postmodernism, or, the Cultural Logic of Late Capitalism*, Duke University Press, 1991[「포스트모더니즘—후기자본주의의 문화논리」, 『포스트모더니즘론』, 정정호·강내희 편, 도서출판 터, 1990].

_____, "Postmodernism, or the Cultural Logic of Late Capitalism", *New Left Review*, no.152, 1984[「포스트모더니즘—후기자본주의의 문화논리」, 정정호·강내희 편, 『포스트모더니즘론』, 도서출판 터, 1990].

Janicaud, Dominique, *Heidegger en France*, tome 1: *récit*, Hachette Littératures, 2001.

_____, *Heidegger en France*, tome 2: *entretiens*, Hachette Littératures, 2001.

Johnson, Dave E., "As If Time Were Now: Deconstructing Agamben", *The South Atlantic Quarterly*, vol.106, no.2, 2007.

Jordheim, Helge. "Against Periodization: Koselleck's Theory of Multiple Temporalities", *History and Theory*, no.51, 2012.

Karsenti, Bruno, "La politique du dehors. Une lecture des cours de Foucault au Collège de France(1977~1979)", *Multitudes*, no.22, 2005.

Keenan, Tom, "The 'Paradox' of Knowledge and Power: Reading Foucault on a Bias", *Political Theory*, vol.15, no.1, 1987.

Kleinberg-Levin, David Michael, "The Court of Justice: Heidegger's Reflections on Anaximander", *Research in Phenomenology* 37, 2007.

Koselleck, Reinhardt, *Zeitschichten: Studien zur Historik*, Suhrkamp, 2000.

_____, *Vergangene Zukunft: Zur Semantik geschichtlichen Zeiten*, Suhrkamp, 1979[『지나간 미래』, 한철 옮김, 문학동네, 1998].

Lacan, Jacques, *Séminaire XI, Les quatre concepts fondamentaux de la psychanalyse*, Seuil, 1973[『자크 라캉 세미나 11: 정신분석의 네 가지 근본 개념들』, 맹정현 · 이수련 옮김, 새물결, 2008].

Lemke, Thomas, "Foucault's Hypothesis: From the Critique of the Juridico-Discursive Concept of Power to an Analytics of Government", *Parrhesia*, no.9, 2010.

_____, "Foucault, Governmentality, and Critique", *Rethinking Marxism*, vol.14, no.3, 2002.

Leonelli, Rudy M., "Marx lecteur du *Capital*", in Chrisitian Laval et al. eds., *Marx et Foucault: Lectures, usages et confrontations*, La Découverte, 2015.

Librett, Jeffrey S., "From the Sacrifice of the Letter to the Voice of Testimony: Giorgio Agamben's Fulfillment of Metaphysics", *Diacritics*, vol.37, nos. 2~3, 2007.

Löwy, Michael, *Walter Benjamin: avertissement d'incendie. Une lecture des thèses sur le concept d'histoire*, PUF, 2001.

Lyotard, Jean-François, "Réponse à la question: qu'est-ce que le postmoderne?"(1985), in *Le Postmoderne expliqué aux enfants: Correspondance 1982~85*, Galilée, 1988[「질문에 대한 답변: 포스트모던이란 무엇인가?」, 『지식인의 무덤』, 이현복 옮김, 문예출판사, 1996].

Lyotard, Jean-François, *Le Différend*, Minuit, 1984.

_____, *La condition postmoderne*, Minuit, 1979[『포스트모던적 조건』, 이현복 옮김, 서광사, 1992].

Marx, Karl, *Das Kapital*, I, in *Karl Marx and Friedrich Engels Werke* Bd. 23, Berlin:

Dietz Verlag, 1987[『자본』I, 강신준 옮김, 도서출판 길, 2013].

Mbembe, Archille, *De la postcolonie*, Karthala, 2000.

McCormick, John P., "Derrida on Law; Or, Poststructuralism Gets Serious", *Political Theory*, vol.29, no.3, 2001.

Montag, Warren, "What is at stake in the debate on postmodernism?", in E. Ann Kaplan ed., *Postmodernism and Its Discontents: Theories, Practices*, Verso, 1988.

Näsström, Sofia, "Representative Democracy as Tautology", *European Journal of Political Theory*, vol.5, no.3, 2006.

Osborne, Peter, *The Postconceptual Condition: Critical Essays*, Verso, 2018.

_____, "Marx and the Philosophy of Time", *Radical Philosophy*, no.147, 2008.

Peden, Knox, *Spinoza Contra Phenomenology: French Rationalism from Cavaillès to Deleuze*, Stanford University Press, 2014.

Plotke, David, "Representation is Democracy", *Constellations*, vol.4, no.1, 1997.

Preyer, Gerhard & Sussman, Michael eds., *Varieties of Multiple Modernities: New Research Design*, Brill Academic Publisher, 2015.

Rancière, Jacques, *Aux bords du politique*, Gallimard(1998), 2004[『정치적인 것의 가장자리에서』, 양창렬 옮김, 도서출판 길, 2014].

_____, *La haine de la démocratie*, La Fabrique, 2005.

_____, *La mésentente*, Galilée, 1995[『불화: 정치와 철학』, 진태원 옮김, 길, 2015].

Said, Edward, "The Problem of Textuality: Two Exemplary Positions", *Ciritical Inquiry*, vol.4, no.4, 1978.

Sauvêtre, Pierre, "Exception et révolution. Sur la dialectique de l'exception chez Alain Badiou", *Tracés*, no.20, 2011.

Schmidt, Volker H. "Multiple Modernities or Varieties of Modernity?", *Current Sociology*, vol.54, no.1, 2006.

Spinoza, Benedictus de, *Tractatus Politicus*, in Carl Gebhardt ed., *Spinoza Opera*, vol.III, Carl Winter, 1925.

Staikou, Elina, "Justice's last word: Derrida's post-scriptum to *Force of law*", *Derrida Today*, vol.1, no.2, 2008.

Terray, Emmanuel, *Combats avec Méduse*, Galilée, 2011.

Thurschwell, Adam, "Politics without the Messianic or a 'Messianic without Messianism', 2010: A Response to Richard Beardsworth", Fletcher & Bradley, eds., Continuum, 2010.

_____, "Cutting the Branches for Akiba: Agamben's Critique of Derrida", in Andrew Norris ed., *Politics, Metaphysics, and Death: Essays on Giorgio Agamben's Homo Sacer*, Duke University Press, 2005.

Urbinati, Nadia and Mark Warren, "The Concept of Representation in Democratic Theory", *Annual Review of Political Science*, vol.11, 2008.

Wallerstein, Immanuel, *After Liberalism*, New Press, 1995[『자유주의 이후』, 강문구 옮김, 당대, 1996].

_____, *Unthinking Social Science: The Limits of Nineteenth-Century Paradigms*, Temple University Press, 1991[『사회과학으로부터의 탈피』, 성백용 옮김, 창작과비평사, 1994].

Weber, Samuel, *Geld ist Zeit: Gedanken zu Kredit und Krise*, Diaphanes Verlag, 2009.

_____, "Taking Exception to Decision: Walter Benjamin and Carl Schmitt", *Diacritics*, vol.22, no.2, 1992.

Young, Iris Marion, *Inclusion and Democracy*, Oxford: Oxford University Press, 2000.

Young, Robert J. C., *White Mythology: Writing History and the West*, Routledge, 2004(2nd Edition)[『백색신화』, 김용규 옮김, 경성대학교출판부, 2008].

Zacharias, Robert, "'And yet': Derrida on Benjamin's Divine Violence", *Mosaic: a Journal for the Interdisciplinary Study of Literature*. vol.40, no.2, 2007.

Zerilli, Linda, *Feminism and the Abyss of Freedom*, University of Chicago Press, 2005.

Zizek, Slavoy, *Violence: Six Sideways Reflections*, Profile Books, 2009[『폭력이란 무엇인가?』, 김희진·이현우 옮김, 난장이, 2011].

_____, *The Parallax View*, The MIT Press, 2006[『시차적 관점』, 김서영 옮김, 마티, 2009].

_____, *The Puppet and the Dwarf: The Perverse Core of Christianity*, MIT, 2003[『죽은 신을 위하여: 기독교 비판 및 유물론과 신학의 문제』, 김정아 옮김, 길, 2007].

_____, *The Ticklish Subject*, Verso, 1999[『까다로운 주체』, 이성민 옮김, 도서출판 b, 2005].

_____, *The Sublime Object of Ideology*, Verso, 1989[『이데올로기라는 숭고한 대상』, 이수련 옮김, 인간사랑, 2002].

강영안, 『주체는 죽었는가: 현대 철학의 포스트모던 경향』, 문예출판사, 1996.

강정인, 『서구중심주의를 넘어서』, 아카넷, 2004.

고명철, 「한국문학의 '복수의 근대성', 아시아적 타자의 새 발견」, 『비평문학』 38호, 2010.

고유환, 「2018 남북정상회담과 비핵평화 프로세스」, 『정치와 평론』 22, 한국정치평론학회, 2018.

_____, 「발터 벤야민의 역사주의 비판」, 『독일연구』 10호, 2005.

고지현, 『꿈과 깨어나기: 발터 벤야민 파사주 프로젝트의 역사이론』, 유로서적, 2007.

_____, 「발터 벤야민의 역사철학에 나타나는 역사의 유대적 측면-벤야민의 게르숌 숄렘과의 카프카 토론」, 『사회와 철학』 10호, 2005.

곽노완, 「기본소득은 착취인가 정의인가? 판 돈젤라의 기본소득반대론에 대한 반비판과 마르크스주의 기본소득론의 재구성」, 『마르크스주의 연구』 8권 2호, 2011.

구갑우, 「평창 '임시평화체제'의 형성 원인과 전개: 한반도 안보 딜레마와 한국의 '삼중모순'」, 『한국과 국제정치』 101, 경남대학교 극동문제연구소, 2018.

_____, 「평창 '임시평화체제'의 형성원인, 과정, 결과: 한국의 트릴레마」, 『평화 가제트』 no.2018-G22, 한양대학교 평화연구소, 2018.

_____, 「평창 임시 평화체제에서 판문점 선언으로: 북한의 개혁·개방 선언과 제3차 남북정상회담, '연합적 평화'의 길」, 『동향과 전망』 103, 한국사회과학연구소, 2018.

_____, 『비판적 평화연구와 한반도』, 후마니타스, 2007.

그로, 프레데리크 외, 『미셸 푸코 진실의 용기』, 심세광 외 옮김, 길, 2006.

길윤형, 「구조적 위기 위의 한일관계」, 『황해문화』 103, 새얼문화재단, 2019.

김덕영, 『환원근대: 한국 근대화와 근대성의 사회학적 보편사를 위하여』, 길, 2015.

김상준, 『맹자의 땀, 성왕의 피: 중층근대와 동아시아 유교 문명』, 아카넷, 2011.

_____, 「중층근대성: 대안적 근대성 이론의 개요」, 『사회와 이론』 41권 4호, 2007.

김상환, 「데리다의 텍스트」, 『철학사상』 27집, 서울대학교 철학사상연구소, 2008.

_____, 『니체, 프로이트, 맑스 이후: 현대 프랑스 철학의 쟁점』, 창비, 2002.

_____, 『예술가를 위한 형이상학』, 민음사, 1999.

_____, 『패스트푸드점에 갇힌 문화비평』, 민음사, 1996.

_____, 『해체론 시대의 철학』, 문학과지성사, 1994.

김성기, 『포스트모더니즘과 비판사회과학』, 문학과지성사, 1991.

김용규, 『혼종문화론』, 소명, 2013.

_____, 「이론적 통찰과 맹목: 제임슨의 포스트모더니즘론」, 『오늘의 문예비평』 58호, 2005년 가을호.

_____, 「근대와 탈근대의 사이에서」, 『오늘의 문예비평』 31호, 1998.

김욱동, 『포스트모더니즘의 이론: 문학/예술/문화』, 민음사, 1992.

김유동, 「파괴, 구성 그리고 복원: 발터 벤야민의 역사관과 그 현재성」, 『문학과 사회』 74 호, 2006년 여름, 2006.

김진석, 『초월에서 포월로』, 문학과지성사, 1994.

_____, 『탈형이상학과 탈변증법』, 문학과지성사, 1993.

김창희, 「한반도 평화정착과 4.27 판문점 선언」, 『한국정치외교사논총』 40: 1, 한국정치 외교사학회, 2018.

김홍중, 「생존주의, 사회적 가치, 그리고 죽음의 문제」, 『사회사상과 문화』 20권 4호, 2017.

네그리, 안토니오 · 마이클 하트, 『다중: 제국이 지배하는 시대의 전쟁과 민주주의』, 서창 현 외 옮김, 세종서적, 2008.

_____, 『제국』, 윤수종 옮김, 이학사, 2001.

데리다, 자크 외, 「세계화, 평화, 범세계적인 정치」, 『가치는 어디로 가는가?』, 제롬 뱅데 엮음, 이선희 · 주재형 옮김, 문학과지성사, 2008.

데리다, 자크, 『마르크스의 유령들』, 진태원 옮김, 그린비, 2013.

_____, 「마르크스와 아들들」, 『마르크스주의와 해체: 불가능한 만남?』, 진태원 · 한형식 옮김, 길, 2009.

_____, 『법의 힘』, 진태원 옮김, 문학과지성사, 2004.

데이비스, 마이크, 「도시 르네쌍스와 포스트모더니즘 정신」, 『마르크스주의와 포스트모 더니즘』, 오길영 외 옮김, 이론과 실천, 1992.

두셀, 엔리케, 『1492년, 타자의 은폐: '근대성 신화'의 기원을 찾아서』, 박병규 옮김, 그린 비, 2011.

라라인, 호르헤, 『이데올로기와 문화정체성: 모더니티와 제3 세계의 현존』, 김범춘 외 옮 김, 모티브북, 2009.

라클라우, 에르네스토 · 샹탈 무페, 『헤게모니와 사회주의 전략: 급진민주주의 정치를 향 하여』, 이승원 옮김, 후마니타스, 2012.

랑시에르, 자크, 『불화: 정치와 철학』, 진태원 옮김, 도서출판 길, 2015.

루카치, 게오르크, 『역사와 계급의식』, 박정호 · 조만영 옮김, 거름, 1999.

류동민, 『시간은 어떻게 돈이 되었는가』, 휴머니스트, 2018.

류은숙, 『사람인 까닭에』, 낮은 산, 2012.

리오타르, 장 프랑수아, 『쟁론』, 진태원 옮김, 경성대출판부, 2015.

_____, 『포스트모던적 조건』, 이현복 옮김, 서광사, 1992.

마르크스, 칼 · 프리드리히 엥겔스, 「루이 보나파르트의 브뤼메르 18일」, 『칼 맑스 · 프리 드리히 엥겔스 저작 선집 2권』, 최인호 옮김, 박종철출판사, 1992.

_____, 「철학의 빈곤」, 『칼 맑스 · 프리드리히 엥겔스 저작 선집 1권』, 최인호 옮김, 박종

철출판사, 1991.

_____, 「공산주의당 선언」, 『칼 맑스·프리드리히 엥겔스 저작 선집 1권』, 최인호 옮김, 박종철출판사, 1991.

문성규, 「적대의 지구화와 정치의 조건들: 무페와 발리바르의 시민권, 공동체 이론」, 『철학논집』 제28집, 서강대학교 철학연구소, 2011.

문성원, 『해체와 윤리』, 그린비, 2012.

미뇰로, 월터, 『로컬 히스토리/글로벌 디자인』, 이성훈 옮김, 에코리브르, 2013.

미야지마 히로시·배항섭 엮음, 『동아시아는 몇 시인가?』, 너머북스, 2015.

미즈, 마리아, 『가부장제와 자본주의: 여성, 자연, 식민지와 세계적 규모의 자본축적』, 최재인 옮김, 갈무리, 2014.

민병희, 「『맹자의 땀, 성왕의 피』 서평」, 『오늘의 동양사상』 23호, 2012.

박영균, 「분단-냉전의 해체와 탈분단-통일의 정치」, 『진보평론』 68, 메이데이, 2018.

_____, 「한반도의 분단체제와 평화구축의 전략」, 『통일인문학』 68, 건국대학교 인문학연구원, 2016.

박형준·이병천 엮음, 『마르크스주의의 위기와 포스트마르크스주의 I~II』, 의암출판, 1992~1993.

발리바르, 에티엔, 『마르크스의 철학』, 배세진 옮김, 오월의 봄, 2018.

_____, 『스피노자와 정치』, 진태원 옮김, 그린비, 2014.

_____, 「민주주의적 시민권인가 인민주권인가? 유럽에서의 헌법 논쟁에 대한 성찰」, 진태원 옮김, 『정치체에 대한 권리』, 후마니타스, 2011.

_____, 「종말론 대 목적론: 데리다와 알튀세르의 유예된 대화」, 진태원 엮음, 『알튀세르 효과』, 그린비, 2011.

_____, 『우리, 유럽의 시민들? 세계화와 정치의 재발명』, 진태원 옮김, 후마니타스, 2010.

_____, 『우리, 유럽의 시민들? 세계화와 민주주의의 재발명』, 진태원 옮김, 후마니타스, 2010.

_____, 『정치체에 대한 권리』, 진태원 옮김, 후마니타스, 2010.

_____, 「'절단'과 '토픽': 철학의 대상」, 『알튀세르와 마르크스주의의 전화』, 윤소영 옮김, 이론, 1993.

백낙청, 「시민참여형 통일운동과 한반도 평화」, 한반도평화포럼 강연(2018. 7. 12.) [http://www.koreapeace.co.kr/pds/issue_view.php?notice_seq=9875&start=0& key=title&keyword=&table_gb=issue, 2019. 5. 25. 검색].

_____, 『한반도식 통일, 현재진행형』, 창비, 2006.

_____, 『흔들리는 분단체제』, 창작과비평사, 1998.

———, 『분단체제 변혁의 공부길』, 창작과비평사, 1994.

버래쉬, 데이브·찰스 위블, 『전쟁과 평화』, 송승종·유재현 옮김, 명인문화사, 2018.

버먼, 셰리, 『정치가 우선한다: 사회민주주의와 20세기 유럽의 형성』, 김유진 옮김, 후마니타스, 2010.

벤야민, 발터, 『언어 일반과 인간의 언어에 관하여 외: 발터 벤야민 선집 6권』, 최성만 옮김, 길, 2008.

———, 『역사의 개념에 대하여 외: 발터 벤야민 선집 5권』, 최성만 옮김, 길, 2008.

서동진, 『변증법의 낮잠』, 꾸리에, 2015.

———, 『자유의 의지, 자기계발의 의지』, 돌베개, 2009.

서영표, 「라클라우가 '말한 것'과 '말할 수 없는 것': 포스트마르크스주의의 유물론적 해석」, 『마르크스주의 연구』 13권 1호, 2016.

세넷, 리처드, 『뉴 캐피탈리즘』, 유병선 옮김, 위즈덤하우스, 2009.

———, 『신자유주의와 인간성의 파괴』, 조용 옮김, 문예출판사, 2002.

소렐, 조르주, 『폭력에 대한 성찰』, 이용재 옮김, 나남, 2007.

손호철, 『촛불혁명과 2017년 체제』, 서강대학교출판부, 2017.

스콧, 조앤 W., 『성적 차이, 민주주의에 도전하다』, 오미영 외 옮김, 인간사랑, 2009.

신기욱·마이클 로빈슨, 『한국의 식민지 근대성』, 도면회 옮김, 삼인, 2006.

심세광, 「미셸 푸코의 마지막 강의: 견유주의적 파레시아와 철학적 삶」, 『푸코 이후의 철학과 정치: 2012 그린비 학술 심포지엄 23일 자료집』, 2012.

아감벤, 조르조, 「장치란 무엇인가?」, 아감벤·양창렬 지음, 『장치란 무엇인가?/장치학을 위한 서론』, 난장, 2010.

———, 『세속화 예찬』, 김상운·양창렬 옮김, 난장, 2010.

아렌트, 한나, 『전체주의의 기원』 1권, 이진우·박미애 옮김, 한길사, 2005.

알트파터, 엘마, 『자본주의의 종말』, 염정용 옮김, 동녘, 2007.

야우스, 한스 로베르트, 「근대성, 그 문학적 전통과 오늘날의 의식」, 『도전으로서의 문학사』, 장영태 옮김, 문학과 지성사, 1983.

영, 로버트, 『백색신화』, 김용규 옮김, 경성대출판부, 2008.

———, 『포스트 식민주의 또는 트리컨티넨탈리즘』, 김택현 옮김, 박종철출판사, 2005.

오금천, 「『아낙시만드로스의 잠언』에 나타난 하이데거의 존재 이해」, 『존재론 연구』 26집, 2011.

오민석, 「프레드릭 제임슨, 정치성, 그리고 매개: 포스트모더니즘론을 중심으로」, 『영미문학연구』 1권, 2001.

요시유키, 사토, 『권력과 저항: 푸코, 들뢰즈, 데리다, 알튀세르』, 김상운 옮김, 난장, 2012.

월러스틴, 이매뉴얼, 「위기·이행·대안: 이매뉴얼 월러스틴과의 대담」, 『창작과비평』

167호, 2015년 봄.

_____, 『유럽적 보편주의』, 김재오 옮김, 창비, 2008.

_____, 『우리가 아는 세계의 종언』, 백승욱 옮김, 창비, 2001.

_____, 『역사적 자본주의/자본주의 문명』, 나종일·백영경 옮김, 창작과비평사, 1993.

월츠, 케네스, 『국제정치이론』, 박건영 옮김, 사회평론, 2000.

유재건, 「월러스틴의 세계체제분석과 '자본주의'」, 『코기토』 81호, 부산대학교 인문학연구소, 2017.

윤소영, 『알튀세르를 위한 강의: '마르크스주의의 일반화'를 위하여』, 공감, 1996.

_____, 『마르크스주의의 전화와 '인권의 정치'』, 문화과학사, 1995.

윤홍식 엮음, 『평화복지국가: 분단과 전쟁을 넘어 새로운 복지국가를 상상하다』, 이매진, 2013.

이광일, 「자유주의 정치 세력의 재집권은 가능한가?」, 『황해문화』 85호, 2014년 겨울호.

_____, 『좌파는 어떻게 좌파가 됐나? 한국 급진노동운동의 형성과 궤적』, 메이데이, 2008.

이구표 외, 『프랑스 철학과 우리 3: 포스트모던 시대의 사회역사철학』, 당대, 1997.

이무철, 「북한문제의 과잉정치화와 극단적 양극화 분석: 갈등전환(Conflict Transformation)의 제도화 모색」, 『한국과 국제정치』 101, 경남대 극동문제연구소, 2018.

이병수, 「한반도 평화실현으로서 적극적 평화」, 『시대와 철학』 78, 한국철학사상연구회, 2017.

이병천 외 엮음, 『안보개발국가를 넘어 평화복지국가로』, 사회평론 아카데미, 2016.

이병천, 「포스트맑스주의와 한국사회」, 『사회평론』 17호, 1992.

_____, 「맑스 역사관의 재검토」, 『사회경제평론』 제4집, 1991.

이상신, 「대화를 통한 평화와 협력의 기대: KINU 통일의식조사 2019 분석」, 『현안분석: 온라인 시리즈』, 통일연구원, 2019. 5.

이용주, 「서양중심주의의 내파(內波)인가 내화(內化)인가?」, 『오늘의 동양사상』 23호, 2012.

이은숙, 『페미니즘 자본축적론』, 액티비즘, 2017.

이정우 외, 『프랑스 철학과 우리 1: 현대 프랑스 철학을 보는 눈』, 당대, 1997.

이진경, 『맑스주의와 근대성: 주체 생산의 역사이론을 위하여』, 문화과학사, 1997.

이진우, 『탈현대의 사회철학』, 문예출판사, 1993.

이창남, 「역사의 천사: 벤야민의 역사와 탈역사 개념에 관하여」, 『문학과 사회』 69호, 2005년 봄, 2005.

이혜정, 「트럼프 시대의 미국 패권과 북핵」, 『성균 차이나 브리프』 47, 성균관대학교 성균중국연구소, 2018.

일리, 제프, 『The Left: 1848~2000. 미완의 기획, 유럽 좌파의 역사』, 유강은 옮김, 2008.

장경섭, 「개발국가, 복지국가, 위험사회: 한국의 개발자유주의와 사회재생산 위기」, 『한국사회정책』 18집 3호, 2011.

장경섭, 『가족·생애·정치경제: 압축적 근대성의 미시적 기초』, 창비, 2009.

장하성, 『왜 분노해야 하는가』, 헤이북스, 2015.

_____, 『한국 자본주의』, 헤이북스, 2014.

전재성, 「판문점 선언 이후 새로운 도전들」, 『EAI 논평』, 동아시아 연구원, 2018. 5.

정일준, 『자유를 향한 참을 수 없는 열망』, 새물결, 1999.

_____, 『미셸 푸코의 권력이론』, 새물결, 1994.

정태석, 「근대에 대한 환원주의적 비판?」, 『내일을 여는 역사』 56호, 2014년 가을호.

정태헌, 『한국의 식민지적 근대 성찰: 근대주의 비판과 평화공존의 역사학 모색』, 선인, 2007.

조규표·원상준·이정문, 「2차 북미 정상회담 이후 북한 비핵화의 향후 전망과 안보평가: 27년 역사를 통해 살펴본 비핵화의 향후 전망과 안보평가」, 『국방과 기술』 482, 한국방위산업진흥회, 2019.

주디스, 존 B., 『포퓰리즘의 세계화』, 오공훈 옮김, 메디치미디어, 2018.

진시원, 「한국 다문화주의 담론의 문제점에 관한 고찰」, 『코기토』 69, 부산대학교 인문학연구소, 2011.

진태원 엮음, 『포퓰리즘과 민주주의』, 소명, 2017.

진태원 외, 「기획좌담: 촛불집회」, 『인문저널 창 2』, 인문한국연구소 협의회, 2017.

진태원, 「루이 알튀세르와 68: 혁명의 과소결정?」, 『서강인문논총』 52호, 서강대학교 인문과학연구소, 2018.

_____, 「마르크스와 알튀세르 사이의 푸코」, 『철학사상』 68, 서울대학교 철학사상연구소, 2018.

_____, 「마르크스주의의 탈구축: 네 가지 신화와 세 가지 쟁점」, 『인문학 연구』 30, 인하대학교 인문학연구소, 2018.

_____, 「유사초월론: 데리다와 이성의 탈구축」, 『철학논집』 53호, 서강대철학연구소, 2018.

_____, 「필연적이지만 불가능한 것: 『검은 소』 한국어판 출간에 부쳐」, 루이 알튀세르, 『검은 소: 알튀세르의 상상 인터뷰』, 생각의 힘, 2018.

_____, 『을의 민주주의: 새로운 혁명을 위하여』, 그린비, 2017.

_____, 「좌파 메시아주의라는 이름의 욕망: 조르조 아감벤, 알랭 바디우, 슬라보예 지젝의 국내 수용에 대하여」, 『황해문화』 82호, 새얼문화재단, 2014년 봄.

_____, 「'비판적 사유의 미국화'란 무엇인가?」, 『황해문화』 85호, 새얼문화재단, 2014년 겨울.

_____, 「최장집과 에티엔 발리바르: 민주주의의 민주화의 두 방향」, 『민족문화연구』 56집, 고려대학교 민족문화연구원, 2012.

_____, 「푸코에 대한 연구에서 푸코적인 연구로」, 『역사비평』 99호, 2012.

_____, 「'포스트' 담론의 유령들: 애도의 애도를 위하여」, 『민족문화연구』 57호, 고려대학교 민족문화연구원, 2012.

_____, 「푸코와 민주주의: 바깥의 정치, 신자유주의, 대항품행」, 『철학논집』 29집, 서강대학교 철학연구소, 2012.

_____, 「어떤 상상의 공동체? 민족, 국민 그리고 그 너머」, 『역사비평』 96, 역사비평사, 2011.

_____, 「폭력의 쉬볼렛: 벤야민, 데리다, 발리바르」, 『세계의 문학』 135호, 2010.

_____, 「국민이라는 노예? 전체주의적 국민국가론에 관한 비판적 고찰」, 『민족문화연구』 51집, 고려대 민족문화연구원, 2009.

_____, 「대중의 정치란 무엇인가? 네그리와 하트의 다중의 정치학에 대한 스피노자주의적 비판」, 『철학논집』 19집, 서강대학교 철학연구소, 2009.

_____, 「스피노자와 알튀세르에서 이데올로기의 문제: 상상계라는 쟁점」, 『근대철학』 3권 1호, 근대철학회, 2008.

천정환, 「다시, 우리의 소원은 통일? 4·27 판문점 선언과 북미회담 전후 통일·평화 담론의 전변」, 『역사비평』 124, 역사비평사, 2018.

최성만, 「벤야민에서 '정지 상태의 변증법'」, 『현대사상』 7호, 2010.

최장집, 「우리의 소원은 통일이 아니다」, 『시사인』 588호, 2018. 5. 28.

_____, 「통일인가 평화공존인가?」, 『정치의 공간』, 후마니타스, 2017.

최현식, 「복수의 근대를 향한 탈식민의 도정: 고(故) 하정일 교수의 '탈식민' 담론에 대하여」, 『민족문학사연구』 62호, 2016.

칸트, 임마누엘, 『순수이성비판』, 백종현 옮김, 아카넷, 2006.

캘리니코스, 알렉스, 『포스트모더니즘 비판』, 임상훈·이동연 옮김, 문화과학사, 1994.

커스터스, 피터, 『자본은 여성을 어떻게 이용하는가: 아시아의 자본 축적과 여성 노동』, 박소현·장희은 옮김, 그린비, 2015.

퀴세, 프랑수아, 『루이 비통이 된 푸코? 위기의 미국 대학, 프랑스 이론을 발명하다』, 문강형준·박소영·유충현 옮김, 난장, 2012.

크라우치, 콜린, 『포스트민주주의』 이한 옮김, 미지북스, 2008.

파레이스, 필리페 판, 『모두에게 실질적 자유를: 기본소득에 관한 철학적 옹호』, 조현진 옮김, 후마니타스, 2015.

페데리치, 실비아, 『혁명의 영점: 가사노동, 재생산, 여성주의 투쟁』, 황성원 옮김, 갈무리, 2018(2판).

_____, 『캘리번과 마녀: 여성, 신체 그리고 시초축적』, 황성원·김민철 옮김, 갈무리, 2011.

폴리, 던컨 K., 『『자본』의 이해: 마르크스의 경제이론』, 강경덕 옮김, 유비온, 2015.

프레이저, 낸시, 『지구화 시대의 정의』, 김원식 옮김, 그린비, 2009.

프로이트, 지그문트, 「슬픔과 우울증」, 『무의식에 관하여』, 윤희기 옮김, 열린책들, 1997.

하비, 데이비드, 『데이비드 하비의 맑스 『자본』 강의 2』, 강신준 옮김, 창비, 2016.

_____, 『데이비드 하비의 맑스 『자본』 강의』, 강신준 옮김, 창비, 2011.

_____, 『신자유주의 세계화의 공간들』, 임동근 외 옮김, 문화과학사, 2010.

_____, 『신자유주의』, 최병두 옮김, 한울, 2007.

하인리히, 미하엘, 『새로운 자본 읽기』, 김강기명 옮김, 쿠리에, 2016.

하정일, 『탈근대주의를 넘어서: 탈식민의 미학 2』, 역락, 2012.

_____, 『20세기 한국문학과 근대성의 변증법』, 소명, 2000.

_____, 『탈식민의 미학』, 소명, 2008.

홍찬숙, 「압축적 근대성 개념에 대한 비판적 고찰: 독일과 한국의 근대화에서 나타난 '비동시성의 동시성'에 대한 비교를 중심으로」, 이정덕 엮음, 『한국의 압축근대 생활세계: 압축근대성 개념과 압축적 경험』, 지식과 교양, 2017.

황지환, 「한반도 평화체제 논의의 귀환: 미국우선평화 대 병진평화」, 『한국과 국제정치』 104, 극동문제연구소, 2019.

후쿠야마, 프랜시스, 『역사의 종말』, 이상훈 옮김, 한마음, 1992.

출전 모음

1장 「포스트 담론의 유령들: '애도의 애도'를 위하여」, 민족문화연구원, 『민족문화연구』 56호, 2012.

　이 장은 2012년 6월 15일 고려대학교 민족문화연구원 HK연구단 내 "도래할 한국 민주주의" 기획연구팀 주최로 열린 "탈근대, 탈식민, 탈민족: 포스트 담론 20년의 성찰" 심포지엄에서 처음 발표되었다. 심포지엄에서 좋은 비평과 조언을 해준 연세대 나종석 교수와 건국대 박영균 교수를 비롯한 참석자 여러분께 다시 한 번 감사드린다.

2장 「좌파 메시아주의라는 이름의 욕망」, 『황해문화』 2014년 봄호.

　보론 「'비판적 사유의 미국화'란 무엇인가?」, 『황해문화』 2014년 겨울호.

3장 「시간과 정의: 벤야민, 하이데거, 데리다」, 서강대학교 철학연구소 편, 『철학논집』 34집, 2013.

　2013년 3월 9~10일 '도서출판 길' 주최로 서울 정독도서관에서 열린 "벤야민 커넥션" 심포지엄에서 처음 발표되었다. 발표된 글에서는 논문 심사위원들의 문제 제기에 대한 답변이 수록되어 있는데, 이 책에서는 생략했다.

　보론 「새로운 역사의 천사: 멘붕의 정치학, 유령들, 메시아주의」, 『연세대학원신문』 2013년 3월호.

　신문에는 신문사 편집자들이 자의적으로 축약한 판본이 실렸으나, 여기에서는 원문을 모두 살렸다.

4장 「국민이라는 노예? 전체주의적 국민국가론에 대한 비판적 고찰」, 『민족문화연구』 51호, 2009.

　2009년 5월 11일 고려대학교 민족문화연구원 HK연구단 제62차 월요모임에서 처음 발표된 글이며, 그 이후 수정과 보완을 거쳐 게재되었다.

5장 「어떤 상상의 공동체? 민족, 국민, 그리고 그 너머」, 『역사비평』 96호, 2011.

이 장은 2011년 4월 11일 고려대학교 민족문화연구원 제148차 월요모임에서 처음 발표됐고, 그 뒤 7월 7일 제1회 역사비평 토론회에서 발표된 바 있다. 그 후 수정과 보완을 거쳐 게재되었다.

6장 「'한반도 평화체제'의 탈구축을 위하여: 을의 민주주의의 관점에서」, 부산대학교 인문학연구소 편, 『코기토』 88호, 2019.

7장 「푸코와 민주주의: 바깥의 정치, 신자유주의, 대항품행」, 서강대학교 철학연구소 편, 『철학논집』 29집, 2012.

2012년 2월 24~25일 열린 "푸코 이후의 정치와 철학" 심포지엄에서 발표된 이후 수정과 보완을 거쳐 게재되었다.

8장 「마르크스와 알튀세르 사이의 푸코」, 서울대학교 철학사상연구소 편, 『철학사상』 68집, 2018.

"푸코와 철학자들"이라는 주제로 2017년 10월 27일 개최된 프랑스 철학회 가을 학술대회에서 처음 발표되었다.

9장 「(탈)현대성 이후, 마르크스주의 이후: 데리다, 코젤렉, 차크라바르티」, 『민족문학사연구』 67집, 2018.

2018년 2월 21~22일 성균관대 동아시아학술원 주최로 열린 "연속기획, 탈근대론 이후3: 근대의 시간관과 학술사회" 학술회의에서 처음 발표되었으며, 그후 수정과 보완을 거쳐 게재되었다.

10장 「마르크스주의의 탈구축: 네 가지 신화와 세 가지 쟁점」, 인천대 인문학연구소, 『인문학연구』 30집, 2018.

2018년 6월 1일 인천대 인문학연구소 초청 콜로키움에서 처음 발표되었다.

찾아보기

présence) 302, 484, 485

협업(Kooperation) 372

호르크하이머, 막스(Max Horkheimer) 313

호명(interpellation) 125~127, 362, 386, 387

호명론 200, 201

호모 사케르(homo sacer) 82, 99, 316

혼종성 433

홉스봄, 에릭(Eric Hobsbawm) 236, 421

환원 근대 427

후설, 에드문트(Edmund Husserl) 147, 151, 403, 405

휜스테렌, 헤르만 판(Herman van Gunsteren) 258